MODESTES OBSERVATIONS

SUR L'ART

DE VERSIFIER

MACON, PROTAT FRÈRES, IMPRIMEURS

Clair Tisseur

MODESTES OBSERVATIONS

SUR

L'ART DE VERSIFIER

LYON
BERNOUX ET CUMIN, ÉDITEURS
6, rue de la République, 6

1893

AU FAVORABLE LECTEUR

En te présentant ce sien ouvrage, l'auteur se reprocherait de ne point témoigner de la vive reconnaissance qu'il doit à MM. Chabaneau et Firmery; le premier, professeur à la Faculté des lettres de Montpellier; le second, professeur à la Faculté des lettres de Lyon, tant pour leurs précieux renseignements que pour leurs doctes conseils. A ces deux noms il doit joindre celui de M. Léon Clédat, professeur à la Faculté des lettres de Lyon, qui s'est aussi montré à son endroit d'une obligeance inépuisable.

Je ne te réponds point qu'il ne se soit coulé quelque faute, soit dans la transcription de tel texte, soit dans l'indication de telle date, soit même dans la traduction de tel passage, voire que tu ne t'achoppes à quelque lapsus horrifique. Je suis si excellent en l'inattention, qu'un jour il m'est advenu d'attribuer à Cicéron une sentence qui était de M. Paul de Kock. Et si n'y avait-il pas grand mal, car de l'un ou de l'autre la sentence n'était pas moins belle. Je te prie seulement considérer que, y eût-il dix lignes de fautes sur trois cent cinquante pages, cela ne saurait altérer la moelle de bonne et profitable doctrine que l'ouvrage peut contenir. Par ainsi, sois exorable à

L'Auteur.

Nyons-les-Baronnies (Drôme), ce 8e de novembre 1892.

MODESTES OBSERVATIONS

SUR

L'ART DE VERSIFIER.

Un jour (il y a déjà mainte année), je réfléchissais sur ce fait singulier :

Le mouvement tumultuaire qui, vers la fin du premier tiers de ce siècle, a entraîné la littérature sur des chemins nouveaux, s'est fait, au nom de « la liberté de l'art », contre des règles que l'on tenait pour pédantes et surannées. Lois de la césure, de la phrase se terminant avec le vers, et tous autres préceptes imposés par le goût classique soulevaient une clameur sans seconde.

Un nouveau quart de siècle écoulé, et voilà que les romantiques laissent après eux l'inspiration soumise à une géhenne bien autrement étroite que celle de Boileau ! La versification moderne, grâce aux lois puériles de la rime constamment riche, est bien autrement ankylosée que sa sœur aînée ! Romantiques et Parnassiens ont à l'envi enveloppé de bandages silicatés les membres délicats de la Muse.

Et comme Parnassiens et Romantiques n'ont rien émondé des vieilles règles badaudes, telles que celles de rimer à l'œil, par exemple ; comme ils ont au contraire proscrit tout ce que se permettait l'ancienne poésie : et l'inversion, et les licences orthographiques et grammaticales, et les rimes qui, ayant des sens différents, ont le même radical ; bref, comme, en établissant force impôts nouveaux, ils ont aggravé tous les anciens, il ne se peut moins faire que le poète ne fléchisse des quatre pieds, comme un âne trop chargé.

Or, en ce temps-là, je m'étais proposé de faire quelques recherches sur les réformes nécessaires à l'art de versifier, si l'on ne voulait pas s'amuser à reconstruire éternellement les mêmes vers. Je voulais modestement supplier que l'on enlevât deux ou trois éclisses à ces appareils trop rigides.

Puis j'ai dormi là-dessus un peu de temps, quelques jours ou quelques années (du point de vue cosmique, c'est tout un), et voilà qu'à mon réveil nous avions glissé des mains de Denys le Tyran à celles de Cléon le Démagogue. Avec nos nouveaux « poètes », plus de règles. Suivant une formule bête, mais célèbre : « Il n'y a plus rien, personne n'est chargé de l'exécution du présent décret. » Le vers peut avoir deux syllabes aussi bien que cinquante-six ; des rimes aussi bien que pas, etc. — Savoir si tout cela sera définitif ?

A cette fois, j'ai donc repris ce dessein, de tâcher à formuler modestement le code de la République libérale des vers, sans laisser à un autre quart de siècle licence de s'écouler. Mais pour parler authentiquement d'une chose, si faut-il d'abord s'entendre sur les définitions. La première question que je fus amené à me poser fût celle-ci :

QU'EST-CE QU'UN VERS ?

Mais je réfléchis : au lieu de chercher péniblement, de mon estoc, une définition plus ou moins rigoureuse, j'aurai bien plus tôt fait de la prendre toute brandie dans un traité en forme :

> Le vers est (dans la poésie française) un membre du discours poétique qui, soumis dans chaque cas à un nombre déterminé de syllabes, est, avec d'autres membres analogues, dans un rapport de nombre par les syllabes (qui sont, soit en nombre égal, soit en nombre varié, suivant des lois déterminées), et ordinairement avec un ou plusieurs membres analogues dans un rapport de forme par la rime (anciennement aussi par l'assonance) ; et si son contenu comme sa forme l'empêchent d'être absolument indépendant de ceux qui le précèdent et de ceux qui le suivent, du moins son étroite construction syntaxique fait plus ou moins valoir distinctement son individualité dans l'ensemble [1].

---

1. Tobler, *Le vers français ancien et moderne*, Paris, 1885. M. Gaston Paris a écrit pour cet ouvrage une préface qui contient, me semble-t-il, ce qui a été dit jusqu'ici de plus exact sur les conditions faites à la poésie française.

Dans cette définition, tout y est : clarté, concision ; fluidité et limpidité de la phrase surtout, mais aussi, c'est d'un maître !

C'est égal, tout en admirant cette définition à la berlinoise, j'en voudrais une autre, une qui ne s'appliquât pas seulement au vers français, mais à tout vers en général ; et je voudrais de plus qu'elle ne s'appliquât, pour le moment du moins, qu'à un seul vers, considéré indépendamment de ses voisins.

Les définitions les plus bêtes sont parfois les plus intelligibles. Bêtement dirai-je donc que :

UN VERS EST UNE SUITE DE MOTS RELIÉS ENTRE EUX PAR UN RYTHME.

Et cela quelle que soit la langue où il est écrit.
Mais qu'est-ce proprement un rythme ?

C'EST UNE SORTE DE CADENCE.

Et quoi, une cadence ?

C'EST UNE MESURE EN VERTU DE LAQUELLE CERTAINS SONS, REVENANT A DE CERTAINS INTERVALLES RÉGULIERS (OU MÊME IRRÉGULIERS) FONT PLAISIR A L'OREILLE.

Nous en tirerons ce grand principe qui doit dominer toute la métrique, c'est que le vers n'est qu'une sorte particulière de chant[1].

M. Sully-Prudhomme, dans un vers où personne ne contestera la profonde justesse de la pensée, s'écriait un jour :

Oui, le suprême arbitre en peinture, c'est l'œil.

A notre tour nous nous écrierons :

L'ARBITRE SOUVERAIN, DANS LES VERS, C'EST L'OREILLE,

Et non les yeux, en dépit des règles des traités de versification.

---

[1]. Béranger disait un jour d'une mauvaise pièce : « Ça ne chante pas. » — « Et il avait raison, » ajoutait Jean Tisseur dans la note que j'ai trouvée sur un de ses carnets. Sainte-Beuve écrivait de son côté : « Les vers amis de la mémoire sont seuls des vers. » Or, on ne retient que ce qui se chante.

Comme disait Guessard, l'idée de rimer pour les yeux n'est pas moins plaisante que ne serait celle de peindre pour le nez. Pour être bons, il faut que les vers ronronnent en chatouillant agréablement le nerf auditif. S'ils miaulent, cela ne va plus, encore bien qu'à l'occasion, ils doivent rendre, au lieu de ronrons, des sons de cymbale. Écoutez ces vers célestes, s'ils ronronnent :

> Sur la plage sonore où la mer de Sorrente
> Déroule ses flots bleus au pied de l'oranger...

Mais aussi, c'est du Lamartine ! Chez celui-là jusqu'à son nom qui murmure comme une lyre ! Oyez au contraire le nom de Victor Hugo, qui retentit comme un glaive sur une armure d'or ! Suspendez votre souffle au nom mélodieux de Hérédia ! Et puis songez à ce malheureux Voltaire, ce poète qui « vole [à] terre » ! Et dites, ô petits railleurs, si quelque fatalité ne réside pas dans les noms !

Mais le génie du vers varie avec les langues elles-mêmes. Chaque nation a cherché la cadence à l'aide de procédés propres à sa vocation particulière. Il est intéressant de comparer les moyens employés. Et, d'abord, comment s'est constitué

LE VERS LATIN ?

Mieux que moi, docte lecteur, tu sais qu'il se compose d'un certain nombre de pieds, et que le pied est un assemblage de plusieurs syllabes, par exemple de deux syllabes longues (le spondée) ou d'une longue et de deux brèves (le dactyle), etc. Deux brèves équivalant à une longue, comme en musique deux noires à une blanche, un hexamètre composé de trois spondées et trois dactyles est donc divisé en six intervalles réguliers, dont résulte une cadence. Mais dans

LE VERS FRANÇAIS

brèves et longues s'équivalent, et il n'y a plus de pied, car c'est sans aucune raison que l'on applique le nom de pied à deux syllabes qui se suivent[1], et que l'on a eu la bizarre idée de donner quelquefois à notre alexandrin le nom d'hexamètre.

Dans le vers latin le nombre de syllabes était *variable* et le nombre de pieds *invariable*.

Dans le vers français le nombre de syllabes est *invariable*[2] et le nombre de pieds, si l'on persistait à appliquer ce terme impropre, serait égal au nombre de syllabes divisé par deux.

Nous voici donc en face d'une autre manière de cadence, celle qui se tire du nombre des syllabes. Mais la cadence du vers français ne se tire pas *toute* du nombre des syllabes. *J'aime les navets, surtout avec le canard*, est une phrase de douze syllabes, *e pur non è uno verso*, si ce n'est pour tels poètes de la jeune école.

Le *port de la voix* à de certaines places (rappelons-nous que le vers est uniquement fait pour la voix) constitue, aussi bien que le nombre des syllabes, le vers français. Comment s'établit, tout naturellement, ce port de la voix ?

Dans mon jeune temps personne n'avait encore remarqué qu'en français il y a, dans chaque mot de plusieurs syllabes, une syllabe où, en parlant, on appuie plus fort que sur les autres. Il m'est même advenu d'entendre soutenir fort sérieusement que la différence de prononciation entre l'italien et le français consistait en ce que, dans le premier, on appuyait sur de certaines syllabes, tandis que, dans le second, pour parler correctement, on ne devait appuyer sur aucune syllabe plus que sur une autre.

Pourtant lorsqu'on y porte attention, il est évident que, dans le mot cat**o**lle, on appuie particulièrement sur l'**o**, et que, dans melach**on**, on appuie particulièrement sur **on**[3].

---

1. Je ne sais qui a inventé de donner ce sens au mot pied. Au XIVe siècle, on dénommait pied une syllabe, ce qui était fort raisonnable, et je loue M. Paul Stapfer, dans son aimable ouvrage sur *Racine et Victor Hugo*, d'avoir employé (page 293, ligne 6) le mot de pied au sens ancien.

2. Bien entendu qu'il ne faut compter les syllabes qu'au son, et que les syllabes écrites et non prononcées, c'est-à-dire élidées, ne comptent pas. On sait aussi que, dans les vers à désinence féminine, la dernière syllabe étant atone, elle ne compte pas dans le vers.

3. Pour se rendre encore plus clairement compte de ce fait, on n'a qu'à appeler quelqu'un de loin : *Alexis !* vous n'entendez que *xi* ; *Agathe*, vous n'entendez que *gath*.

Dont appert que, dans tout mot lyonnais (ou même français), l'accent tonique est sur la dernière syllabe, si le mot ne se termine pas par un *e* muet ; et sur l'avant-dernière, s'il se termine par un *e* muet.

C'est bête, cette remarque, et cependant il a fallu des siècles pour que quelqu'un ait eu l'idée de la faire [1]. Même pour d'autres langues on ne s'était pas rendu compte de la loi de l'accent, et le maître qui m'a fait ânonner quelques mots d'anglais, quand j'étais petit gone, ne m'a jamais fait remarquer que, dans chaque mot, d'après certaines règles, il y avait une syllabe sur laquelle on appuyait fortement, tandis qu'il suffisait d'avaler tout le reste.

Il est évident que, dans nos monosyllabes, il n'y a pas de choix pour la place de l'accent tonique : *quoi, je, vous* ne peuvent avoir l'accent que sur **oi, e, ou**.

Seulement, quand vous prononcez une phrase, il arrive que certains mots, par exemple les proclitiques, comme disent les grammairiens, perdent l'accent. On glisse sur ces mots, d'après le contexte de la phrase, pour appuyer emphatiquement sur de certaines syllabes. Cela se fait tout naturellement, sans qu'on y pense. Ouvrez vos oreilles à ces vers splendides :

> Vois la m**er** et l'Eub**ée**, et, r**ou**ge au crépusc**u**le,
> Le Callidr**o**me s**om**bre et l'Œt**a**, dont Herc**u**le
> Fit son bûch**er** supr**ê**me et son premier aut**el**.   (HÉRÉDIA.)

On voit que tous les monosyllabes moins un (*mer*) ont perdu leur accent tonique, et que le seul monosyllabe accentué est un substantif.

---

[1]. Il a même fallu un étranger, Scoppa, pour constater ce fait si simple. Ce qu'on avait dit de sottises à l'égard de l'accent français est incroyable. Périon prétendait qu'on devait prononcer d**o**cteur, c**ou**rroux. L'abbé d'Olivet trouve la question si ardue qu'il n'ose s'aventurer à déterminer la place de l'accent français, et Batteux scande ainsi les deux premiers vers d'*Athalie* :

> Oui, je viens dans **son** temple adorer l'Eternel ;
> Je viens, selon l'**u**sage **an**tique et solennel (!)...

(Voir Gaston Paris, *Étude sur le rôle de l'accent latin*.)

Ce n'est pas à dire pourtant que, à l'occasion, par suite de la disposition de la phrase, les enclitiques, les pronoms, par exemple, ne puissent prendre l'accent rythmique :

> Allez, assurez-le que sur ce peu d'attraits...
> (Rotrou.)

Dont suit qu'il faut retenir cette maxime :

Tous les accents rythmiques sont toniques, mais tous les accents toniques ne sont pas rythmiques.

L'accent dans le mot n'est donc pas la même chose que l'accent dans la phrase, et il est fâcheux que le français applique le même nom à des objets différents [1].

Les Allemands, au contraire, ont des noms distincts pour ces deux choses, et à côté du *Syllben-Accent* ou accent tonique, ils ont la *Hebung* (action d'élever) ou accent rythmique. De plus nous n'avons aucun nom pour désigner l'absence d'accent rythmique sur une syllabe. Les Allemands appellent cette absence d'accent la *Senkung* (action d'abaisser). Étant au dépourvu de termes, nos savants français ont mis le grec à contribution, suivant leur coutume, et ils nomment *arsis* la *Hebung*, et *thesis* la *Senkung*, mais l'auteur du présent écrit n'étant point savant du tout, il emploiera bonnement les mots lyonnais correspondant à *Hebung* et à *Senkung*, et il dira la *lève* et la *baisse*. Ces deux vocables nous seront chers d'ailleurs parce qu'ils appartiennent au noble art de la canuserie, et que, dans ma bonne ville natale, tout le monde les comprendra prou. La poésie, en effet, doit être comme une pièce de soie façonnée, où tour à tour la lève et la baisse des crochets donne de beaux dessins, avec cette différence qu'ici les dessins rythmiques seront savourés des oreilles, comme nous savourons des yeux les ramages rutilants de nos brocards.

[1]. A côté de l'accent tonique et de l'accent rythmique, on peut distinguer un troisième accent, l'accent oratoire ; c'est celui qui donne de l'emphase aux mots significatifs du discours. Dans tout vers bien fait, chaque accent oratoire doit se confondre avec un accent rythmique.

Mais disons tout de suite que nous ne donnons pourtant pas au mot lève tout à fait le sens d'arsis en grec et en latin. La lève ne s'applique qu'aux accents rythmiques. Ainsi ce vers de Virgile

> Tītўrĕ tū pătŭlāe rĕcŭbāns sūb tēgmĭnĕ fāgī,

A six arsis, mais il n'a que cinq lèves :

> Tityre, tu pa tulae recu bans sub tegmine fa gi.

Nous ne donnons pas non plus au mot *lève* tout à fait le sens de *Hebung*, car tous les accents en allemand sont dans la *Hebung*, tandis que nous ne donnons le nom de *lève* qu'aux *accents principaux*, ce que nous avons appelé les *accents rythmiques*.

Il y a en effet dans le rythme en français, à côté des accents *principaux*, des accents *secondaires*, de même qu'à côté des *lèves* proprement dites, il y a des *lèves très accentuées*. Dans l'alexandrin classique, ces dernières sont les lèves placées à l'hémistiche et à la rime.

Ainsi, voulons-nous représenter dans toutes ses nuances le vers de tout à l'heure ? Figurons par une barre au dessus de la voyelle (comme les longues latines) la place des lèves ordinaires; par des lettres grasses celles des lèves très accentuées, et par un caractère italique l'accent secondaire, nous aurons :

> Voīs la mēr et l'Eub**ee**, et rōuge, au *cré*pusc**u**le...

Nous avons deux lèves très accentuées, deux lèves ordinaires et un accent secondaire (sur la syllabe initiale de *crépuscule*).

Mais remarquez une chose : si nous donnons le nom de syllabe longue (lors même qu'elle serait brève par nature) à toutes les syllabes accentuées, et le nom de brève (lors même qu'elle serait longue par nature) à toutes les syllabes atones, nous aurons un vers composé de pieds à l'antique, savoir d'une dipodie anapestique et d'une tripodie iambique :

> Vōis lă mēr | ĕt l'Eūbēe || ĕt rōu|ge āu crē|pŭscūle

C'est, en général, la forme la plus agréable du vers français. Il n'y a peut-être pas dans Racine trente vers qui ne se décomposent pas en ïambes et en anapestes, témoins ces vers délicieux :

> Quĕ dĕ sōins | m'eût cōutēs || cĕttĕ tē|tĕ chărmāntĕ !...
> Mīnōs | jŭgĕ aŭx | ĕnfērs || tōus lĕs pā|lĕs hŭmāins [1].

Presque les seuls vers qui fassent exception sont ceux où l'e muet se trouvant à la place d'une longue dans un pied ïambique, une tripodie ïambique est remplacée par un ïambe et un pied de quatre syllabes avec la dernière accentuée, ce qu'en prosodie on nomme un péon du quatrième genre :

> Mŏrtēl|lĕ sŭ|bīssēz || lĕ sōrt | d'ŭnĕ mŏrtēllĕ.

Cela n'enlève rien à l'équilibre et à la cadence du vers parce que le rythme reste toujours ascendant. Il arrive même souvent que dans le débit on glisse tellement sur certains accents secondaires que l'on tend à transformer deux ïambes en un péon. Ainsi le vers de tout à l'heure se prononcera presque [2] :

> Mīnōs | jŭgĕ aŭx ĕnfērs || tous les pā | les humāins.

Il suit de là que ce sont les accents principaux ou lèves qui constituent l'harmonie fondamentale, et c'est pourquoi le plus souvent, dans les vers cités, nous n'indiquerons que les lèves, sans

---

[1]. On remarquera qu'en français trois ïambes égalent deux anapestes. En français il ne peut y avoir de spondées : de deux syllabes contiguës l'une étant toujours plus forte que l'autre. Les trochées sont très rares et non moins rarement heureux. Je doute s'il peut exister de dactyles. Les vers qui échappent à la scansion sont presque toujours sans harmonie et redescendent dans la prose. Ainsi du vers suivant :

> « Ĕt lĕur crī | rāuquĕ | g̃rin || ce à trăvērs | lĕs ĕspācĕs. »
> (VERLAINE.)

Le premier hémistiche ne se scande pas régulièrement. Il se compose d'un anapeste, d'un trochée et d'une syllabe accentuée. En français, aussi bien qu'en allemand et en anglais, le trochée ne peut être mêlé aux anapestes ou aux ïambes (sauf dans des conditions très particulières que nous n'avons pas le loisir d'examiner ici). Le rythme ascendant est soudainement interrompu par un rythme descendant. Il tombe et se casse le nez. C'est ici un effet voulu, sans doute, mais le rythme se casse le nez tout de même.

[2]. Nous disons presque, car, malgré que l'on en ait, on fera toujours sentir un peu plus *aux* que *juge* et que la première syllabe d'*enfers*.

faire non plus de différence entre les lèves ordinaires et les lèves très accentuées. Continuant notre comparaison, nous dirons que, sur notre étoffe poétique, les syllabes dans la lève représentent le broché, le dessin rythmique ; les demi-lèves, et les atones (dont nous dirons qu'elles sont dans la baisse) représentent le fond de l'étoffe, où il y a des fils dessus (les demi-lèves) et des fils dessous (les atones ou voyelles dans la baisse). Ce fond a son importance, car il donne de la solidité à l'étoffe par un bon croisement de fils, mais ce n'est qu'un fond.

Je supplie le lecteur de faire un petit effort pour se bien mettre dans la tête les définitions qui viennent d'être données, sans quoi nous courrions fortune de n'être pas toujours bien compris. Ce sera du reste le seul effort que je lui demanderai.

Mais avant de décomposer nos étoffes au « quart de pouce », à la manière des fabricants, il nous sera utile de connaître comment

LA POÉSIE LATINE POPULAIRE

a compris le rythme, car c'est d'elle qu'est issu le vers français.

On connaît les vers contre les mœurs de César, chantés par ses soldats et rapportés par Suétone :

> Gallias Caesar subegit, Nicomedes Caesarem :
> Ecce Caesar nunc triumphat, qui subegit Gallias ;
> Nicomedes non triumphat, qui subegit Caesarem.

Ces vers offrent deux caractères : 1° Ils peuvent se scander selon la métrique classique ; 2° chacun d'eux est coupé à huit [1], et de plus, avec une très légère interversion (*Caesar Gallias* au lieu de *Gallias Caesar*) on peut les considérer comme composés de trochées dans lesquels la syllabe longue serait remplacée par la syllabe tonique, et la brève par la syllabe atone : Caesar Gallias subegit, etc.

Cette rencontre, reproduite dans les autres vers populaires contre César : *Brutus, quia reges ejicit...*, doit avoir plus que la portée d'un

---

[1]. Les vers mesurés de ce mètre sont bien coupés après le quatrième pied, mais ce quatrième pied ne finit pas toujours avec la huitième syllabe.

simple hasard, et il est permis d'y lire l'intention de se conformer à certaines successions rythmiques qui plaisaient à l'oreille de la foule.

Mais les chants des soldats d'Aurélien, conçus sur le même type rythmique, sont déjà rebelles à la scansion classique [1].

> Mille, mille, mille, mille, mille decollavimus ;
> Unus homo mille ; mille, mille decollavimus...
> Tantum vinum habet nemo quantum fudit sanguinis...

La substitution, à un rythme fondé sur la quantité prosodique des syllabes, d'un rythme fondé sur la succession des accentuées et des atones, cette substitution, dis-je, prenait le dessus, encore que l'alternance des fortes et des faibles ne fût pas toujours très rigoureusement observée, mais la tendance est évidente [2]. Une certaine hésitation devait se produire chez les lettrés qui auraient été désireux de conserver les formes consacrées et subissaient cependant l'influence croissante du rythme. De là des œuvres qui ne se prêtent bien ni aux lois anciennes ni aux lois nouvelles. L'hymne si connue de saint Augustin contre les Donatistes et intitulée *Abecedarius* se compose de vers qui ont tous seize syllabes, avec pause après la huitième; mais d'autre part la forme trochaïque rythmique n'est pas toujours observée. Tandis que, dans le premier vers :

> Omnes qui gaudetis pace, modo verum judicate,

est, ainsi que le second, un parfait octonaire rythmique, le troisième, au contraire, ne se prête plus à cette scansion :

> Propter hoc Dominus noster voluit nos praemonere [3].

---

1. Dans plusieurs vers de ces chants le dernier pied serait un spondée inadmissible, et le demi-pied final aurait deux syllabes.
2. Un passage du grammairien Victorinus, mort en 370, montre que, déjà à cette époque, la poésie rythmique était constituée, et que c'était la poésie populaire : *Quid est consimile metro? Rythmus. Rythmus, quis est? Verborum modulata compositio, non metrica ratione, sed numerosa scansione ad judicium aurium examinata, utputa veluti sunt cantica poetarium vulgarium.*
3. M. Ebert, dans le but honnête de tout pacifier, suppose que, dans les vers irréguliers en apparence, « les brèves prennent la place des longues dans l'arsis, » et il accentue ainsi : « Propter hoc Dominus... » et « videt hoc saeculum mare. » Cette accentuation me paraît de haute fantaisie.

Ces irrégularités devaient disparaître, et les lois de la nouvelle poésie se fixer dans le latin liturgique. L'accentuation y suit les règles suivantes : dans les mots de deux syllabes, l'accent se place sur la première, qu'elle soit brève ou longue de sa nature : dĕus, māter ; dans les polysyllabes, l'accent affecte la pénultième, si elle est longue de sa nature : beātus, divīna ; ou l'antépénultième, quelle que soit sa quantité, si la pénultième est brève : spĭritus, misĕricors.

Jusque-là nous n'avons à faire qu'à la vieille accentuation latine, mais comme la voix humaine (au moins la voix moderne) entremêle instinctivement les syllabes fortes et les syllabes faibles, les toniques et les atones, il arriva que, l'accent tonique étant déterminé, la voyelle qui suivait ou précédait immédiatement l'accent, s'affaiblit, et sa voisine, en avant ou en arrière, prit à son tour l'accent : dŏminus, imperatōrem. Ainsi s'accentuent ces vers d'une chanson à boire :

> Mihi est propositum,
> In taberna mori.

C'est ce qui explique comment, dans les mots latins où il y avait deux post-toniques, la dernière a pu, sous de certaines conditions, se conserver en français.

De ce qui précède, il résulte que le vers latin, tout naturellement, se plia à cette règle, non encore observée dans les premières poésies populaires, à savoir que deux syllabes accentuées ne doivent jamais être en contact et doivent toujours être séparées par une atone. Voici les premiers vers d'une hymne attribuée à tort par plusieurs critiques à saint Augustin. Elle est visiblement bien postérieure, mais elle met en relief l'évolution de la poésie latine rythmée[1].

Le vers a quinze syllabes (rythme fréquent à l'origine de la poésie

---

1. Sur les neuf vers composant les trois premières strophes, un seul, le premier de la deuxième strophe, a encore deux syllabes accentuées en contact. L'auteur n'a pas su mieux faire, mais son intention est évidente.

populaire latine), avec deux pauses très régulières, après la quatrième et la huitième atones [1].

> **Ad** perennis | **vi**tae | **fo**ntem | **me**ns sitivit **a**rida,
> **Cla**ustra **ca**rnis | **prae**sto frangi | **cla**usa quaerit **a**nima :
> **Gli**scit, **am**bit | **e**luctatur | **e**xul frui **pa**tria...

Les poètes, plus tard, de ce long vers, en ont fait deux, dont le premier, de huit syllabes, se trouve ainsi à désinence féminine ou atone, et le second, de sept syllabes, à désinence masculine ou accentuée :

> **Al**titudo ! quid hic **ja**ces
> In tam **vi**li sta**bu**lo !

En somme, la poésie rythmique ne se compose de rien de plus que de rangées plus ou moins longues de syllabes où alternent les accentuées et les atones. Ce seront des trochées ou des ïambes ; en principe ce ne pourra jamais être des dactyles ou des anapestes. Toutefois les poètes se donnaient quelquefois la licence d'un changement de rythme, c'est-à-dire qu'à l'occasion ils pouvaient mettre deux atones (mais jamais deux accentuées) en contact. Ainsi l'on a :

> Con**ten**dere non [2] po**tes**tis.

De cette manière le nombre des atones était augmenté d'un, celui des accentuées diminuées d'un : le total restait le même. Le cas, d'ailleurs, n'était pas fréquent et ne pouvait se présenter que dans les longs vers [3].

Les vers de nos proses liturgiques, dont les premières remontent au moins jusqu'au moine Notker, né vers 830, suivent très fidè-

---

1. Cette double césure est dictée par un sentiment très juste de la cadence et par la nécessité, pour faciliter la respiration, de couper en tronçons les vers longs. C'est pour avoir méconnu ces conditions que nos poètes français ont été si malheureux dans leurs essais de vers comptant plus de douze syllabes.
2. Le second pied devient ainsi un anapeste au lieu d'un ïambe.
3. Pour plus de détails, à cet égard, cf. M. W. Meyer, *Ludus de Antichristo.*

lement la loi de l'alternance des lèves et des baisses. Elles sont généralement trochaïques :

> Qu**a**ntus tr**e**mor | **e**st fut**u**rus,
> Qu**a**ndo J**u**dex | **e**st vent**u**rus,
> C**u**ncta str**i**cte | disc**u**ss**u**rus !

Dans les vers de plus de sept syllabes, une pause intérieure existe toujours, et même dans le plus grand nombre des vers de sept.

Cette poésie populaire et liturgique a donné naissance, avec des modifications bien entendu, au

VERS FRANÇAIS [1]

Le plus ancien monument rythmé en français, la cantilène de *sainte Eulalie* (fin du IXe siècle) est calqué sur une séquence latine dont la versification n'a pas le caractère simplet des proses liturgiques.

Sur le patron de la pièce latine, la pièce française se compose de quatorze stances de deux vers, plus une clausule de sept syllabes. On a cru reconnaître que la pièce se divise en trois parties, en manière de strophe, antistrophe et épode, chacune des premières parties comprenant six stances et la troisième deux, plus la clausule.

Les deux vers de chaque stance (non sans l'aide de quelques corrections) ont le même nombre de syllabes, quoique ce nombre varie depuis dix jusqu'à treize. Tous les vers se terminent par une syllabe accentuée. Le nombre des accents diffère de stance en stance depuis quatre jusqu'à six, mais, d'après M. Koschwitz, non seulement dans les deux vers composant chaque stance, le nombre des accents serait le même, mais encore les lèves et les baisses s'y suivraient dans le même ordre. Par exemple, chacun des deux vers de la première stance donnerait -◡◡-◡◡-◡◡- :

---

[1]. Ce n'est pas à dire que l'influence de la poésie classique n'ait pu se faire sentir dans certaines formes de la nôtre, par exemple, dans le décasyllabe ; mais tous les vers sont fondés sur le principe rythmique.

> Buona pulcella | fut **Eulalia**;
> Bel avret corps, | bellezour anima [1].

Une si parfaite concordance à toutes les stances ne va pas sans laisser quelques doutes. Outre qu'elle n'est obtenue qu'à l'aide de certaines corrections, il est impossible de ne pas remarquer que l'accentuation de cette stance, par exemple, est à l'encontre de la phonétique. On ne saurait accentuer ănĭmă ni ĕŭlălĭă, et l'accentuation correcte serait :

> Buona pulcella fut Eulalia;
> Bel avret corps, bellezour anima.

Mais alors les accents ne se correspondent plus dans les deux vers [2].

Une composition en pieds réguliers, isochrones de vers à vers, serait d'ailleurs en contradiction avec tout ce que nous connaissons des anciens monuments rythmés de notre langue, et ne serait guère moins surprenante que la conception de M. Simrock, qui croyait retrouver dans la cantilène le vieux vers germanique des *Niebelungen*. Celle-ci serait une œuvre hybride, semi-latine, semi-française, absolument isolée en son genre. Supposition médiocrement vraisemblable. Il est plus naturel d'y voir un ouvrage analogue aux poésies françaises qui suivirent, mais d'un art hésitant et qui se cherche encore.

Les caractères du rythme sont : 1º l'assonance; 2º l'iso-syllabisme dans les vers correspondants; 3º la césure, variable, errante, mais pourtant marquée. Dans chaque vers, deux places déterminées pour les levés : 1º à la syllabe rimante (ici la dernière); 2º à la dernière syllabe avant la pause (césure masculine) ou à l'avant-dernière

---

[1]. « Eulalie fut bonne pucelle; elle avait beau le corps et plus belle l'âme. »
[2]. Dans la stance 3, M. Koschwitz accentue : chi maent sus en ciel: l'accentuation exacte serait : chi maent (*manent*) sus en ciel. Dans la stance 7, il fait des deux syllabes de *nonques* deux atones.

(césure enjambante [1]). Les autres lèves *ad libitum*. Déjà paraît le décasyllabe avec sa césure à quatre ou à six.

Le vers français allait se constituer définitivement sur les mêmes éléments, mais de façon moins indécise.

Si le latin populaire et le latin liturgique ont été le *substratum* du vers français, celui-ci ne leur a cependant pas tout emprunté. De ces quatre facteurs : 1° syllabisme ; 2° homophonie du son final (assonance ou rime) ; 3° pause à place déterminée ; 4° alternance des accents, le vers français n'a retenu que les trois premiers. Il s'est contenté d'assigner aux lèves deux places déterminées : soit d'abord dans tous les vers une lève à la syllabe finale (ou pénultième si la rime est féminine) ; puis une lève sur la quatrième syllabe dans l'octosyllabe et dans le décasyllabe [2], nos plus anciens vers, et plus tard sur la sixième dans le dodécasyllabe. C'est après cette lève intérieure (ou après l'atone qui la suit) qu'il a exigé la pause, ordinairement à la même place que dans les vers latins populaires ou liturgiques. Pour la place des autres lèves aucunes lois que celles dictées par le sentiment général de l'harmonie.

Voici les types les plus anciens de ces trois vers :

OCTOSYLLABE MASCULIN (*Vie de saint Léger*, Xᵉ siècle.)
Et sancz Lethgiers molt en fud trist.

OCTOSYLLABE FÉMININ (*La Passion*, fin du Xᵉ s.)
De laz la croz estet Marie.

DÉCASYLLABE FÉMININ (*Chanson de Roland*, XIᵉ s.)
Ad ambes mains, derompt sa blanche barbe.

DODÉCASYLLABE MASCULIN (*Pèlerin. de Charlem.*, fin du XIᵉ s.)
Et dis li Emperere : Or gaberat Ogiers [3].

---

1. M. Koschwitz qualifie cette césure de féminine (*weibliche*), mais dans la césure dite féminine ou épique, employée par nos poètes du moyen âge, la voyelle atone précédant la pause ne compte pas dans le nombre des syllabes du vers. Dans *Eulalie*, au contraire, la syllabe compte, comme dans les vers italiens. Nous sommes donc en présence, non de la césure féminine, mais de la césure dite enjambante.

2. Ou plus rarement dans le décasyllabe, après la sixième.

3. *De laz*, auprès de ; *ambes*, deux ; *derompt*, arrache ; *gaberat*, dira une vantardise.

A quoi tient la différence entre la constitution du vers français et la constitution du vers latin populaire et liturgique? Évidemment à ce que le français, dès ce temps-là, avait son caractère propre, qui est d'être une langue sans chant. Sans doute il était alors plus chantant qu'aujourd'hui, mais il l'était déjà beaucoup moins que le latin, et il répugnait à élever et à baisser sans cesse la voix dans un vers[1].

Le vers français était conforme au génie national, mais aurait-on pu lui substituer un vers de formation savante, qui aurait représenté un art plus raffiné ou prétendu tel? En soi, la chose n'avait rien de radicalement impossible. Les lettrés latins avaient introduit un vers exotique, taillé sur le type grec, qui est devenu classique. Au XVIe siècle, les Espagnols ont transformé la structure de leur vers indigène et les formes générales de leur poésie en se modelant sur les Italiens. L'extraordinaire eût été qu'au XVIe siècle les adorateurs de l'antiquité n'eussent pas essayé de substituer au vers autochthone

UN VERS FORMÉ SUR LE TYPE LATIN CLASSIQUE

Mais pour cela il eût fallu d'abord que les conditions des deux langues fussent les mêmes. Nous avons vu que le rythme des vers peut être marqué, soit par la succession de sons dissemblables entre eux comme durée, soit par la succession de sons dissemblables entre eux comme intensité. Nous avons vu encore que le premier cas est celui du vers latin, et le second celui du vers français. La question initiale était donc non seulement qu'en français il y eût des syllabes longues et des syllabes brèves, mais encore que la proportion entre la longue et la brève fût la même qu'en latin, et que, par exemple, tandis que le Romain mettait le même temps pour prononcer le spondée flōrēs que pour prononcer le dactyle sĕmĭnĕ, nous missions le même temps pour prononcer le spondée pāraīt que le dactyle ănŏnnaït.

---

[1]. C'est encore maintenant ce qui différencie le vers français du vers allemand et du vers anglais, et dans une moindre mesure, du vers italien et espagnol.

Observations sur l'Art de versifier.

Faire la question, c'est y répondre. Mais il y a d'autres difficultés encore. Le nombre infini de sons en français dont on ne sait s'il faut les classer dans les longs ou dans les brefs rendait à l'avance instable toute métrique fondée sur cette distinction.

Un certain Mousset avait déjà traduit tout Homère en hexamètres français mesurés à la latine. Mais sa tentative resta bien ignorée, puisque c'est à Jodelle que Pasquier put attribuer les deux premiers vers français (un hexamètre et un pentamètre) écrits de cette sorte :

> Phēbŭs, Ă|mōur, Çȳ|prīs vĕut | sāuvĕr, | nōurrĭr ĕt | ōrnēr
> Tōn vērs, | cœ̄ur ĕt | chēf, | d'ōmbrĕ, dĕ | flāmmĕ, dĕ | flēurs [1].

Encore bien qu'à l'oreille, la mesure ne se sente guère, que la structure soit hachée, le distique n'en fut pas moins jugé par Pasquier « un petit chef-d'œuvre ».

Le comte d'Alsinois (Nicolas Denisot), de jalousie sans doute, fit aussi ce distique, où l'*us* final de Vénus est tantôt long, tantôt bref :

> Vōīs dĕ rĕ|chēf, ō | ālmĕ Vĕ|nūs, Vĕnŭs | ālmĕ, rĕ|chāntēr
> Tōn lōs, | īmmōr|tēl | pār cĕ pŏ|ētĕ sāc|rē.

Je passe les vers du bon Pasquier.

Le propos requiert de dire un mot de ce que l'on appelle communément les hexamètres rimés de Baïf ou vers baïfins. Quicherat donne la citation suivante de la pièce intitulée *Hippocrène* :

> Muse, reine d'Hélicon, fille de mémoire, ô déesse,
> O des poètes l'appui, favorise ma hardiesse.
> Je veux donner aux François un vers de plus libre accordance,
> *Pour le joindre au but la source d'une moins contrainte cadence :*
> Fais qu'il oigne doucement des oyans les pleines oreilles,
> Dedans dégouttant, flatteur, un miel doucereux à merveilles.

Je ne sais pourquoi on a lu dans ces vers des hexamètres à forme latine. Quicherat n'avait sans doute pas cherché à les scander : il

---

[1]. Dans cette si courte composition se montre déjà l'arbitraire des quantités. On ne voit pas pourquoi *is* final de *Cypris* (bref en latin) est long, tandis qu'*ir* final est bref. Il semble que c'est le contraire qui devrait être.

en aurait vu tout de suite l'impossibilité. Il est non moins étonnant qu'il n'ait pas remarqué davantage que tous ces vers, sauf le quatrième, avaient quinze syllabes, régularité à peu près impossible à obtenir dans la construction des hexamètres, et que, de surcroît, ils ont tous une césure après la septième syllabe.

Quant au quatrième vers, avec ses seize syllabes, il est manifestement estropié dans la reproduction de Quicherat. Il doit être lu dans la transcription de Becq de Fouquières :

Pour le joindre au luth sonné d'une moins contrainte cadence.

Le vers baïfin n'est donc que l'essai peu avantageux d'un vers de quinze syllabes, suggéré peut-être par le septenaire iambique régulier, mais ce dernier se coupe à huit.

Les poètes comprirent vite que de prétendus vers français mesurés qui n'avaient ni syllabisme ni homophonie, c'est-à-dire ni nombre de syllabes déterminé ni rime, ne pouvaient être qu'une énigme pour le public lettré, et, pour le commun, qu'une prose désagréable. Aussi cherchèrent-ils dans l'antiquité un rythme qui comportât au moins le syllabisme. Ils le trouvèrent dans le vers phalécien, dont la construction comprend onze syllabes [1].

Seulement, comme on ne se rendait pas compte des conditions phonétiques du vers latin, les poètes ne songèrent pas que la dernière syllabe devait être atone, et ne comptait pas plus que notre *e* muet à la fin d'un vers. En réalité, le vers phaleuce devait être en français un vers de dix syllabes à désinence féminine [2]. Or, ils lui comptèrent onze syllabes pleines, c'est-à-dire qu'ils le firent à dési-

---

1. C'est le rythme de Catulle :

« Passer, deliciae meae puellae,
« Quem plus illa oculis suis amabat. »

2. M. Bellanger conteste à cet égard l'opinion de Quicherat, mais il n'est pas douteux que la dernière syllabe du vers étant atone et non suivie d'une autre, la voix ne dût nécessairement s'y abaisser, quelle qu'en fût d'ailleurs la quantité. La faculté laissée au poète de faire indifféremment brève ou longue la dernière syllabe du vers, indique suffisamment la faiblesse du rôle de celle-ci.

nence masculine, puis, par un procédé tout français, ils le greffèrent d'une césure après la sixième syllabe. Ainsi fit Denisot :

Ōr quănt | ēst dĕ l'ă|mōur ă|mȳ dĕ | vērtŭ...

Somme, dans ce vers, le latin ne figure plus que pour le principe. On est simplement en présence d'un hendécasyllabe français sans rime.

Un pas de plus et l'on a la strophe saphique de Ronsard, de Passerat et de Rapin. Le vers saphique est de onze syllabes comme le phaleuce. Ces poètes le rimèrent, le coupèrent à cinq, puis reproduisirent la strophe saphique, composée de trois vers saphiques et d'un adonique de cinq syllabes. Ils tombèrent dans la même erreur que Denisot, et firent leurs vers de onze et de cinq syllabes à rimes masculines. Voici une strophe de Ronsard :

Pōurquŏi dăns mōn | cœur — ăs-tŭ | făit tŏn sĕjōur ?
Jĕ lănguĭs lă | nuĭt, — jĕ sŏu|pīrĕ lĕ jōur ;
Lĕ săng tōut gē|lĕ — sĕ ră|măsse ă | l'ēntōur
Dĕ mŏn cœur | trānsī[1].

On s'éloigne, comme on voit, de plus en plus du latin pour se fixer dans une forme toute française.

Buttet avait été le premier à imiter la strophe classique, et le seul à traduire régulièrement (fût-ce à dessein ?) son mètre par un décasyllabe à rime féminine. Ses vers, sans césure, sont d'ailleurs informes :

Prīncĕ dēs Mū|sēs, Jŏvĭ|ālĕ rācĕ,
Vĭēns dĕ tŏn bĕāu | mŏnt sŭbĭt ; | ō dĕ grācĕ[2] !

Je crois bien que les plus jolis vers mesurés en français sont ceux de l'Ode de Baïf, qu'il fit d'après le mètre qu'on appelle ionique

---

[1]. Le poète oublie la quantité des syllabes, au point de faire trois fois d'un *e* muet une syllabe longue. Il fait *e* atone bref dans *se, je*, et long dans *gelé*. C'est l'inverse que l'on comprendrait.

[2]. Il manque une syllabe à ce vers dans la citation de Quicherat. On le complète facilement par l'addition de *ô* au troisième pied.

mineur, et dont chaque pied se compose d'un pyrrhique et d'un spondée[1]. Les stances de Baïf ont trois vers, les deux premiers, trimètres, et le troisième, tétramètre. Il donna à ses vers douze syllabes, avec rimes masculines, ce qui est un contre-sens au regard du vers latin qui en a onze, plus l'atone finale, mais en français le nombre pair cadrait bien :

Cĕ pĕtīt diēu | chŏlĕrē, ārchēr, | lĕgĕr ōiseāu,
A la parfin | ne me lerra | que le tombeau,
Si du grand feu | que je nourri | ne s'amortit | la vive ardeur.

Quand on prononce ces vers, ils ne sont point sans cadence, lès deux premiers du moins. Quant au troisième, il en a trop.

En effet, on remarquera que, pour franciser encore davantage ses vers, Baïf s'est arrangé de façon que chaque pied se termine constamment avec le mot sur une syllabe masculine, procédé contraire au latin, qui varie les coupes. En d'autres termes, les deux premiers vers sont de purs dodécasyllabes français à deux césures, à quatre et à huit. Cette coupe peut donner de bons effets, à la condition d'en user avec modération. Quant au troisième vers, sa division en quatre tranches égales est d'une monotonie fort pénible.

Enfin Baïf, contrairement au latin, a rimé, et même richement (*ardeur-verdeur, mourray-pourray, loiaulté-beauté*). Nous n'avons donc affaire qu'à des vers français, avec une coupe inusitée.

Je crois Turgot le dernier qui ait renouvelé la tentative de vers mesurés. En 1778, il publia la traduction de quelques livres de l'Énéide. Seul, il a su reproduire dans la coupe des vers quelque chose de l'hexamètre latin. Il est fort extraordinaire que de tous les faiseurs de vers antiques au xvie siècle, aucun n'ait eu l'idée de reproduire l'enjambement, la terminaison de la phrase au cours du vers, tous ces mouvements qui donnent tant de charme aux mètres latins, et que Chénier a introduit si heureusement dans la poésie française. Ces poètes, au contraire, terminaient uniformément avec le vers leur phrase entortillée.

---

1. *Sonat alta trabe fixus tibi nidus.*

Deux vers de Turgot :

Déjà Dĭ|dŏn; — là sŭ|pèrbĕ Dĭ|dŏn, — brūle | ĕn sēcrĕt. | — Sŏn cœur
Nōurrīt lĕ | pōisŏn lĕnt | — quī lā cŏn|sūme — ĕt cōurt | dĕ vĕine ĕn | vĕinĕ.

Ces deux vers ont de la cadence, mais ils le doivent encore à la métrique française. Ce sont deux hékèdécasyllabes ; le premier a trois césures : après la 4ᵉ syllabe, la 10ᵉ et la 14ᵉ ; le second, deux césures : après la 6ᵉ et la 10ᵉ. Il est à remarquer que ces coupes variées sont d'un effet bien plus agréable que la coupe de 4 en 4 de l'hékèdécasyllabe de Baïf. Les autres vers de Turgot, cités par Quicherat, sont sans harmonie. Pour le surplus, Turgot, comme les autres, a usé de la quantité de la façon la plus arbitraire.

Conclusion que toutes les fois que les vers français mesurés ont eu quelque cadence, ils l'ont dû à une rencontre favorable avec nos rythmes indigènes, et non à l'emploi de la métrique latine. On peut tenir pour assuré que, désormais, avec la connaissance plus exacte des lois de l'accentuation, personne ne songera plus chez nous à des vers mesurés.

Jusqu'ici nous avons vu la cadence poétique s'obtenir de trois manières différentes : 1º en la fondant sur le plus ou moins de longueur des syllabes ; ainsi pour la poésie grecque et latine ; 2º en la fondant sur le syllabisme, sur l'isochronie des lèves, sur la pause à place déterminée et sur la rime ; ainsi pour la poésie latine populaire, devenue la poésie liturgique ; 3º en la fondant sur le syllabisme, sur la rime et sur une lève intérieure à place déterminée, suivie immédiatement ou médiatement d'une pause ; ainsi pour la poésie française. Il est intéressant de savoir s'il peut exister une cadence fondée sur d'autres bases. L'exemple nous sera fourni par

LE VERS GERMANIQUE

Der accent muss in unserer accentuierenden Sprache, wie ein Heiligthum *gepflegt werden*, « l'accent, dans notre langue accentuée, doit être soigné comme un objet sacré ! » dit un traité de poésie allemande. C'est qu'en effet la poésie germanique est toute régie par la loi des lèves, et, à l'origine, l'était-elle d'une façon encore plus exclusive.

Le vers germanique primitif, héritier du long vers sanscrit, consistait en un nombre fixe de syllabes accentuées, entre lesquelles pouvaient ou non exister des atones. Nous voilà bien loin de notre tendance romane à faire alterner les syllabes longues et les syllabes faibles [1].

Le vers, toujours le même, comprenait huit lèves, et il était divisé par une césure frappant fortement l'oreille, en deux hémistiches ou, comme disent les Allemands, en deux petits vers (*Kurzzeilen*) [2], comprenant chacun quatre lèves, deux plus fortes et deux plus faibles. Ces deux membres de vers étaient reliés par l'allitération, terme assez vague en français, mais qui exprime en allemand des règles précises. L'allitération est le retour de la même consonne initiale dans certains mots du vers, mais non pas livrés à un choix arbitraire; ainsi l'allitération ne peut lier que les mots significatifs pour la pensée (*begrifflich bedeutenden*) et des syllabes accentuées faisant partie du radical. Il y avait communément une ou deux consonnes allitérantes dans la première *Kurzzeile*, et une dans la seconde. Les premières se nommaient les *Stollen*, la seconde le *Hauptstab* (principale lettre allitérante); les allitérantes ensemble, les *Liedstabe*. Le vers suivant contient quatre *Liedstabe* [3] :

1. Au contraire, par une loi inverse de la nôtre, la force de l'accent tombant sur une syllabe était liée à la longueur de la voyelle précédente, de telle sorte que la construction du vieux vers allemand était, dans une certaine mesure, soumise aussi à la loi de la quantité. Dans les mots de deux syllabes, par exemple, la dernière ne pouvait prendre l'accent que si la première était longue. Dans les mots de trois syllabes, l'accent tombait sur la deuxième si la première était longue, et seulement sur la troisième si cette première était brève. En d'autres termes, une syllabe forte fortifiait sa voisine, tandis qu'elle l'affaiblit dans les langues romanes. Mais l'accent de cette seconde syllabe était cependant moindre que celui de la première. Ainsi dans Herze, il y avait deux lèves, mais la seconde (remplacée dans l'allemand moderne par une baisse) était moins forte que la première.

2. Cette construction n'était pas seulement propre au vieux vers germanique; c'était aussi celle du vers sanscrit dans la poésie lyrique.

3. Il y avait d'autres règles encore. Ainsi, lorsque deux lèves étaient en contact, non seulement la première devait être longue par nature ou par position, mais elle devait avoir, par l'idée logique, une accentuation plus forte. Toutefois, cette exigence ne s'imposa que plus tard. Les baisses intercalaires ne devaient compter qu'une syllabe, excepté dans l'*Auftakt*.

C'est le lieu d'expliquer ce mot sans analogue dans la métrique française. Il est

Dat Hiltibrant hetti | min fater ; ih heittu Hadubrant [1].

Un vers où l'harmonie était obtenue au moyen de procédés aussi délicats n'avait assurément rien de barbare. Il est remarquable, du reste, que plus on remonte dans la civilisation aryenne, plus le langage est perfectionné. C'est surtout ici que la loi du progrès se vérifie peu. Le français est absolument grossier au respect du latin, qui est grossier au prix du grec, qui est lui-même, disent les doctes, inférieur au sanscrit.

Sautons au commencement du XIIe siècle, nous constaterons de grands changements, comme en témoignent ces vers de *Tristan et Yseult*, de Gottfried de Strasbourg. C'est le vers de la « poésie courtoise » ou *hoefische Epos* :

Ein | herr(e) in Parmenîe was,
der | jâr(e) ein kint, als ich ez las :
der | was, als uns diu wârheit
an | sîner aventiure seit,
wol | an gebürte kü(n)ege (g)enoz
an | lande fürsten ebengroz [2].

emprunté à la musique. L'*Auftakt*, c'est le *levé* (ce qui précède la première barre de mesure). C'est donc, en métrique, tout ce qui précède la première lève. Ainsi, dans le vers ïambique, la première syllabe est, en réalité, un Auftakt. Dans la prosodie du moyen âge (à partir de Henri de Veldeke), on n'applique pas à l'Auftakt la règle du monosyllabisme à laquelle sont soumises les autres baisses, et il peut avoir deux et même trois syllabes.

1. « Hiltibrant s'appelle mon père ; je m'appelle Hadubrant. »
2. « J'ai lu qu'en Parménie (royaume imaginaire en terre celtique) existait un seigneur, en ce temps-là adolescent, qui, ainsi qu'on le raconte avec véracité des aventures de sa vie, fut beau de corps et charmant, fidèle, vaillant, généreux et riche. Il était de lignée royale et quant à l'étendue des terres soumises à son pouvoir, l'égal des princes les plus puissants. »

Les *voyelles* entre parenthèses dans le texte doivent s'élider. Les *consonnes* entre parenthèses (*kü(n)ege*, (*g)enoz*) se prononcent à peine, de façon que les deux voyelles ne comptent que pour une, comme ferait une diphtongue accentuée. Les modernes font l'inverse et suppriment au contraire la seconde voyelle. Au lieu de prononcer *tra(g)en, sa(g)en*, ils prononcent *trag(e)n, sag(e)n*. La réunion des deux voyelles, par glissement de la consonne, s'appelle la *Verschleifung*. Elle a lieu lorsqu'une voyelle *brève* est suivie d'un *e* dont elle n'est séparée que par une seule consonne (excepté *k, p, f, z*, qui font entrave). A l'intérieur du vers, la Verschleifung est *facultative*, et *obligatoire* à la fin. On voit que, dans tous les vers de l'exemple cité, l'Auftakt existe, et qu'il est monosyllabique.

On remarquera tout de suite que, sauf au troisième vers, dans le mot wàrheit, il n'y a plus de lèves en contact [1]. On en est venu à chercher une harmonie plus en rapport avec les exigences de l'oreille moderne, qui aime, nous l'avons déjà vu, l'alternance des syllabes fortes et des syllabes faibles. La rime, qui s'était montrée dès le IXe siècle, avec Otfried, et qui avait été empruntée à la poésie latine liturgique, remplace l'allitération. Chaque vers a quatre lèves quand la rime est masculine, et trois quand la rime est féminine. La baisse est toujours monosyllabique. Enfin, de plus en plus, on tend à arriver à un nombre égal de syllabes dans chaque vers. De ce vers à l'octosyllabe de Hans Sachs, il n'y a qu'un pas. Enfin, la tendance générale est la rime masculine. Dans le poème des *Niebelungen* (dont le vers est d'ailleurs très différent et plus voisin du vers allemand primitif) toutes les rimes sont masculines.

Somme, au XIIIe siècle, en Allemagne, tendance marquée à ramener le vers à l'octosyllabe français.

On ne fait pas ici l'histoire de la métrique allemande. Disons seulement qu'une foule d'éléments étrangers s'étant introduits dans la littérature, on renchérit de plus en plus, et de raffinements en raffinements, on en vint à des complications infinies de rythme. Toutes les époques de décadence mettent d'ailleurs une vaine gloire à la difficulté vaincue. On l'a bien vu chez nous au XVe-XVIe siècle.

Encore bien que la poésie populaire ait repris le dessus en Allemagne au XVIe siècle, encore bien que le vers de Hans Sachs soit généralement un vers populaire de huit syllabes (le vers d'Otfried au IXe siècle), on rencontre dans les *Meisterlieder* des tours d'équilibriste, dénués de tout intérêt pour le vrai poète [2]. De ces inventions

---

1. **Wahrheit** est encore l'accentuation moderne, bien que, pour se conformer sans doute au principe de l'accentuation du radical, le dictionnaire de Sachs accentue Wahrheit. Dans la bouche d'un Allemand, les suffixes formés par apposition d'anciens substantifs, tels que *heit, thum, shaft, baft*, prennent même un accent si marqué qu'il domine, à l'audition, l'accent du radical, de sorte qu'en réalité l'on prononce wahrheit.

2. Par exemple, la *pause* consistait à placer en tête du couplet un monosyllabe rimant avec un autre monosyllabe placé à la fin du couplet. Dans un Meisterlied, il y a un couplet de quarante vers, dont le dernier mot est *nach*, à celle fin de rimer avec

subtiles, on s'en lassa de même, et la poésie, quoique toujours régie par la loi des lèves, fit de plus en plus grande la place au syllabisme.

Au commencement du xviie siècle, Opitz, surnommé le père et le restaurateur de la poésie, formula en règles ce que l'on faisait instinctivement, et dans la passion pour l'antiquité, générale à ce moment, il décomposa le vers en pieds, qu'il gratifia d'appellations antiques, mais où (comme nous avons déjà eu occasion de le dire) il appliqua à la voyelle *accentuée* le nom de *longue*, et à la voyelle *atone* le nom de *brève*, encore bien que, par nature, ce soit souvent le contraire. C'est récemment que, à la qualification de *voyelle-longue*, les Allemands ont substitué le nom de *Hebung* et les Anglais celui d'*accent*.

C'est ainsi que l'on fabriqua des ïambes, des trochées, etc. Avec ces pieds, on construisit des mètres plus ou moins imités de l'antique. Tout cela d'embrouiller si bien les choses que, à un moment donné, Gœthe faillit renoncer à faire des vers !

Mais, à côté des formes savantes, l'ancienne poésie se continuait, spécialement dans les *Lieder*. Bien entendu que l'on y maintenait la rime. Beaucoup chantaient sans se maucœurer de savoir s'ils faisaient ou non des pieds antiques.

L'exemple suivant est tiré de la pièce si connue de Schiller, l'*Anneau de Polycrate*. Ce sont des vers rimés de quatre pieds ïambiques, comprenant ainsi quatre lèves et huit syllabes :

> Er stand auf seines Daches Zinnen ;
> Er schaute, mit vergnügten Sinnen,
> Auf das beherrschte Samos hin [1].

ach, qui commence le premier vers. Il y fallait une belle oreille mnémonique ! Les retours, les croisements des rimes offrent des complications inouïes. On trouve des rimes séparées par seize vers !

[1]. « Il était sur la terrasse de son palais ; il contemplait d'un œil satisfait Samos soumise à ses lois. »

Inutile d'ajouter que dans la plus grande partie des poésies, même populaires, le vers n'est pas, comme ici, iso-syllabique, parce que les pieds peuvent être variables en syllabes. Le rythme peut être ïambique-anapestique ou trochaïque-dactylique. A la première catégorie appartient la célèbre ballade du Roi des Aulnes, aussi en vers de quatre pieds :

> « Wer rei|tet so spät | durch Nacht | und Wind ?
> « Es ist | der Vat|er mit sei|nem Kind. »

En ce qui a trait à la métrique savante, il faut distinguer entre l'école *antikisirende* proprement dite, qui prétend faire des vers avec de vraies brèves et de vraies longues (sans y réussir), et les poètes qui traduisent des pieds antiques en pieds allemands, c'est-à-dire en remplaçant par la syllabe accentuée la syllabe longue du latin. Dans ce genre, voici le distique par quoi débute la première des *Elégies romaines* :

Sa̱get, | Steine mir | a̱n, o̱| sprecht, ihr | hohen Pa|la̱ste !
Stra̱ssen, | redet ein | Wort ! | Genius | regst du dich | nicht [1] ?

Ces vers sont magnifiquement harmonieux dans leur succession de lèves et de baisses, mais il est évident que les pieds qui les composent ont d'antique seulement le nom. En effet, pour se conformer aux règles du latin, les savants ont décidé que, dans l'hexamètre, par exemple, on pouvait employer indifféremment aux quatre premiers pieds des dactyles ou des spondées, mais ils ont ajouté la faculté d'employer le trochée, que proscrit le latin, car l'équivalence ne saurait exister entre une longue plus deux brèves, et une longue plus une brève. Les pieds de l'hexamètre allemand sont donc inégaux.

Au fond, l'hexamètre et le pentamètre allemand, en dépit de leurs prétentions à l'antique, sont régis par la loi des lèves. Chacun des vers ci-dessus comprend six lèves, une lève par pied [2].

1. « Parlez-moi, pierres, ô parlez, vous nobles Palais ! Avenues, dites un mot ! Génie, ne t'éveilles-tu pas ? »
2. Il est vrai que, *en théorie*, il pourrait n'en être pas ainsi, et de deux hexamètres, l'un pourrait, par supposition, contenir cinq spondées et un dactyle (imposé au 5ᵉ pied) : -- | -- | -- | -- | -⌣⌣ | -- soit onze lèves, et l'autre cinq dactyles et un trochée : -⌣⌣ | -⌣⌣ | -⌣⌣ | -⌣⌣ | -⌣⌣ | -⌣, soit six lèves seulement. Mais cela n'est qu'apparent. En réalité, le spondée allemand n'équivaut pas au spondée latin, dont les deux parties composantes sont égales. Le premier n'est qu'une espèce particulière de trochée qu'on pourrait appeler le spondée trochaïque. Des deux lèves qui le composent, la première a un accent plus fort que la dernière (⌣́ -). Tel est le cas, par exemple, dans *Weltmacht*, qu'on peut noter ainsi : W**e**lt*ma*cht, la lettre italique étant censée représenter les trois cinquièmes de l'intensité du son de la lettre grasse. Au contraire, dans le trochée le plus simple (on pourrait les graduer), la première syllabe porte la lève, et la seconde est franchement atone : heilen.
Enseignement que l'hexamètre au fond est un vers de six lèves, et que la grande loi des lèves régit aussi la poésie savante, *volens aut nolens*.

Quoi qu'il en soit de cette poésie trop compliquée pour être populaire, il est facile de se rendre compte combien le vers allemand peut être musical. Il nous serait impossible en français (mais nos vers ont d'autres beautés) d'avoir cette variété d'accentuation. Elle ne peut être obtenue, même en allemand, qu'à l'aide d'une prononciation particulière à la poésie, et les mêmes phrases, disloquées de façon à être réduites en prose, se prononceraient moins musicalement. Cette différence dans la manière de prononcer la prose et la poésie existe dans toutes les langues [1], même en français [2], mais chez nous la distinction entre la prononciation prosaïque et la prononciation poétique est beaucoup moins grande que chez les Allemands, et nous ne pourrions comme eux faire porter au besoin dans nos vers la lève sur une foule de syllabes qui restent inaccentuées dans la prose.

Les Allemands ont en effet la faculté de placer l'accent sur des mots secondaires, tels que les pronoms, les noms de nombre, les prépositions même monosyllabiques, les adverbes, les interjections, les conjonctions... Tout cela, joint à de singulières facilités de contraction dans les mots, rend la causerie des vers en allemand extrê-

---

1. Il me semble que la prononciation du vers latin, scandé en longues et en brèves, devait être très différente de la prononciation de la prose, où l'accent tonique tenait le principal rôle.

2. Chez nous, comme partout, il y a deux prononciations, deux syntaxes, deux vocabulaires, selon qu'il s'agit de prose ou de vers. « Loin de dire avec Voltaire, écrit avec raison M. Gazier, que, pour juger de la bonté des vers, il suffit de les mettre en prose, nous dirons, au contraire, que les très bons vers donneraient de la détestable prose : ce sont deux langages, sinon deux langues, de natures très différentes. »

Cela démontre sur quel peu de fondement repose la théorie de M. Psichari, qui prétend que les *e* muets ne doivent pas compter dans le vers, et que le vers d'Hugo : *Ma fille va prier, vois, la nuit est venue,* est en réalité un vers de dix syllabes, à scander ainsi : *Ma fill' va prier, vois, la nuit est v'nu.* En prose, en effet, un père a même le droit de dire à son enfant : « Ma fill', va don fair' ta prièr' ; te vois ben qu'il est vuit heur'. » Mais s'il lit le vers d'Hugo, il le prononcera en faisant sonner les douze syllabes... à moins qu'il ne sache pas lire un vers. S'appuyer sur la prononciation populaire pour régler la métrique, c'est exiger que l'on prononce ainsi les vers de Banville :

« ..... Ces larges escayers
« Que dans l'ombre une main gigantesque a liés, »

Sous couleur que la concierge de M. Psichari « balie les escayers ».

mement facile au respect de la nôtre, combien qu'il soit malaisé partout de faire de beaux vers.

LE VERS ANGLAIS

N'est qu'une variété du vers germanique. L'anglo-saxon, fils du saxon, ne pouvait que tirer de son père. Voici deux vers du poème de *Beowulf* (IXe siècle) :

>Beowulf wœs breme, | blœd wide sprang
>Scyldes eaferan | Scede-landum in [1].

Comme le vers germanique primitif, le vers du *Beowulf* est sans rime et divisé en deux hémistiches reliés, ainsi qu'on vient de le voir, par l'allitération. Chacun me paraît avoir trois accents.

Les vers suivants, dans le même rythme, ont certainement été écrits à tort en faisant un vers de chaque hémistiche :

>Crist was acennyd
>Cyninga wuldor,
>On midne winter :
>Maere theoden [2] !

Les mêmes phénomènes qu'en Allemagne se produisirent historiquement. On sentit le besoin d'alterner les fortes et les faibles et de compter les syllabes. Au commencement du XIIIe siècle, l'*Ormulum*, paraphrase des histoires évangéliques, par Orm ou Ormin, fut écrit en vers de quatorze syllabes (plus l'atone finale). En voici une citation où chaque vers comprend sept lèves, et me paraît divisé en deux hémistiches, le premier de quatre lèves, le second de trois :

>Thurrh thatt the Laferrd seggde thuss | till Nicodem withth worde :
>Swa lufede the Laferrd Godd | the werelld thatt he sennde
>His aghenn sune Allmahtig Godd | to wurrthen mann on erthe [3].

[1]. « Beowulf fut renommé; il répandit au loin la gloire de la race de Scyld dans les terres de Scanie. »
[2]. « Christ naquit, la gloire des rois, au solstice d'hiver : illustre roi ! »
[3]. « De cette manière le Seigneur parla à Nicodème en ces mots : « Le Seigneur « Dieu a tant aimé le monde qu'il a envoyé son propre fils, le Dieu Tout Puissant, « pour devenir un homme sur la terre. »

La rime apparut en Angleterre au XIIe siècle seulement. Godric, mort en 1170, écrit des strophes rimées d'après le latin liturgique. A partir de ce moment la rime ne se perd plus, mais elle trouva surtout une éclatante application au XIVe siècle dans Chaucer. Néanmoins l'allitération se maintint longtemps, même dans les vers rimés, comme le montre cet exemple, de 1550, environ :

> John **N**obody, quoth I, what **n**ews, thou soon **n**ote and tell
> What **m**anner **m**en thou **m**eane that are so **m**ad?
> He said : These **g**ay **g**allants that will construe the **G**ospel,
> As **S**alomon the **s**age, with **s**emblance full **s**ad...[1].

Quant au vers anglais moderne, il se construit d'après des règles analogues à celles qui régissent le vers allemand, sauf les différences propres au génie des deux langues. Les Anglais ont aussi décomposé leurs vers en pieds faits de longues (lèves) et de brèves (baisses) avec appellations antiques. Ils ont à cet effet dépouillé tout l'arsenal de la métrique grecque et latine, et sont censés employer tous les pieds, y compris ceux de quatre syllabes. Mais c'est le ïambe sur quoi repose presque toute la poésie anglaise. En anglais, l'ïambe se présente si naturellement, que si M. Jourdain eût parlé cette langue, au lieu de faire de la prose, il eût souvent fait des vers ïambiques sans le savoir.

De compte fait, le canon du vers anglais, c'est, comme en allemand, le nombre des lèves, non celui des syllabes. Le syllabisme ne vient que lorsqu'il est appelé par la parité des pieds employés.

Pour fabriquer le vers, les Anglais ont d'ailleurs les mêmes facilités que les Allemands : faculté de contracter les syllabes (voire de les allonger au besoin), et d'accentuer des syllabes atones par nature[2] ; faculté de mettre dans la lèves des mots inaccentués dans le discours :

---

[1]. « Jean Personne, dis-je, quoi de nouveau ? Observe et dis-moi quelle espèce de gens sont ceux que tu dis si fous ? » Il répondit : « Ces joyeux drilles, qui vous interpréteront l'évangile comme le sage Salomon, avec un visage plein de tristesse... »

[2]. Par exemple, Tennyson accentue lo**vel**ier ; Moore, ha**ppi**est ; soit, c'est l'accent secondaire, mais on est tout à fait dérouté de rencontrer ca**red**, incli**ned**.

Sweet **Au**|burn, lo|veliest vil|lage **of** | the pl**ai**n [1].

Dans ce vers de Goldsmith, très doux, musical, et composé d'ïambes [2], on voit que la conjonction *of* porte une lève. C'est exactement comme si l'on accentuait de la manière suivante ce vers de Laprade :

Mais pa**r**le-n**ous** de t**oi**! Que f**ais**-tu de tes j**ours**?

Or, cette accentuation du second hémistiche est impossible. Évident que la voix ne peut s'élever sur la conjonction *de* (qui répond à l'*of* de Goldsmith), et que dans *fais-tu*, elle s'élèvera toujours, non sur la syllabe initiale, mais sur la finale *tu*, comme dans le substantif fét**u**.

Soit même un vers qui puisse logiquement se décomposer en ïambes, tel que cet autre, de *Psyché* :

Mais **la** forêt frémit. D'un **arc** caché dans l'**om**bre...

Jamais, dans une suite de vers, nous ne saurions hausser et baisser alternativement la voix de cette façon. Le génie de la langue y regimbe. Même un tel mode de chanter le vers, s'il était possible, serait à justes enseignes tenu pour moquable [3]. Et ce vers fût-il débité isolément, on y supprimera presque complètement l'accent sur *la* et l'on glissera sur celui de *caché*. On pourrait tâcher à représenter toutes les nuances de la prononciation en marquant la place du simple accent par une lettre italique; celle de la demi-lève par une lettre avec une barre dessus; celle des lèves, par un caractère

---

1. « Doux Auburn, le plus aimable village de la plaine. »
2. Avec addition d'une baisse au troisième pied, ce qui en fait un anapeste. Comme en allemand, l'anapeste peut se mêler aux ïambes. Pas n'est besoin d'ajouter que si tous les accents ont la même valeur rythmique, ils n'ont pas tous la même valeur oratoire.
3. Voici un vers d'Hugo, cette fois absolument ïambique. Aussi est-il outrageux :

« Diss**out** le m**al**, le d**eu**il, l'hi**v**er, la n**uit**, l'en**vie**. »

Sans compter que les idées s'y heurtent autant que les sons, mais cela on y est fait; on ne s'en aperçoit plus.

gras, et celle des lèves très accentuées, par un caractère gras plus gros. On a ainsi cinq inflexions différentes.

> Mais la forêt frémit. D'un arc caché dans l'ombre...

La cadence de ce vers est constituée par les lèves sur les 4ᵉ, 6ᵉ, 8ᵉ et 12ᵉ syllabes. Elles établissent ce que nous avons appelé le dessin rythmique. La demi-lève sur la 10ᵉ, le quart de lève sur la 2ᵉ ne servent modestement qu'à croiser les fils du fond.

Mais en dépit de la différence fondamentale à cet égard entre le génie de notre langue et le génie de l'allemand et de l'anglais, pourrait-on instituer

UN VERS FRANÇAIS SUR LE TYPE GERMANIQUE

C'est-à-dire dont la cadence reposerait sur le nombre des lèves et non plus sur celui des syllabes ? Quicherat avait pensé que oui, et récemment une tentative dans ce sens, qui mérite attention, a été faite par M. Louis Dumur.

Dans un recueil de poésies, intitulé la *Néva*, M. Dumur a employé des rythmes composés avec des pieds analogues aux pieds germaniques.

De ces pièces, il faut déduire celles où les vers ont un nombre régulier de syllabes :

> Ce matin | quand Na|tacha
> Ouvrit | la fenêtre,
> Le jardin | était | tout blanc
> Du puits | jusqu'au hêtre.

Car ici nous avons à faire à de purs vers français ordinaires, de 7 et 5 syllabes, avec un vers rimant sur deux, comme on le fait si souvent en allemand. Que l'auteur les ait composés d'iambes et d'anapestes, il importe peu, les vers français étant à peu près tous composés de même, sans le savoir.

Semez, | ô ciel | d'hiver, | semez | les flo|cons blancs [1] ;
La ter|re mor|te veut | la flo|raison | de mort.

Ceux-là sont des alexandrins sans rime, le premier à coupe classique, le second à coupe romantique.

Dans les vers suivants, nous remplaçons la division en pieds par l'accentuation, ce qui sera plus tangible :

Puiss**an**te, magni**fi**que, il**lus**tre, gra**ve**, noble **Rei**ne,
O Tsa**ri**tza de gla**ces** et de **fas**tes ! Souve**rai**ne,
Mat**ro**ne hié**ra**tique et so**len**nelle et véné**rée** !

Ces vers sont taillés sur le patron de celui-ci, de Surrey, aussi de sept pieds ïambiques :

I s**aw** with**in** my tr**ou**bled he**a**d a h**ea**p of th**ou**ghts app**ear** [2].

Mais le vers anglais et le vers français ne se chanteront pas de même, et dans ce dernier, il y a des accents qui perdront presque toute importance. La *construction* y est bien ïambique, mais le *dessin rythmique* ne l'est pas (heureusement). L'accentuation des lèves *réelles* donne le mouvement suivant :

Puiss**an**te, magnifique, il**lus**tre, gra**ve**, noble **Rei**ne,
O Tsa**ri**tza de gla**ces** et de **fas**tes ! Souve**rai**ne,
Mat**ro**ne hiératique et solen**nelle** et véné**rée**.

Ces vers ne sont point sans cadence et sans grande allure, mais ce sont des quatorze syllabes ordinaires avec deux césures : 1º après la 6º syllabe ; seulement, c'est une césure *masculine* dans le premier et le troisième vers, et *enjambante* dans le deuxième ; 2º après la 10º syllabe ; c'est une césure enjambante dans les deux premiers vers, et masculine dans le troisième.

En toute occurrence, le problème n'est pas ici résolu d'un mètre vraiment ïambique, c'est-à-dire d'un vers avec une lève placée

---

1. Dans *flocon*, faute de métrique, suivant le système de l'auteur. On ne peut mettre *flo* dans la lève et *cons* dans la baisse.
2. « Je vis, dans ma tête troublée, apparaître un monceau de pensées. »

Observations sur l'Art de versifier.

toutes les deux syllabes. Mais voici un alexandrin d'Hugo qui a les conditions :

On ma**r**che, on c**ou**rt, on r**ê**ve, on s**ou**ffre, on p**en**che, on t**om**be.

Horrifique, ces six coups sur un gong ! Je crois préférer encore les vers-mollusques de la jeune école, sans césure ni place déterminée pour les lèves !

M. Dumur a pourtant quelques pièces où le mélange des pieds donne des vers inégaux en syllabes. Dans les vers anapesto-iambiques suivants le dernier pied, pour mieux marquer la mesure, est toujours un anapeste :

Ah ! **Saint** | Pétersb**ou**rg | a pris | des fines|ses charm**an**tes,
Alors | qu'un soleil | de printemps, | ruissel**an**t | du ciel d'or,
Sur la n**ei**ge | immol**é**e | enc**or** | sous le fr**oi**d | et qui d**or**t,
La couvr**ai**t | des bais**er**s | qu'épandr**ai**ent | les am**an**ts | aux am**an**tes.

Cette fois l'accentuation est exacte. Il y a cinq lèves pour un nombre de syllabes qui varie de treize à quinze. La proportion est normale, et le nombre des lèves est semblable dans chaque vers. On voit que si l'emploi du ïambe pur est impossible en français, il n'en est pas de même d'un rythme anapestique, mêlé de quelques ïambes. J'ajouterai que, dans ces vers, quoique non syllabiques, la cadence est suffisamment marquée par la parité des lèves, et que la sonorité y est même fort agréable.

La démonstration semble faite qu'un vers français peut exister, fondé non plus sur la parité des syllabes et sur la disparité des lèves, mais sur la parité des lèves et la disparité des syllabes.

Reste à savoir si les difficultés d'exécution ne créent pas des obstacles insurmontables ou presque. Il faut se rappeler que nous n'avons, pour développer ces rythmes, aucune des aisances que s'octroient Germains et Anglo-Saxons. Les pièces de M. Dumur ne sont pas sans porter plus d'une trace de ces conditions désavantageuses.

Mais le plus malaisé sera de faire accepter à l'oreille du gros public des vers disparates en syllabes. Lorsqu'on voit quelles difficultés a rencontrées, pour se faire tolérer, la césure romantique, laquelle dérangeait tant soit peu nos habitudes, on ne peut croire à la possibilité d'innover que dans les limites les plus étroites.

Nous avons vu par quels procédés divers : 1° le vers classique grec et latin; 2° le vers latin rythmique et le vers liturgique; 3° le vers français primitif; 4° le vers germanique, ont constitué la cadence. Il ne reste plus qu'à en rechercher les règles dans

LE VERS ITALIEN ET ESPAGNOL

Ce vers est fondé, comme le vers français : 1° sur le syllabisme; 2° sur une place déterminée pour les lèves, avec cette différence qu'en français il n'y a qu'une seule lève intérieure à place fixe, et cela seulement dans les vers de plus de huit syllabes, tandis qu'en italien il y a le plus souvent deux lèves à places fixes, et cela dans tous les vers, longs ou courts. Encore une différence, c'est que, en français, on exige que la lève à l'intérieur termine le mot, d'où le plus souvent pause. En italien et en espagnol, il n'est nullement nécessaire que la lève intérieure termine le mot. Quand elle ne le termine pas, les romanistes disent qu'il y a une césure enjambante. On serait plus exact en disant qu'il n'y a pas de césure, mais seulement une lève nécessaire.

Dans le vers suivant, les lèves nécessaires sont sur la 4e, la 8e et la 10e syllabe (il peut y avoir d'autres lèves moins importantes, au gré du poète) :

E ripo**sa**to della **lon**ga via[1]. (DANTE.)

On voit que non seulement il n'y a pas de pause après les lèves nécessaires, mais que *celles-ci ne terminent pas le mot*. Ceci est absolument caractéristique de la poésie italienne et espagnole.

---

[1]. Avec leur idée de césure, les Français noteraient ainsi ce vers :
« E riposa|to della lon|ga via. »

Il y a des vers sans rime, mais le plus grand nombre des vers est avec rime.

On n'entrera ici dans aucun détail, parce que, au fur et à mesure que nous étudierons un mètre français, nous rapprocherons le mètre analogue en italien et en espagnol, mais il est indispensable d'expliquer d'abord la terminologie usitée pour cette prosodie.

Dans ces deux langues, les vers terminés par un oxyton, ou, si l'on aime mieux, les vers à désinence masculine, sont l'exception ; les vers à désinence féminine sont l'immense majorité. Aussi les deux peuples dénomment-ils le vers, non pas comme nous, d'après le nombre de syllabes d'un vers masculin, mais d'après le nombre de syllabes d'un vers féminin, en comptant ainsi la dernière syllabe atone.

Par conséquent, ce que nous appelons décasyllabe en français s'appellera *endecasillabo* en italien, et ainsi du reste.

Seulement, lorsqu'en italien il se présentera un *endecasillabo* à désinence masculine, ce vers n'aura plus en réalité que dix syllabes. C'est pourquoi l'Italien lui donnera le nom d'hendécasyllabe tronqué (*endecasillabo trunco*).

Mais au rebours il peut arriver que le vers se termine par un proparoxyton (sorte de mot qui n'existe pas en français), c'est-à-dire par un mot qui a deux post-toniques, comme dans sdrucciolo (glissant). Le vers aura cette fois une syllabe de plus que *l'endecasillabo* féminin (puisque la seconde post-tonique est ajoutée et ne compte pas) ; il sera dit *sdrucciolo*.

Donc trois espèces d'*endecasillabo* : *l'endecasillabo sdrucciolo* qui compte douze syllabes réelles ; *l'endecasillabo piano* (*l'endecasillabo* féminin ordinaire) qui compte onze syllabes réelles ; *l'endecasillabo trunco* (notre décasyllabe masculin) et qui compte dix syllabes réelles. — Et ainsi pour tous les vers.

Le vers espagnol primitif était fondé, comme le vers français, sur le syllabisme, sur la rime et sur la césure, celle-ci très marquée. Cette césure (à l'encontre de la nôtre dans le décasyllabe) partage toujours le vers en deux parties égales : $7+7$; $6+6$; $5+5$, en comptant à la *manière française*, c'est-à-dire que les vers de quatorze syllabes peuvent en avoir ainsi quinze ou seize ; ceux de douze syllabes, treize ou quatorze, etc.

Le vers de quatorze, qu'on imprime toujours comme deux vers de sept, est celui des *romances*, où par conséquent les vers pairs (c'est-à-dire ceux formant les seconds hémistiches) riment seuls. C'est le septenaire rythmique des soldats de César (voyez page 10). Toutes les poésies (sauf les *Poema del Cid*, et deux autres en vers très irréguliers) qui composent le recueil de Sanchez, sont en vers alexandrins où la césure est aussi nettement accusée que dans les alexandrins français de la même époque, sur lesquels peut-être ils se sont modelés. Ils présentent parfois des *sdruccioli* à la césure. Dans ce cas, par conséquent, après la lève nécessaire, il y a deux syllabes atones qui ne comptent pas, absolument comme il arrive à la fin d'un vers *sdrucciolo*. Un quatorze syllabes, avec des *sdruccioli* à la césure et à la rime, peut ainsi avoir dix-huit syllabes.

En somme, avec les différences propres au génie de la langue, le vieux vers espagnol repose sur les mêmes bases que le vieux vers français.

Mais au XVIe siècle, avec Boscan et Garcilaso de la Vega, les poètes abandonnèrent l'ancienne structure du vers espagnol pour se conformer aux lois de la versification italienne, sauf pour quelques détails.

Nous en avons, je crois, terminé avec les divers genres de cadence employés pour constituer le rythme. Je ne connais pas le vers slave, mais, si j'en crois M. Dumur, il serait fondé sur les mêmes principes que le vers germanique.

On voit difficilement quelles nouvelles bases on pourrait inventer pour asseoir le rythme [1], c'est-à-dire pour permettre à l'oreille de reconnaître lorsqu'un vers finit et lorsque l'autre commence.

---

[1]. Certaines littératures ont combiné des éléments divers. Nous avons vu que, dans le vers allemand primitif, à côté de l'accent, la quantité syllabique tenait un certain rôle. Un sanscritiste m'apprend que la *stoka* indienne était un vers de seize syllabes, divisé en deux hémistiches de huit syllabes, dont les quatre dernières doivent faire

Terminée cette excursion en terres étrangères, nous allons entreprendre l'étude de chaque type de vers français en commençant, dans l'ordre de leur apparition, par les trois plus importants : l'octosyllabe, le décasyllabe, le dodécasyllabe. Puis, repartant du lieu d'origine, l'octosyllabe, nous examinerons les autres mètres, en progressant d'abord vers les plus longs, pour redescendre ensuite vers les plus courts, ceux qui ont le moins d'importance dans notre poésie.

L'OCTOSYLLABE

Nous l'avons vu apparaître au xe siècle, dans la *Vie de saint Léger* et dans *la Passion*. Comme son ancêtre de la poésie liturgique, il est en strophes, savoir, dans le *Saint-Léger*, de six vers :

> Enviz lo fist, non voluntiers,
> Laisse l'intrar in u monstier :
> Cio fud Lusos ut il intrat.
> Clerj' Evvruï illo trovat.
> Cil Evvruïns molt li vol miel
> Toth per enveia, non per el [1].

Et dans *la Passion* de quatre vers, aussi en assonances plates :

> Amicz, zo dis Jhesus lo bons,
> Per quem trades in to baisol?

une dipodie ïambique mesurée. Le vers est donc à la fois mesuré et libre, mais l'arsis est fondée sur la quantité. Ce sont des combinaisons qui ne se reproduiront plus dans les langues modernes où partout la quantité a été détrônée par l'accent.

Le grec moderne, comme veut bien me le faire connaître M. Beaudouin, n'a point échappé à la loi générale, et sa poésie n'est plus fondée sur la *quantité* des syllabes. Tout ainsi que la poésie romane, elle repose sur le *nombre* des syllabes, sur la rime, et, sauf de rares exceptions, sur des accents à place déterminée. Le vers « politique » des Byzantins, vers de 15 syllabes, est un dérivé, comme notre quinze syllabes latin rythmique, du tétramètre catalectique ; et dans l'empire d'Orient, comme dans celui d'Occident, la même évolution rythmique s'est accomplie, peut-être, selon certains savants, sous des influences sémitiques, la poésie syrienne ayant été imitée dans sa forme par les poètes de l'Église chrétienne orientale, et Augustin ayant été le premier qui ait compté les syllabes.

Quoi qu'il en soit, n'est-ce pas quelque chose d'étrange, que la poésie mesurée, qui a gouverné toute la littérature primitive, ne soit plus sur notre globe qu'une espèce disparue, comme l'*elephas primigenius*?

1. « Il le fit malgré lui, non volontiers : il le laisse entrer dans un monastère. Ce fut à Lisieux qu'il entra. Il y trouva le clerc Ebroïn. Cet Ebroïn lui voulait moult mal, uniquement par envie, non pour autre chose. »

>   Melz ti fura non fusses naz
>   Que me tradas per cobetad [1].

Le *Saint-Léger* n'a que des vers à désinence masculine. De même, dans *la Passion* pour l'immense majorité des vers, mais il en est aussi de féminins. Les vers ont presque constamment une césure à la quatrième syllabe, soit pleine :

>   Jhesus li bons ben red par mal [2] ;

Soit enjambante :

>   La destre aurelia li excos [3].

En d'autres termes, il suffit qu'il y ait une lève sur la quatrième syllabe, sans s'inquiéter de la pause [4].

L'usage de la lève nécessaire à la 4ᵉ ne s'est pas conservé pour le vers de huit syllabes, et dès le siècle suivant, quoiqu'elle se rencontre fréquemment, elle n'est plus de règle [5].

Il est assez singulier que la nécessité d'employer l'octosyllabe en strophes n'ait pas continué à être sentie par les poètes du moyen âge. Les auteurs des lais, des romans d'aventures, usèrent de ce vers en longues suites. Je ne connais rien de plus monotone que les kyrielles d'octosyllabes à rimes plates des lais de Marie de France.

---

1. « Ami, dit le bon Jésus, pourquoi me trahis-tu dans ton baiser ? Mieux vaudrait pour toi que tu ne fusses pas né, que de me trahir par convoitise. »
2. « Le bon Jésus rend le bien pour le mal. »
3. « Lui arracha l'oreille droite. »
4. C'est aussi le cas pour une chanson de geste du xiᵉ siècle, *Gormund et Isembard*, où la 4ᵉ syllabe porte presque toujours un accent.
   M. Tobler conteste la présence de la césure dans l'octosyllabe primitif, car, dit-il, « il ne manque pas de vers qui ne peuvent avoir de césure, la quatrième syllabe étant inséparable de la cinquième. » Assurément ! mais ce n'est pas de la césure masculine qu'il s'agit, c'est de la césure enjambante (ou mieux la *lève nécessaire*), la césure de l'*Eulalie*.
5. On a peut-être remarqué que, dans nos vers, la construction est ïambique :
   « Ĕnvīz | lŏ fīst | nŏn vŏ|lŭntiĕrs. »
   Le vers français est essentiellement ïambique, et c'est en quoi il diffère du latin rythmique, très souvent trochaïque. Le trochée n'est toléré qu'au début d'un vers : « Clĕrj Ĕvvrŭï. » parce que là il ne met pas deux fortes en contact, ce que fait son introduction à l'intérieur du vers.

Je ne sais, mais il m'est avis que cette monotonie engendre autre chose, et que ce ne sont pas que les rimes qui sont plates. Aux xvᵉ et xivᵉ siècles, on revient à un sentiment plus exact de l'octosyllabe, et il paraît surtout sous forme de stances [1]. Pourtant Olivier de Magny et Clément Marot alignent encore d'insipides enfilades, et c'est en vain que, pour en rendre la lecture plus facile, Marot les découpe en alinéas [2].

Quoi qu'il en soit, depuis près de mille ans, la fortune de l'octosyllabe ne s'est point démentie. D'autres mètres s'introduisirent rapidement, mais sans le détrôner. L'octosyllabe à rimes plates est surtout le mètre narratif par excellence. Dès le xiiᵉ siècle, il est le rythme des romans d'aventure et d'amour, des ouvrages édifiants, historiques, didactiques, bref, de tout ce qui est lu, non chanté. Au xiiᵉ siècle, c'est celui du *Mystère d'Adam;* de *Tristran;* de Wace, dans le *Roman de Rou;* de Benëoit de Sainte-More, dans le *Roman d'Enéas* et dans le *Roman de Troie;* de *Floire et Blanceflor;* de Crestien de Troie, dans *li Chevalier au Lyon, li Contes del Graal, Cligès, Guillaume d'Angleterre* (si le Crestien de *Guillaume* est le même que Crestien de Troie); de Marie de France, du *Roman de Renart;* au xiiiᵉ siècle, de Guiot de Provins, dans sa traduction de la Bible; du *Fabliau des Perdris;* de Jehan de Meung, dans sa continuation du *Roman de la Rose;* au xivᵉ siècle, le rythme est employé par Machaut, par Jehan de Condé. Au xvᵉ, Alain Chartier, Charles d'Orléans, Villon en font constamment usage, ces derniers au moins, toujours en stances. On l'emploie pour la plupart des ballades, des rondels, des poèmes à formes fixes en général. Tous les poètes du xviᵉ siècle s'en servent concurremment avec le décasyllabe.

Les fortunes sont changeantes. Après avoir été narratif et didac-

---

1. Au xivᵉ siècle, Jehan de Condé emploie l'octosyllabe en stances de douze vers, à rimes embrassées.

2. Une occasion se présente de faire la comparaison entre les deux modes de traiter l'octosyllabe. Je ne sais quelle singulière idée a eue M. de Gramont, dans son *Vers français*, p. 121, d'imprimer tout d'une tire les trente-six vers qui composent la délicieuse fable de la Fontaine, *le Statuaire, etc.*, qui est en quatrains. L'absence de repos et de symétrie en détruit tout le charme.

tique, l'octosyllabe, au xvie siècle, devint tout à coup, avec Ronsard, le mètre lyrique par excellence, le mètre de l'ode.

C'est, paraît-il, la modulation la plus congruente au « sublime », le mètre du « saint délire » rimant avec « lyre ». Malherbe, Racan écrivent la plupart de leurs odes dans ce rythme ; Regnier, qui n'employait guère que l'alexandrin, choisit l'octosyllabe pour chanter ironiquement les louanges de Macette. Lorsque le sage Boileau a voulu qu'une « docte et sainte ivresse », — un peu trop en contradiction avec son nom frigide, — de même à lui « fit la loi », c'est en octosyllabes qu'il a « chanté » la prise de Namur. Pour être plus sublime, il est de règle d'employer une phrase longue, afin que la voix, n'ayant pas de fréquents repos, puisse mieux haleter sous l'impulsion de l'enthousiasme.

Tout le xviiie siècle, le siècle anti-poétique par excellence, a déliré à l'aide de l'octosyllabe. De nos jours, Lamartine et Victor Hugo, l'ont aussi fait servir à leurs odes[1], et quoique l'alexandrin ait été le préféré de la muse de Laprade, sereine, à la marche cadencée, la superbe pièce des *Corybantes* est en octosyllabes :

> Or, dans les profondeurs secrètes,
> Pour le nourrisson immortel,
> Les Dactyles et les Curètes
> Vont cherchant la moelle et le miel.
> D'espoir et d'effroi tout ensemble,
> Autour d'eux la nature tremble,
> L'onde écume, l'air est en feu ;
> Mais sur la terre épouvantée,
> Souriant au lait d'Amalthée,
> Grandit l'enfant qui sera Dieu !

L'octosyllabe a, en effet, quelque chose de rapide, d'ailé, qui porte la flamme. C'est même ce qui nécessite l'emploi de la strophe.

---

[1]. Ce n'est pas sans quelque étonnement que, dans *la Mer*, j'ai vu M. Richepin reprendre l'ode en stances octosyllabiques (et de douze vers encore !) qui semble si peu en harmonie avec ses rythmes habituels. Je croyais voir Jean-Baptiste Rousseau habillé magnifiquement en Touranien.

Précisément parce que la Muse court, il faut qu'elle se repose par intervalles pour reprendre haleine.

Du reste, le mètre le plus commode à manier, parce que c'est celui qui renferme le plus de syllabes de suite sans césure.

A présent que nous avons perdu l'habitude de « délirer », on ne recherche plus pour l'octosyllabe une phrase longue et haletante. On le réserve au contraire pour les pièces légères en stances très courtes. M. Gabriel Vicaire s'en est servi pour mainte pièce rustique ou naïve, d'une exquise fraîcheur.

L'octosyllabe, vers favori des Allemands et des Anglais, est au rebours considéré comme inharmonieux par les Espagnols qui l'ont proscrit, et comme peu harmonieux par les Italiens, qui ne l'emploient que très rarement, du moins les lettrés, car il est au contraire commun dans la poésie populaire. D'après leur manière de compter les syllabes, ils l'appellent *novenario*, et n'ont rien de moins que cinq manières de l'accentuer :

1º Tantôt le considérant comme le *decasillabo* acéphale, c'est-à-dire dont la première syllabe aurait été retranchée, ils l'accentuent :

<blockquote>Tormento crudel(e) e tiranno (ᴗ-ᴗᴗ-ᴗᴗ-ᴗ)[1].</blockquote>

Cette forme est la plus commune, mais les Italiens au besoin considèrent aussi le *novenario* comme composé de deux vers plus courts, soit d'un *quadernario* et d'un *quinario*; soit au contraire d'un *quinario*, avec élision de la syllabe finale du premier composant.

2º Dans le premier cas on a :

<blockquote>Son le nev(i) | il quint(o) elemento (ᴗᴗ- | ᴗ-ᴗᴗ-ᴗ);</blockquote>

3º Dans le second :

<blockquote>Che compongon(o) | il vero bevere (ᴗᴗ-ᴗ | ᴗ-ᴗ-ᴗ);</blockquote>

4º On peut avoir par la réunion de deux vers sans élision :

<blockquote>Dammi dunque, | dal boccal d'oro (-ᴗ-ᴗ | ᴗᴗᴗ-ᴗ)[2].</blockquote>

---

1. Cette cadence est très musicale, mais une longue suite de vers accentués régulièrement de la sorte serait impossible en français, à cause de la monotonie.

2. « La neige est le cinquième des éléments qui composent le vrai breuvage. Donne-moi donc de ce vase d'or... »

Enfin on donne encore ce schema, dont je n'ai pas d'exemple sous les yeux :

5° ◡◡◡-◡◡◡-◡

Si l'on met de côté ces subtilités un peu chinoises, on voit que tout se réduit à ceci : sauf dans le schema 5, il y a partout deux lèves intérieures qui se peuvent placer où que l'on veuille, à la seule condition qu'il n'y ait pas deux lèves en contact. *Cette règle est absolument applicable à l'octosyllabe français.*

Sur les cinq schemas italiens nous en retrouvons, en effet, quatre appliqués dans la fable de La Fontaine, *le Statuaire*, etc. Seul, le n° 4 ne trouve pas son application à cause de l'impossibilité, ou presque, de quatre atones de suite en français :

N° 1 (◡-◡◡-◡◡-◡) Le p**o**ete autref**oi**s n'en dut gu**è**re...

N° 2 (◡◡-◡-◡◡-) Qu'on le v**i**t frémir le prem**ie**r...

N° 3 (◡◡-◡◡-◡-) L'artis**an** exprim**a** si b**ie**n

N° 5 (◡◡◡-◡◡◡-) Pygmali**on** devint am**ant**[1]...

Ce dernier vers est exactement conforme à l'octosyllabe césuré du xe siècle :

Domine **Deu** devemps laud**er**[2].

Ce partage de l'octosyllabe en deux hémistiches, comme au xe siècle, outre qu'il ajouterait à la difficulté de l'exécution, engendrerait à la longue la monotonie. Mais on ne saurait disconvenir qu'une lève sur la quatrième syllabe, si elle revient un peu fréquemment, est d'un effet heureux, probablement parce que la division du vers donne bien à l'oreille le sentiment du nombre de syllabes dont il se compose. Il est certain que, dans les vers suivants, les n°s 1 et 4 ont quelque chose de plus parfaitement musical que les n°s 2 et 3 :

1. Dans nos notations nous ne tenons compte que des lèves, non des demi-lèves. Ce vers, de construction iambique, a quatre syllabes plus ou moins accentuées. Voici l'accentuation réelle : ◡- | ◡- | ◡- | ◡-

2. « Nous devons louer le Seigneur Dieu. »

> Quand ton cher c**œu**r s'est envol**é**,
> Cette fl**eu**r a semblé compr**en**dre,
> Et m'e parfum**er** pour te r**en**dre
> A mon am**ou**r inconsol**é**.   (Sully-P.)

Il importe peu d'ailleurs qu'il y ait une césure, c'est-à-dire pause après la lève. On ne saurait trop insister sur notre erreur française d'identifier constamment la lève et la pause. L'harmonie repose principalement sur le choix de la place assignée à la lève. La pause n'est pas *nécessairement* favorable à cette harmonie. Des fois elle est favorable, des fois contraire. Voici un autre quatrain du même poète :

> Discr**et** comme, sous la paupi**è**re
> Longue et soy**eu**se, la pudeur ;
> Ou pénétr**an**t comme l'ard**eu**r
> D'une prun**e**lle meurtri**è**re.

Le meilleur vers est le quatrième, qui n'a point de pause après la lève sur la 4e syllabe. Le troisième, très bon aussi : c'est le vieil octosyllabe à deux hémistiches. Le premier est franchement mauvais, à cause de la pause après la 4e syllabe (atone), qui force à mettre la 3e syllabe dans la lève, et par conséquent amène un contact avec la 2e syllabe, aussi dans la lève [1]. Supprimez cette virgule malencontreuse, vous aurez un vers semblable au suivant :

> Lég**er** comme l'esp**oi**r naiss**an**t,

Préférable, mais cependant moins cadencé que d'autres cités plus haut, parce qu'il a trois atones de suite, ce qui ne permet pas une scansion à pas réguliers.

Quant au heurt de deux lèves, il est toujours inharmonieux, comme dans toute espèce de vers, parce que cela entrave notre voix née à faire alterner les syllabes fortes et les syllabes faibles. A preuve :

---

[1]. C'est-à-dire qu'un trochée est introduit au second pied dans le rythme ïambique : $\cup - | - \cup | \cup - | \cup -$

> Holbein l'esquisse d'un trait sec [1].　　(GAUTIER.)

Dans l'exemple suivant le choc est encore pire, parce que le monosyllabe *plie* choit brusquement après un interminable mot de six syllabes :

> ....Avec son genou,
> Dont l'articulation plie.

Cela le dispute au vers de Chaulieu :

> Où le grand Nostradamus dort [2].

Mais la perle est dans le second de ces deux vers de M. Verlaine :

> C'est ainsi que les choses vont
> Et que les raillards fieffés font.

L'allitération de l'*f* complète une cacophonie magistrale [3].

A côté de la question des lèves, il y a, dans tous les vers, la question non moins délicate des pauses. Plus tard, il en sera parlé plus amplement. Disons seulement en passant qu'*en général*, une pause avant la dernière syllabe du vers en détruit l'équilibre :

> Quant à peine un nuage,
> Flocon de laine, nage
> Dans les champs du ciel bleu.　　(GAUTIER.)

---

1. Vers impossible à scander. On aurait : ∪- | ∪- | ∪∪--
La dernière lève renverse le rythme ascendant.
2. Par exemple, c'est par excès de sévérité que Quicherat voit le choc répréhensible de deux lèves (*eau-coule*) dans ce vers de Ducis :

> « Ruĭsseāu | pĕu cŏnnū | dŏnt l'eăŭ cōule. »

Eau, considéré isolément, porte un accent tonique. Il le perd ou peu s'en faut dans le débit du vers.
3. Je ne voudrais pas être accusé de méconnaître le vrai talent de M. Verlaine, le poète le plus sincère et le plus naïvement ému que nous ayons eu depuis Villon. Mais c'est comme le cours des cuivres, il y a des hauts et des bas. A force de rechercher les effets bizarres et nouveaux, M. Verlaine en est souvent arrivé à l'abjuration de toute harmonie, de tout rythme. La dissonance a sauté le fossé qui la sépare de la discordance.

Ces vers n'ont que six syllabes, mais ils en auraient huit que le deuxième resterait ingrat[1]. Voici la construction de ce vers :

$$\cup - | \cup - | \cup | -$$

Or, en français, une pause au milieu d'un pied jette souvent quelque incertitude sur la cadence.

Mais si le repos avant la dernière syllabe est complet, le rythme n'est plus brisé. Il s'arrête de lui-même; il ne fait point de faux pas :

> Une voix dit : Pan est mort ! — L'**om**bre
> S'étend.

Voici le schema : $- \cup \cup - | \cup \cup - \| -$

Le rythme ici n'est pas coupé au milieu d'un pied. La dernière syllabe forme un demi-pied bien séparé.

C'est une autre question de savoir si cette construction, qui semble ici raccourcir le vers pour en commencer un autre avec la dernière syllabe, est toujours heureuse.

Passons au

DÉCASYLLABE

Il apparaît à l'état régulier au XIe siècle, dans la *Vie de saint Alexis* et dans notre admirable épopée, la *Chanson de Roland*, mais il est sans doute plus ancien, puisque, dans l'*Eulalie*, sur quatorze couplets de deux vers, nous en trouvons sept en décasyllabes.

D'où provient le décasyllabe ? — *Grammatici certant*. Comme on ne le retrouve pas dans la poésie liturgique (sauf à partir du XIe siècle, et rarement), on a voulu le rattacher à certains mètres de la poésie mesurée dont il serait une imitation. M. Rochat y voit une imitation du senaire ou ïambique trimètre ; Boucherie le dérivait de l'hexamètre; M. Victor Henry croit qu'il répond au scazon (ïambique trimètre dont le dernier pied est un spondée); M. Rajna y voit un vers *gaulois*, ce qui peut être très flatteur pour notre amour-propre national, mais manque de vraisemblance. Pourquoi le décasyllabe ne serait-il pas, comme le pense M. G. Paris, une floraison natu-

---

[1]. Sans compter qu'un *flocon* qui *nage* dans un *champ* n'offre pas une de ces images cohérentes dont se targuait orgueilleusement Gautier.

relle de la versification rythmique, sans qu'il y faille chercher l'imitation ou la dérivation d'un type antérieur ? Le métal choisi, il était naturel que l'on cherchât à varier les formes du moule où on le coulait. Si le dodécasyllabe est considéré comme une extension du décasyllabe, pourquoi celui-ci ne serait-il pas une extension de l'octosyllabe ?

Sans prétendre à résoudre d'aussi doctes problèmes, ce serait peut-être ici le moment de parler des diverses césures au moyen desquelles on a divisé le décasyllabe.

Dans l'*Eulalie*, la césure est placée après la quatrième syllabe dans quatre couplets, et après la sixième dans trois autres. Dans les citations suivantes elle est placée après la quatrième. Cette place demeurera la plus usitée :

  F Quand ot li pedre | co que dit at la chartre,
  M Ad ambes mains | derompt sa blanche barbe.
  M « E! filz, » dist-il, | « com doloros message!
  F Vis atendeie | qued a mei repairasses,
  M Par Deu mercit, | que tum reconfortasses [1]. » (*Alexis.*)

  M Li quens Rollanz, | quand il s'oït jūgier,
  M Dunc ad parlet | a lei de chevalier :
  F « Sire, parastre, | mult vus dei aveir chier;
  M La rere-guarde | avez sur mei jugiet [2]. » (*Roland.*)

La place de la césure après un lieu pair était naturellement appelée par la forme iambique du vers dans la très grande majorité des cas.

Mais on a sans doute déjà remarqué que les vers ci-dessus ont deux espèces de césures : 1° la

CÉSURE MASCULINE OU PLEINE (*marquée* M)

C'est celle des vers 2, 3, 5 de la citation de l'*Alexis*, 1, 2, 4 de la citation de *Roland*. Rien à en dire ; elle est assez connue. C'est la

---

1. « Quand le père ouit ce qu'a dit la lettre, à deux mains il arrache sa blanche barbe : « Ah! fils, dit-il, quel douloureux message ! J'espérais que tu me reviendrais vivant, et que par la merci de Dieu tu me réconforterais. »
2. « Quand le comte Roland s'ouit qualifier, il parla selon la loi du chevalier : « Sire beau-père, je dois vous tenir pour très cher : vous m'avez confié l'arrière-garde. »

seule césure admise par les classiques. Elle se compose d'une lève sur la syllabe terminant le mot, plus une pause plus ou moins accusée. Nous aurons, à propos du dodécasyllabe, l'occasion d'étudier les différentes manières dont cette césure peut être comprise.

Les vers 1, 4 de la citation de l'*Alexis*, 3 de la citation de *Roland* ont la seconde espèce de césure, la

CÉSURE FÉMININE OU ÉPIQUE[1] (*marquée* F)

Nous en avons déjà dit deux mots (page 16, note 1). Dans la césure féminine, la lève (ici sur la quatrième syllabe) est suivie d'une atone qui ne compte pas dans le nombre de syllabes du vers, absolument comme la syllabe féminine qui termine un vers ne compte pas. Il suit de là que le décasyllabe peut *en réalité* avoir douze syllabes, lorsque césure et rime sont toutes deux féminines. C'est le cas pour les vers 1 et 4 de la citation de l'*Alexis*.

Cette césure a été usitée jusqu'à Jean Lemaire, de Belges, érudit et poète, né en 1473, lequel imagina de la proscrire. Clément Marot s'excuse d'avoir observé les « couppes féminines » dans sa jeunesse, comme le montre ce vers :

Et des ruines | fort je m'estonneray,

Jusqu'au jour où « Jehan le Maire » l'en « reprint ».

Depuis lors, on a bien admis un *e* muet après la lève, mais à condition que le vers suivant commençant par une voyelle, il y eût élision :

Lors double vi(e) | a chacun en suiura.   (L. Labé).

C'est-à-dire, par conséquent, que la césure fût en réalité masculine.

Je ne suis pas certain que la réforme de J. Lemaire ne fût dictée

---

1. Le nom de féminine que Clément Marot appliquait à cette sorte de césure était extrêmement bien choisi, car la césure féminine répond à la rime féminine, comme la césure masculine à la rime masculine. Nos savants modernes ont préféré le nom de césure épique, peut-être parce que cela se comprend moins. La raison alléguée est que ce genre de césure est plus usité qu'ailleurs dans les chansons de geste.

déjà par le besoin de satisfaire « l'œil », besoin de peintre, non de poète. L'addition de cette syllabe atone à la césure ne choquait pas plus l'oreille de nos pères que l'addition de la syllabe atone à la désinence ne choque la nôtre dans les vers féminins. Ils considéraient le décasyllabe comme s'il eût été formé de deux vers, l'un de quatre syllabes, l'autre de six, mis bout à bout.

Remarquons, en effet, que l'*e* muet à la fin d'un vers se fait infiniment moins sentir dans la prononciation qu'un *e* muet dans le courant du vers. Si on lit à haute voix ce vers de Corneille :

Mais que me diras-tu qu'il ne me faut pas croire?

Les quatre *e* muets « internes » sonneront infiniment plus fort que l'*e* muet de *croire*[1]. Cela tient à ce que l'*e* muet s'accuse s'il constitue une *syllabe de transition*, et s'éteint s'il n'est qu'une *syllabe de chute*, où il ne représente que le dernier souffle de la voix qui tombe.

Or, l'atone après la lève et avant la pause était aussi une syllabe de chute. Il faut que ce sentiment de chute réponde à quelque chose de réel, puisque chez les Italiens et les Espagnols, la césure féminine dans les vers de douze syllabes (notre vers de 11 syllabes) et au dessus, est non pas tolérée, mais *imposée*, au moins dans la plupart des cas. Ces vers sont considérés comme deux vers moins longs de moitié, et mis bout à bout. Or, l'immense majorité des vers étant féminins dans ces langues, le premier vers formant hémistiche doit se terminer par une atone qui ne compte pas plus dans le vers composé qu'il ne compte dans le vers composant. Et, dans ce cas, la dernière syllabe du premier hémistiche ne *doit* pas s'élider. Voici un vers italien de quatorze syllabes (notre alexandrin), dit aussi *verso alessandrino* :

---

1. Des pointus pourraient objecter que, dans cet exemple, tous ces *e* ont un accent, non rythmique, mais tonique. Mais il en serait de même (quoique à un moindre degré) dans celui-ci, où l'*e* final d'*étonne* ne saurait être coupable d'un accent tonique :

« Mais je m'étonne fort de voir à l'abandon... »

A la condition qu'on prononce ce vers comme aux Français, et non comme le veut M. Psichari : *Étonn'*.

Observations sur l'Art de versifier. 4

> Ben mi so ch'Elic**o**na | favoleggia cant**an**do [1].

Conformément à la règle, il est composé de deux *settenarii* mis bout à bout, et pourrait s'écrire ainsi :

> Ben mi so ch'Elic**o**na
> Favoleggia cant**an**do.

La dernière syllabe d'*Elicona* étant atone, on a donc ici la césure féminine, non pas seulement facultative, mais *nécessaire*.

De même dans le dodécasyllabe espagnol (notre décasyllabe) qui est aussi composé avec deux vers de six syllabes :

> Aquel qu(e) en la b**a**rca | parece sent**a**do [2].

Mais il ne faut pas, répétons-le, confondre l'*e* atone à la césure avec les *e* atones à l'intérieur de l'hémistiche. Ceux-ci, la voix ne les laisse tomber que par une prononciation prosaïque affectée. C'est pour avoir méconnu cette différence de traitement que M. Psichari approuve, un peu hâtivement, le vers suivant de M. Moréas :

> Et les doux mots dont ell' sut me parler [3].

Mais si on le modifiait comme suit, il n'aurait (à mon sens) rien de répréhensible :

> Et les douces par**o**les, | dont elle sut charm**e**r,

Parce que l'*e* muet de *paroles*, placé à la césure, deviendrait syllabe de chute. On aurait un vers à césure féminine, et non un vers estropié [4].

---

1. « Je sais bien que la muse héliconienne dit des fables en chantant. »
2. « Celui que vous voyez assis dans la barque. »
3. M. Psichari va même jusqu'à déclarer que ce vers juste (selon lui) deviendrait faux s'il était rectifié de la manière suivante :

> « Et les doux mots *dont* elle me parla. »

Le vers serait contraire aux lois de la grammaire, d'accord; mais aux lois de la prosodie, non.

4. Les chansons populaires ont le sentiment de la différence de valeur entre l'*e* muet à la césure et l'*e* muet au courant du vers. Dans le vers suivant d'une chanson de 1644, l'*e* muet de *dire* ne compte pas, et celui de *Marguerite* compte :

> « Mais sa mère luy va dire : | Marguerite, boutte av**an**t.

Quant à la supression des *e* atones au cours du vers et à leur remplacement par des virgules en l'air, c'est un procédé à la fois barbare et naïf, qui n'a rien de précisément nouveau, témoin la poésie de la *Fille difficile*, dont je ne citerai pas le refrain, un peu trop gaulois, encore qu'il m'offrît aussi l'exemple dont j'ai besoin :

> A ma loi s'y veut pas s' soumettre,
> Comme un enfant, je fil'rai doux,
> Je n'y résist'rai pas, c'est mon maître,
> De peur d'attraper que'q's mauvais coups.

Ces vers, on le voit, ont réalisé depuis beau temps la réforme proposée par M. Psichari, et mise en œuvre par M. Moréas.

Pourrait-on encore aujourd'hui se servir de la césure féminine ? — Cela dépend : si la césure est fortement accusée, la chute de l'*e* muet n'a absolument rien de choquant. Ce vers de Corneille :

> Relève-toi, Rodrigue ! — Il faut l'avouer, Sire,

Ne perdra rien sous la forme suivante :

> Relève-toi Rodrigue ! — Je dois l'avouer, Sire...

Je ne crois pas qu'à l'ouïr on puisse saisir la différence des deux formes, à cause du repos imposé par le dialogue.

Mais le cas se présente rarement tel. Ainsi, dans l'alexandrin suivant de M. Kahn, l'emploi de la césure féminine au quatrième lieu ne me semble pas heureux :

> Chère apparence, | viens aux couchants | illuminés [1]

Dans ce dodécasyllabe, il y a deux césures, la première féminine, la seconde masculine. Cela déroute l'oreille. Une césure « continue »

---

[1]. M. Psichari, soutenant (bien à tort) qu'un alexandrin féminin est un vers de treize syllabes, il trouve ce vers de M. Kahn absolument identique à un dodécasyllabe féminin, parce que l'auteur « à l'allongement final a substitué *la syllabe pleine à l'intérieur* du vers(!!) ». Cette syllabe ajoutée à l'intérieur n'est nullement *pleine*. Elle n'est au contraire admissible qu'à la condition de tomber dans la prononciation. Et cela ne fait absolument rien à l'affaire que le vers soit masculin ou féminin.

et une césure « explosive » dans le même vers font mauvais ménage. Mais je ne trouverais rien de répréhensible au vers rectifié à l'aide de deux césures féminines le coupant en trois tronçons symétriques :

Chère apparence, | vois les étoiles | mystérieuses

Les deux césures féminines donnent au rythme une sorte de « traîné » qui ne me semble pas sans langueur et sans grâce. A la vérité je ne sais pas plus ce que c'est qu'une chère apparence qui voit les étoiles, qu'une apparence qui vient aux couchants. Mais cela ne fait rien à l'affaire. Je ne parle que des sons, non du sens.

En général, la césure féminine sera d'autant plus admissible que la pause est plus marquée. Dans le cas contraire, l'effet peut en être odieux, et ce vers *suavisonus* de Racine :

Ma timide voix tremble à vous dire une injure,

Serait outrageusement estropié s'il était transformé en

Ma timide voix tremble | de vous dire une injure,

Quoi qu'il en soit, nos préjugés sont tels, nos habitudes tellement invétérées depuis Jean Lemaire, que l'emploi de la césure féminine rencontrerait difficilement l'approbation. On pourrait peut-être, dans un motif très court, un quatrain par exemple, montrer même aux profanes, comment cette césure peut, à l'occasion, devenir un moyen d'harmonie, mais en généraliser l'emploi, impossible.

On rencontre encore, dans la poésie lyrique du moyen âge, une césure fort bizarre. Comme elle a d'abord paru dans le décasyllabe, son examen peut ici trouver sa place. C'est la

CÉSURE ATONIQUE OU LYRIQUE [1]

Elle consiste en ce que, par une contradiction singulière, la lève qui doit marquer la quatrième syllabe porte sur une atone :

---

[1]. Atonique, parce que l'accent porte sur une atone. Les savants l'ont dénommée césure lyrique, parce que c'est dans la poésie lyrique qu'on la rencontre le plus souvent. Pourtant, au XII° siècle, l'auteur d'*Auberon* l'a employée fréquemment, surtout au commencement du poème.

CÉSURE ATONIQUE

>   De ses freres | ounerer la pria... (AUBERON.)
>   Et les dames | qui chastement vivront... (CON. DE BÉTHUNE.)
>   Les prodromes | (sages) doit-on tenir molt chiers... (THIB. IV.)
>   Qui devinent | ains que puist advenir... (CHATEL. DE COUCY.)

L'emploi de cette césure, contraire à tout sentiment phonétique, ne peut s'expliquer, ce me semble, que par l'emploi habituel de la césure féminine, et par la nécessité, en même temps, dans une chanson, de ne pas dépasser le nombre de syllabes exigé par la musique. La césure atonique a passé exceptionnellement dans quelques gestes. Elle persista dans la poésie non épique, et, au xve siècle, on la rencontre très fréquemment dans Alain Chartier et Charles d'Orléans :

>   Je Noblesse, | dame de bon vouloir... (AL. CHARTIER.)
>   D'une dame | qu'on appelait enfance... (CH. D'ORLÉANS.)
>   Une lettre | de créance bailla... (ID.)
>   A Enfance | de par Dame Nature... (ID.)
>   Et avecques | Jeunesse m'en alay. (ID.)

Villon lui-même ne s'en fait pas faute :

>   Par fortune | qui sur moy si se fume...
>   Dieu m'ordonne | que le fouysse et fume...
>   En raclure | de pieds et vieux houseaux.

Dans Marot elle a disparu, bien crois-je, du moins, et n'a plus reparu depuis lors[1].

En tout cas, inutile de dire qu'elle doit être proscrite au premier chef.

La quatrième espèce de césure est la

---

[1]. Un classique pourrait croire que, dans le vers suivant, M. J. Moréas a employé la césure atonique :
« Et tout à coup l'ombre | des feuilles remuées ; »
Il n'en est rien, et l'auteur le scande certainement ainsi :
« Et tout à coup | l'ombre des feuil|les remuées. »
Ainsi scandé, le vers, coupé en trois tronçons égaux, a deux césures. La première, après la quatrième syllabe, est pleine, et la deuxième est enjambante (v. p. 54). Cela

CÉSURE ENJAMBANTE OU ITALIENNE

ou mieux

LÈVE NÉCESSAIRE NE TERMINANT PAS LE MOT[1]

Elle consiste en ce que la lève porte sur une syllabe désignée (dans le décasyllabe la quatrième ou la sixième), ne terminant pas le mot. La lève, par conséquent, est suivie d'une syllabe atone, *qui compte dans le nombre des syllabes du vers* (tandis qu'avec la césure féminine, cette atone ne compte pas). A proprement parler, si l'on joint à l'idée d'une césure l'idée d'une pause, il n'y a pas de césure du tout.

Cette sorte de césure doit être en français la plus ancienne, parce qu'elle répond à l'accentuation du septénaire rythmique, où le rythme étant trochaïque, l'hémistiche se trouvait terminé par une syllabe impaire. La césure était ainsi placée à l'intérieur du mot :

Ēccĕ Cāesăr nūnc trĭūm|phăt, quī sŭbēgĭt Cāesărĕm....
Clāngŏr tūbăe pĕr quătĕr|nās tērrăe plāgăs cōncĭnens.

Aussi la lève nécessaire ne terminant pas le mot se retrouve-t-elle constamment dans l'*Eulalie* :

Buona pucel|la fut Eulalia...
Voldrent la vein|tre li deo inimi,
Voldrent la fai|re diaule servir...
Il li enor|tet, dont lei nonque chielt,
Qued elle ful|et lo nom christien.
Ell' ent adu|net lo suon element ;
Melz sostendre|iet les empedementz[2].

déroute les esprits nourris de Quitard et de Landais, mais qu'ils débitent le vers comme il doit l'être, ils sentiront qu'il est absolument harmonieux, et que, dans la seconde césure, l'absence de pause n'enlève rien à cette harmonie. Seule, la place de la lève marque la cadence.

1. *Enjambante*, de ce que l'atone qui suit la lève enjambe dans le second hémistiche ; et *italienne*, de ce que cette césure est usitée en italien pour les vers au dessous de douze syllabes ; enfin, *lève nécessaire*, de ce qu'il suffit que la lève soit à la place désignée, sans qu'elle termine le mot.

2. « ...Il l'exhorte, ce dont elle n'a cure, à renoncer au nom de chrétienne. Elle rassemble toute sa force d'âme. Elle supporterait plutôt la torture. »

Mais le français comprenant un grand nombre d'oxytons, la poésie y avait le mouvement essentiellement ïambique, et la césure, dans le décasyllabe, tombant au nombre pair, il se trouva que le plus souvent elle terminait le mot. Ce fut donc la césure masculine qui prit le dessus, et lorsque, par rencontre, la lève nécessaire ne terminait pas le mot, on ne compta pas l'atone qui la suivait, pour autant que l'on subissait la loi de la pause amenée par la césure masculine. Dans ce cas, par conséquent, ce fut la césure féminine que l'on employa, non l'enjambante. Mais dans les vers à nombre impair de syllabes, par exemple, dans les vers de onze et quinze syllabes, débris d'une littérature antérieure fondée sur le rythme trochaïque (comme le fait très bien remarquer M. Jeanroy), la césure enjambante conserva longtemps l'empire qu'elle a toujours gardé en italien, où, comme en latin, et contrairement au français, les oxytons sont en minorité.

Voici des exemples de cette césure dans les hendécasyllabes d'une pastourelle :

Si avront assez a pes|tre mi agnel...
Qui onques ne me requis|trent se bien non...
Se toutes tes compagne|tes fussent si,
Plus en alast de puce|les a mari [1].

Les suivants sont extraits d'une *rotruenge* ou chanson à refrain, publiée par M. P. Meyer :

Lais! por coy me fait la bel||le mal sentir?...
Tous jors veul lou sien servi|xe maintenir...
Deux! com sont en grand doutan|ce de faillir...
Tres or veul ma retrowan | ge definir [2].

Le vers suivant est-il un dodécasyllabe coupé à six, avec césure enjambante, ou un hendéca avec césure féminine :

1. « Mes agneaux auront bien de quoi paître... Qui jamais ne m'ont demandé que de bien faire... Si toutes tes compagnes étaient comme toi, il en irait à leur mari plus qui fussent pucelles. »
2. « Hélas! pourquoi la belle me fait-elle ainsi éprouver du mal?... Toujours je veux rester à son service... Dieu! qu'ils sont en grande crainte de faillir... Maintenant je veux finir ma chanson. »

Triste sera ma vi|e jusques a la mOrt (*Chanson pieuse*)?

La césure enjambante se retrouve aussi quelquefois dans le décasyllabe lyrique. Les exemples suivants sont de Quenes de Béthune :

> Et cil qui di|ent que je ai mespris...
> Mais bele da|me se doit bien garder...
> Tant com la da|me fu en son boen pris...
> Volt mielz que to|tes les bones qui sont...
> Et quant il ja|e, s'i pert si son sen [1].

Celui-ci est de Gautier d'Espinac :

> Chascuns se van|te d'amer lealment.

Enfin, l'on connaît assez le *Robin et Marion* d'Adam de la Halle :

> Robin m'a demandé|e, si m'ara.

La césure enjambante a même pénétré dans la geste d'*Aiol et Mirabel*, où le décasyllabe est coupé à six :

> Mais molt par a la chie|re bele et clere...
> Les resnes en sont rou|tes, mais boin fu...
> Borgois et damoise|les et mescines [2].

La césure enjambante, qui n'a jamais été en France que l'exception, fut bientôt complètement abandonnée, et je ne crois pas que, depuis le xive siècle, on en puisse trouver un seul exemple dans notre poésie. Au contraire, en Italie elle a toujours trouvé et trouve encore une constante application.

En effet, dans les vers italiens au dessous de douze syllabes (comptant à l'italienne), il n'y a aucune pause déterminée, mais seulement des lèves nécessaires, sans s'inquiéter si la lève termine ou non le mot. L'*endecasillabo* (notre décasyllabe) est, en italien, le

---

[1] « ...Tant que la dame fut en sa bonne valeur... Veut mieux que toutes celles qui sont bonnes... Et quand il gît, il y perd ainsi sa raison. »

[2] « Mais a le visage très beau et clair... Les rênes en sont rompues, mais il fut bon... Bourgeois et dames et servantes. »

vers épique par excellence. L'accentuation peut y être disposée de trois manières :

1º Les lèves nécessaires sont au 6ᵉ et au 10ᵉ lieu (∪∪∪∪–∪∪∪–∪) :

Entramm(o) a ritornar | nel chiaro mondo. (Dante.)

Dans ce rythme, il y a le plus souvent une demi-lève au 2ᵉ lieu.

2º Les lèves nécessaires sont au 4ᵉ, 8ᵉ et 10ᵉ lieu (∪∪∪–∪∪∪–∪–∪)[1] :

Lo duc(a) ed io, | per quel cammin(o) | ascoso[2]. (Dante.)

3º Les lèves nécessaires sont au 4ᵉ, 7ᵉ et 10ᵉ lieu (∪∪∪–∪∪–∪∪–∪) :

Che morte tan|ta n'ave|sse disfatta.

Ce schema, plus rarement employé, est surtout réservé à des « effets ». Dans ce dernier exemple les césures sont enjambantes.

Rien de plus magnifiquement harmonieux que le débit de ces vers, et il n'y a aucune différence à cet égard entre ceux où la lève nécessaire termine le mot et ceux où elle ne le termine pas.

Pourrait-on, dans le vers français, tirer parti de la césure enjambante? Les conditions du français sont, en général, peu favorables à cet emploi :

1º En français, l'atone qui suit la lève formant la soi-disant césure enjambante est toujours un *e* muet. Cet *e* est nécessairement beaucoup plus sourd que la voyelle italienne, même atone ; partant il compte moins dans le vers et a de la peine à faire la transition avec l'hémistiche qui suit. Comparez :

Taïda, la putta|na, che ripose, (Dante.)

Avec la traduction littéralement rythmique :

Taïs, la courtisa|ne, qui repose.

---

1. Exactement de même en espagnol :
1º El dulce lamentar | de dos pastores (la douce plainte de deux pasteurs).
2º Seren(a) el cie|lo con su ray(o) amado (rassérène le ciel par son rayon aimé).
2. « Le guide et moi, par ce chemin caché. »

La césure enjambante ne fait pas boiter ce vers français, mais il n'a pas la consistance du vers italien.

2° L'italien a des *sdruccioli* (proparoxytons), sorte de mot que nous ne possédons pas. Les sdruccioli à la césure sont d'un effet particulièrement heureux parce que les deux atones qui suivent la lève enjambent tout naturellement dans l'hémistiche suivant :

Seder tra filoso|fica famiglia.   (Dante.)

C'est une ressource dont nous sommes privés.

Encore deux remarques sur l'emploi possible de cette césure en français :

1° Je crois que plus l'hémistiche qui la suit est court, plus elle est acceptable, parce que l'oreille compte plus facilement les syllabes qui suivent la lève nécessaire. Ainsi, ce vers

La courtisa|ne Thaïs, qui repose.

Est moins bien cadencé que le vers de tout à l'heure : « Thaïs, la courtisane... », parce que le second hémistiche a six syllabes au lieu de quatre;

2° Autant que posible, éviter une pause après l'atone qui suit la lève nécessaire (du moins si le second membre du vers a plus de quatre syllabes), parce que cet *e* devient (comme il a été expliqué page 49) syllabe de chute. L'oreille a le sentiment d'une césure féminine, et ne fait pas de cet *e* muet une syllabe de liaison. Ronsard a dit :

........................Pauvres brebis
Allez par l'herbe, emplissez-vous le pis.

Modifiez en mettant au second vers une césure enjambante :

Allez par l'her|be, broutez, mes brebis,

L'*e* muet d'herbe ne se lie pas avec le second membre du vers, et vous avez la sensation d'un ennéasyllabe, avec césure féminine à la quatrième. Ce défaut, ai-je dit, s'atténue ou disparaît, si le second membre du vers est court :

> Broutez, broutez par l'her|be, mes brebis.

Il me semble que le vers n'est pas trop discord.

M. Mistral a dit de façon heureuse :

> Lou calignaire (l'amoureux) toum|bo sus la roco.

Sans doute, la césure masculine a le privilège de plus de fermeté et de sonorité, mais il est tel cas où l'alanguissement, la gracilité qui sont le propre des vers à césure enjambante peuvent être désirés par le poète. Ronsard a dit :

> Le jardinier | ne pourra faire craistre
> Herbe ne fleur | sans voir l'œil de leur maistre.

Ces vers ne gagneraient-ils pas quelque douceur, si l'on disait avec les deux lèves à l'italienne :

> La jardinière ne peut faire craistre
> Les fleurs divines sans les yeux du maistre?

Je crois donc que la césure enjambante n'est pas sans grâce, à la condition d'en user à propos et avec une grande discrétion [1].

DE LA PLACE DE LA CÉSURE DANS LE DÉCASYLLABE

Nous avons vu, dans l'*Eulalie*, le décasyllabe coupé tantôt à quatre, tantôt à six, suivant les strophes, mais lorsqu'il prend vraiment place dans notre langue, c'est la coupure à quatre qui est générale. Il est probable qu'elle fut préférée, parce que le premier membre du vers étant plus court, il servait pour ainsi dire d'introduction au second membre, ce qui prêtait mieux au développement harmonique. Toutefois, l'emploi de la césure à six n'est pas sans exemple. Toute la partie de la geste d'*Aiol*, qui est en décasyllabes, est césurée à six :

---

[1]. M. Chabaneau me signale ce vers de l'*Eulalie* : « Voldrent la veintre li deo inimi, » qu'on pourrait traduire heureusement sous l'une de ces deux formes, dont la première est archaïque :

> « Vaincre la veu|lent les dieux ennemis. »
> « L'ennemi veut la vain|cre, mais ne peut. »

> Vasal, dist li lechie|res, à moi parlés :
> Anuit herbergerés | a mon ostel.
> Une de nos mesci|nes al lit arés,
> Trestoute le plus be|le que quesirés,
> U toute la plus lai|de, se miex l'amés[1].

Autres exemples de la césure à six, cités par M. Rochat, et empruntés à la poésie lyrique :

> N'en est pas l'ocoisons | Avrieus ne Mais...
> Ki est a compaignie, | a cuer volaige...
> Et en aversité | de la pointure[2]...

En provençal, la geste de Gérard de Rossillon (XIIe s.) est tout entière en 6+4. Une longue chanson sur la peste de Marseille, en 1580, citée par M. Chabaneau dans son *Parnasse provençal*, est en ternaires décasyllabiques, césurés à six.

La césure à six fut au reste tôt délaissée. Je puis faillir, mais je n'en connais pas d'exemple chez les poëtes du XVe siècle. Tous ceux de la Renaissance, dans leurs interminables décasyllabes, césurent régulièrement à quatre, ce qui n'est pas sans donner quelque monotonie à un vers déjà peu souple par lui-même.

En toute occurrence, le moyen âge est soigneux de ne pas mélanger les deux mesures. Chez lui l'idée d'unité domine toujours l'idée de variété. On a vu qu'au rebours les Italiens mêlaient constamment le décasyllabe 6+4 au 4+4+2, et certes l'harmonie de leurs vers ne paraît nullement en souffrir.

Voltaire est le premier, ce me semble, qui ait mêlé (quoique rarement) dans ses comédies les deux espèces de mesure :

> Cher ami Blaise, | aide-moi donc à faire
> Un beau bouquet de fleurs, | qui puisse plaire
> A Monseigneur... (*Nanine.*)

---

1. « Vaillant homme, dit le ruffian, parlez-moi : cette nuit vous coucherez à mon hôtel. Vous aurez dans votre lit une de nos servantes ; la toute plus-belle que vous désirerez, ou la toute plus laide, si mieux aimez. » Le lecteur aura déjà remarqué que sur ces cinq vers, quatre ont la césure enjambante.
2. « Ce n'est pas la faute à avril ni à mai... Qui est à plusieurs a cœur volage... Et dans la crainte de la piqûre... »

Le second vers est tout aussi harmonieux que le premier, si tant est que le mot d'harmonie soit applicable à cette prose rimée. Mais Voltaire a conservé ici un accent tonique sur la quatrième syllabe, de sorte qu'on peut à la rigueur y voir une césure à la façon romantique : une lève secondaire terminant le mot, mais sans pause. Dans les vers suivants, Voltaire a pris bravement son parti de ne point se préoccuper de lève à la quatrième syllabe. Peut-être est-ce faute d'attention, mais cela prouve qu'à son oreille l'harmonie était la même :

Eh ! que prétendez-vous ? | — Notre hyménée... (*Nanine.*)
Mais vous extravaguez, | mon très cher fils... (*Id.*)
Vous en êtes la preu|ve... Ah ça ! Nanine. (*Id.*)
Je vais la marier... | Adieu. — Ma mère,... (*Id.*)
Eh bien ! qu'est-ce, cousine ? | Ah ! ma cousine... (*La Prude.*)
Il dit que je suis belle. | — Il n'a pas tort. (*Id.*)

Ces vers courent aussi bien que les autres. Le suivant est exactement rythmé à l'italienne :

L'extravagance a son mérite. Adieu.

Moins heureux Voltaire, lorsque, trop hâtif, sans doute, il ne s'est inquiété d'aucune césure :

J'ai signé ; mais je ne suis point enfin
Absolument madame Bartholin.

Le premier vers ressemble à ceux de nos jeunes.

Le décasyllabe taillé à quatre a été longtemps le vers épique par excellence. C'est le rythme de la plus belle œuvre poétique du moyen âge, la seule qui mérite l'admiration, sinon la seule qui mérite d'être lue : *la Chanson de Roland;* c'est, au XIIe siècle, le vers de *Garin de Loherain*, du *Couronnement de Louis*, de *Huon de Bordeaux;* au XIIIe siècle, d'*Auberi*, de *Girart de Vienne*. Aux XIVe et XVe siècles, Alain Chartier, Christine de Pisan, Charles d'Orléans, font une consommation considérable de décas. Lorsque Ronsard conçut le projet d'écrire, sous le nom de *Franciade*, notre poème national, il choisit le 4+6. Les grands poèmes italiens, le Dante, l'Arioste, sont en décas. Toute la Renaissance française l'emploie concurremment avec le dodéca, et de préférence à lui. Sur les trente mille vers de Marot, il doit bien y en avoir vingt-neuf mille de ce mètre.

Le pauvre 4+6 est aujourd'hui bien découronné. On ne l'emploie que bien rarement, et presque toujours en stances courtes et mêlé à d'autres vers :

>L'aube sourit à toute fleur nouvelle ;
>Sous les blés verts l'alouette a chanté ;
>L'amour candide aux cœurs purs se révèle,
>   Mais mon cœur est désenchanté.   (LOUISA SIEFERT.)

>Chacun poursuit sans repos sa chimère,
>Rêve éternel dont le cœur est charmé ;
>Mais la moins vaine et la moins éphémère,
>C'est, en ce monde où la joie est amère,
>   Avoir aimé.   (JEANNE LOISEAU.)

Soulary a quelques sonnets épars en 4+6. Si Laprade a employé ce rythme, ce ne peut être qu'à titre de rare exception. J'ai vainement cherché un décasyllabe dans le recueil de Jean Tisseur.

Pourrait-on, pour donner quelque variété à ce vers, pourrait-on, dans la même pièce, l'accentuer indifféremment sur la 4ᵉ ou la 6ᵉ syllabe, à l'exemple des Italiens et des Espagnols ? Cela « n'est pas admis », et Quicherat, ordinairement tolérant, condamne net et sec Voltaire pour « avoir violé la règle fondamentale du vers de dix syllabes, qui est de terminer le second pied par un mot complet ». Sans doute qu'il l'a violée, mais il s'agit précisément de savoir si la règle est congruente ! L'harmonie des vers italiens et espagnols ne souffre nullement de l'alternance des accents, au contraire. Les vers de Voltaire, à quoi fait allusion Quicherat, ne sont pas pires que les autres, ce qui ne signifie pas qu'ils soient meilleurs. Quoi qu'il en soit, dans les vers suivants, on a essayé d'appliquer les lois de l'*endecasillabo*, regrettant fort, d'ailleurs, que la nécessité de fournir un exemple ait obligé d'employer ce rythme maigre pour un sujet sur lequel aurait si bien roulé la vague des alexandrins.

La ville est assoupie ; et le rayon,
Vibrant sous l'arc du fils d'Hypérion,
Fait des frontons irradier les marbres.
Sous la noire splendeur d'augustes arbres,
5   Paré de fleurs divines, un autel
Fume encore en l'honneur d'un immortel.
Au pied, parmi le baume et l'amaranthe,
Une source frigide, murmurante,
S'échappe, et dans les eaux du bassin clair
10 On voit glisser la nue errant dans l'air.
Au loin, la mer et ses rides sans nombre,
Les alcyons plongeant en fol essaim,
La voile, enflée ainsi qu'un jeune sein
Qui sort, tout blanc, d'un péplos au bleu sombre.

15 Près de l'autel désert un voyageur,
Poudreux et las, se tient debout. Songeur,
Il invoque d'abord les dieux des ondes,
Et Pan, l'ami des sources vagabondes :

« O dieux, dispensateurs de la Beauté,
20 « O dieux, amants de la Sérénité,
« Faites qu'en moi la vie intérieure
« Sans cesse afflue en devenant meilleure !
« Que je conserve un esprit mesuré,
« Où le Juste à l'Utile est préféré !
25 « Qu'entre vos mains je laisse couler l'heure !...
« E maintenant, ô dieux, conduisez-moi,
« Exempt de trouble, où le veut votre loi ! »

Et dans l'yeuse affluaient les colombes.

Il s'agenouille, écarte l'herbe, boit ;
30 Puis se repose. Un passant vient, s'arrête :
— « Salut, hôte, mon père ! A ma requête
« Sois indulgent : ta patrie et ton nom ? »
— « Tu vois en moi Kléophas, de Khrannon
« Près de Larisse, abondante en cigales. »

35 — « Eh quoi! ce Kléophas, chéri des dieux,
« Dont la pensée, à leur pensée égale,
« A su, dit-on, sonder même les cieux!
« Accourez, compagnons, prêtez l'oreille :
« Un miel plus doux que celui de l'abeille
40 « Va découler de sa lèvre. Nos yeux
« Vont se déclore! — O Kléophas, dévoile
« L'esprit du flot et l'âme de l'étoile,
« Le secret de la Vie et de la Mort!
« Au noir Hadès, que devient notre sort?
45 « Nourrice impie, à la dure mamelle,
« Pourquoi donc une Terre si cruelle?
« Sage, dis-nous pourquoi faire s'ouvrir
« Nos yeux au jour, si c'est pour y souffrir?
« Pourquoi chaque homme arrive au gouffre, y tombe?
50 « Pourquoi la mère enfante pour la tombe?
« Quels mots sacrés préservent de mourir? »

Et dans l'yeuse affluaient les colombes.

— « Mortels créés pour quelques jours amers,
« Livrez à l'onde une erreur décevante :
55 « Nul n'est jamais revenu des enfers ;
« Nul ne sait le pourquoi de l'univers.
« Si quelqu'un dit qu'il le sait, il se vante.
« Vous gémissez sous les maux rigoureux :
« Gaia, féconde, a pour loi de produire ;
60 « Elle obéit : produire, c'est détruire.
« Elle n'a pas pour loi de faire heureux...
« Toi, qui te crois le centre de la vie,
« Tu n'es qu'un des chaînons de l'Harmonie,
« Une humble note au vaste barbitos
65 « Qui règle la cadence en l'Ouranos.
« Va, souffre, meurs, et sous le ciel auguste,
« Ne t'enquête de rien, que d'être juste! »

Telle, sifflante, en son vol dans les airs,
La flèche avide, et d'Arès animée,
Porte en son fer la plaie envenimée,
70 Ainsi le mot pénétrait dans les chairs.

Et dans l'yeuse affluaient les colombes.

Mais le peuple déçu, railleur, disait :
« Eh quoi! c'est là vraiment tout ce qu'il sait !
« L'homme n'est rien, suivant lui ! Quelle offense
75 « A nous, pour qui le Ciel, la Terre immense,
« Furent faits par les dieux !... » Et les huées,
Mugissantes, montaient jusqu'aux nuées.
Un enfant, pour jouer, prend un caillou,
Dans sa fronde le met ; vise ; le coup
80 Atteint le sage au front : le sang ruisselle.
Le peuple rit, car la face immortelle
Est difforme, souillée. Un autre enfant
Vise à son tour, à son tour triomphant.
Telles, en août, les grêles meurtrières,
85 Telles, de toutes parts, volaient les pierres...
Et l'on vit s'affaisser l'homme très pur.

Les monts divins étaient baignés d'azur,
Et dans l'yeuse affluaient les colombes.

Comme *l'endecasillabo*, ces vers sont accentués indifféremment à 6 ou à 4. La plupart de ceux accentués à 4 ont une lève sur la 8e (vers 3, 10, 12, 13, 22, etc.), ou sur la 7e (vers 11, 14, 23, 28, etc.). Dans un certain nombre de vers accentués à 4, on a cru pouvoir se contenter d'un accent secondaire ou demi-lève sur la 8e syll., au lieu d'une lève (vers 2, 18, 20, etc.). L'harmonie de ces derniers ne paraît pas en souffrir. Je puis errer, mais il ne me semble pas non plus que les vers accentués à 6 fassent disparate avec ceux accentués à 4. Je suis convaincu que si quelqu'un est choqué de ce mélange, c'est uniquement à cause de l'habitude contractée, de même que le bon classique était choqué de l'alexandrin sans pause après la 6e syllabe, à quoi l'oreille moderne s'est accoutumée [1].

La césure enjambante n'y apparaît que trois fois, à la 6e syllabe, dans les vers 5, 8 et 46. Elle s'est présentée quelquefois à la 4e syl-

---

1. Tel est le joug de l'accoutumance que, en dépit d'une accentuation très nette, diverses personnes à qui j'ai fait lire ces vers s'obstinaient à couper à quatre les vers césurés à six, et lisaient imperturbablement :
« La ville est as|soupie, et le rayon... »

Observations sur l'Art de versifier.

labe, mais l'auteur a cru devoir la rejeter, parce que cela lui semblait donner au second membre du vers, plus long, je ne sais quelle allure hésitante. Placée à six, la césure enjambante est plutôt agréable, ce me semble.

Reste que le décasyllabe est toujours (contre l'opinion de nos pères) un rythme écourté au respect de l'alexandrin.

Mais, outre le décasyllabe accentué à quatre ou à six, nous avons encore

LE DÉCASYLLABE CÉSURÉ A CINQ

Quitard dit que cette coupe de vers fut inventée par Régnier-Desmarais, mort en 1670, et M. de Gramont que le véritable inventeur fut Christophe de Barrouso « qui fit imprimer à Lyon, en 1501, un poème entier de cette espèce de vers ».

Le décasyllabe coupé à cinq était inventé bien avant ces respectables personnages. Déjà, dans le *Roman de la Violette*, écrit aux entours de 1225, se trouvent ces vers, d'ailleurs délicieux :

> Par un seul baisier | de cuer à loisir
> Porroit longement | mes maus adoucir,
> Mais de desirier | me fera mourir.

Comment cette coupe singulière, en contradiction avec la construction ïambique de notre vers, qui appelle l'accentuation sur une syllabe paire, a-t-elle pu se produire ? Je ne crois pas que le $5+5$ ait été inventé sur le patron du $4+6$ qu'on aurait imaginé de diviser en deux hémistiches égaux. Je crois plutôt qu'il a pour origine un vers très ancien, trochaïque, par conséquent d'un nombre impair de syllabes, qu'on aura réduit à deux hémistiches égaux en ajoutant ou en supprimant une syllabe. Une coupe fréquente du vieil ennéasyllabe, employé dans la poésie lyrique, est $5+4$. Ajoutez une syllabe au second hémistiche, vous avez le $5+5$.

Ce qui semble le confirmer, c'est que ce rythme paraît uniquement consacré, comme tous ceux d'origine trochaïque, à la poésie chantée, et souvent dansée. Une des plus jolies chansons du XIIIe siècle est celle-ci :

> Quand se vient en mai, | ke rose est panie,
> Je l'alai coillir | per grant druërie ;
> En pouc d'oure oï | une voix serie [1].

Une chanson comique et d'un anthropomorphisme impie que n'a point égalé Béranger, chante, au XIIIe siècle, les louanges des gens d'Arras :

> Arras est escole | de tous biens entendre.
> Quant on veut d'Arras | le plus caitif (chétif) prendre,
> En autre païs | se puet por boin vendre.

Mesires Gautiers de Dargies commence ainsi la chanson d'un amant pas content :

> De celi me plaing | qui me fait languir
> En une maniere | et dirai comment.

Le goût de ce rythme ne se perdit point. Une chanson populaire de la fin du XVIe siècle dit :

> Et d'où venez-vous, | Madame Lucette ?
> — Je reviens des chams | jouer sur l'herbette.

Et une autre de la même époque :

> Il estoit un clerc | qui aymer vouloit.

Je ne connais aucun exemple de ce mètre dans les œuvres littéraires des poètes de la Renaissance. Il aurait été méprisé comme sentant trop son populaire. Bonaventure Despériers l'a désigné sous le nom burlesque de *tarantatara*, qui forme en effet une onomatopée fort heureuse de son sautillement.

Malherbe, dans une très médiocre chanson, a employé le 5+5 avec césure féminine, à côté du 4+4, avec césure masculine :

---

[1]. « Quand mai venu, la rose est épanouie, je l'allai cueillir par grand attrait. Au bout d'un instant j'ouis une voix pure. »

Et les étés mûrissent les moissons :
Chaque saison y fait son cours :
En vous seule on tr**ou**ve | qu'il gèle touj**ou**rs[1].

Dans ce dernier vers, Malherbe a-t-il voulu imiter le dodécasyllabe espagnol (et italien), qui correspond exactement à notre décasyllabe avec césure féminine :

En **a**guas crueles | ya m**a**s que non hondas[2] ?

Dans la chanson de Malherbe, le mélange du 4+6 et du 5+5 est déplaisant, mais la musique effaçait la disparate.

La cadence de ce rythme s'est si bien logée dans ma tête, conjointement avec une vieille chanson, que je ne puis plus lire le 5+5 le plus élégiaque sans le chantonner immédiatement sur cet air :

Ah! bon Diéou, que di - rié ma maï - ré,
Se l'a - co d'a - qui me ve - nié man - ca !
Se l'a - qui d'a - co, se l'a - co d'a - qui,
Se l'a - co d'a - qui me ve - nié man - ca !

Ceci, c'est de ma faute, mais nos pères n'avaient pas la même excuse, et néanmoins ils faisaient peu d'état du tarantatara. Encore

---

1. C'est bien à tort que M. de Gramont voit, dans ce décasyllabe à césure féminine, un hendécasyllabe dont la césure enjambante eût été inexplicable aux yeux de Malherbe.
2. « Dans des eaux perfides, quoique peu profondes. »

au commencement de ce siècle, Philipon de la Madelaine demandait « quelle oreille serait assez barbare pour le supporter ? ». Tout change, même les oreilles. Les nôtres se sont-elles allongées ? Le fait est que le 5 + 5 a pris faveur à mesure que son frère, le 4 + 6, tombait dans le discrédit. Il est vrai qu'il s'agit le plus souvent de poésies fuyantes et légères, et je ne crois pas que le grand chevalier Hugo, sous son harnais de fer, ait jamais eu envie de danser la tarantatara. Laprade, s'il m'en souvient, tenait ce rythme à mépris. Soulary et L. Siefert, qui étaient plus « dans le train », en ont fait usage, et cette dernière a, dans ce mètre, une pièce délicieuse, dénommée *Solitude* :

> Vous qui me plaignez, ne me plaignez plus ;
> Vous qui m'enviez, n'ayez pas d'envie ;
> Mon destin est tel que je le voulus,
> Et Dieu fit sans moi mon cœur et ma vie.

Réservons le 5 + 5 uniquement à la chanson ou à quelque chose d'équivalent. Il semble alors prendre des ailes. Je ne sais pourquoi je le vois si bien approprié à la muse aérienne et rêveuse (quoique de contours si parfaits) de M. Ch. le Goffic. Je ne sache rien de plus exquis que sa *Chanson paimpolaise*. Celle-là, je défie de la chanter sur l'air de *l'Aco d'aqui !*

> Les Marins ont dit aux oiseaux de mer :
> — Nous allons bientôt partir en Islande,
> Quand le vent du nord sera moins amer,
> Et quand le printemps fleurira la lande.
>
> Et les bons oiseaux leur ont répondu :
> — Voici les muguets et les violettes,
> Les vents sont plus doux, la neige a fondu ;
> Partez, ô marins, sur vos goëlettes !
>
> Vos femmes ici priront à genoux.
> Elles vous seront constamment fidèles.
> Nous voudrions bien partir avec vous,
> S'il ne valait mieux rester auprès d'elles.

Tâchez, ô mes amis, à faire de tels vers, mais quel que soit le sujet traité, ne mêlez jamais le décasyllabe accentué sur une syllabe paire (4+6 ou 6+4) au décasyllabe accentué sur une syllabe impaire (5+5). Il y a le même discord que, lorsque dans un vers, le trochée vient se mêler au ïambe. Vous ne prendrez donc point modèle sur ces vers de M. Verlaine :

> Avez-vous oublié, | Madame Mère,
> Non, n'est-ce pas, | même en vos bêtes fêtes,
> Mes fautes de goût, | mais non de grammaire?

Où, au troisième vers, le sautillant 5+5 vient succéder à la grave coupe classique.

Et vous vous garderez non moins de couper le décasyllabe à sept, comme dans ce vers du même poète :

> Le pauvre du chemin creux | chante et parle.

D'UN DÉCASYLLABE SUR LE TYPE DU DODECASILLABO ITALIEN

Nous avons vu (page 56) que *l'endecasillabo* italien n'est, en réalité, que notre décasyllabe coupé à 4 ou à 6 ; il existe encore, en italien et en espagnol, un vers qui correspond à notre déca, mais cette fois coupé à cinq [1].

Le *dodecasillabo* se compose de deux *senarii* mis à la queue l'un de l'autre :

> E voi, dolci pianti,
> Rimanet(e), addio !

Ce sont, à la française, deux vers féminins de cinq syllabes. Réunis, ils forment un *dodecasillabo* :

> E voi, dolci pianti, | rimanet(e) addio !

En français, c'est tout simplement un décasyllabe coupé à cinq, avec césure féminine :

> Et vous douces larmes, | je vous laisse ; adieu !

[1]. Nous avons cité, pages 50 et 68, des vers espagnols sur ce type.

A faire des décas coupés à cinq, bien mieux vaut les faire sans une césure féminine, qui accuse plus fortement la séparation des deux membres et le caractère sautillant du rythme. Il n'en est pas de même en italien, où la lenteur et l'emphase du débit, la sonorité des atones donnent au vers le caractère de deux phrases musicales successives. Chaque visage son nez, chaque langue son génie.

LE DODÉCASYLLABE

Se montre dès la fin du XIe siècle, c'est-à-dire presque immédiatement après l'apparition du décasyllabe régulier. Il est employé par l'auteur du *Pèlerinage de Charlemagne à Jérusalem* :

> Et dist li Emperere : | « Gabez, bel niés Rollanz ! »
> — « Voluntiers, dist-il, Sire, | tut al vostre cumant[1]. »

Au XIIe siècle, une version du *Roman d'Alixandre* est en vers dodécasyllabiques :

> Moult fu biaus li vregiers | et gente la praële :
> Moult souëf i flairoient | et radise et canele[2].

C'est de ce poème, comme on sait, que le dodécasyllabe a tiré son nom d'alexandrin.

Il est assez naturel de penser que le dodéca fut une extension du déca dans lequel on aura voulu rendre égaux les deux hémistiches[3].

---

[1]. « Et l'Empereur dit : Faites une vantardise mon beau neveu Roland ! — Volontiers, Sire, tout à vos ordres ! »

[2]. « Le verger étoit très beau, et gente la prairie ; les épices et la canelle y fleuraient très agréablement. »

[3]. Cependant, il faut noter que notre alexandrin correspond rigoureusement au dodécasyllabe rythmique :

> « Sit Deo gloria | et benedictio » (cité par M. Tobler),

Qui lui-même est identique, comme nombre de syllabes (et d'accents dans le premier hémistiche) à certains vers asclépiades, par exemple à celui-ci :

> « Maecenas, atavis | edite regibus. »

Je ne crois pas ce rythme fréquent. On cite trois pièces d'Abailard. J'en trouve une dans le recueil de *Poésies du moyen âge*, de du Méril (p. 46). Tout cela importe peu, puisque notre alexandrin est antérieur. M. Chabaneau me signale une pièce anonyme qui remonterait, d'après la place que Félix Clément lui assigne dans son recueil, au temps de Charlemagne. L'asclépiade y est très franchement rythmique. Chaque hémi-

Jusque bien avant dans le xvie siècle, l'octosyllabe et le décasyllabe restèrent prédominants. Le déca avait spécialement la faveur dans les poèmes épiques. Cependant, à la fin du xie siècle, la *Chanson d'Antioche* est en dodécas. C'est aussi, au xiie siècle, le rythme de *Thomas le Martyr*, de Garnier Pont-Saint-Maxence ; de la *Chanson des Saxons*, de Jehan Bodel, de *Renaud de Montauban* ; du *Chevalier au Cygne* (fin du xiie ou commencement du xiiie ?) ; au xiiie, de *Berthe aux grands pieds*, d'Adenet le Roi, du *Roman de Jules César*. On peut citer aussi la *Bible de sapience; li Dis des Jacobins*, de Rutebeuf, les Vies de *sainte Thaïs* et de *sainte Euphrosine*, etc. Au xve siècle et au commencement du xvie, le dodéca me paraît en particulière défaveur. Charles d'Orléans, Villon, Louise Labé, Clément Marot n'ont pas, bien crois-je, un seul dodécasyllabe [1].

Olivier de Magny (1530-1560), qui emploie généralement le déca, a cependant déjà le dodéca dans ses *Soupirs*.

> Gordes, que ferons-nous ? Aurons-nous point la paix ?

Où des sonnets en décas sont mêlés à des sonnets en dodécas. Aussi dans son *Hymen de Bacchus* :

> Ores qu'en ce banquet, nous faisons, chère troupe,
> Courir de main en main cette vineuse coupe.

Remy Belleau (1528-1577) l'emploie dans la *Complainte*, l'*Elégie champêtre*, les *Pierres précieuses*. Jamyn (mort en 1581), Jodelle (1532-1573), Grévin (1538-1570), la Boétie (1530-1563), Vauquelin (1535-1607), Scévole de Sainte-Marthe (1536-1623), du Bartas (1544-1590), Baïf (1532-1589) en font usage, mais dans l'ensemble le dodécasyllabe n'est encore qu'en faible minorité. Du Bellay (1525-1560) a écrit en alexandrins les sonnets des *Regrets*, et dans ses *Antiquités de Rome*, un sonnet en décas alterne communément

---

stiche est régulièrement terminé par un proparoxyton, ce qui n'a lieu qu'accidentellement dans l'asclépiade métrique, et la quantité y est négligée. — Quoi qu'il en soit, il est bien douteux que ce soit là l'origine de notre alexandrin, et il est plus vraisemblable de n'y voir qu'une coïncidence.

1. Il en est de même pour Pelletier, Ponthus de Thyard, Tahureau, dans le peu que je connais d'eux.

avec un sonnet en dodécas. Ronsard s'est fréquemment servi de ce mètre, mais il a cru que le décasyllabe seul convenait à l'épopée, et c'est lui qu'il a réservé pour sa *Franciade;* et je ne sais si, en nombrant bien, on ne trouverait pas encore dans ses œuvres beaucoup plus de décas que de dodécas, sans compter l'octosyllabe, le mètre favori de ces poètes.

Tout n'est que changement en ce monde sublunaire. Nous ne faisons guère état du maigre filet du décasyllabe, au prix du vaste flot de l'alexandrin. Pour nos pères, c'était l'inverse! Ils prisaient fort ce qu'ils appelaient la légèreté du vers de dix syllabes. Sibilet (cité par M. de Souza) dit, à propos de l'alexandrin, que « cette espèce ne se peut proprement appliquer qu'à *choses fort graves*, comme aussi au pois de l'oreille se trouve *pesante*. » Fabri l'appelle « une antique manière de rythmer ». Ronsard déclare « que les alexandrins *sentent trop la prose très facile, sont trop énervés et flasques* (!), si ce n'est pour les traductions, auxquelles, à cause de leur longueur, ils servent de beaucoup pour interpréter le sens de l'auteur ».

Mais il semble bien que tout de suite après Ronsard, on ait senti que l'alexandrin était le vers par excellence, celui qui a l'harmonie la plus vaste, la marche la plus solennelle, et qui se prête à la plus grande variété de coupes, par la raison toute simple que douze a plus de diviseurs que dix. Regnier, cet excellent artiste en vers, au respect de qui Malherbe n'est qu'un ouvrier laborieux[1], se sert presque exclusivement de l'alexandrin. Malherbe lui-même aban-

---

1. Je crains qu'on ne trouve ce jugement outré. Pardon, il est réfléchi. Malherbe est une superstition que nous ont léguée les classiques. S'il n'eût fait que ses vers, sa renommée serait moindre. Son caractère rogneux y a contribué, et ses amères critiques de Desportes. Cent fois moins poète que Ronsard, n'ayant ni la verve, ni la franchise, ni la prestesse, ni la fermeté de Regnier, ignorant le sentiment agreste et horatien de Racan, tout gâté qu'était celui-ci par le faux goût italien; moins habile ouvrier que Boileau (Malherbe fut un menuisier soigneux, Boileau un ébéniste adroit), son œuvre n'est pas beaucoup plus qu'un tissu de platitudes, d'enflures, de concetti, de galimatias, sur lequel se dessinent en relief quarante ou cinquante beaux vers, dont quelques-uns sont parmi les plus beaux de la langue. Cela tient à ce qu'il avait un très grand sentiment de la cadence, plus grand que ne l'a eu aucun de ses devanciers ou contemporains. Il n'a que cela, mais cela lui a suffi pour d'admirables

donne le décasyllabe à son malheureux sort. Au xvııᵉ siècle, on ne le connaît plus guère, sauf la Fontaine, qui d'ailleurs le mêle à d'autres rythmes. La tragédie, qui avait fait usage du décasyllabe avec Robert Garnier, se sert exclusivement de l'alexandrin avec Corneille et Racine, comme la comédie avec Molière. Le déca coupé à quatre, encore employé par Voltaire dans ses deux faibles comédies, *la Prude* et *Nanine*, est aujourd'hui complètement abandonné dans l'art dramatique.

LA CÉSURE DANS LE DODÉCASYLLABE

Le premier qui usa du dodéca le divisa par le milieu[1], soit à l'aide de la césure masculine (v. p. 47), soit à l'aide de la césure

rencontres. Les cochons, eux aussi, trouvent des truffes. Pour le surplus, presque jamais franc du collier, alambiqué, sentant l'huile, échauffé à froid. Il écrit de belles choses comme celles-ci :

« Si vos yeux sont toute sa braise,
« Et vous, la fin de tous ses vœux,
« Peut-il pas languir à son aise,
« Dans la prison de vos cheveux ?...

« Mon Dieu, mon Créateur,
« Que ta magnificence étonne tout le monde,
« Et que le ciel est bas au prix de ta hauteur ! »

Il y en a comme cela quasi à toutes les pages. Et dire que Boileau ne s'en est pas moqué !

1. On rencontre au moyen âge, dans la poésie lyrique seulement, une autre coupe fort singulière, c'est celle de 7 + 5, soit avec césure masculine :
« Amors n'ont point de seigneur : | dire le porroie. » (*Ap.* JEANROY.)
« Por vos morra vostre amis | sans nule demoree. » (BARTSCH, *R.*, p. 109.)
Soit avec césure féminine :
« Sire, que volés vos faire, | dist la pucelote. »
J'imagine que cette curieuse division provient d'un décatrisyllabe primitif, coupé à 7 (sur le patron du vers trochaïque de quinze syllabes), dans lequel on aura raccourci le second membre. Peut-être aussi la musique la comportait-elle. Quoi qu'il en soit, cette forme persista, appuyée sur la musique, car, dans son *Parnasse provençal*, M. Chabaneau cite une chanson dans ce rythme, qui date du commencement du xvııᵉ siècle ou de la fin du xvıᵉ. Il me signale aussi un recueil de cantiques, publié à Arles en 1772, où l'on rencontre des vers tels que ceux-ci :
« Apprenez-moi, mon Sauveur, | ce que je dois faire... »
« Dès ton réveil, donne-moi | toutes tes pensées. »
Et même avec césure enjambante :
« Pour arriver ou ma grâ|ce veut te conduire. »
C'est peut-être ce type de vers qui, divisé en deux, a donné le rythme de la Chanson d'Alceste :
« Si le Roi m'avait donné | Paris sa grand'ville. »

féminine (v. p. 48). Je ne sais si l'on rencontre au moyen âge, dans le dodéca, quelques exemples de césure enjambante (v. p. 54)[1]. Je n'en connais pas, non plus que de césure atonique (v. p. 52)[2].

La division du vers en deux membres s'imposait à plus forte raison que dans le déca. Le nombre de syllabes était trop considérable pour que l'oreille pût instinctivement le compter sans y penser et par conséquent pût en saisir la cadence. Songez que les premiers poètes qui manièrent l'octosyllabe l'avaient déjà trouvé trop long pour ne pas le diviser !

Depuis la proscription de la césure féminine par Jean Lemaire (voy. page 48) jusqu'à notre siècle, le dodéca a conservé rigoureusement la césure masculine avec ses deux caractères : 1° la lève terminant le mot ; 2° la pause qui le suit. Ce repos semblait nécessaire pour mieux accuser la division :

> Va le voir de ma part, | Timagène, et lui dire
> Que pour cette beauté | Je lui cède l'empire. (CORNEILLE.)

> Je ne sais qui m'arrêt(e) | et retient mon courroux. (RACINE.)

À peine citerait-on quelques rares vers (peut-être parfois contre l'intention de leurs auteurs) où la pause ne soit pas observée, ou plutôt où une pause plus forte que celle de la césure suspende la voix sur un autre point. Lorsque cela se présente, la lève qui précède la césure obligatoire perd de son importance et ne devient plus qu'une demi-lève. C'est là proprement

LA CÉSURE ROMANTIQUE

Au moyen âge on glane de çà et de là quelques césures romantiques. Le poète ne fait pas ces vers en vue d'un « effet ». Ce sont

---

1. Quicherat cite ce vers de Jean de Meung dont l'orthographe est modernisée :
    « Quand l'entrée est mauvai|se du bien spirital. »
Mais il paraît mal transcrit (*spirital* pour *espirital*) et nous serions simplement en présence d'une césure féminine.
2. Je trouve ce vers dans *le Chevalier au Cygne* :
    « Fait avez comme Eve, | vous estes de s'orine (lignée). »
Mais il faut probablement corriger en *sicom*, ainsi que le porte une variante, et il s'agirait simplement d'une césure féminine.

de pures rencontres, des « fautes », certainement non voulues. De ceux que je connais, voici peut-être le plus marqué :

Ne puis que notre pere Ad**an**s | mangea la pomme. (RUTEBEUF[1].)

Mais je ne croirai jamais que Regnier, qui avait si bien le sentiment d'un rythme ferme et vif, n'ait pas prémédité les effets des vers suivants :

De m**e**sme, | en l'art div*in* de la M**u**se, | doit-**on**
Moins croire à leur esprit qu'à celui de Platon...
Facile au v**i**ce, | il h*ai*t les vi**eux** | et les déd**ai**gne...
Delay**an**t, | qui tou*jou*rs a l'**œ**il | sur l'avenir...
Et ne me v*eu*x chalo*i*r du li**eu** | grand ou petit.

De ces deux vers de Corneille, le second est absolument hugotesque :

Je combats vos amants sans dessein d'acquérir
Que l'**heu**r d'en f*ai*re v*oi*r le plus digne, | et m**ou**rir.

J'en dirai autant de ces deux vers de Racine :

Non, je ne puis, | tu v*oi*s mon tr**ou**ble et mon effr**oi**...
Il ne fin**i**sse | ains*i* qu'Aug**u**ste | a commenc**é**.

Malherbe n'avait pas assez de feu poétique pour s'être oublié, fût-ce une fois, à un vers qui court, mais Boileau lui-même n'a pu se tenir d'en laisser échapper un ou deux :

Et tel m**o**t | pour av*oi*r réjou**i** | le lect**eu**r...
Autre déf**au**t, | sin*on* qu'on ne le sauroit l**i**re.

La Fontaine est trop varié, aime trop les tours piquants pour n'en avoir pas écrit un grand nombre :

L'endr**oi**t par*ut* suspect aux vol**eu**rs ; | de faç**on**
Qu'à notre promett*eu*r l'un d**i**t : | Mon camar**a**de...

---

1. Dans ces exemples nous indiquons les lèves ordinaires par une italique et les lèves très accentuées par une lettre grasse.

Il en faisoit sa plainte une nuit. | Un voleur...
Ils n'y craignoient tous deux aucun, | quel qu'il pût être...
Même j'ai rétabli sa santé, | que les ans...
.....Tant qu'enfin
Le lionceau devint vrai lion. | Le tocsin...
Et pourquoi sommes-nous les vôtres ? | qu'on me die...
.....Et ce fut la vengeance
Qu'on crut qu'un tel discours méritoit. | On choisit...

Le déplacement de la césure, proscrit dans la tragédie et la poésie lyrique, était plus volontiers toléré dans la comédie. Molière est, je crois, resté fidèle à la règle classique, mais Racine, dans les *Plaideurs*, a usé plus d'une fois du déplacement de la césure pour donner au vers un tour preste et piquant :

Il nous le fait garder jour et nuit, | et de près...
Quelle gueule ! | Pour moi je crois | qu'il est sorcier...
Il m'avait fait venir d'Amiens | pour être Suisse...
Ma foi, | j'étois un franc portier | de comédie...
C'est dommage : | il avoit le cœur | trop au métier...
Derrière elle faisoit lire : | « Argumentabor. »

Ce dernier vers est blâmé gravement par Richelet (édition de l'an VIII), parce que « lorsque deux verbes font un sens indivisible, la césure ne doit pas les séparer[1] ». On peut tenir pour assuré que dans quatre-vingt-quatre ans, on se gaudira de mainte règle de Quitard, de Landais et de Banville, autant que nous le faisons de celle-ci de Richelet.

---

[1]. Richelet n'a pas compris pourquoi ce vers manque de cadence : c'est parce qu'à la césure il y a deux lèvres en contact, et que précisément la lèvre principale est sur la septième syllabe ; ou, ce qui revient au même, parce que le vers ne peut se décomposer en pieds :

« Dĕrrière ĕl|lĕ făisōit | līre : | Ār|gŭmēn|tăbōr, »

Le troisième et le quatrième pied n'ont qu'une syllabe. Mais le trait est trop comique pour s'arrêter à ces vétilles, et, dans la comédie surtout, une ligne de prose, de douze syllabes, venant à propos, peut ajouter singulièrement au piquant.

APPARITION RÉGULIÈRE DU VERS ROMANTIQUE

Le premier qui ait nettement *senti* les effets à tirer du déplacement de la césure principale, c'est Chénier. Il n'en a, il est vrai, usé que rarement et avec discrétion, uniquement dans des passages où il avait à peindre une action violente ou un sentiment vif. Partout ailleurs sa poésie reposée, sereine, tout en musique, devait prendre la forme la plus claire, la plus simple, la mieux rythmée. « Un effet particulier, dit très bien M. Faguet, n'a cette puissance qu'à la condition qu'elle soit exceptionnelle, et elle ne paraîtra telle que si l'auteur, au cours ordinaire de son œuvre, commence par bien remettre la coupe traditionnelle dans l'oreille du lecteur. » Aussi les vers de Chénier, coupés à la romantique, saisissent-ils, jaillissent-ils, devrais-je dire, dans son œuvre. Assurément aucun poète avant lui n'aurait écrit (et dans la poésie lyrique!) :

Le quadrupède Hélops fuit; | l'agile Crantor...
L'insolent quadrupède en vain s'écrie; | il tombe...
Pirithoüs égorge Antimaque, | et Pétrée...
Il tend les bras, | il tombe à genoux; | il lui crie...
Il est humain; | il pleure aux pleurs | qu'il voit répandre...
Inconnu, | j'ai franchi le seuil | de ton palais...
Mais sois mon hôte. | Ici l'on hait | plus que l'enfer...
Tes parents, | si les dieux ont épargné leur vie...
.....Le vin par toi-même versé
M'ouvre la bouche. | Ainsi, puisque j'ai commencé...
Celui qui lui doit tout chante, | et s'oublie et rit...
Les convives levés l'entourent; | l'allégresse...
Dieu jeune, | viens aider sa jeunesse; | assoupis...
Je te perds. | Une plaie ardente, | envenimée...
Toujours ivre, | toujours débile, | chancelant...
Le jour | où nous avons reçu | le grand Homère...

Ce qui existe dans Chénier à l'état sporadique, a passé dans Hugo à l'état épidémique, — au bon sens du mot. — Il a employé la césure romantique si abondamment et avec des effets si heureux, que c'est lui le véritable réformateur du rythme. Je n'oserais dire que parfois il n'ait pas dépassé la mesure, car, ainsi que tous les « effets », celui de la césure romantique vaut surtout par le contraste, et demande à être ménagé.

Mais il est bien certain que jamais la forme classique n'aurait su donner au poète ce que lui a donné l'emploi du rythme nouveau dans maint passage superbe, par exemple dans la pièce des *Contemplations* qui a pour titre un point d'interrogation, et où, après avoir décrit en splendides images les maux terrestres, le poète termine par ce vers semi-prose, qui tombe de façon si forte dans sa simplicité :

> Et que tout cela fasse un as|tre dans les cieux[1] !

N'est-ce pas que cette chute est une merveille ?

Nos poètes lyonnais ont plus ou moins subi l'influence romantique : il n'en est pas qui soit proprement le disciple d'Hugo. Jean Tisseur a employé le vers romantique avec la même discrétion que Chénier. Mais il en use toujours de façon extrêmement heureuse :

> Traîné par des coursiers blancs comme ceux du jour,
> Il s'avan|ce; tout cède à sa force; | une tour...
> Et tel qu'un lourd navire, armé d'un bec d'airain,
> Divise l'onde, | ainsi le char du Roi, sans peine...
> Trésors perdus que tout cela !... | *Toi* tu médites...

Barthélemy Tisseur, venu à une époque où Hugo lui-même n'avait pas encore trouvé sa forme, n'a qu'à l'état de pure exception des vers à coupe romantique :

---

[1]. Ce genre d'effet était trop saisissant pour ne pas être l'objet de fréquentes imitations. C'est ainsi que M. Haraucourt, après avoir décrit en beaux vers, largement cadencés, l'assaut de la Bastille et le pont-levis tombant sous la hache d'un charron, s'écrie avec solennité :

« .... Rois, la Bastille est prise ! »

Puis il termine brusquement en deux vers semblables à de la prose :

« Le charron rabaissa sa manche. | Il dit : « Voilà.
« Puis simple, | ayant défait vingt sièc|les, s'en alla. » »

Mais je ne sais pourquoi je crois voir là l'emploi d'un « procédé ». Et, dans la pièce d'Hugo, si le procédé existe, je ne le vois pas.

> Alors, | soit que je *croie* au ciel | ou que j'en doute...

Quant à Laprade, c'est, comme sentiment, un poète très nouveau ; comme forme, un poète absolument classique. Sa poésie, toujours lente et grave et mesurée, marchant d'un pas auguste, ne se prête pas aux désarticulations. Le vers de Laprade, comme Minerve, sortait tout armé de son cerveau. Il écrivait un jour : « Cela vient tout de suite ou ne vient jamais. » Il n'était pas de ceux qui reprennent leurs vers à cent reprises pour y gratter un mot ou déplacer une césure. Je ne trouve guère dans *Psyché* et les *Odes et Poèmes* que ces vers à forme moderne :

> Psyché pose au hasard ses pieds, | et va songeant...
> Je n'y vois que des fronts muets, | un peuple horrible...

Voici cependant un vrai trimètre romantique :

> L'air embaume, | les flots chantent, | le ciel rayonne.

Quant au vers suivant, il est tout uniment splendide :

> Je sens de toutes parts ton souffle, | ô Dieu vivant !

Soulary, très fin ouvrier en vers, fait au contraire quelquefois usage et un habile usage de la coupe nouvelle :

> Hé ! fureteur ! | que *fait* ta main | dans mon corsage ?...
> Craintive enfant ! | pourquoi trembler ? | Rassure-toi...
> A-t-il assez fouillé mon sein, | l'ardent souci ?...
> Arme-*toi* pour franchir le monde. | — C'est un bois...
> Elle entra ; | — mais comment et par où ? | — noir problème...
> Prends garde ! | nous avons des traités | sur le beau...
> Je voudrais conserver ses traits ; | mais le modèle...
> Vainement je la *fais* charmante : elle est plus belle !...
> La cité dort. | Sait-*on* les peurs que la nuit cache !...

Louisa Siefert a aussi fréquemment usé de la coupe romantique. Si jeune qu'elle fût, déjà dans ses *Rayons perdus*, on trouve une grande habileté de main :

Femme, as-tu pas encor dix s**ous** ? | Donne à la quête...
.....Comme un oiseau
Qui volt**i**ge léger et pr**om**pt. | Votre rés**eau**...
Au deh**o**rs | un temps gris de déc**em**bre. | Au ded**ans**
Le poêle froid...
Son adresse est habile à panser la blessure
Prof**on**de | que l'am**ou**r nous f**ai**t ; | son dévoûm**ent** [1]...

CONSÉQUENCE DE LA CÉSURE ROMANTIQUE

Du déplacement de l'antique césure à la sixième syllabe, il résulte que, de par la construction du discours, beaucoup de vers reçoivent une double césure. Par ainsi le vers se trouve divisé en trois parts, qui peuvent être égales ou inégales. Voici des modèles tirés d'Hugo :

Rien n'ex**is**|te. Le ciel est cr**eu**x. | L'être est un s**on**ge...

C'est un $3+5+4$. La première césure est enjambante ; la seconde est masculine.

Je vis la M**or**t, | je vis la H**on**|te ; toutes d**eux**...

C'est un $4+4+4$, dont la première césure est masculine et la seconde enjambante.

Dans ces vers d'Hugo (comme d'ailleurs dans ceux des poètes lyonnais que nous avons cités), le poète, soit instinctivement, soit de façon préméditée, tout en déplaçant la pause, non seulement n'a jamais omis de mettre un accent tonique (ce que nous avons appelé une demi-lève), sur la sixième syllabe, mais encore il s'est toujours arrangé pour que *cette syllabe terminât le mot. — Il n'a supprimé que la pause.* C'est, avons-nous dit déjà, la césure romantique. Bien remarquer de plus que cette demi-lève ne porte jamais que sur un

---

1. Des poètes lyonnais je me suis fait une loi de ne citer que les morts. Ce n'est pas que maint compatriote vivant ne me fournît matière à citation, c'est au contraire que ces citations seraient trop abondantes, et que je serais embarrassé pour le choix. Il existe à Lyon un mouvement littéraire très prononcé. Une foule de jeunes poètes se sont réunis dans une société dénommée *le Caveau*, destinée à l'expansion de la Chanson et qui ne compte pas moins de trois cents membres. Il s'y débite mainte chose charmante. Il existe aussi un recueil périodique, *la Revue du Siècle*, dirigée par M. Camille Roy, lui-même poète distingué et président du Caveau. La partie poétique y est très nourrie et souvent bien remarquable.

Observations sur l'Art de versifier.

mot *sensible*, jamais sur un article, sur une préposition, sur une conjonction, etc., à plus forte raison sur une syllabe faible. A cet égard, le vers romantique, — et en général avec raison, — a respecté toutes les lois de la césure classique.

Ainsi vous pouvez feuilleter tout Victor Hugo, vous ne trouverez pas un seul vers comme les suivants :

Les clairs feuilla|ges *sous* les rayons | semblaient rire.   (BANVILLE.)
Des brises tiè|des qui font défaillir | le cœur.   (MAUPASSANT.)
Ton cœur, | jeune hom|me, est *la* sour|ce où chacun veut boire.
(J. AICARD.)

Hugo, qui, en tant que choix des sons et cadence, était le plus grand artiste qui eût jamais existé, se fût plutôt coupé la main que d'écrire quelque chose de semblable. Dans les vers que nous avons appelés romantiques, la césure classique n'est pas *supprimée*, mais seulement *affaiblie;* la demi-lève sur la sixième syllabe doit attirer légèrement l'attention et permettre à celui qui débite le vers, non pas d'insister sur cette syllabe, mais de la marquer légèrement au passage, de façon que

L'OREILLE PUISSE INSTINCTIVEMENT RECONNAITRE LE NOMBRE DE SYLLABES COMPOSANT LE VERS.

Bien se rappeler que la césure n'a pas été inventée pour autre chose que cela. Ce principe domine toute la métrique à base syllabique, comme la nôtre.

Parmi les modernes, plusieurs ont essayé de pousser plus loin la réforme que ne l'avait fait Hugo. Ils ont pensé que l'on pouvait se passer même d'une demi-lève sur la sixième syllabe, et les vers que nous avons cités plus haut en fournissent des exemples, d'ailleurs assez malencontreux.

Mais d'un ou de plusieurs exemples peut-on conclure à la fausseté radicale d'une théorie ?

Le regretté Guyau, qui a écrit sur l'art des vers des choses charmantes, ne croyait pas qu'il fût possible, en fait de césure, d'aller au delà de ce qu'a fait Hugo. « Les poètes rejetant la césure médiane de l'hémistiche, disait-il, sont des musiciens qui veulent se passer du rythme, c'est-à-dire du fond même de toute musique et de tout vers. »

Sans doute qu'on ne peut faire des vers sans rythme ! mais peut-on substituer au mètre romantique un mètre sans césure médiane, *qui permettrait à l'oreille de se rendre compte, avec le même sentiment instinctif, du nombre de syllabes composant le vers ?* Toute la question est là.

Dans une magistrale étude publiée par *la Critique philosophique*, dans son numéro de septembre 1885, M. Renouvier pense, au contraire, que, dans un vers convenablement distribué, la césure ou demi-césure médiane n'est pas indispensable à la cadence. MM. Ch. le Goffic et Thieulin, dans leur *Traité de versification*, estiment de même que, si la proscription de tout alexandrin qui n'a pas un accent à la médiane, s'explique *historiquement* par l'habitude qu'a prise notre oreille depuis des siècles, cette proscription n'a, *logiquement*, aucune raison d'être.

Pour démontrer que l'alexandrin peut se passer de syllabe forte à la médiane, M. Renouvier prend ce vers d'Hugo :

Pleurez | sur l'araignée immonde, | sur le ver,

Et il demande s'il perdrait toute cadence « pour être construit de la manière suivante (moins bonne assurément, ajoute-t-il, mais pour d'autres raisons), où le groupe intermédiaire de six est coupé par l'accent tonique en deux parties de trois syllabes chacune » :

Pleurez | sur l'immonde araignée | et sur le ver.

A mon sens, M. Renouvier a pleinement raison[1]. Ainsi remanié,

---

1. Racine a dit :

« Mon arc, mes javelots, | mon char, tout m'importune. »

Le vers n'aurait pas moins d'harmonie sous forme de trimètre :

« Mon arc, mon char, | mes javelots, | tout m'importune. »

Et V. Hugo, toujours préoccupé de conserver un accent tonique au sixième lieu :

« Il fut héros, | il fut géant, | il fut génie ; »

En quoi ce vers serait-il moins cadencé pour n'avoir pas cette demi-lève, qui ne tient aucun rôle dans le mouvement rythmique :

« Humble héros, | humble géant, | humble génie ? »

le vers, *pris isolément*, ne perd rien de son harmonie, et l'oreille en nombre aussi bien les syllabes. Mais il faut voir son office dans l'ensemble. Citons le passage entier :

> La vierge au bal, qui d**an**se, | ange aux fraîches coul**eu**rs,
> Et qui porte en sa m**ain** | une touffe de fl**eu**rs,
> Respire, en souri**ant** | un bouquet d'agonies.
> Pleurez sur les laid**eu**rs | et les ignominies,
> Pleur**ez** | sur l'immonde araign**ée** | et sur le v**er**,
> Sur la lim**a**ce | au d**o**s mouill**é** | comme l'hiv**er**...

Si je relis ces vers à haute voix, je ne suis pas sensiblement choqué par le vers remanié, pour autant que je viens d'en faire connaissance. Je le scanderai comme il doit l'être. Mais en sera-t-il de même pour un lecteur qui, pour la première fois, lira le passage ! Dès le commencement il aura dans l'oreille, de façon caractérisée, le type 6 + 6. Si parfois il rencontre un affaiblissement de la césure médiane comme dans

> Sur la limace au dos mouillé...,

Il trouvera quand même à l'hémistiche un caillou pour appuyer légèrement son pied en franchissant le pas. Lorsqu'il arrivera au vers remanié, il en commencera la lecture en prévision de sa sixième syllabe :

> Pleurez sur l'immonde **a**raignée...

Et ne trouvera plus sa cadence. Son impression aura quelque chose de celle d'un musicien qui, phrasant une mélodie nouvelle, mesurée à trois temps, rencontrerait tout à coup, au beau milieu, mêlée aux autres, une mesure à deux temps.

Je lisais un jour une pièce, d'ailleurs charmante, d'un poète bien délicat, M. François Fabié, où se trouvaient ces deux vers :

> A qui dans notre siècle | Hugo donna des **ai**les,
> Et Lamartine l'infini pour horizon.

Je ne faillis point à lire imperturbablement :

Et Lamartine l'**in**|fini pour horizon.

Je reconnus mon erreur, et je repris :

Et Lamart**in**' | l'infini | pour horizon.

Et mon oreille ne comptait plus que onze syllabes. C'est que l'*e* muet de *Lamartine*, précédé d'une lève et suivi d'une pause, est dans les conditions d'une syllabe de chute (voir page 49) et que je me trouvais en présence d'une césure féminine. Je recommençai à scander ; mais j'avais positivement perdu le fil de la pièce.

On dira peut-être que le vers de M. Fabié (par une exception peut-être unique chez lui) est coupé de façon nuisante ; que l'on ne doit jamais, quel que soit le rythme, avoir une pause après la cinquième syllabe ; que cela fait boiter le vers comme ces pauvres dames déhanchées qui, en marchant, ont un hémistiche en retard : très juste, mais je crois cependant qu'un vers avec une baisse à la sixième syllabe, apparaissant tout à coup au milieu de vers qui ont une lève ou du moins une demi-lève à cette place, fera toujours un à-coup, au moins tant que notre oreille, par un long entraînement, ne sera pas rompue à cette déviation accidentelle du rythme général.

Voici, par exemple, deux vers de Banville :

Courant éperdum**ent** | dans les vertes camp**a**gnes,
De la Thr**a**ce, | avec les Naï**a**|des, ses comp**a**gnes

Le premier est un 6+6, tout classique ; le second est un 3+5+4. La deuxième césure est enjambante, et cela rompt un peu la mesure, à cause de la pause après l'atone, qui fait tomber l'*e* muet de *Naïades*. Néanmoins le vers ainsi coupé est parfaitement admissible en lui-même. Mais venant après le 6+6, il change soudain la mesure, et comme on a le premier dans l'oreille, on scande involontairement :

De la Thrace, avec les | Naïades, ses comp**a**gnes.

C'est horrible. — Cela, dans Hugo, jamais. Vous trouvez toujours au sixième lieu un léger frappé qui permet de continuer la mesure; un petit jalon entre de grands jalons, mais qui permet de compter la distance.

D'évidence il n'en serait plus de même si la pièce tout entière était conçue sur un rythme identique d'un bout à l'autre, qui n'admettrait pas de syllabe forte à la médiane; du moins où, lorsque cela ne pourrait être évité, cette syllabe serait tellement atténuée que l'oreille ne fût jamais tentée de transformer en 6+6 le rythme initial. Pour exemple on pourrait faire une pièce en 4+4+4.

Je suppose que cela a dû être essayé déjà, et de meilleure main que la mienne[1]. Mais puisque, pour l'instant, je n'ai rien autre sous la main, il faudra bien que l'on pardonne à l'auteur de se citer lui-même. Aussi bien, en cela, ne fait-il que suivre Banville dans son *Traité de versification*.

Il y a longtemps que j'étais hanté par ce 4+4+4, qui susurrait à mon oreille comme une musique mélancolique :

> O Doricha[2], fleur de l'Hadès, ton corps si tendre,
> Que Cypris même eût jalousé, n'est plus que cendre!
> Et ta tunique au tissu d'air, dont les tiédeurs,
> Dans l'air subtil, semblaient répandre les ardeurs;
> Et le bandeau qui retenait tes sombres tresses,
> Où donc sont-ils? Tes longs regards, lourds de caresses,
> Comme un poison s'insinuant jusques au cœur,
> Au fond des os ne verseront plus la langueur.
> Tes flancs polis ont échangé le lit superbe
> Pour l'humus noir et destructeur; et la folle herbe,
> Fille des vents, souille et disjoint le blanc paros,
> Qu'à ta mémoire a ciselé Scopas d'Imbros!
>
> Mais vainement à dévorer le Temps s'obstine,
> Sa dent ne peut rien sur tes vers, Sapho divine!

Voici les observations que me suggère ce rythme :

---

1. Conférez aussi, à la page 21, les deux vers de Baïf en 4+4+4, mais toujours avec césures masculines.

2. On se rappelle que la belle courtisane Doricha, était la maîtresse de Charaxus, frère de Sapho.

1° Il est très musical, et comme détrempé de langueur divine. Ce balancement trois fois répété à chaque vers donne la sensation d'un bercement très doux, que ne connaîtra jamais l'alexandrin coupé à 6. Mais, par cela même, une pièce de ce genre ne peut qu'être excessivement courte. Rien ne serait plus vite monotone que cet éternel retour des quatre syllabes. Imaginez un recueil écrit dans ce rythme, on n'irait pas à trois pages !

2° Le rythme ne se prête à aucun développement, enserré qu'est le poète dans ses petites tranches. Rien de cette pompe, de cette vastitude qu'amène le roulement des six syllabes dans l'alexandrin classique. C'est un autre genre d'effet, charmant à ses heures, mais dont il faut être ménager, et qui est pauvre en ressources ;

3° Il est fort difficile à traiter. Cela coule goutte à goutte, pas en cascade. On comprend combien il est plus facile de se retourner dans six syllabes que dans quatre ;

4° Pour assouplir le vers, besoin est d'éviter les longues pauses trop répétées entre les tronçons. Dans ce but, il faudrait que le rythme souvent fût plus marqué par l'intensité des lèves que par les pauses. La césure enjambante serait donc ici fort à sa place. Mais on ne peut presque pas s'en servir. Si elle est suivie d'une pause (c'est le cas neuf fois sur dix), l'*e* atone final devient syllabe de chute, et cela fait boiter le vers. Dans ces quatorze vers, il n'en est qu'un où elle figure :

Dans l'air subtil | semblaient répan|dre les ardeurs.

5° Mais la plus grande difficulté pour faire goûter ce genre de vers, c'est que l'oreille est accoutumée au 6 + 6 (plus ou moins masqué, mais réel même dans l'alexandrin romantique) et qu'elle est devenue automatiquement rebelle à une cadence différente. Comme le dit très bien M. le Goffic, « cela est si vrai que, dans les vers classiques où le sens n'est point suspendu à l'hémistiche, on arrêtait pourtant la voix sur la sixième syllabe. Nous-mêmes, n'avons-nous point gardé, en lisant les trimètres romantiques, cette habitude de reposer un peu la voix à l'hémistiche ? Et n'est-ce point pour cela qu'une muette nous gêne, et que nous tenons à voir à l'hémistiche un mot ou une fin de mot ? »

La plupart de ceux à qui je faisais lire ces vers, scandaient imperturbablement :

      O Doricha, fleur de | l'Hadès, ton corps si tendre,

Ils trouvaient à la césure « quelque chose qui n'allait pas très bien », et m'engageaient affectueusement à faire des vers « comme tout le monde ».

C'est la raison pourquoi (bien qu'il eût mieux valu n'accuser la mesure que par les lèves et non par les pauses) il était essentiel ici, dès le début, d'accentuer fortement la coupe de 4 en 4, pour que, suivant l'expression d'un de mes amis, l'oreille, partant du pied gauche, continuât, pour ainsi dire malgré elle, à scander le vers en trimètre. C'est du reste l'avantage d'une coupe suivie d'un bout à l'autre de la pièce : l'oreille n'est jamais déconcertée.

De rien ici-bas l'on n'a l'étrenne. J'imagine, disais-je plus haut, que ce rythme a déjà été essayé par plus d'un moderne, mais celui-ci, vraisemblablement, ignorait que la lyrique du moyen âge avait déjà connu cette coupe, ainsi qu'en témoignent les jolis vers suivants :

      Prise m'avez | el bois ramé, | reportez m'i...
      Mignotement | la voi venir, | celi que j'aim [1].

Et déjà, en provençal, vers l'an 1280, on trouve tout un poème didactique de seize cents vers, la *Chirurgie*, de Raimon, écrite en 4+4+4. Et chose à noter, parce qu'elle est en contradiction avec la métrique du temps, l'auteur y fait un très fréquent emploi de la césure enjambante :

      De la cerve|lla te coven | gran cura fort...
      Et fay o tot | bolir en ay|ga mesclament...
      Aquesta pol|vera ti laus | e sa vertu [2].

---

1. « Vous m'avez prise au bois feuillu ; reportez-m'y... De façon charmante, je la vois venir, celle que j'aime. »

2. « De la cervelle il te convient avoir grand souci... Et fais bouillir le tout mêlé dans l'eau... Je te fais l'éloge de cette poudre et de sa vertu. »

On pourrait faire choix d'une autre coupe que le 4+4+4, par exemple du 3+6+3. Comme il n'est possible de se rendre compte d'un effet que par un exemple, on a essayé ce rythme dans la pièce suivante :

> La saison des renoncules d'or, la saison
> Qui transforme, en écrin scintillant, le gazon,
> Reparaît, les yeux baignés d'amour ; elle éveille
> La fourmi, dans ses greniers blottie, et l'abeille,
> Attendant, sous l'abri tiède et clos, le moment
> Où la fleur, dont le bouton hâtif pointe à peine,
> Va s'unir, alourdie et pâmée, à l'amant.
> Le dieu Pan, chéri des chevriers, dieu charmant,
> Dieu léger, descends des monts neigeux ; il ramène
> Tous ces dons, la grâce et le souci du domaine :
> Le chevreau, qui dans les thyms bondit, gracieux ;
> Et les pois, et l'oseille avivante, et les œufs,
> Et le lait, dormant en flots épais, dans l'argile ;
> Les caillés, au frais baiser pareils, mets des rois !
>
> Nous pourtant, paisibles et lassés, ô Sosyle,
> N'allons plus, près des ruisseaux chanteurs, dans les bois,
> Adorer le glorieux Printemps ! Son pied rose,
> Vainement, sur le Cythore obscur, se repose ;
> Vainement, Cypris met-elle au cœur les émois :
> Cependant que dans son lit d'azur, le jour tombe,
> Nous songeons qu'il n'est pas de printemps pour la tombe.

Observations suggérées par l'emploi de ce rythme :

1º Si le vers est bien construit (les vers se maçonnent et se lient comme les murs) ; si les trois tranches qui le composent sont bien accusées, sinon par des pauses à virgules, du moins par des lèves assez fortes pour qu'en aucun cas il n'y ait d'incertitude sur la scansion, il a de la cadence, une allure vive, preste, quasi sautillante, qui fait un singulier contraste avec le ronronnement alangui du 4+4+4. On a de la peine à s'imaginer que ces deux rythmes comportent le même nombre de syllabes.

Dans le 3+6+3 la tranche médiane permet plus de développement à la phrase mélodique.

Somme, le vers a des vertèbres, et *marque bien le pas*. Mais

2° Sa construction même lui ôte le coulant, et la simplicité qui convient aussi bien aux vers qu'aux pucelles. Par exemple, dans le vers suivant, l'ordre des mots est imposé par la nécessité de placer les deux césures à leurs postes :

<blockquote>Le chevreau, qui dans les thyms bondit, gracieux.</blockquote>

Un de ces vieux classiques, si agréablement « bêchés » par les romantiques, aurait dit, tout bonhomme :

<blockquote>Le chevreau gracieux, qui bondit dans les thyms,</blockquote>

Et (entre nous) il aurait eu raison.

3° Dans ce rythme le vers est fait plutôt pour être lu que pour être ouï. Grave défaut. A la lecture, la fin de la ligne indique la place de la rime ; mais à l'oreille, comme il arrive que souvent la phrase se termine, de nécessité, avec la tranche de six syllabes, c'est à cette fin de phrase que l'oreille attend instinctivement la rime (ce qui prouve que la règle classique de terminer la phrase avec la fin du vers était conforme à l'instinct rythmique). Et le phénomène se produit ici d'autant plus naturellement que, la tranche du vers précédent étant de trois syllabes, et la tranche initiale du vers considéré étant aussi de trois syllabes, suivies de la tranche de six où la phrase se termine, on a dans l'oreille un $3+3+6$, qui est une des formes les meilleures, les plus aimables de l'alexandrin classique[1]. On pourrait, il est vrai, construire la la pièce en $2+6+4$ ou en $4+6+2$, mais je doute que l'ïambe initial, et surtout l'ïambe terminal, fût d'un effet agréable.

---

1. Ainsi ces deux morceaux de vers :
<blockquote>« .....Dieu charmant,
« Dieu léger, descend des monts neigeux... »</blockquote>

Feraient entre eux un vers bien autrement mélodieux, que je crois lire dans une idylle du divin Chénier :

<blockquote>« Dieu léger, dieu charmant, descends des monts neigeux ! »</blockquote>

Mais quoi ! cela fait un vers coupé à 6, et que peut bien valoir un alexandrin coupé à 6, je vous et me le demande ?

Resterait la ressource de faire la tranche du milieu de cinq syllabes. Cela ne me semble guère acceptable. Autant la tranche de six est nette et saisit l'oreille, autant la tranche de cinq est vague et flottante[1]; il faudrait fixer un repère au moyen d'une lève, ou au moins d'une demi-lève à 6, et alors nous retombons dans l'alexandrin connu, ce qui n'est pas dans le programme. De plus, pour qu'un vers ait sa pleine cadence, il faut, si possible, que les divers membres composants aient, pour le nombre de syllabes, des diviseurs communs. Cela exclut le membre de cinq syllabes.

4° Suite inévitable de la place invariable des césures : nombreux enjambements ; impossibilité fréquente de terminer la phrase avec le vers, sans une chute brusque, à cause des trois dernières syllabes qui forment une cadence interrompue. Tout cela disloque le vers. Or, en dépit de l'affirmation un peu (?) vaniteuse d'Hugo :

J'ai disloqué ce grand niais d'alexandrin,

les alexandrins ne sont pas plus faits pour être disloqués que les jolies femmes. Par ces moyens on peut obtenir des effets nouveaux, curieux, piquants, charmants parfois, mais cela ne peut être d'un user courant, à profit de ménage, comme le bon bœuf bouilli des classiques.

Autre conséquence : obligation de rimes sonores pour ne pas laisser l'oreille s'égarer. Nécessaire aussi, dans le débit, d'accentuer fortement la rime et par l'intensité de l'émission vocale, et même par une certaine pause, encore bien que, logiquement, le sens ne l'appelle pas toujours[2].

---

1. En voici un exemple emprunté à Banville :
    « Et l'Étolie | et la Phtiotide | éblouie. »
Ceci appartient à la catégorie de vers que M. Jules Lemaître appelle spirituellement les invertébrés.

2. Ce repos de la voix sur la rime, plus nécessaire ici qu'ailleurs, l'est partout plus ou moins. Quoi de plus insupportable à entendre que des vers liés entre eux par le débit à la façon de la prose, et où l'oreille doit faire un violent effort pour saisir la rime ? On ne s'astreint plus, comme les classiques, à finir la phrase avec le vers, mais on ne peut se soustraire au sentiment fort juste qui avait dicté cette règle. La forte accentuation de la rime peut seule aider à se reconnaître dans nos vers désarticulés.

Enfin, il est indispensable de n'employer que la césure masculine pour indiquer plus solidement la division des tranches.

5° Observez que si les deux césures sont fortement marquées, une demi-lève sur la sixième syllabe ne change rien à la marche du vers ; mais l'exigé, c'est qu'il n'y ait aucune hésitation sur la place des césures ; faute de quoi l'oreille est tentée de transformer le vers en 6+6 : adieu l'unité !

Après tout, ces analyses ténues dans l'emploi d'un rythme très particulier, que l'on a observé d'un bout à l'autre d'une pièce, n'ont qu'un intérêt restreint, car cet emploi est borné. L'intéressant, le curieux, c'est de savoir s'il serait possible de mêler, dans une même pièce, les différents types de l'alexandrin à double césure, sans se préoccuper, comme le fait Hugo, d'une demi-lève sur la sixième syllabe. Dans le nouveau vers, au contraire, cette sixième devrait rester atone, pour ne pas faire rentrer dans l'ornière du vieil alexandrin, soit classique, soit romantique. C'est cela qui constituerait une véritable révolution dans la métrique !

Par exemple, pourrait-on écrire une pièce où fraterniseraient les types suivants, et d'autres faciles à imaginer :

> Lents, courbés, | et sur leurs manteaux | croisant les mains...
> (C. Mendès.)
> Lui qui vécut | dans les murs froids | d'une mansarde... (Coppée.)
> 3 Et ce cen|tre, tu le sais bien | n'existe point... (Richepin.)
> Les clairs feuilla|ges, sous les rayons, | semblaient rire... (Banv.)
> Où j'épiais, | de mon œil de marbre | étonné... (E. Raynaud.)
> 6 Un faune enfant, | tout délabré, | s'accoude encore... (Id.)
> S'enfon|ce plus profondément | dans sa tristesse... (Id.)
> Le cher profil | qui fut cruel | dans sa pâleur... (L. Denise.)
> 9 Bruit ou gît | en des somnolen|ces scélérates. (Verlaine.)
> Et pour le res|te ! vers telles morts | infamantes. (Id.)

J'ai joué *fair play*, j'ai choisi les vers les mieux coupés, il eût été facile, pour démontrer par l'absurde, de choisir des vers informes. Dieu soit loué, le phylloxera ne s'y est pas mis : la récolte en est riche.

Remarques :

1° Tous ces vers ont deux césures;

2° Les vers 3, 4, 7, 9, 10 ont des césures enjambantes. Les moins cadencés sont les nos 3, 4 et 10 parce que l'atone qui suit la première césure est elle-même suivie d'une pause, ce qui transforme cette atone en syllabe de chute et semble enlever une syllabe au vers [1].

Écartons ces derniers. Relisons les autres en file indienne. Chacun, pris séparément se cadence. Réunis, non. On ne saisit pas la chaîne qui doit relier le rythme. Ces coupes changeantes leur donnent quelque chose de flottant, d'indécis; l'oreille s'égare et fait effort pour se reconnaître dans le nombre de syllabes; pour atteindre au vol un rythme qui fuit toujours, ni plus ni moins que si l'on voulait empoigner l'eau. Cela proviendrait-il de ce que le fil de l'oraison n'y est pas continu? — J'ai essayé de tisser un bout d'étoffe de cette espèce : je me suis rebuté à la première façure. Il y avait quelque chose de dérangé à la mécanique. Le dessin ne se suivait pas. Ai-je été simplement mauvais canut?

Somme, je me permettrai de poser hardiment en principe ce qui suit :

1° Pour se bien reconnaître dans le nombre des syllabes, pour le balancement musical du rythme, il n'est rien tel que la césure classique à la médiane, avec pause. Elle divise les douze syllabes en deux parties égales. *Numero deus impare gaudet*, ce n'est pas démontré, mais *numero versus pare gaudet*, c'est certain [2].

Ce caractère spontané, si j'ose dire, de la césure médiane est si

---

[1]. Aucun de ces vers n'a de césure féminine. Absolument acceptable en tant qu'harmonie, elle aurait ici pour conséquence de trop accuser la division ternaire. Témoin le vers n° 4 :

« Les clairs feuilla|ges, sous les rayons, semblaient rire. »

Comme cadence, il ne perd rien à prendre des césures féminines, bien au contraire :

« Les clairs feuillages, | sous les aurores | semblaient sourire. »

Les césures reproduisent la chute de la rime. C'est très doux, mais la division ternaire, tout à fait trop accusée, en fait trois vers féminins de quatre syllabes, sans rime.

[2]. Le vers sanscrit (je ne le connais pas, mais ça ne fait rien), l'hexamètre grec et latin et l'alexandrin sont rythmés selon des nombres pairs; ces trois derniers sur douze syllabes ou leur équivalent.

marqué, — j'en appelle à tous ceux de mes maîtres qui ont chevillé, — que la phrase naturelle, jaillissant du cerveau lorsqu'on fait le vers, celle dont on berce son oreille, — dont on se grise parfois, — c'est la phrase formée d'un groupe de six syllabes. Elle sort toute seule, toute brandie. Tous ces vers à césure dérangée, comme tous ces vers de onze et de treize syllabes, ils ne coulent pas de source, et force est de confesser que, dans leur procréation, le violement a plus de part que l'amour.

Le témoignage de cette spontanéité harmonique, c'est que, même dans Victor Hugo, sans cesse à l'appétit de la double césure (mais avec syllabe forte au sixième lieu), les vers dans le moule classique sont encore, au bas pied, au nombre de trois contre un[1] : c'est à désespérer.

J'ajoute : Escrimez-vous à faire des vers à double césure, la sixième syllabe atone. Dans le nombre il s'en trouvera de plus harmonieux, de mieux venus, qui vous feront plaisir. Regardez-y de près : vous découvrez avec effroi que, manque d'attention, vous avez laissé passer une forte au sixième lieu. Vous vous donnez alors beaucoup de mal pour remplacer la forte par une faible, et, Dieu soit loué, vous êtes enfin parvenu à faire un vers tout à fait moderne, c'est-à-dire moins bon.

2º Excellents aussi les vers romantiques à double césure, avec leur demi-lève à six, discret rappel à l'oreille pour l'aider à scander; excellents surtout à la condition de ne pas les prodiguer constamment, et de s'en servir en temps et lieu pour faire opposition au vers classique, d'allure trop régulière s'il est répété longtemps. De cette sorte de vers on a fait surgir des visions absolument inconnues avant l'apparition de la fée romantique.

---

1. Je suis généreux. J'ai sous les yeux la pièce d'Hugo, intitulée *Glaucé*, et je m'assure avec désespoir que, sur soixante-quatre vers, soixante-trois ont la césure classique. Mais quelle heureuse opposition fait aux autres celui qui a la césure romantique !

« Et des **vents** inconn**us** | viennent me caress**er**,
« Et je voudr**ais** | saisir le m**on**de | et l'embrass**er**. »

Absolument délicieux !

3º Le dodécasyllabe à double césure, sans demi-lève à la médiane, peut être très beau pris isolément. Il a le tort de ne se pouvoir mêler aux dodécasyllabes classiques ni aux romantiques. On pourra, *choisissant un rythme uniforme*, faire — non sans quelque peine — de courtes pièces agréables, parfois exquises, mais ceci sera toujours, aux deux autres alexandrins, ce qu'est le taillage d'un onyx à la grande sculpture du Parthénon. Sans vouloir prétendre ici qu'un camée de Dioscoride soit de mince prix !

Peut-on aller plus outre et construire des pièces avec des dodécasyllabes de ce genre, en mêlant les rythmes, sans places fixes pour les doubles césures ? — L'avenir le dira, mais j'imagine difficilement qu'on puisse jamais, sous cette forme, constituer la poétique d'une époque... ou bien l'oreille de nos descendants ne sera plus faite comme la nôtre.

DE L'ALEXANDRIN ITALIEN ET ESPAGNOL

Ce vers se comporte au regard de l'alexandrin français, comme le *dodecasillabo* au regard de notre 5+5. C'est donc un vers de quatorze syllabes (comptant à l'italienne), et composé de deux vers de sept syllabes mis bout à bout :

Sobr(e) el ma̱rgen d(e) un rio | d(e) a̱rboles ta̱nt(o) umbrio [1]...

En Espagne, les alexandrins, faits probablement sur le modèle français, ont précédé les vers de *arte mayor* (vers de 12 syllabes, répondant à notre 5+5), introduits, paraît-il, seulement au XVe siècle, et qui les ont fait abandonner.

De même, en italien, le vers est fait de deux *settenarii*. Il a été, dès les premiers temps, très goûté dans la poésie populaire :

Ro̱sa fresc(a) olentissima, | ch'appa̱r(i) inver l'esta̱te,
Le do̱nne te desia̱no, | pulze̱ll(e) e marita̱te [2].

[1]. « Sur le bord d'un ruisseau, d'arbres si ombragé. »
[2]. « Rose fraîche très parfumée, qui apparais vers l'été, les femmes te désirent, pucelles ou mariées. »

On voit tout de suite que ce vers n'est que notre alexandrin classique, avec césure féminine. Cette coupe a pour effet de séparer plus fortement les deux hémistiches. En français, suivie dans une pièce, elle ne pourrait qu'accroître la monotonie reprochée par les modernes à l'alexandrin classique.

Il semble extraordinaire que les romantiques ayant jeté par dessus bord la règle de la pause après la sixième syllabe, personne, même parmi les jeunes, n'ait songé que la conséquence rigoureuse en était la possibilité de faire suivre la sixième syllabe d'une atone comptant dans le vers, c'est-à-dire d'introduire

LA CÉSURE ENJAMBANTE DANS L'ALEXANDRIN

Ce que l'on a dit de cette césure à propos du décasyllabe (page 57 et suiv.) a son application au dodécasyllabe. Du moment qu'il n'y a pas de pause pour affaiblir l'*e* atone qui suit la lève sur la sixième syllabe, le vers construit avec cette césure est absolument régulier. Cet alexandrin :

> Dieux ! que ne suis-je assise dans les bois obscurs !

Est correct au même titre que celui de Racine :

> Dieux ! que ne suis-je assise à l'ombre des forêts !

S'il est moins bon, ce n'est pas qu'il soit boiteux, ce n'est même pas que l'oreille ne perçoive distinctement les deux fois six syllabes, c'est tout simplement que l'*e* d'*assise* est moins sonore que la préposition *à* dans le vers de Racine.

C'est là, en effet, le reproche qu'on peut adresser à la césure enjambante, de laisser subsister dans le vers un *e* atone de plus qu'il n'aurait, si cet *e* s'élidait suivant les règles des traités de versification. D'où une moins belle sonorité.

Donc, éviter que cet *e* après la sixième syllabe ne soit lui-même suivi d'un autre *e* atone, ce qui assourdirait doublement le vers. Ainsi cet alexandrin de Racine :

> Je t'entends. Mais excuse un reste de tendresse...

Perdrait beaucoup si, pour y adapter la césure enjambante, il était ainsi transformé :

> Je t'entends, mais pardon|ne ce reste d'amour.

Tu devines aussi, lecteur, que la césure enjambante, à l'alexandrin romantique, sera mieux appropriée qu'à l'alexandrin classique, pour autant que le premier supprime la pause après le sixième lieu. Or savons-nous les inconvénients de cette pause après la césure enjambante (voir p. 58), au moins dans les longs membres de vers.

Ajoute que, dans les alexandrins romantiques, cette sorte de césure peut, à l'occasion imprimer au rythme cette allure coulante, un peu prose, qu'avec beaucoup d'art Victor Hugo sait prendre soudain pour faire contraste à la solennité.

J'avoue que ce vers d'Hugo :

> Marchaient au crépuscule au fond du bois hideux,

ne me déplairait point trop sous cette forme :

> Marchaient au crépuscu|le des forêts hideuses [1].

Et que celui-ci :

> Quoi ! pas même l'opprobre avec une couronne !

prendrait quelque chose de plus familier, de plus cursif ainsi transformé :

> Quoi ! pas même l'oppro|bre d'une couronne !

Et ce vers du même :

> Dans la grande montagne entre, pauvre petite,

Serait-il plus mauvais sous cette figure :

> De la grande monta|gne sors, pauvre petite [2] ?

---

1. Il aurait même l'avantage d'éviter la répétition des deux ablatifs : « *au crépuscule, au fond.* »
2. Il y aurait tout au moins ce profit de ne pas avoir deux syllabes fortes en contact (monta**gne-en**tre), ce qui détruit le mouvement, et encore plus lorsque le tamponnement se produit entre les poteaux 5 et 6.

Observations sur l'Art de versifier.

Et cet alexandrin roide, classique, en énumération :

    Le mont, l'arbre, l'oiseau, | le lion et la rose,

Je le trouverais moins sec, modifié de cette sorte :

    L'arbre, les hirondel|les rapides, la rose...

Comment Hugo, qui se vante d'avoir osé tant de choses (moins qu'il ne croit), n'est-il pas allé jusqu'à cette réforme si simple, qui semblait ressortir de sa manière d'entendre l'art de versifier ? C'est que sa hardiesse apparente recouvrait un grand fond de prudence. Il redoutait d'arriver à un point où il ne serait plus suivi. Quand la gloire est acquise pourquoi l'exposer à la dispute ? Plus d'une fois

    L'honneur des premiers faits se perd par les seconds.

De même ces maréchaux de Napoléon si téméraires au combat tant qu'ils n'avaient pas maille ; et qu'on vit si prudents quand ils furent richement dotés. — Après cela, possible tout simplement qu'Hugo n'y ait point songé. Les titans n'ont pas communément l'esprit de finesse.

Nous savons déjà (voy. p. 58) que plus sont courts les hémistiches ou tronçons de vers séparés par une césure, plus la forme enjambante sera permise ou même congruente. Par ainsi cette forme sera très bonne dans les vers à double césure :

    A l'heure | où sous le grand suai|re tout se tait... (HUGO.)
    As-tu derriè|re toi de la pla|ce ; lui dis-je ? (ID.)

Nous en verrons des exemples encore plus frappants dans le trimètre de trois syllabes.

Pour le faire court, si je n'ai l'entendement cornu, on devra :

1º Sauf très rares exceptions, avec bons motifs à l'appui, éviter communément la césure enjambante dans l'alexandrin classique ;

2º En user avec une extrême discrétion dans l'alexandrin romantique ;

3º La rechercher volontiers dans l'alexandrin à double césure (nous avons vu que certains rythmes, comme le 3 + 6 + 3, doivent être exceptés).

DU NOMBRE DES LÈVES DANS L'ALEXANDRIN

Dans l'alexandrin classique, les lèves autres que les lèves nécessaires au sixième et au douzième lieu, sont en nombre variable :

> Le pois**on** à mon c**o**rps | un**i**t mes vêtem**en**ts. (CORN.)

Il y a dans ce vers quatre lèves, mais il pourrait n'y en avoir que trois :

> Lorsque vous règner**ez**, | que serez-v**ou**s, hél**a**s ! (RAC.)

Ou même seulement deux, celles à places fixes, témoin ce mauvais vers d'Hugo :

> Que nous nous expliqui**on**s | et que je vous qu**e**relle,

Et ceux-ci de Racine :

> Avec Britann**i**cus | je me réconc**i**lie...
> Ne m'avez-vous pas d**i**t | que vo**u**s le haïssi**ez** ?...
> Ou pour vous mérit**er** | ou pour vous conquér**i**r [1].

Dans l'alexandrin romantique, il y a une lève principale à la rime, une lève secondaire à la sixième syllabe et souventefois une seconde lève principale seulement dans un hémistiche :

> Donne-lui tout de même à b**oi**|re, dit mon p**è**re. (HUGO.)
> Alors elle se met au lab**eu**r | comme un h**o**mme. (ID.)

Mais il peut aussi y avoir une lève principale à l'intérieur de chaque hémistiche. Ce sont les alexandrins romantiques à double césure :

---

1. Bien posé que nous ne tenons pas compte des lèves secondaires. Voici la construction de ce dernier vers :

    « Ŏu pōur vŏus mēriter ŏu pōur vŏus cōnquĕrir. »

C'est bien à titre purement arbitraire que, dans ce vers, B. de Fouquières veut placer une lève sur 1 et sur 7 (*ou*). Je défie de le prononcer de cette manière.

> Et les hanaps | dorés et peints, | petits et grands... (Hugo.)
> Prends le rayon, | saisis l'aube, | usurpe le feu. (Id.)

Enfin, il peut y avoir des alexandrins à double césure, sans demi-lève à la médiane, avec une lève dans chaque tronçon :

> Ou je filai | pensivement | la blanche laine. (Banville.)
> Et l'oiseau bleu | sur le maïs | en floraison. (L. de Lisle.)

Pour que le vers soit bien cadencé, il faut rarement dépasser le nombre de quatre lèves. Dans le magnifique vers suivant, de Laprade, il y a trois lèves dans le premier hémistiche, et une lève dans le second (celle de la rime), plus une demi-lève sur *peuple*. C'est ce *glissé* qui donne de la musique à l'accentuation :

> Terre, fleuves, oiseaux, divin peuple des êtres.

Mais ce vers d'Hugo, avec ses cinq lèves fortement accusées, est d'un effet pénible, haletant :

> On arrive homme, deuil, glaçon, neige, on se sent...

Sans compter que les images ne s'y heurtent guère moins que les sons.

On a cité (page 31, note 3, et page 34, ligne 3) des vers de six lèves. Ceux-ci ne sont pas plus agréables :

> Qui juge, aime, pardonne, engendre, construit, fonde... (Hugo.)
> .....Quel mur l'enferme ?
> Aucun. Globes, soleils, lunes, sphères, forêts... (Hugo.)

Cela ne vous remet-il pas en mémoire le célèbre :

> Yeux, cou, sein, port, teint, taille, tout en elle ravit ?

Voilà ce que l'on ne trouvera ni dans Chénier ni dans Lamartine. Et comment s'expliquer qu'on le puisse rencontrer chez Hugo, cet artiste sans pair ? C'est que son vers a plus de plasticité que d'eurythmie, plus de sonorités que d'accords. Hugo est un sculpteur de mots; les deux autres, c'étaient des lyres vivantes. Chénier, lui aussi, emploie l'énumération, mais presque toujours avec quel goût et quelle molle harmonie :

Mais ô b**oi**s, ô ruiss**eau**x, ô m**on**ts, ô durs caill**ou**x !...

Et cet autre vers, où l'accent tonique d'*entretiens* fait un glissé, comme tout à l'heure dans le vers de Laprade celui de *peuple* :

Déjà v**in**s, chans**on**s, j**oi**e, entret*iens* sans n**om**bre...

Cependant l'énumération a été fatale à Chénier dans le vers suivant, qui, encore bien que plus fluide que ceux d'Hugo construits de même, a une affluence de lèves vraiment pénible :

Là je d**or**s, ch**an**te, l**i**s, pl**eu**re, étud**ie** et p**en**se.

QU'IL NE DOIT JAMAIS Y AVOIR DEUX LÈVES EN CONTACT

Règle consacrant la tradition rythmique de nos pères. On a (p. 12, ligne 24), signalé ceci, que, dans la poésie latine rythmique, deux syllabes accentuées ne sont jamais en contact :

N**on** me tenent v**in**cul**a**...

Ce besoin d'alternance est tel pour notre oreille qu'il y a lieu de s'étonner qu'antérieurement à Quicherat, personne n'ait signalé cette loi. De l'avoir présente à l'esprit peut être utile à l'occasion. Un jour que le croassement d'un vol de corbeaux avait frappé l'oreille d'un de mes amis, il crut l'exprimer dans ce vers, qui lui parut fondé sur les plus pures lois de l'harmonie imitative (l'harmonie imitative, c'est le fort des traités de versification) :

Cris r**au**ques ! — Des corb**eau**x c'est la tr**ou**pe chagr**i**ne...

Imprimé le vers (c'est toujours ainsi qu'il arrive), notre ami s'aperçut que c'était à peu près « inrécitable ». L'harmonie imitative était décidément trop forte. — C'est que les deux lèves commençant le vers étaient en contact[1].

---

[1]. Nous avons cité, p. 9, note 1, un vers qui n'est pas meilleur, en dépit d'une tendance encore plus marquée à la « désharmonie » imitative :

« Et leur cri r**au**que gr**in**ce à travers les tén**è**bres. »

Boileau, voulant parodier Chapelain, eût été tout à fait incapable de trouver aussi bien.

Au rebours, le vers qui suivait celui-là était tel :

> Qui peuple le sapin mor|ne, seul resté vert.

A son oreille cela ne se cadençait pas, sans qu'il pût bien comprendre pourquoi. C'est que les deux accents, sur la sixième et la septième syllabe, étaient en contact. Il remplaça instinctivement *morne* par *géant*, et cela se trouva mieux rythmé :

> Qui peuple le sapin géant, seul resté vert.

Les deux accents avaient été séparés par un tampon.

Je ne connais pas les vers de Chapelain, mais il n'a rien pu faire d'aussi barbare que le premier hémistiche du vers suivant de Gautier :

> Créa Bug, Han, Cromwell, Notre-Dame, Hernani.

Et celui-ci, de M. Berson, serait bien doux sans ses deux syllabes fortes en contact :

> Un secret gît au cœur d'or de la marguerite.

Nous aurons l'opportunité, à propos de la place qu'on doit assigner aux lèves, de citer d'autres modèles de ce genre. Quicherat en tire quelques-uns des classiques :

> Que me sert en effet d'un admirateur fade? (Boileau.)

Il est certain que la cadence serait meilleure s'il y avait :

> Que me sert, en effet d'une louange fade?

Un des plus beaux patrons de ce tamponnement est dans cet hémistiche de Piron :

> .....Cette cruauté m'outre.

C'est que, lorsque la seconde lève est un monosyllabe, le coup a un caractère sec; et l'ecchymose est plus cruelle [1].

---

1. J'ai lu, ne sais où, que Boileau, pour parodier le style dur de Chapelain, avait fait ce vers (qui ne figure pas dans mon édition de Boileau) :
« De ce sourcilleux roc l'inébranlable cime. »
Il n'y a de dur que le premier hémistiche, à cause du contact de *eux* et de *rcc*, sur-

Mais où Quicherat est dans ses torts, c'est de ne pas ajouter que

LE CHOC DISPARAIT S'IL EXISTE UNE PAUSE ENTRE LES DEUX LÈVES

Il a commis l'erreur d'appliquer à la généralité des cas (cela arrive souvent) une règle restreinte à un certain nombre. La pause (scripturalement une virgule), en séparant les deux lèves, remplit en effet l'office d'une atone. Quoi de plus adorable que ces vers de Chénier, combien que, dans le premier, il y ait une lève au sixième et au septième lieu :

> Muses ! vous savez **tout, vous**, déesses, et n**ous**
> Mortels, ne savons rien qui ne vienne de vous.

Et, en dépit de sa règle, Quicherat n'eût certainement pas osé blâmer ces nobles vers de Racine :

> Cie**ux**, écoutez ma v**oix**; **t**erre, prêtez l'**or**eille !...
> **T**em**p**le, renverse-**toi**; **c**èdres, jetez des fla**mm**es[1]!...

Le vers suivant d'Hugo est légèrement ridicule à cause de l'épithète *fauve* (Hugo manquait souvent de goût), mais le rapprochement des lèves n'y cause aucun heurt :

> Et Je**an**, f**au**ve songe**ur**, qu'en frémiss**ant** on nomme...

En revanche, le vers suivant, du même poète, est cacophone, pour n'avoir pas de repos entre *regard* et *croit* :

> Il est l**à**, le re**g**ard **c**roit, sous son **p**orche obs**cur**,...

Il faut remarquer que certaines consonnes finales, se prolongeant après la première lève en contact, affaiblissent l'effet de la rencontre (sans cependant la rendre jamais aimable). Par exemple, dans le vers suivant le choc est affreux :

---

tout venant après quatre atones : *la la la la pouf pouf!* — « Inébranlable cime » est au contraire un hémistiche de grande allure, qu'en cherchant bien on rencontrerait certainement dans un de nos bons poètes modernes.

1. C'est bien à tort que Quicherat blâme cet excellent vers de Corneille :

> « Et je bannir**ois**, **moi**, tous ces l**â**ches am**an**ts. »

Et celui-ci, de Molière :

> « Je le sav**ois** bi**en**, **moi**, que vous l'épouseri**ez**.

> L'oiseau que l'effroi cloue, exsangue, pantelant...

Parce que *oi* clôt le mot *effroi* de façon explosive. Modifiez ainsi le vers :

> L'oiseau que l'horreur cloue, exsangue, pantelant,

L'*r* final d'*horreur* rend le choc moins immédiat.

Enfin, il y a des cas où la seconde lève en contact prend un caractère tellement emphatique, écrase tellement sa voisine, que celle-ci en devient presque atone. En tel cas la rencontre même peut produire des « effets » inattendus, grandioses, superbes dans leur apparente irrégularité. Par exemple, quoi de plus beau que ce vers de Racine :

> Le sang de vos rois crie et n'est point écouté !

Tout s'efface aux pieds de ce *crie* ! Le mot *roi* qui le précède en devient presque atone ! Quicherat, pour rendre le vers plus coulant, plus harmonieux, propose de le modifier ainsi :

> De vos rois le sang crie et n'est point écouté

Comment n'a-t-il pas senti que le « sublime » s'évanouit ; que le mot *crie* n'étant plus au sommet d'une progression ascendante, il perd toute sa grandeur ? Ah ! si l'on pouvait consulter Racine, serait-il furieux !

Quicherat aurait condamné ce vers absolument délicieux de Laprade :

> Glissa comme un vent frais sous les portiques sombres,

Parce qu'il aurait cru voir un accent rythmique sur *vent*. Mais lisez le vers à haute voix : *vent* ne doit point prendre d'accent ; c'est un *glissé;* puis, c'est un monosyllabe : il prépare la lève sur *frais*. Mettez un mot long au lieu du monosyllabe :

> Tonnait, ouragan froid sous les portiques sombres,

Vous avez un choc très désagréable parce que la finale d'*ouragan* prend une sonorité, une importance particulière. Le vers est devenu tout à fait mauvais.

Sans doute que Laprade n'a pas fait tous ces beaux raisonnements. C'est affaire au vrai poète de sentir la chose d'instinct, sauf à la passer à l'alambic, une fois faite [1].

DE LA PLACE DES LÈVES ET DES PAUSES

1º *Ne pas mettre une lève marquée à la onzième syllabe.* Sûr, puisqu'elle serait en contact avec la lève de la syllabe rimante. Nous savons aussi que plus le premier des mots en contact est long, plus sensible le défaut.

Jusqu'aux pieds des chev**aux** les carapa**ço**ns pe**n**dent,

Dit Hugo. Entre le *sourcilleux roc* du pseudo-Chapelain et *les carapaçons pendent*, pas d'hésitation à décider en faveur du *sourcilleux roc*.

Mais si le premier mot est court [2], si la lève y est peu marquée, glissante ; si, au contraire, la rime est sonore, le défaut s'atténue,

---

1. Voici un autre vers de Laprade :

« Le sacrifica**teur** to**m**be, le c**œ**ur percé. »

Lisez ce vers comme de la prose, et sans aucune suspension à l'hémistiche, le choc des deux lèves est très éprouvant. Mais lorsque Laprade lisait ce vers (et c'est ainsi qu'il avait résonné à son oreille en le faisant), il s'arrêtait légèrement après *sacrificateur* :

« Le sacrificateur, tombe le cœur percé. »

Cette suspension, bien que contraire à la grammaire, était appelée, pour ainsi dire, par l'habitude constante d'une pause à l'hémistiche dans tous les vers qui l'avaient précédé ; et l'on conçoit d'ailleurs qu'après ce long mot il y eût comme une attente de ce qui allait survenir. Cette légère suspension suffisait pour changer toute la physionomie du vers et le cadencer. Je reconnais cependant qu'un vers serait préférable, qui pût se débiter sans cette pause artificielle.

2. En général, les monosyllabes à la rime ont besoin d'être précédés d'un mot de une ou deux syllabes seulement, sans quoi ils font explosion à la fin du vers :

« ….Et des femmes,
« A pas furtifs, ainsi que les *hyènes font*… » (VERLAINE.)

« Jusqu'au Zénith, plafond où *l'espérance va*
« Se casser l'aile… » (HUGO.)

Le vers fait patatras.

disparaît même. En dépit de la rencontre de *roseaux* et de *verts*, ce vers d'Hugo n'a rien de choquant :

> Les sa**bl**es, les gravie**rs**, l'he**rb**e et les roseaux verts.

En ceci, comme partout, affaire de nuance.

Si le monosyllabe est un mot très important, fortement frappé de l'accent oratoire ; si, de plus, il est précédé d'une pause marquée, il peut, à l'occasion, couronner royalement un vers :

> Oui. — Combien de viva**nt**s êtes-vous ici ? — Tr**oi**s.   (HUGO.)
> Je la tire du s**ein** ; tu l'aimes aussi, t**oi**.   (ID.)

Dans le vers suivant de Louisa Siefert, la pause après la cinquième syllabe détruit la cadence, mais c'est un effet voulu, et le mot *rien* termine excellemment la pièce. Il est, d'infortune, précédé de *épigraphe fut*, c'est-à-dire d'un monosyllabe explosif après un long mot, avec circonstance aggravante de l'allitération de *f* :

> Cette existe**n**ce, dont l'épigraphe **fut** : R**ien**.

Mais quoi de plus charmant que ces vers de Hérédia, où, dans le premier, le monosyllabe de la fin est précédé d'une forte pause :

> Aux pentes de l'Othrys l'ombre est plus longue. Reste,
> Reste avec moi, cher hôte, envoyé par les dieux.

2° *On ne peut mettre de lève sur la septième syllabe*, car, s'il n'y a pas de pause après la sixième, elle serait en contact avec celle-ci[1]. Et pire encore la coulpe s'il y a, après la septième syllabe, une pause qui marie plus étroitement la sixième et la septième :

> Retiens ceci : je p**eux** t**ou**t, | mais je ne p**eux** r**ien**...   (HUGO.)
> Mais laiss**ons** l'empere**ur** f**ai**re... | Adi**eu**, le temps presse.   (ID.)

---

1. Nous avons cité, page 74, note 1, des dodécasyllabes césurés à sept, tels que celui-ci :

> « En simple plaisant brunete | ai tot mon cuer mis. »

Il faut remarquer que, dans ce cas, la septième syllabe terminant le mot, il ne peut y avoir contact entre deux fortes à la sixième et à la septième.

Comme l'écrit très bien M. Brunetière à propos du premier de ces vers : « les plus belles théories du monde sur la « dissonnance » ne feront jamais que cette ligne soit un vers français [1]. »

Cela ne changerait rien à l'affaire si cette septième syllabe était suivie d'un *e* muet, suivi lui-même d'une pause :

> Comme par une **main noire**, dans la nuit... (HUGO.)
> Leur regard est souvent **fauve**, jamais moqueur, (ID.)

Car cette pause oblige toujours à unir plus étroitement les syllabes coupables [2].

Je ne sais pas m'expliquer, je le confesse, comment l'oreille d'Hugo a pu se faire à cette discordance, aussi pénible qu'une note fausse à l'oreille d'un musicien. Réduit aux conjectures, j'imagine qu'il aura cherché « un effet », en faisant succéder une tranche de pure prose à des vers cadencés. Soit. Mais alors il ne faut pas donner à la phrase une fausse apparence de césure. Mieux vaut dire tranquillement avec M. Verlaine :

> Le cauchemar d'une incessante mise en scène.

Ou bien :

> La fille de ma portière s'est mariée

(*ça, c'est un vers ; il y a le compte, comme chez M. Verlaine*).

Et dire qu'Hugo, qui, dans la sérénité de sa conscience, a cassé de la sorte au rythme le col du fémur, n'a jamais eu le courage de

---

[1]. Il y a donc des théories sur la dissonnance, au moyen de quoi l'on peut expliquer ces sortes de vers ? Je confesse que je les ignore. A la campagne on ignore tant de choses ! Il m'est bien avis, cependant, qu'ici ce n'est point affaire de dissonnance, mais de discordance. Si la discordance était visée, le coup a donné dans le noir.

[2]. La division en $7 + 5$ (comme ferait aussi la division en $5 + 7$, car il importe peu quelle tranche commence) a un autre résultat : le vers est partagé en deux parties inégales presque égales. Tous les architectes vous diront que cette proportion, dans une façade comme dans un plan, est tout ce qu'il y a de plus fâcheux. Le vers ne se comporte pas autrement. Le très noble poète, Sully-Prudhomme, n'a pas donné dans le vrai lorsqu'il a écrit : « Dans le vers d'un nombre impair de syllabes, la césure se place de manière à répartir les syllabes du vers le moins inégalement possible. » C'est le contraire qu'il faudrait dire.

faire rimer un singulier avec un pluriel! Il avait peur de choquer son œil, certes! mais son oreille, non [1].

Après cela, il y a des effets qui peuvent être tirés de la violation même des règles. Qui oserait blâmer Chénier d'avoir mis une lève sur la septième syllabe dans l'admirable vers suivant :

> Le quadrupède Hélops fuit; l'agile Crantor,
> Le bras levé, l'atteint.

Cette progression ascendante, ce mouvement pressé, cette chute brusque, énergique après *Hélops*, qu'est-ce que tout cela deviendrait, si l'on accentuait le vers régulièrement, en faisant de *Crantor* le régime de *fuit* :

> Le quadrupède Hélops | fuit l'agile Crantor.

On aurait un beau vers sonore, mais lent et froid.

Besoin est-il d'ajouter, après ce qui a été dit de la lève sur la onzième syllabe, que si la septième syllabe portant lève est entre deux pauses, non seulement le heurt disparaît, mais encore l'équilibre du vers n'est nullement rompu. Il devient un vil alexandrin classique :

> Toi, tes nuages noirs, toi, tes haillons hideux.   (HUGO.)

3° Puisque 7 + 5 ou 5 + 7, c'est jus vert ou vert jus, ce que l'on a dit de la septième *lève s'applique tout entier à la cinquième*. Suffise de citer :

> Il fut attendri rien qu'en le voyant marcher.   (HUGO.)
> Quand il expira, vide(?) et riche comme Tyr.   (ID.)

---

[1]. Lorsque, pour la première fois, je lus Chénier, c'était dans l'édition de Latouche. J'y rencontrai ce vers qui me sembla manquer de toute cadence, et me surprit singulièrement de la part du plus grand mélodieux qui ait jamais existé :

> « Le navire, éloqu*ent* fils des bois du Pénée. »

Mais Latouche avait mal lu la ponctuation, et Becq de Fouquières le rétablit ainsi :

> « Le navire éloqu**ent**, fils des bois du Pénée, »

Où la pause après éloquent détruit le contact, et divise le vers en deux membres égaux. Sans compter que le sens y gagne singulièrement. C'est un très beau vers.

Et de même pour la pause après la cinquième syllabe, qui accentue la boiterie du vers :

> Et sur l'azur noir, | face immense du mystère... (Hugo.)
> Puis on vit Canos, | mont plus affreux que l'Erèbe... (Id.)
> Un souci profond, | né dans un berceau sanglant. (Id.)

Je comprends de moins en moins le charme de tels vers.

Je ne connais dans le divin Chénier qu'un seul vers déformé par la césure à cinq :

> .....Une fois dans sa chaîne,
> Ne pouvait songer... | Mais que nous font ses ennuis?

D'évidence il a cru que la longue suspension après la cinquième syllabe coupait le vers en une sorte de dialogue, mais il cloche tout de même.

Le vers a le même défaut si la coupe à cinq est marquée seulement par une pause au lieu d'une lève. J'en prends à témoin ce vers de M. Verlaine :

> Sois langoureuse, | fais ta caresse endormante

Il est extraordinaire qu'un vers de cette coupe anti-classique aussi bien qu'anti-harmonieuse se retrouve dans l'excellent Regnier :

> Les nonchalances sont ses plus grands artifices

4° *La lève sur la première syllabe* : suivie d'une atone, plus une pause, elle est souvent peu avantageuse. M. Firmery me fait observer que, dans ces vers de Boileau :

> C'est en vain qu'au Parnasse un téméraire auteur
> Pense de l'art des vers atteindre la hauteur...

Le second gagnerait à être ainsi modifié :

> Prétend de l'art des vers...

Très juste, l'observation. Le français prend la forme iambique de préférence à la forme trochaïque. Joint qu'ici un des deux *e* atones successifs, qui assourdissent le vers de Boileau, est remplacé par une syllabe forte :

De même dans ces deux vers de Gautier :

> Sur le bord d'un canal profond dont les eaux vertes
> Dorment, de nénuphars et de bateaux couvertes,

Le second vers aurait profit d'être modifié de la même manière :

> Dormaient, de nénuphars...

Mais la loi générale trouve ici son application : si la syllabe initiale est fortement accentuée, *si elle porte l'accent oratoire* et se trouve séparée du restant du vers par une pause, l'harmonie du vers n'est nullement rompue :

> Oui, je viens dans son temple adorer l'Éternel. (RACINE.)
> Moi, je l'aimerais mieux moine en quelque cachot. (HUGO.)

Dans les vers suivants le monosyllabe *crie*, arrivant par un rejet en tête du second vers et suspendant l'attention, est d'un effet admirable :

> L'entraîne, et quand sa bouche, ouverte avec effort,
> Crie, il y plonge ensemble et la flamme et la mort. (CHÉNIER.)

En tel cas, le plus ou moins de convenance de la lève sur la première syllabe, dépend beaucoup du vers qui la précède et l'amène. Voici des vers de M. Anatole France, tout imprégnés d'une huile ambrosiaque reliant tous les mots, délicieux au point que je ne puis me retenir de les citer tous les quatre, quoique trois soient inutiles à mon exemple :

> La chrétienne Daphné, que le siècle a blessée,
> Goûte en l'éternité pour elle commencée,
> Le rafraîchissement de Jésus et du ciel.
> Ainsi des fleurs d'absinthe elle a formé son miel.

La second vers commence par une lève qui n'enlève rien à son harmonie, au contraire. Mais si vous aviez

> Goûte, dans le repos pour elle commencé,

La lève sur la première syllabe étant suivie d'une atone, plus une pause, l'effet en deviendrait fâcheux, et c'est alors que l'oreille voudrait :

> Goûtait, dans le repos...

5° *Pour les autres places des lèves et des pauses, rien à observer.* Toutes les distributions sont bonnes, toutes sont mauvaises, selon que le poète sait ou ne sait pas les employer à point. Il serait non moins vain de dresser, à la façon d'un habile comptable, des tableaux de ces combinaisons, pour lesquels l'infortuné Becq de Fouquières a dû se désagréger le cerveau. Savoir qu'on peut faire des vers sur le type $2+4+3+3$, ou sur le type $1+5+4+2$, ou sur le type $4+4+2+2$ n'enseigne pas le biais de les faire beaux.

Voici des vers frais, harmonieux, pleins de grâce, de Jean Tisseur :

> .....Lorsque les cerisiers
> De leur n*ei*ge qui t**om**be arge*nt*ent les sent*ie*rs,
> Que l'*air* est pl*ein* des fl*eu*rs qui s'envolent des br**an**ches,

A quoi cela sert-il de constater que le deuxième vers est sur le type $3+3+2+4$, et que le troisième est sur le type $2+2+2+3+3$? La belle découverte ! On peut faire sur les mêmes types bien des vers qui n'auront pas le même charme.

Or est-il que, son vers venu, il faut enlever, à l'aide du rabot, obligeamment fourni par les règles, les quelques nœuds déplaisants. Après avoir fait des vers forts, il faut faire des vers nettoyés. Utile besogne, car très peu sépare quelquefois le médiocre du très bien [1], mais cela ne fait pas jaillir l'eau du rocher, et comme le dit le bon vieil Fiefmellin :

> L'art ne rend bons les vers que nature refuse.

Et puis, est-ce que la coupe fait tout? Il y a le choix des syllabes,

---

1. Démonstration, le médiocre vers de Malherbe :
« Et Rosette a vécu ce que vivent les roses, »
Transformé (ce dit-on) par une coquille typographique en ce vers exquis :
« Et rose, elle a vécu ce que vivent les roses... »
Ce n'est pas à moi que les typographes feraient des coquilles pareilles !

leurs sonorités, leur succession, le choix des consonnes qui les relient, tant d'autres choses, le *je ne sais quoi* de Bossuet. Banville était un rimeur excessivement habile, qui, dans certaines pièces à l'antique, a imité de très près le faire de Chénier. Pourquoi est-il pourtant resté si en deçà de la grâce du modèle ? Je n'en sais rien, absolument rien, mais ce n'est plus Chénier, c'est sûr.

Reste encore une remarque à faire, que je dois à M. Firmery, c'est que

UN PLUS GRAND NOMBRE DE LÈVES TEND A ALLONGER LA MESURE DU VERS

De fait, encore bien qu'une syllabe accentuée ne soit pas la même chose qu'une syllabe longue, la voix, cependant, s'y arrête plus longtemps que sur une syllabe atone. M. Firmery me faisait prendre garde que « dans ce vers :

« Lĕ sŏlēil ăgrāndī | dĕclīnĕ sūr lă mēr,

« Le second hémistiche est plus lent que le précédent. Cet allongement a été obtenu, probablement sans s'en rendre compte, en mettant un accent de plus, c'est-à-dire en opposant une dipodie ïambique à une dipodie anapestique. Voici un effet contraire :

Au chămbrānlĕ ăppŭyĕ | dĕs dēux sŭpērbĕs āntes,
Rĕtĕntīssĕnt lĕs gōnds | dĕs pōrtĕs rĕlŭīsāntes...

« *Retentissent les gonds* entre deux dipodies ïambiques prend une rapidité plus grande. Dans cet autre vers, au contraire :

A chāssé dĕs viĕillārds | lă trōupĕ qui sĕ trāîne,

« Le traîné est, encore une fois, obtenu par l'opposition d'une tripodie ïambique à un hémistiche anapestique. » — Tout cela, fort juste.

Et de présent, après avoir étudié les diverses espèces de césure dans l'alexandrin, est-il bien utile de traiter

DES VERS SANS CÉSURE?

Je me le demande.

Tout de bon ne sauraient être considérées comme vers les lignes suivantes :

    Tourné vers quelque vieil hier de vie enfuie. (Vielé-Griffin.)
    Ni les étoiles créatrices de fantômes. (R. de la Tailhède.)
    De tes flancs à la maternité des douleurs... (Jules Bois.)
    L'habilleuse avec des épingles dans la bouche.... (Coppée.)
    Travaille au bas sans y mettre d'attention... (J. Aicard.)
    Par ondoyances, tout ce vif scintillement... (Souza.)
    J'ai tellement soif, ô mon amour, de ta bouche... (Moréas.)
    File sa toile, tant il est bien enchaîné... (Hugo.)
    Où tu l'attachas dans la mer solidement... (Banville.)
    Sur la kithare, sur la harpe et sur le luth... (Verlaine.)
    Votre génie improvisait au piano... (Id.)
    Et quelle que soit la voix qui s'affame et brame... (Kahn.)
    Où les clartés des étoiles sont merveilleuses... (Régnier.)
    J'enseigne le vélocipède en six leçons. (Anonyme.)

La preuve que ces vers n'en sont pas, c'est que nulle part le nombre de syllabes ne peut être saisi, sans les compter une à une, comme chez nous les gones, quand ils comptent du quai les femmes de la plate[1].

L'impeccable Leconte de Lisle, si harmonieux, si parfait, pour tout dire si classique, comment a-t-il pu écrire :

    Et les taureaux et les dromadaires aussi... ?

Les Lyonnais n'ont jamais donné là dedans, et ce n'est pas sans étonnement que je rencontre dans Louisa Siefert, qui avait un tel instinct des beaux vers, la phrase qui suit :

    Tout l'ensemble de sa vision meurtrière.

Je sais bien que l'on a montré le vers sans césure, sans disposition régulière des lèves, comme le dernier terme de « l'évolution

---

[1]. Traduction pour les savants : *plate* = *bateau à laver*.

rythmique ». Je lisais récemment dans le *Rythme poétique*, de M. R. de Souza (Perrin, 1892), ce superbe titre de chapitre : Aspirations des collectivités inconscientes et conscientes pour un rythme non symétrique et pourtant perceptible. J'ignore si les collectivités inconscientes ou même conscientes ont tant d'appétit que cela à un rythme non symétrique, et pour ne rien céler, cela me semblerait extraordinaire.

Je n'en ai pas moins lu cette étude, fort poussée, fort ingénieuse, et où l'on se livre aux considérations les plus déliées, si déliées que souvent je ne les puis comprendre. Je n'ai l'esprit subtil que pour la soupe, et mes doigts calleux ne sauraient happer ces cheveux refendus en huit. La finesse de l'analyse du rythme y est telle que l'auteur en arrive à noter dans un vers jusqu'à quatre accents différents, ce qui donne *cinq intonations*, avec les syllabes qui n'ont pas d'accent du tout[1]. Une poésie qui exige un tel raffinement intellectuel me semble avoir de faibles chances pour devenir populaire.

Toutes les théories ne valent que par l'application. C'est aux vers, qu'à la fin de son livre, l'auteur donne pour modèles, qu'il nous faut recourir. Ne pouvant, pour cette citation, faire fondre les signes diacritiques employés par l'auteur, nous noterons les accentuations par des exposants à la façon des algébristes, la plus faible étant représentée par 1, jusqu'à la plus forte, représentée par 4 :

$$\text{L'arti}^3\text{ste voit monter son œu}^2\text{vre devant lui}^2 :$$
$$\text{Nébu}^2\text{leuse dont il veut l'a}^3\text{stre épanoui}^2.$$
$$3 \quad \text{Las}^4\text{! comme il cherche en ces}^3 \text{ gris tourbillons}^4 \text{ de flammes}^3,$$
$$\text{Le noyau clair d'où s'épandro}^2\text{nt les blanches âmes}$$
$$\text{Qui doi}^2\text{vent en corps de lumiè}^3\text{re condensées}^3.$$
$$6 \quad \text{Unir}^4 \text{ les ato}^2\text{mes épars de ses pensées}^2,$$
$$\text{Un nuage troublant}^2 \text{ sort de sa conscience}^4...$$

---

1. Il y a : 1° *accentuation forte très accentuée*; 2° *accentuation très accentuée*; 3° *accentuation forte*; 4° *accentuation faible accentuée* (*sic*); et enfin, sans doute, « l'accentuation non accentuée. »

Si jamais cette poésie délecte les « collectivités inconscientes »,
je veux être empalé!

Et d'abord l'accentuation y flotte sur les vagues de la fantaisie. Il
n'est pas du tout exact que, débitant *naturellement* le premier vers,
on insiste plus sur *artiste* que sur *œuvre*. De même, à moins d'un
effort prémédité, impossible de ne pas appuyer sur *er* de *monter*
L'auteur a placé non pas des accents rythmiques, mais des accents
subjectifs.

Le vrai, c'est que, sauf le premier vers, qui est un alexandrin
semi-romantique; le quatrième, qui est un trimètre de quatre syllabes (assez fourvoyé), et le dernier, qui est un alexandrin classique
dans les moelles, les autres vers ne sont que des lignes de prose de
douze syllabes, avec des rimes au bout et des accents distribués au
gré de l'importance idéale attachée par l'auteur à tel ou tel mot de
l'oraison.

Ce ne sont pas des vers à la germanique, car ils n'ont pas un
nombre de lèves identiques; ce ne sont pas des vers à la latine
rythmante, car il n'y a aucune fixité dans le retour des lèves; ce
ne sont pas des vers à la française, car ils n'ont pas de césure à poste
fixe. Ce sont des vers sans rythme, ou, comme dit l'auteur, avec
un rythme « non symétrique »; il ajoute « mais perceptible ». Je
croirais plus exact de dire « mais imperceptible ».

Il n'y a pas de rythme sans retour de quelque chose, et ici
rien ne revient, que la rime. Il n'y a pas même d'iso-syllabisme,
car si chaque vers a douze syllabes, ce nombre n'est pas perçu par
l'oreille, et alors c'est comme s'il n'existait pas. Le retour seul
de la rime, dans les longs vers, est suffisant pour constituer ce que
les Allemands appellent de la *Makame*, de la poésie, nenni.

Achevé l'examen des trois types qui constituent véritablement la
poésie française, à savoir l'octo-, le déca- et le dodécasyllabe, nous
allons répartir du premier, en remontant pour étudier les mètres
qui comportent un nombre de syllabes de plus en plus grand.

L'ENNÉASYLLABE,

Aussi bien que les autres rythmes impairs au dessus de sept syllabes, était proscrit par les classiques, excepté lorsque, imposé par la musique, il se mêlait à d'autres vers dans les chansons. Les Romantiques ne l'ont point apprécié davantage, et je ne pense pas qu'Hugo, Vigny, Gautier, Musset, etc., aient jamais écrit un vers de neuf syllabes, si ce n'est par suite d'une coquille typographique. Mais les très modernes ont essayé de lui donner du bel air ; MM. Richepin, Verlaine, Moréas offrent d'assez nombreux exemples de pièces en ennéasyllabes, et Banville lui-même qui, dans son *Traité de versification*, n'avait trouver à citer, en fait d'ennéasyllabes, que des vers de M. Scribe, tirés du *Prophète*, n'a point dédaigné de s'exercer à ce rythme.

Ces poètes savaient-ils qu'ils ne faisaient que ressusciter un type employé par le moyen âge, et très anciennement, mais à la vérité seulement dans la poésie lyrique ?

Ce vers est sans doute issu, comme ses compagnons à nombre impair de syllabes, d'un rythme trochaïque très primitif (voir page 55). M. Jeanroy le considère comme issu du vers rythmique de quinze syllabes. Je ne suis pas assez grand clerc pour en décider, mais de quinze syllabes à neuf, il semble qu'il y ait loin. Quoi qu'il en soit, ce qui est un témoignage d'origine trochaïque, c'est que le vers est toujours accentué sur une syllabe impaire, soit à cinq, soit à trois.

Dans une romance, portant le n° 38 du recueil de M. Bartsch, on le trouve césuré à cinq :

> Un dous chant piteux | mellé en plor...
> Et se cou nos du|re longement...
> Que sans repentir | serai tos dis...
> Et Diex me le doinst | encoire avoir...
> Et autres en a | ses volentés [1].

---

1. « Un doux chant pitoyable, mêlé de pleurs... Et si ceci nous dure longtemps... Que, sans repentir, je serai toujours... Et Dieu fasse que je l'aie encore... Et un autre en fait ses volontés. »

Mestre Richart de Semilli affectionne aussi la coupe à cinq :

>L'autrier chevauchoi|e deles Paris,
>Trouvai pastorele | gardant brebis,
>Descendi a terre, | les li m'assis
>Et ses amoretes | je li requis [1].

Mais je crois bien que la coupe à trois est encore la plus fréquente. Dans l'exemple suivant, il est vrai, je ne suis pas sûr que le vers ne doive pas être séparé en deux :

>Kant voi nee | la flour en mi la prée
>Plus m'agrée | ke noif ne ke gelée [2],

Qu'on devrait écrire ainsi :

>Kant voi née
>La flour enmi la prée.

C'est du moins ce que peut indiquer la rime intérieure. Mais dans la pastourelle suivante, il s'agit bien d'un 3 + 6 :

>Pour deduire | et pour moi alegier...
>Si trovai | seant en un vergier [3]...

De même dans le vers suivant :

>J'ai a cuer | les malz dont je morrai.

Je suppose que la césure à trois donna l'idée d'une seconde césure à six, pour diviser le vers régulièrement. C'est du moins ce que fit maistre Willaumes le Viniers dans les vers suivants :

>Je ne sais | dont li maus | vient que j'ai,
>Mais ades | loiaument | aimerai [4].

---

1. « L'autre jour, je chevauchais près de Paris, je trouvai une bergère gardant ses brebis. Je descendis à terre, m'assis près d'elle et lui demandai son amour. »
2. « Quand je vois la fleur éclose dans la prairie, cela m'agrée plus que neige et gelée. »
3. « Pour me réjouir et me soulager... Ainsi je trouvai, assise en un verger,.. »
4. « Je ne sais d'où vient le mal que je ressens, mais désormais j'aimerai loyalement. » — Je ne puis m'expliquer comment M. Tobler (*Vers français*, p. 123, ne trouve pas de césure à ces vers. Elle est très apparente.

Dans le 3 + 6, la coupe était fondée sur le principe de la division du vers par un diviseur commun : Dans le 5 + 4 le vers est divisé en deux parties inégales presque égales, et nous connaissons le défaut de cette division. Davantage, comme c'est la tranche la plus longue qui commence le vers, cela représente assez bien un 5 + 5 auquel il manquerait une syllabe au dernier hémistiche. C'est un vers qui sautille comme le tarantatara, mais qui sautille en clochant.

Cependant la coupe à cinq resta fréquente, et je la retrouve dans une chanson de 1571 :

> Il est bel et bon, | bon, bon, commère,
> Il est bel et bon | mon mary.

Les modernes qui ont tenté de ressusciter l'ennéasyllabe n'ont pas senti davantage la différence des deux rythmes. Banville, qui était un coloriste merveilleux, n'avait qu'à un faible degré le génie musical, et après avoir lui-même déterré les ennéasyllabes à double césure du *Prophète* :

> Oui ! c'est Dieu | qui t'appelle | et t'éclaire !
> A tes yeux | a brillé | sa lumière !
> En tes mains | il remet | sa bannière,

Banville s'est servi de la coupe à cinq :

> Mais l'ombre toujours | entend frémir
> Ta plainte qui meurt | comme étouffée,
> Et tes verts roseaux | tout bas gémir,
> Fleuve qu'a rougi | le sang d'Orphée.

Ainsi, dans ses pitoyables vers, Scribe a montré un sentiment plus juste de la cadence que le grand Parnassien Banville ! Juste punition des immortels pour avoir tant vitupéré, — *magno conatu nugas*, — l'infortuné Scribe de ce qu'il avait fait rimer *vent* et *brûlant* au lieu de vent et *mouvant* !

M. Richepin veut aussi du 5 + 4 :

> Tant navigue-t-on | qu'on voit la terre...
> Sur la mer aux flots | toujours féériques,
> Partez en bateau, | même en radeau.

Pourtant on ne manquait pas d'anciens exemples de la coupe à 3. Sedaine l'a employée dans le célèbre pot-pourri de la *Tentation de saint Antoine* :

>Le démon, | quoiqu'il passe pour fin,
>Ne fut pas | alors assez malin.
>S'il eût pris | la forme de Toinette...
>C'était fait, | la grâce était muette.

De même a fait Béranger, dans les vers suivants, tirés au tonneau grand Château-Médiocre :

>Cher amant, | je cède à tes désirs...
>Inventons, | s'il se peut, des plaisirs...
>Des amours | épuisons la folie.

Des modernes, je ne connais que M. Verlaine qui ait d'abord tâté de la coupe à trois dans *Sagesse* :

>L'ennemi | se transforme en un ange
>De lumière | et dit : « Qu'est ton effort !...
>Ton amour | va-t-il jusqu'à la mort ?

Mais il paraît s'être lassé de cette « sagesse », et les ennéasyllabes de *Parallèlement* ont des lèves au hasard de la fourchette. Dans le quatrain suivant, les deux premiers vers sont coupés à trois, le troisième à deux, et le quatrième à cinq :

>Il n'est pas | que vous n'ayez fait grâce
>A quelqu'un | qui vous jetait l'offense ;
>Or moi, | je pardonne à mon enfance,
>Revenant fardée | et non sans grâce.

Cette césure flottante donne au vers quelque chose de brode et d'esfoiré.

Il paraît que les césures à 3 et à 5 ne donnaient pas complète satisfaction, car des poètes ont essayé de la coupe à 4. Celle-ci était contraire au génie du rythme primitif, qui appelait la lève sur une syllabe impaire. La tentative ne pouvait réussir : 5+4, 4+5; bonnet blanc, blanc bonnet. Au lieu de boiter du pied de derrière le cheval boite du pied de devant.

Exemple tiré de Sedaine, opéra du *Diable à quatre* :

> Je n'aimais pas | le tabac beaucoup;
> J'en prenais peu, | souvent point du tout...
> Mon mari me défend cela.

Autre, de Béranger :

> Souhaitons-lui | d'ces p'tits plaisirs-là.

M. Verlaine a dit aussi :

> Tournez, tournez, | bons chevaux de bois,
> Tournez cent tours, | tournez mille tours.

Coupe à rejeter.

La seule disposition véritablement harmonieuse du vers de neuf syllabes est celle du vers italien (*il decasillabo*) et espagnol. Voici un exemple de Manzoni :

> S'od(e) a destr(a) uno squillo di tromba;
> A sinistra rispond(e) uno squillo [1].

Et un espagnol :

> Que me pides, zagal, que te cuente [2] ?

Attention : 1º que, dans ces vers, il y a une lève sur la troisième syllabe, une sur la sixième, et, de force, une sur la neuvième, c'est-à-dire sur la syllabe rimante; 2º que le poète ne se préoccupe pas que cette lève soit suivie d'une pause, ni même qu'elle termine le mot. On recherche plutôt le contraire. C'est le seul moyen de ne pas hacher le vers en petites tranches, pénibles par leur brièveté et leur monotonie, et pour ainsi dire haletantes. C'est ce que nous avons nommé la césure enjambante, la coupe du vers résultant seule de la place des lèves [3].

---

1. « On entend à droite un bruit de trompette; à gauche répond une fanfare. »
2. « Que veux-tu, jeune homme, que je te raconte ? »
3. « La fixité de l'accent, dit excellemment M. Jeanroy, suffit à marquer le rythme des vers; c'est le poète qui doit en répartir lui-même les repos suivant l'effet qu'il veut produire; le plus mauvais service à lui rendre est de lui imposer une règle mécanique qui le dispense de toute réflexion. »

Il n'y a aucune parité à établir, comme harmonie, entre l'ennéasyllabe construit à l'italienne, et notre ennéasyllabe traditionnel avec césure et pause à la troisième, à la quatrième ou à la cinquième syllabe.

A faute de mieux, dit un proverbe lyonnais, on couche avec sa femme ; à faute de mieux on donne ici la petite pièce suivante, écrite dans le rythme italien :

> Le lézard innocent vient furtif
> Se chauffer aux rayons de novembre.
> Sur le seuil attiédi de ma chambre,
> Il se tient immobile et craintif.
>
> L'heure au pas monotone et sûr, l'heure
> Passe et fuit. S'abreuvant de soleil,
> Oublieux du réel, il demeure
> Engourdi sous l'effluve vermeil.
>
> Nos destins sont jumeaux : solitaire,
> Sans venin, coutumier de souffrir,
> Loin du bruit une fente en la pierre
> Te suffit pour rêver... et mourir.

Les poëtes classiques, lorsqu'ils ont coupé l'ennéasyllabe à trois, ont, par l'effet du hasard, placé quelques fois une lève au sixième lieu. Quand cela se rencontre, tout de suite le vers devient plus harmonieux, à preuves ces exemples empruntés à la chanson de Malherbe (1616) :

> Sus debout, la merveille des belles ;
> Allons voir, sur les herbes nouvelles...
> L'air est plein d'une haleine de roses [1]...
> On diroit, à lui voir sur la tête...

---

[1]. Avantage de la césure enjambante : à ce vers comparez celui-ci de M. de Gramont, haché en trois tranches :

> « Tout est gai, l'air, les fleurs, le feuillage. »

Comme celui de Malherbe est plus doux, mieux fondu !

Mais lorsque cela ne se rencontre pas, le vers reste toujours plus ou moins boiteux :

> Tous les vents tiennent leur bouche close...
> Ses rayons, comme un chapeau de fête...
> Mettez-vous en votre humeur de rire...
> Des genets, des houx et des épines.

Molière, dans sa *Pastorale comique*, a employé l'ennéasyllabe césuré à trois, et, par rencontre, sur neuf vers, il ne s'en trouve que deux, le troisième et le neuvième, qui n'ont pas de lève sur la sixième syllabe :

> Croyez-moi, hâtons-nous, ma Sylvie,
> Usons bien des moments précieux...
> De nos ans le feu nous y convie.
>
> Quand l'hiver a glacé nos guérets,
> Le printemps vient reprendre sa place.
> Et ramène à nos champs leurs attraits...
>
> Ne cherchons tous les jours qu'à nous plaire ;
> Songeons-y l'un et l'autre empressés...
> Des chagrins songeons à nous défaire.

Sauf les deux qui n'ont pas les conditions prescrites, ces vers sont très harmonieux.

Marmontel, qui était poète comme un trottoir en asphalte, a rencontré un jour la coupe italienne, et il a fait sans s'en douter un vers délicieux :

> Hâte-toi, j'aime encor, le temps presse.

L'ennéasyllabe ainsi construit répond tout à fait au trimètre anapestique anglais :

> She will say, | 'twas a bar|barous deed
> For he ne'er | could be true, | she averred,
> Who could rob | a poor bird | of her young [1]. (SHEENSTONE.)

---

[1]. « Elle dira : C'était une action barbare, car il ne pourrait jamais être loyal, celui qui aurait pu priver de ses petits un pauvre oiseau. »

L'HENDÉCASYLLABE,

Mètre ingrat et peu cadencé, est cependant, au moyen âge, infiniment plus fréquent que l'ennéasyllabe. Cela tient sans doute à ce qu'il était plus voisin du septenaire rythmique (v. page 54) dont il paraît tirer son origine. Le premier membre du vers, accentué sur la septième syllabe, a été conservé intégralement ; le raccourcissement a porté sur le second membre du vers, et l'on a eu ainsi le $7+4$[1]. Il semble difficile, en effet, que cette coupe, en apparence si bizarre, ne tienne pas à un type primitif du latin populaire, qui s'est conservé par tradition

En espoir de joie avoir | me tient cist mal... (BARTSCH, R., p. 41.)

Dans la romance nº 49, on lit :

Car il m'a fet trop languir | et souspirer.
S'aim trop mels un poi de joie | a demener
Que mil mars d'argent avoir, | et puis plorer[2].

Une chanson de Mestre Richart de Semilly (*loc. cit.*, p. 80) présente dix-huit vers dans la même coupe :

Je li dis : Ma douce suer, | se Dex me saut,
Ves ci vostre dous amis | qui ne vos faut,
Venes vos en avec moi, | et ne vos chaut[3].

Les suivants (p. 174) :

Et tu qui de riens servie
N'ais amor, joir t'en voi | et vanteir t'oi,
En l'anoy, jus en l'anoi, | en bras t'amie...
Mais en chantant m'esbanoi | par teil donoi,
K'an l'anoi, jus en l'anoi | ambrais ma mie[4].

---

1. C'est l'opinion, en apparence fort plausible, de M. Jeanroy.
2. « Car il m'a trop fait languir et soupirer. Et j'aime bien mieux me donner un peu de joie, que d'avoir mille marcs d'argent, et puis pleurer. »
3. « Je lui dis : « Ma douce sœur, si Dieu me conserve, voici votre doux ami qui « ne vous faillira pas. Venez-vous en avec moi, et ne vous inquiétez mie. »
4. « Et toi qui n'as en rien servi l'amour, je te vois en jouir, je t'en ouis vanter, sous l'ombre de l'aulnaie, aux bras de ton amie... » — « Mais en chantant, je me réjouis par un tel plaisir amoureux que, sous l'ombre de l'aulnaie, je baise ma mie. »

Devraient-ils se lire :

>N'ai amor, joir t'en voi
>Et vanteir t'oi
>An l'anoi, etc. ?

Quoi qu'il en soit, tel n'est pas le cas pour ceux-ci (*loc. cit.*, p. 216) :

>Qu'avec autrui n'ameroie
>Le trésor u il convient | tant de tirlot
>Com un petitet de bien | avec Marot[1].

Malgré son étrangeté et la chute brusque du second membre du vers, cette construction a je ne sais quel charme piquant. Les sept premières syllabes ont un cours rapide, puis il y a un repos, et le dernier membre, court, se prête à un trait vif.

Je crois bien, sauf erreur ou omission, que sont ainsi coupés tous les hendécasyllabes donnés par Bartsch[2], mais dans le *Chansonnier de Berne*, édité par M. Brakelmann, on rencontre ces vers césurés à cinq :

>Por moi renvoisier (réjouir) | ferai chanson novele...
>Bel m'est l'ans en may | quant voi lou tens florir...
>Amerousement | me tient li mals que j'ai.

Cette coupe est évidemment plus moderne. Le sens du mètre primitif s'étant perdu, quelque poète en aura trouvé les membres trop inégaux, ou bien quelque musicien aura imposé le changement.

Je ne rencontre nulle part l'hendécasyllabe dans les poètes du xve siècle, les Chartier, les Charles d'Orléans, les Villon, ni dans aucun des raffinés de la Renaissance, jusqu'aux tentatives d'instauration des vers mesurés à la latine. Nous avons vu (page 20) que les poètes ayant voulu imiter le vers phaleuce et le vers saphique, ils se méprirent et en firent un vers français de onze syllabes, césuré à cinq, comme le modèle latin. Tel fut l'hendécasyllabe de Rapin, de Ronsard et des autres. Personne n'ayant pris garde à la mesure des

---

1. « Je n'aimerais pas tant avec autrui, un trésor où il faut tant de tracas, qu'un tantinet de bien avec Marotte. »
2. Voir encore huit exemples de 7 + 4, page 55.

syllabes, leurs successeurs n'en retinrent que le nombre, plus la place de la césure. Tel fut l'hendécasyllabe de Maynard, de Mottin, de Sarrazin.

S'efforce qui voudra, onques ne parviendra-t-on à couper ce vers de façon délectable (au moins avec une seule césure), mais la coupe à sept valait mieux que celle de Ronsard :

> Mon âge et mon sang | ne sont plus en vigueur;
> Les ardents pensers | ne m'échauffent le cœur;
> Plus mon chef grison | ne se veut enfermer
>   Sous le joug d'aimer.

Dans ces vers le premier membre sautille comme l'hémistiche du tarantatara, tandis que le second est d'allure solennelle comme l'alexandrin. Les deux bêtes ne tirent pas ensemble leur charrette [1].

On a généralement continué la césure à cinq :

> Et les qualités | de vos divins esprits... (MAYNARD.)
> O cruel destin ! | je ne puis l'acheter. (MOTTIN.)
> C'est le jour des Morts, | mirliton, mirlitaine. (BÉRANGER.)

Mais, dès le XVIIe siècle, on avait essayé de le césurer à six :

> N'a jamais eu d'amant | plus heureux que moi... (VOITURE.)
> Mais je ne l'aime plus | comme je l'aimois. (BOISROBERT.)

L'harmonie ne s'est pas améliorée. On a mis à gauche le bœuf qui était à droite, et à droite l'ânichon qui était à gauche. Cela ne change rien à l'attelage.

Même coupe dans une chanson qui date au moins du XVIIe siècle :

>   Gai, ma mignonne,
> Jamais femme n'aura | donc bon marché d'homme.

Dans l'opéra de *Daphné*, de la Fontaine, deux hendécas coupés à six :

---

[1]. Ronsard, qui sentait bien que le onze syllabes n'était pas idoine à la cadence, le condamne tout en s'en servant. « Les vers saphiques, dit-il, ne sont, ni ne furent, ni ne seront jamais agréables s'ils ne sont chantés de voix vive, ou pour le moins accordés aux instruments qui sont la vie et l'âme de la poésie. » Nos jeunes devraient méditer cette équitable sentence et réserver exclusivement l'hendéca pour la guitare.

> Maintenant, maintenant | les bergers sont loups.
> Je vous dis, je vous dis : | filles, gardez-vous [1].

Somme, il me paraît que, jusqu'à nos jours, les poètes n'ont guère fait d'hendécas que pour les besoins de la musique. Ce n'est que depuis très peu qu'on a eu la singulière idée de le faire servir à de vraies pièces. Le rythme est cependant des plus arides. Césure symétrique impossible : onze est un nombre premier. Puis il faut des rythmes tranchés. Or l'hendéca, c'est un dodéca, moins un douzième seulement. Cela semble un alexandrin où l'auteur a mal compté.

Pourtant les modernes ont donné beaucoup plus dans l'hendéca indivisible, que dans l'ennéa divisible par trois. Mais on voit tout ce qu'on veut dans les choses. Nos poètes se sont imaginé avoir trouvé dans l'hendéca, en comparaison avec les vers à nombre pair, quelque chose de plus doux (« de la douceur, de la douceur », dit quelque part M. Verlaine), de plus fluide, de plus amoureux. Oui, si les boiteuses sont les plus amoureuses, comme on le croyait au temps de Montaigne; et si les louches ont plus d'avantages, pour autant qu'elles peuvent faire un œil doux à droite en même temps qu'un œil doux à gauche; mais selon l'entendement commun, il n'est encore rien tel que marcher et regarder droit.

La plupart des modernes ont précisément choisi la plus mauvaise coupe. Banville césure ses hendécas à cinq, et le tri des mots charmants, la fraîcheur des images n'atténuent pas le fâcheux de l'inégalité d'allure dans les deux membres du vers :

> Les sylphes légers | s'en vont dans la nuit brune.
> Courir sur les flots | des ruisseaux querelleurs,
> Et jouant parmi | les blancs rayons de lune,
> Voltigent riants | sur la cime des fleurs.

[1]. La chanson du comte Ory le coupe à cinq, avec césure enjambante :
   « Holà, qui frap|pe, qui mène un si grand bruit ? »
Mais peut-être (je ne connais pas la musique de cette chanson) qu'il faut lire un décasyllabe à césure féminine :
   « Holà, qui frapp', qui mène un si grand bruit ? »

De même M. Rollinat :

> Nous sommes bien seuls | au bas de cette côte,
> Bien seuls, et minuit | qui tinte au vieux coucou...

M. Moréas, dans ses *Cantilènes*, a essayé de diverses coupes : 1º à cinq :

> Et j'irai le long | de la mer éternelle
> Qui bave et gémit | en des roches concaves...

A quatre :

> Les fins parfums | de la jupe qui froufroute
> Le long du trottoir | blanc comme la grand'route...

A six :

> La jeune femme chante, | au balcon assise,
> Et sa triste chanson | pleure dans la bise.

Ditto, M. Richepin :

> O marinier joli, | je veux passer l'onde ;
> Je veux voir avec toi | les pays chantants.

Dans *Sagesse*, p. 110, M. Verlaine a eu l'idée de couper à trois. Les deux membres deviennent par trop inégaux. Mais la Providence, sous l'anonyme du hasard, a voulu que dans la première strophe il se trouve constamment une seconde césure à sept :

> La triste|sse, la langueur | du corps humain
> M'attendris|sent, me fléchis|sent, m'apitoient,
> Ah ! surtout | quand des sommeils | noirs le foudroient,
> Quand des draps | zèbrent la peau, | foulent la main.

Cette double césure donne à ce mètre toute l'harmonie qu'il peut recevoir, et l'imprime d'un caractère languide très particulier. Mais ce qui prouve que ce n'est qu'une rencontre, c'est qu'on lit un peu plus loin :

> Triste encor | du bain de sueur | qui décroît...

Et même un vers où le poète a lâché la première césure à trois :

> Comme un oiseau | qui grelotte sur un toit !

Je sais bien que ces changements de rythme sont très goûtés par les subtils : « Par le premier élément, dit M. de Souza, l'unité générale étant bien assurée (eh non ! puisque ce premier élément est changé !), les rythmes se mouvementent selon selon leur passion discordante, seulement lorsque l'effet s'impose, ainsi qu'en ce vers, *où l'on doit sentir par le changement brusque de la coupe,* LE SAISISSEMENT DU FROID : « Comme un oiseau qui grelotte... » — Tant de choses dans un changement de coupe ! O « harmonie imitative » des vieux, que vous êtes mince chose, au prix de ce saisissement du froid !

M. Verlaine paraît s'être départi depuis lors de toute espèce de régularité dans le rythme de l'hendéca, et il le césure tantôt à trois, tantôt à quatre, tantôt à cinq, tantôt à six, tantôt il ne le césure pas. « Le plus mauvais mari vaut mieux que point du tout, » disait, en soupirant, une énorme veuve de ma connaissance. La plus mauvaise coupe vaut mieux que point du tout, ou bien, ce qui revient au même, qu'une coupe constamment variable. Ce qui suit s'appelle des vers ; moi je veux bien, comme dit M. Sarcey, cela ne fait du tort à personne :

> Le poète, dans un désolé silence,
> Sans plus se rebeller | contre aucune loi,
> Sans invoquer | dès lors aucune clémence,
> Comme un vieil enfant, | regarde devant soi...
> O mon Dieu, | je ne suis qu'un simple poète,
> Sans volonté, | sans responsabilité.   (*Parallèlement.*)

Ainsi comme ainsi, puisque le poète n'a pas de responsabilité, il est toujours excusable. C'est bien mon avis.

Il me semble que, pour tirer le meilleur parti de ce rythme impair, il faudrait d'abord tâcher à le quarrer, en le divisant symétriquement. Cela ne se peut obtenir par une seule césure, c'est vrai, mais par deux, qui sait ? En encadrant un anapeste dans deux dipodies ïambiques (la dipodie peut être remplacée par un choriambe), cela ferait porter le vers sur deux bonnes cuisses. C'est ce que l'on a essayé de faire dans les vers suivants :

Cherche la vie apaisée, et transparente
Comme l'azur lumineux des nuits d'été,
Où le grillon, sous la glèbe, en un chœur chante
Son hymne doux et sans trêve répété.
Règle la vie en ton sein, toujours égale,
Comme le grain, lentement, sans intervalle,
Au sablier de Kronos précipité.
Homme ou ciron, c'est tout un : humble Éphémère,
Je laisse tout à tes mains, commune Mère,
Commun Sépulcre, impassible Éternité !

Entre l'hendéca- et

LE DÉCATRISYLLABE,

Il n'y a, en tant qu'harmonie, je veux dire en tant qu'inharmonie, nulle différence à faire. Même, à mon humble estime, le treize syllabes aurait-il le prix de dissonance pour autant qu'il est plus long, partant moins clair à l'oreille. C'est un vers pour être chanté, pour être lu, non.

Il apparaît dès le moyen âge, mais toujours dans les chansons, comme tous les rythmes à nombres impairs de syllabes. C'est, il faut croire, un raccourcissement, portant sur le second hémistiche, du décapentésyllabe trochaïque. Par ainsi, césure à sept :

Avant bone amours faudra, | li siecles iert faillis[1]. (*Ap.* JEANROY.)

On le retrouve de ci de là dans les chansons, mais le sens du rythme primitif s'étant perdu, les poètes le césurent en tâtonnant, un peu à l'aventure. Scarron, dans une chanson à boire, citée par Quicherat, le coupe à cinq :

Sobres, loin d'ici, | loin d'ici, buveurs d'eau bouillie,
Si vous y venez, | vous nous ferez faire folie.

Ce second membre de vers, long comme un vendredi saint, traîne horriblement. Au rebours le premier est sautillant. On dirait d'une jeune fille qui tirasse un vieillard pour le faire danser.

---

1. « Avant que cessent les bonnes amours, le monde finira. »

Observations sur l'Art de versifier.

Béranger l'a coupé à sept, non de son estoc, assurément, mais parce que la musique imposait une pause à cette place :

Le peuple s'écrie : « Oiseaux, | plus que nous soyez sages. »

Il fallait la bizarre recherche du nouveau, dont notre siècle est coutumier, jointe à quelque manque de sens critique, pour se mettre en tête de faire des pièces avec un mètre qu'on ne rencontre, même dans les chansons, que mêlé à d'autres. Du reste, aucun de nos poètes n'a eu l'idée de remonter au traditionnel 7+6, qui donne encore la coupe la moins désagréable. Banville, peut-être pour suivre l'exemple de Scarron, l'a césuré à cinq dans une grande pièce où il a en vain dépensé tout son talent de grand peintre et d'assembleur de syllabes harmonieuses :

Le tigre indien, | le lynx, les panthères tachées,
Suivent devant lui, | par des guirlandes attachées,
Les chèvres des monts, | que, réjouis par de doux vins,
Mènent en dansant | les satyres et les Sylvains.

M. Richepin a essayé de le césurer à six :

Dans l'ombre autour de moi | vibrent des frissons d'amour.
Venu je ne sais d'où, | parmi les senteurs salines
Traîne un vol de parfums, | œillets, roses, miel, pralines.

Impossible d'inventer quelque chose de moins cadencé. Les mètres impairs ne supportent pas d'être césurés sur une syllabe paire, à tout le moins quand la césure est unique.

Dans l'exemple suivant, M. Verlaine l'a coupé sans régularité aucune :

Londres fume et crie. | O quelle ville de la Bible !...
Et les maisons, | dans leur ratatinement terrible,
Épouvan|tent comme un sénat de petites vieilles.

De même M. Moréas, qui, dans les quatre vers suivants, a césuré à 4, 5, 6 et 8 :

> Alors MAYA, | Mayâ l'astucieuse et la belle
> Pose ses doigts doux | sur notre front qui se rebelle,
> Et câline susurre : | Espérez toujours, c'est pour
> Votre sacre que vont gronder | les cymbales vierges...

Il y en a qui ont voulu dire que c'étaient des vers.

Pour le faire court, le treize syllabes est un vers qui ne peut honnêtement paraître que de fois à autre, dans des livrets d'opéras.

Il n'en est plus de même du

DÉCATÉTRASYLLABE

C'est Becq de Fouquière, je crois, qui a dit que l'on ne pouvait faire de vers plus longs que l'alexandrin, parce qu'il représentait la durée normale de l'expiration, la voix humaine ne pouvant prononcer plus de douze syllabes de suite (ce dernier point est exact : je ne me chargerais pas d'en prononcer douze sans boire). Tout le monde a pris foi là-dessus, et de répéter Becq. Mais tout le monde a oublié : 1° que tout alexandrin a au moins une césure, *id est* un temps marqué pour reprendre haleine, si l'on a l'asthme ; 2° que la phrase, surtout dans nos vers modernes, ne finissant pas toujours avec le vers, on n'est pas toujours libre de respirer à son aise après la rime : par ainsi qu'il n'est pas exact que le vers mesure nécessairement l'expiration ; 3° que l'hexamètre latin pouvait avoir dix-sept syllabes, répondant à un vers français féminin de seize syllabes ; que le vers anglais ïambique de sept pieds a un minimum de seize syllabes, et que, par exemple, celui-ci, de Macaulay, en a seize, plus l'atone finale :

> Through thy corn fields green und sunny wines, o pleasant land of France [1] !

Et si n'avons-nous pas l'haleine plus courte que les Anglais, et, vraisemblablement, que les Latins.

---

1. « Parmi tes champs de blé verdoyants et tes vins ensoleillés, ô plaisant pays de France. »

Le vers peut donc avoir plus de douze syllabes. Où gît l'enclouure, c'est dans la place des pauses. Pour tout vers plus long que l'alexandrin, il en faut deux, non pour le besoin de la respiration, mais pour que l'oreille puisse, à l'aide de ces diviseurs, constater instinctivement le nombre de syllabes de chaque membre, nombre qui ne doit jamais dépasser six.

Le quatorze syllabes est dans des conditions excellentes pour l'harmonie, si on le césure congrûment. Le certain, c'est que rien, au débit, ne met plus l'oreille à l'épreuve que la césure à sept, comme dans l'exemple suivant de Scarron :

> Il fait meilleur à Paris, | où l'on boit avec de la glace,
> Que d'aller au Pays-Bas | à cheval comme un saint Georges.

Mais il faut bien noter que tout cela se chantait. De même dans de vieilles chansons populaires :

> C'estoit la mère et la fille | qui s'en alloyent promena.
> La fill' trouva une andouille | dans une gerbée de bla... (1627)

> A Paris y a une fille, | mariée nouvellement ;
> Elle se peigne et se mire | dans un beau miroir d'argent...
> Mais sa mère luy va dire : | Marguerite, boutte avant...
> Regardez si je suis belle, | ou si mon miroir n'y ment. (1644)

Est-ce pour avoir senti le fâcheux de la coupe à sept, que M. Verlaine a essayé de césurer le quatorze syllabes à six :

> Aussi la créature | était par trop toujours la même,
> Qui donnait ses baisers | comme un enfant donne des noix ;
> Indifférente à tout, | hormis au prestige suprême
> De la cire à moustache | et de l'empois des faux cols droits.

Cette coupe est encore moins heureuse que la précédente : le premier membre du vers traîne après lui tout un train de marchandises. Mais le train n'était pas encore assez long : vient un vers coupé à quatre :

Si par malheur, | — puisse d'ailleurs l'augure aller au diable [1].

Étrange, n'est-ce pas, que les modernes, qui mettent souvent deux césures au dodécasyllabe, où une seule est nécessaire, n'aient pas eu la pensée qu'elles seraient bien mieux à leur place dans un vers plus long?

Cela d'autant plus singulier que le moyen âge a eu un sentiment très net de la nécessité de ces deux césures. Je ne connais pas de quatorze syllabes dans les romances et les pastourelles, mais M. Tobler en cite quelques-uns tirés de la *Vie de saint Auban* et un du *Poème de Vénus*, où les césures sont excellemment placées :

En Jesu crei, | Jesu reclaim, | Jesus m'haid e sucure [2]. (*Saint-Auban*.)
Après chanta | li roietel | a haute vois serie [3]. (*Vénus*.)

Il est probable que l'idée de cette coupe a été donnée par la construction du vers rythmique latin composé de sept ïambes, avec césure après chacune des deux premières dipodies :

Remedium | nascentium | de carne peritura.

Quoi qu'il en soit, ce $4+4+6$ est extrêmement harmonieux. L'oreille saisit très bien le nombre de syllabes, et les deux membres de quatre préparent au long membre de six, qui « couronne l'édifice ».

Le moyen âge, grâce, je crois, à la tradition de la poésie latine rythmique, a eu un sens bien autrement sûr de la cadence que ses successeurs [4].

1. Dans les vers de la jeune école, l'oreille trouve si peu instinctivement le nombre des syllabes, que je suis communément obligé de compter sur mes doigts pour me reconnaître. Des fois je me trompe, et j'avais pris ces vers de M. Verlaine pour des treize syllabes. Heureusement, j'ai fait la preuve en recommençant par l'autre main. — Et si ne suis-je pas plus bête qu'un autre, disait Gribouille! — Hein, comme c'est commode à l'oreille, des vers de ce syllabisme limpide?
2. « Je crois en Jésus, je prie Jésus, que Jésus m'aide et me secoure. »
3. « Puis chanta le roitelet d'une voix forte et pure. »
4. Le pauvre Boileau ne savait ce qu'il disait, lorsque, dans son *Art poétique*, il écrivait qu'avant Villon,
   « La rime au bout des mots assemblés sans mesure,
   « Tenoit lieu d'ornement, de nombre et de césure. »
On aurait pu lui répondre ce qu'Alexandre Dumas père répondait à une députation

Le 4+4+6 a une marche lente, mesurée, solennelle, hiératique pour ainsi dire, qui paraît se prêter admirablement à un sujet grec, et, à l'ouïr, je m'imagine voir passer la procession des Panathénées. La rime féminine qui, prolongeant la mesure, fait mourir le vers avec lenteur, me semble plus particulièrement idoine à ce rythme. Enfin, dans le but d'obtenir certains effets, on peut, au dernier vers, varier la coupe, à la seule condition que les divisions tranchées du vers ne permettent aucune incertitude sur la cadence et le nombre des syllabes.

C'est sous cette impression que l'on a tenté d'appliquer ce rythme dans la pièce suivante, qu'à défaut d'autre exemple, force est bien de citer :

<blockquote>
Le souvenir, comme un serpent, mordit le cœur d'Hélène.
Couvrant son corps immaculé de blancs voiles de laine,
L'enfant de Zeus et de Léda, redoutable, fatale,
D'un pas serein abandonna la chambre nuptiale.
A ses côtés marchaient Æthra, la fille de Pitthée,
Avec Klymène, aux yeux couleur de la vague agitée.
Telle passait, grave, la femme entre toutes haïe.

Kypris sourit. — Hélène atteint la porte de Skaïe.

Sur le rempart, les grands héros, que l'âge lourd accable,
Formés en cercle, étaient assis près du roi vénérable :
Hikétaôn, chéri d'Arès, et Lampos et Thymète
Et Klytios; puis Anténor, l'excellent agorète.
Ils discouraient. Tel à midi, sur les oliviers pâles,
S'ouit le chœur harmonieux des paisibles cigales.
Elle monta. Quand les vieillards contemplèrent la Reine,
Un sang plus vif, plus généreux, circula dans leur veine.
</blockquote>

de jeunes filles qui, lors de son passage à Lyon, étaient venues lui apporter un bouquet. La plus jolie commença de la sorte un compliment en vers :

« O vous dont le nom bril... »

— Pardon, Mademoiselle, vous parlez de ce que vous n'avez jamais vu, interrompit brusquement Dumas. — De même Boileau parlait de ce qu'il n'avait jamais vu. Les vers du moyen âge sont fort ennuyeux souvent, mais le nombre et la césure y sont respectés avec une rigueur que n'a pas dépassée Boileau.

Tandis qu'au loin retentissait le fracas des mêlées,
A voix couverte ils échangeaient ces paroles ailées :
« Père divin ! C'est à bon droit que le fier Dardanide,
« Issu de Zeus, et l'Achéen à la belle cnémide,
« Ont enduré de si grands maux pour une telle femme ! »

O Lâcheté ! Vieillards que n'immoliez-vous donc l'infâme !

LE DÉCAPENTÉSYLLABE

Doit être le plus ancien des vers, puisqu'il est le décalque du septenaire rythmique (v. p. 10) :

Si j'aim del mont la plus be|le, tout le mont m'en doit loer[1]   (*Ap.* JEANR.)

Mais, avec ces longs hémistiches surtout, il devenait tout naturellement un quatorze syllabes à césure féminine, et peut-être est-ce même le cas pour le vers ci-dessus[2].

Mais le vers ne tarda sans doute pas à être divisé, et l'on en fit deux vers de sept syllabes, le premier à désinence féminine, le second à désinence masculine. Ceci était infiniment plus clair, plus rythmique.

Ainsi transformé, il a fallu la tentative tout artificielle de Baïf pour que ce vers reparût dans notre poésie (v. p. 18). Il l'a coupé à sept, avec césure masculine et rime féminine :

Je veu d'un nouveau sentier | m'ouvrir l'honorable passage
Pour aller sur vostre mont | m'ombroyer sous vostre bocage,
Et ma soif desalterer | en vostre fonteine divine.

Ce n'est certes pas bon. Il n'y aurait de coupe admissible, comme cadence, qu'un $5+5+5$. Mais ces trois tarantataras successifs seraient d'une monotonie intolérable. Nos jeunes, les Argonautes du vers nouveau, les vaillants qui ont tout tenté, ne sont pas allés, que je sache, jusqu'à toucher au quinze syllabes.

1. « Si j'aime la plus belle du monde, tout le monde m'en doit louer. »
2. Sur les six décatétras cités p. 132 et tirés de vieilles chansons, il en est cinq que l'on pourrait considérer comme des quinze syllabes à césure enjambante.

Pourrait-on tirer fruit de

L'HÉKÉDÉCASYLLABE ?

Ce mètre serait très préférable au précédent parce que le nombre de syllabes y est divisible par divers nombres pairs.

Je ne saurais citer de vers du moyen âge dans ce rythme, mais M. Tobler dit qu'il existe de ces vers, avec césure après la huitième syllabe dans deux monuments rythmés, l'un sur les *Signes avant le Jugement dernier*, et l'autre, qui est le *Poème de Vénus*, déjà mentionné. Ces vers sont sur un type latin rythmé de huit iambes, formant par conséquent seize ou dix-sept syllabes, suivant que le dernier mot est oxyton ou paroxyton. M. W. Meyer, qui parle de cette mesure dans son *Ludus de Antichristo*, ne présente pas non plus de citation.

Nous avons donné (p. 21) des vers mesurés de Baïf, qui, par suite du rythme choisi, ont les uns douze, les autres seize syllabes, divisées en tranches de quatre. Voici un exemple d'un seize syllabes :

Je me meurs vif, | ne mourant point; | je seiche au tems | de ma verdeur,

Ces petites tranches qui, répétées trois fois, sont admissibles (sous certaines conditions) dans le dodéca, ne le sont plus répétées quatre. Sans compter qu'elles ne permettent aucun développement de la phrase, si approprié au long vers.

On pourrait couper ce vers de façon plus heureuse, par deux césures seulement. Un $4+6+6$ aurait le grave défaut de constituer, par les deux derniers membres, un alexandrin précédé d'un petit vers de quatre syllabes. Mais un $6+4+6$ me paraît devoir être harmonieux, à la condition de ne tolérer aucun enjambement, afin que le dernier membre d'un vers et le premier du suivant n'offrent pas, réunis, l'apparence trompeuse d'un alexandrin. Du reste les vers dépassant douze syllabes ne tolèrent pas l'enjambement.

Il se peut que le seize syllabes, bien coupé, présente un grand caractère de majesté, surtout si l'oreille se fait au long vers, qui après tout, ne doit pas être plus choquant pour nous que le long vers anglais dont nous avons cité un exemple p. 131, ne l'est pour des oreilles britanniques. Ce serait donc une tentative à faire, car il est difficile de trancher la question sans un patron sous les yeux, et il n'en existe pas, à ma connaissance.

Seize syllabes est le maximum de longueur possible pour un vers. Repartant donc de l'octosyllabe en descendant, or avons-nous à parler de

L'HEPTASYLLABE

C'est un vers fort ancien, car il avait trouvé son modèle dans la poésie liturgique. Nous avons cité un exemple de l'heptasyllabe latin, p. 13. Au XIIe siècle, on le trouve dans le *Lais du Chievrefuel*, en stances de huit vers, à rimes croisées :

> Faite m'aveis grant bontei,
> Douce amie...

C'est surtout dans la poésie lyrique qu'il a été appliqué. Thibaut de Navarre l'emploie dans ses chansons et on le rencontre à tout bout de champ dans les romances et les pastourelles, soit seul, soit mêlé à d'autres vers. Les poètes de la Renaissance en ont usé, particulièrement Ronsard, envers lequel il s'est montré propice :

> Ma dame ne donne pas
> Des baisers, mais des appas
> Qui seuls nourrissent mon âme...

Besoin n'est de dire qu'on le retrouve dans mainte vieille chanson populaire :

> L'autre jour m'acheminay
> L'orée d'une prairie verte,
> A mon chemin rencontray
> La plus gaye bergeronnette :
> — Maistresse que dictes-vous,
> Serez-vous tousjours cruelle ? (1602)

Très joli l'heptasyllabe ; plus léger que l'octosyllabe, mais prêtant moins au développement de la phrase. Chez nous il ne comporte aucune césure, et les lèves s'y placent sans autre règle que le sentiment général de l'harmonie, qui proscrit par exemple (nous le savons déjà) le contact de deux lèves, et goûte rarement une lève à l'initiale.

Pas de même chez les Italiens, où l'*ottonario* doit avoir toujours une lève sur la troisième syllabe :

> Rondin**e**lla pellegr**i**na,
> Che ti p**o**si sul verone [1].

En espagnol, pas de place imposée pour l'accent, mais « il est mieux », disent les traités, de le placer sur la troisième syllabe. Ainsi, dit *la Civilité puérile et honnête*, vous pouvez planter des épingles dans la chaise d'une personne qui va s'asseoir, mais, à moins d'une grande intimité avec cette personne, « il est mieux » de vous en abstenir. Dans le vers suivant le poète a évité de mettre l'épingle :

> Caball**e**ro sin caballo [2].

En français la construction du vers semble appeler plus volontiers l'accent sur la troisième ou la quatrième syllabe :

> Le serp**en**t a deux parties
> Du genre hum**ain** ennemies :
> Tête et qu**eue**; et toutes d**eux**
> Ont acqu**is** un nom fam**eux**
> Auprès des P**a**rques cru**e**lles :
> Si bien qu'autref**ois** entre **e**lles
> Il surv**int** de grands déb**a**ts.
> (LA FONT.)

Sur ces sept vers il en est quatre où l'accent rythmique est sur la troisième syllabe ; deux où il est sur la quatrième et un seulement où il est sur la cinquième.

Gautier a une charmante pièce en heptasyllabes dont voici la dernière stance :

---

1. « Hirondelle voyageuse, qui te poses sur la terrasse. »
2. « Chevalier sans cheval. »

> Comme autrefois, l'hirondelle
> Rase en passant les donjons,
> Et le cygne dans les joncs
> Se joue et lustre son aile :
> L'air est pur, le gazon doux...
> Rien n'a donc changé que vous.

Sur ces six vers il en est deux où l'accent est sur la troisième syllabe ; deux sur la quatrième ; un sur la cinquième et un sur la deuxième.

La variété dans la place des accents n'est pas nuisible au vers, au contraire, mais c'est à la troisième et à la quatrième syllabe qu'il paraît le plus heureusement situé pour la cadence.

Voici une jolie et toute mignonne pièce dans le même rythme, de M. Martial Besson :

> Oh, combien de sources vives,
> Au gazouillis frais et doux,
> Courent parmi les cailloux
> Sans une fleur sur leurs rives !
>
> Hélas, et combien de fleurs
> A la tigelle épuisée,
> Faute d'un peu de rosée,
> N'ont ni parfum, ni couleurs.

L'HEXSYLLABE

Ou vers de six syllabes se rencontre aussi dès le moyen âge, mais seulement dans la poésie chantée :

> En l'ombre d'un vergier,
> Al entrant de pascor,
> De joste un aiglentier,
> Ere por la verdor [1].

---

[1]. « A l'ombre d'un verger, au commencement du printemps, à côté d'un églantier, je m'étais mis à cause de la verdure. »

On l'a aussi employé fréquemment mêlé à d'autres vers.

Le XVIᵉ siècle l'a mis quelquefois en usage, et *la Chanson du Vanneur* a ressuscité de nos jours la renommée de du Bellay. Il n'a pas servi qu'à des chansons, et il a été appliqué à des pièces de diverses formes. Une épitaphe en manière d'ode, par Ronsard, dit :

> Et versant forces roses,
> Et force fleurs écloses,
> Et force myrte épais,
> Supplier que la terre
> D'un mol giron enserre
> Ses reliques en paix.

L'hexsyllabe est harmonieux, exactement comme l'hémistiche dans l'alexandrin classique. Il n'y a donc d'autres règles, pour la place des lèves, que celles données pour l'alexandrin. Les Italiens en ont cependant fixé, des règles, mais de manière assez chinoise, car ils admettent quatre variétés de *settenarii*, dont voici les schemas ·

    1°   ∪∪∪−∪−∪ : Torn(a) à fiorir la rosa ;
    2°   ∪∪−∪∪−∪ : Che pur dianzi langula ;
    3°   ∪−∪∪∪−∪ : E molle si riposa ;
    4°   −∪∪∪∪−∪ : Brillano le pupille.

Puisque la lève peut se placer indifféremment sur la quatrième, sur la troisième, sur la deuxième ou sur la première, autant vaut à dire qu'on peut la placer partout, fors sur la cinquième, où en effet elle serait en contact avec la sixième, de quoi nous avons vù (p. 108) le résultat désastreux.

Dans le vers espagnol de sept syllabes, on accentue sur la deuxième ou sur la quatrième syllabe :

> Parece que decia¹...
> Ya pues de ram(a) en rama²...

Les modernes en ont aussi usé, toujours en stances, bien entendu,

---

1. « Il paraît qu'il disait. »
2. « Ensuite, de branche en branche. »

et mêlé à d'autres. Ce rythme chante. Lamartine l'a traité dans cette harmonie fluide qui était l'essence de son génie :

> Je sais sur la colline
> Une blanche maison ;
> Un rocher la domine,
> Un buisson d'aubépine
> Est tout son horizon.

LE PENTÉSYLLABE

A été souvent mis à contribution par les poètes du moyen âge pour les romances et pastourelles :

> Quant pert la froidure
> Et revient l'ardure
> Dou tans qui m'agree,
> Chevalchant ma mure (mule)
> Tote m'ambleure (au pas d'amble),
> Vi par aventure,
> Lez une ramee (près d'une ramée),
> Une criature
> Soule et esgaree.

Naturellement on le rencontre dans mainte vieille chanson. Voici un couplet d'une chanson de 1600 :

> Notre chambriere
> Se lieve de matin ;
> Elle a pris son sac d'orge,
> Et s'en va-t-au molin ;

Et un autre d'une chanson de 1578 :

> Tant vous allez doux,
> Guillemette,
> Tant vous allez doux ;
> Pour un baiser doux,
> Guillemette,
> M'escondirez-vous

Le XVIe siècle l'a mis rarement en usage pour les pièces propre ment dites. Marot l'emploie, mêlé à des octosyllabes, dans son psaume XXXIII :

> Sur la douce harpe,
> Penduë en escharpe,
> Le Seigneur louez ;
> De luts, d'espinettes,
> Sainctes chansonnettes
> A son nom jouez.

Rythme fort goûté dans les noëls. Voici le premier couplet d'un vieux noël lyonnais où les sons des instruments de musique sont représentés par de curieuses onomatopées :

> La musette quine,
> Hautbois font nana,
> Taratant la buccine,
> La viole zon za,
> Fan fan la trompette,
> Frin frin le rebec ;
> Turlu dit la flûte,
> Toutou le cornet.

Même dans ce vers si court les Italiens ont fixé la place de l'accent. Ils le colloquent sur la deuxième syllabe :

> Sciag**ur**(a) ine**ffa**bile

De même en espagnol :

> Horror infundla.

En français il est indifférent de placer l'accent sur la deuxième ou la troisième syllabe.

LE TÉTRA-, LE TRI-, LE DI- ET LE MONOSYLLABE

Pas grand'chose à en dire qui ne traîne dans les traités de versification.

Mètres rares, plus rarement employés seuls. Naturellement, comme tous les autres, on les rencontre au moyen âge, témoins ces tétrasyllabes d'une pastourelle :

> Norrie, bergiere,
> N'ai je pas toi;
> Mais tu as ta foi
> Menti vers moi [1].

Jean Marot a employé ce rythme mêlé à d'autres dans une épître :

> Pourtant venez,
> Et amenez
> Vostre noblesse :
> Si séjournez,
> Vous nous tenez
> Trop grant rudesse.

Il en existe aussi dans la poésie moderne. Voici un exemple charmant, tiré de M. Gabriel Vicaire, où les tétras sont mêlés aux octos. Le redoublement du mot à la rime dans les premiers ajoute à la grâce :

> Hélas ! bonnes gens, qu'elle est brève,
> L'heure où l'on va toujours chantant,
> L'heure d'amour que j'aimais tant !
> Oh ! le beau rêve
> Qui m'a bercé,
> Oh ! le beau rêve,
> Sitôt passé !

On ne rencontre au moyen âge les trisyllabes que mêlés à d'autres vers :

> Leis li m'assis abandon ;
> Si li dis :
> « Belle, je suis vostre amis [2]. » (*Pastourelle*.)

Le XVIe siècle ne les a point ignorés et Clément Marot s'en est servi dans plusieurs épîtres :

---

1. « Bergère, [il est vrai,] je ne t'ai pas nourrie, mais tu as violé ta foi envers moi. »
2. « Je m'assis près d'elle à mon aise et lui parlai ainsi : « Belle, je suis votre ami. »

>Ma mignonne,
>Je vous donne
>Le bonjour.
>Le séjour,
>C'est prison :
>Guérison
>Recouvrez,
>Puis ouvrez
>Votre porte.

On sait le merveilleux parti qu'Hugo a tiré de ce rythme ingrat dans *le Pas d'armes du Roi Jean*.

Pour les disyllabes, toujours mêlés à d'autres vers au moyen âge et à la Renaissance, on connaît assez la célèbre pièce de *Djinns*. Mais on ignore peut-être que Soulary a écrit deux sonnets dans ce rythme. Ils remontent à quelque trente-six ans au moins. Je ne crois pas qu'ils figurent dans ses *Poésies complètes*. Du moins ils ne sont pas dans l'édition dite de la Ville de Lyon. Ci l'un d'eux, à titre de curiosité :

>Long jour
>Sans trêve,
>Achève
>Ton tour.

>Ta chaîne
>Te gêne :
>Attends

>Cœur lourd
>De sève,
>Où lève
>L'amour.

>La douce
>Secousse
>Du temps.

Quand j'étais petit gone, et qu'il s'agissait, aux jeux, de déguiller pour savoir sur qui tomberait le sort, nous disions, à mesure que l'on se comptait, une suite de vers disyllabiques, où le mètre allait à ravir. Nos vers avaient la poésie tout entière : le syllabisme, toujours ; la rime, de temps en temps ; l'allitération souvent ; de sens point, et enfin, comme dans les pièces d'Hugo, le dernier vers, par un changement soudain de rythme, étonnait et charmait à la fois :

Uni,	Passant
Unin,	Par un
Gazin,	Désert,
Gazelle,	Leva
Du pied,	La queue,
Du jonc,	Fit un
Coquille,	Gros... etc.
Bourdon [1].	Pour qui ?
Un loup,	Pour toi !

Retire-toi — dans ta cabane de bois !

Enseignement que même les petits gones ont un sentiment instinctif de la cadence. D'évidence, cela charmait plus nos oreilles que si nous avions compté : *un*, — *deux*, — *trois*, etc.

Les Italiens n'ont point failli à donner des règles pour placer la lève dans le trisyllabe. Ils en ont deux schemas : l'accent se met soit au premier lieu, soit au deuxième :

O prim(a) ed ultima
Cur(a) è diletto [2].

Gribouille aurait dit plus simplement qu'il ne faut pas placer l'accent sur la troisième syllabe.

Les Espagnols, sans en faire une loi, tiennent comme préférable de le colloquer sur la première :

Plácido sueño (sommeil paisible)

Ils en donnent la singulière raison que le vers de quatre syllabes sonne alors comme deux vers de deux syllabes. En voyez-vous le mérite ? — Il semble bien, à contre-biais, que l'accent au deuxième lieu marque mieux la cadence.

Dans le trisyllabe, Italiens et Espagnols placent l'accent sur la

---

1. On voit que même le jargon des typographes s'était glissé dans nos « vers ». Preuve qu'ils remontent au temps où la corporation des imprimeurs tenait une place importante à Lyon. Ce devait être par conséquent au XVIe siècle.
2. « O premier et dernier souci, premières et dernières délices. »

Observations sur l'Art de versifier.

première syllabe, et cela n'a pas dû coûter grand effort d'invention, car il n'y a pas d'autre place assignable pour éviter le contact des accents :

> Nelle luci... (dans les clartés...)
> Soy activa (je suis active).

Je m'étonne de ne pas avoir trouvé de place marquée pour l'accent dans les vers monosyllabiques. Lacune à combler.

DES VERS QUI NE SONT PAS DES VERS

Quelques jeunes ont imaginé de faire des vers sans mesure, sans syllabisme, sans césure, à savoir des bouts de phrase avec des rimes.

Dans ce genre, le pire genre me paraît être celui des vers suivants :

> File à ton rouet, les chansons sont légères,
> Les images redisent les gloires des marins,
> Les chansons s'évident aux heures plus légères,
> Proche du retour sonore des marins.
> (KAHN.)

Ce doit être des alexandrins où l'auteur a mal compté ses syllabes.

D'autres ont un peu moins donné à leurs phrases découpées la fausse apparence du vers. C'est proprement ce qu'en Allemagne on nomme de la *Makame*[1]. Nos voisins sont ingénieux. Pour former les apprentis poètes (en Allemagne on enseigne l'art de faire des vers, comme chez nous celui de faire du taffetas), on leur donne, comme *stoff*, un morceau de prose quelconque, qu'ils doivent translater ou imiter, ou simplement faire servir de sujet à une composition, en intercalant, au cours de la phrase, des mots qui riment entre eux. Cet exercice constitue la Makame[2].

---

1. Les Allemands ont tiré le mot et la chose de l'Arabe. On trouve un exemple curieux de makame dans la traduction d'une pièce arabe, publiée comme une annexe au poème de Yuda ben Halevi dans les éditions très complètes de Heine.

2. Voici un exemple de makame, où le conte des Grimm, le *Pont du Diable*, a servi de *stoff* : « An einem heiteren Frühlings**morgen**, — zu scheuchen berufliche **Sorgen** — rüsteteten wir uns zu froehlichem **Lauf**, — und machten nach dem Zauberberg uns **auf** (par un clair matin de printemps, pour chasser les soucis pro-

En France, en faisant de la makame, on est plus raffiné. On a soin de mettre à la ligne après chaque makamisation. Mêmement ceux qui connaissent le fin du fin croisent les mots makamisés :

> Alors que j'étais, ô Æmilius le nouveau
> Temps, alors que la feuille de primerole ;
> Que mon âge allait plus éclairci que l'eau
> De la source matutinale en sa rigole
> De gravier : devis ni son,
> Fredons comme de tourtres et passes,
> N'envolaient de ma bouche aimée des Grâces,
> Mais soupirer et complainte et tenson.

Et si Dieu l'avait voulu, disait le bon Pantagruel, ainsi ne parlerions-nous pas de la bouche.

Néanmoins, en ces phrases incohérentes, il y a de jolis rapprochements de sons et la dernière ligne fait un gracieux dix syllabes. N'est-ce pas drôle de voir employer du talent à ces fumisteries élégantes et travaillées ?

Nos jeunes poètes ignorent peut-être qu'ils n'ont pas inventé les vers dénués de mesure. Il y a chez Klopstock et chez Goethe (odes de jeunesse) des vers appelés dithyrambiques[1], lesquels ont l'extérieur de prose découpée en petites lignes. Ce genre a trouvé maint imitateur, mais tous se sont donné garde de rimer leurs lignes,

---

fessionnels, nous nous disposâmes à une course joyeuse, et voulûmes gravir la Montagne-Enchantée). Ce concours de sons est haïssable ; mais, assurent les Allemands, le jeune homme qui a le courage de s'astreindre à faire de la makame en toute circonstance, à table, à la promenade, au temple, à la brasserie, au café chantant, et ailleurs, est sûr et certain de devenir un poète de premier ordre.

Le latin du moyen âge a connu la makame. Très anciennement on trouve des oraisons où chaque alinéa finit par une assonance. Les drames de Hroswitha (fin du x° s.) sont en prose rimée ; M. Meyer dit que ce genre d'écrire était général à la fin du xi° s. et fréquent au xii°. De ce type se rapproche l'*Histoire d'Apollonius de Tyr*, en membres tantôt courts, tantôt longs, avec rimes. (Meyer, *loc. cit.*, p. 116.) — J'ai connu, dans mon enfance, à Lyon, un marchand de lardoires ambulant, qui n'appelait jamais la chalandise qu'en makame : « Ah, qu'elles sont bien *faites*, Mam'zelle *Fanchette !* — Achetez de mes *lardoires*, Mam'zelle *Victoire !* — Personne n'en veut *plus*, je change de *rue !* » J'ignore s'il est devenu un grand poète.

1. On les nomme maintenant de préférence : « Vers libres accentués (*freie Accentverse*). » D'autres, tels que Wolf, leur donnent le nom de « rhapsodie », et réservent le nom de dithyrambe à de certaines imitations de l'antique.

pour ce que la rime réclame une mesure afin d'annoncer son retour, et que l'oreille souffrirait d'être trompée dans son attente. Tout au contraire, la nature, au temps jadis, n'avait pas plus horreur du vide que le vers dithyrambique ne l'a de la rime.

Ces pièces sont malaisées à définir. Est-ce vers? Est-ce prose? Ce ne sont pas des vers, puisqu'il n'y a point de régularité dans le rythme, et que le vers prétendu n'obéit à aucune des règles connues d'une versification quelconque. Et pourtant ce n'est plus de la prose et c'est plus que de la prose. Il y a une musique, il y a une expression[1], que ne saurait donner le *sermo pedestris*.

Mais ce qui est possible en allemand l'est-il en français? — Que non pas! J'ai tenté de traduire littéralement l'admirable *Ganymède*, de Goethe, vers par vers, en m'astreignant à mettre dans chaque ligne du français le même nombre de lèves que dans chaque ligne de l'allemand, afin d'en reproduire la cadence. Peines perdues. En français ce n'est plus que de la vile prose.

Voici, je crois, les raisons. En allemand, ces sortes de vers sont plus rythmés que chez nous : 1° *parce que l'accent est beaucoup plus prononcé;* 2° *parce que le lecteur allemand a plus l'habitude du rythme.* Il lit ces vers non plus comme de la prose, mais comme une sorte de chant; chant non mesuré, il est vrai, mais qui est au vers mesuré ce que le récitatif est à la mélodie[2]. En français un débit de ce genre serait ridicule.

Mais serait-il possible de distinguer de la prose les vers dithyrambiques de nos jeunes poètes, s'ils étaient écrits à la queue-leu-leu? Tout est là! Or, bien crois-je qu'on répondra non. Nous avons

---

1. Cette expression est assez marquée pour qu'un lecteur, familier avec la langue allemande, à qui l'on présenterait une de ces pièces, écrite en mettant les vers à la queue-leu-leu, pût reconnaître dès l'abord qu'il n'a point affaire à de la prose, et même reconstituer assez facilement la séparation des vers. La seule différence peut-être, c'est qu'il mettrait quelquefois deux vers dans un et réciproquement, parce qu'il n'aurait pas, sur les intentions du poète, les indications que celui-ci donne précisément par sa coupe des vers.

2. Les vers dithyrambiques de Goethe, pris isolément, peuvent d'ailleurs toujours se ramener à l'un des deux types : ïambique-anapestique ou trochaïque-dactylique, et même dans l'ensemble d'une pièce, on reconnaît facilement la prédominance de l'un des types.

affaire purement et simplement à de la *prose poétique* (ô Chateaubriand, es-tu assez vengé !) découpée avec des ciseaux. Je parle, bien entendu, de la prose sans rime, non de la makame :

> Pestum qui, deux fois l'an, voit naître et mourir Adone ; Lucrétile agréable qui bruit encor des vers latins chantés sur la lyre de Lesbos ; Hybla qui nourrit ses abeilles de la fleur du saule ; Ustique où le Faune léger, du Lycée fuitif, écarte de la chèvre et de son époux odoreux l'Été et l'Austre ; ni la rive abordée de la troyenne proue, ni l'ombreuse Tibur, et ni l'heureux coteau, où, charmé sous la voix du cygne de Mantoue, tel la source au cheval parla le Mincio : — Ne surent plaire au cœur des Muses et des Grâces ainsi que tu le fais, ô dorée Provence !

Qu'est cela ? Du Chateaubriand tout pur, avec des inversions tirées aux cheveux, des archaïsmes cocasses (*fuitif, odoreux*) une construction qui n'est pas grammaticale (*ni*, etc.), une absurdité (*tel la source au cheval...*), quelques alexandrins rencontrés au hasard de la plume, rencontre malheureuse et dont l'auteur ne s'est sans doute pas aperçu. Pour le surplus les qualités de Chateaubriand : période cadencée, harmonie délicieuse des vocables, style nombreux, images empruntées avec goût au poète latin, grâce de la pensée. Ce morceau est proprement, avec quelque nouveauté dans le choix des mots, le cousin de

> Formez, formez la danse légère ! Doublez, ramenez le chœur, le chœur sacré ! (ceci même est plus voisin des vers). — Diane, souveraine des forêts, recevez les vœux que vous offrent des vierges choisies, des enfants, instruits par les vers de la Sibylle, etc., etc. (*Les Martyrs.*)

Mais de sa prose, M. Moréas a fait des vers :

> Poestum qui, deux fois l'an, voit naître et mourir
> Adone ; Lucrétile agréable qui bruit encor
> Des vers latins chantés sur la lyre de Lesbos ;
> Hybla qui nourrit ses abeilles de la fleur
> Du saule ; Ustique où le Faune léger, du Lycée fuitif,
> Écarte de la chèvre et de son époux odoreux
>   L'Été et l'Austre ;
> Ni la rive abordé' de la troyenne proue,
> Ni l'ombreuse Tibur, et ni l'heureux coteau, etc.

Veuillez me dire ce que le gracieux morceau de tout à l'heure a gagné à être découpé en tranches comme de la galette? — Rien, sinon d'offrir deux enjambements cruels. Quant aux vers terminés par un repos, la prose le fait aussi bien sentir, et les pseudo-alexandrins, mêlés au reste, ne font qu'accentuer la boiterie de ce qui semble des vers sans en être.

A contre-poil, on pourrait prendre un fragment de prose poétique quelconque, et le découper en petites lignes, équivalentes à ce que nos jeunes poètes appellent des vers libres. Guyau en a donné de nombreux exemples, voire qu'il en a tiré de très congruents de M. Zola lui-même! M. de Souza en a fait de très réussis avec un fragment d'un sermon de Bossuet.

Tout compte fait, nos jeunes poètes auront beau s'évertuer, il ne dépendra pas d'un typographe de transformer de la prose en vers.

On ne disconvient pas qu'à l'occasion les vers libres ne puissent avoir du charme, et beaucoup. On conteste seulement qu'ils puissent en avoir plus que s'ils étaient en prose. Voici une très gracieuse strophe des *Rythmes pittoresques*, de Mme Marie Krysinska, d'où l'auteur a pris le sage parti de proscrire la rime, les inversions et les pseudo-archaïsmes :

>Dans un Pays, très loin — très loin,
>La Reine des neiges, en robe de givre,
>Couronnée d'étoiles polaires,
>Habite un vaste et froid palais,
>Aux murailles de glace,
>Que la lumière boréale
>   Orne de sanglantes panoplies.

Impossible de comprendre pourquoi l'auteur a reculé la dernière ligne, comme une clausule à la fin d'une stance. Si seulement le nombre de syllabes y était moindre !

M. Jean Berge, dans ses *Voix nocturnes*, me semble avoir, mieux que les autres, compris ce que doit être la prose poétique. Il n'écrit pas en *vers libres*, mais en *versets*. C'est un genre qui peut avoir sa beauté et prête à des « effets », la Bible le montre suffisamment. Le théosophe Saint-Martin a écrit en versets l'*Homme de désir*. Un Lyonnais d'adoption, M. Ludovic de Cailleux, a écrit jadis un véritable poème épique en versets sous le titre de *le Monde antédiluvien*. Quinet a souvent employé le verset. Chez M. Berge, on trouve (enfin!) une phrase qui s'achève avant que le discours reprenne à la ligne.

L'originalité de M. Berge est d'employer le verset avec assonance. Les derniers mots des versets assonnent entre eux suivant des combinaisons variées; quelquefois c'est un verset tout entier qui forme ritournelle. Le type primitif de ce genre est dans des chapitres de la Bible, où (me suis-je laissé dire) des assonances se reproduisent à la fin des versets.

En dépit de sentiments un peu affinés et de grâces un peu étudiées, les pièces de M. Berge sont agréables, et supérieures aux vers dithyrambiques de nos jeunes, en tant que l'assonance, par son retour éloigné, écarte toute apparence de vers mesurés. C'est la condition sans laquelle non. Nos jeunes makamistes, surtout M. Kahn, ont trop oublié que la prose doit ressembler à de la prose et non à des vers faux.

Voici quatre versets formant une portion de pièce dans les *Voix nocturnes* :

Quand l'heure sonnera pour nous, comme pour nos amis ailés à l'avril,* nous nous construirons un nid, une chaumière perdue en les brousses.

Nous la ferons des troncs d'arbres que j'aurai coupés,* nous en garantirons les parois avec l'épaisseur chaude des mousses.

Devant la porte nous planterons un arbrisseau pour qu'il vieillisse avec nous :* un peuplier long et frêle.

Nous nous aimerons simplement comme les oiseaux,* qui vont dans les bois battant des ailes.

Je ne reprocherai à l'auteur que de placer par le milieu de ses versets, en façon de césure, une astérique, bien inutile à la diction, et qui, à la lecture, à la fausse apparence d'un signe de renvoi.

LA RIME

Est l'uniformité du son et de l'articulation dans deux mots, à partir de la syllabe-tonique : *mort-port, morte-porte*.

A cette condition exigée par l'oreille, les grammairiens ont ajouté l'absurde règle de *rimer aux yeux*, c'est-à-dire, d'avoir après la dernière voyelle (tonique ou atone) des consonnes identiques ou prétendues équivalentes, alors même qu'elles ne se prononcent pas. *Morte* et *portes* sont censés ne pas rimer.

L'assonance est l'uniformité du son de la voyelle tonique et de la post-tonique qui la peut suivre, sans tenir compte de l'uniformité des consonnes qui accompagnent, soit la première voyelle, soit la seconde, s'il y en a deux : *inimi-servir, estre-pesme, seignur-flurs, encalciez-destrier* [1].

« La rime (*sic*), dit M. de Banville, est *l'unique harmonie des vers*, et elle est *tout le vers*. » Hélas, en écrivant cela, le bon Banville ne se rappelait plus que les plus beaux vers du monde, ceux d'Homère, de Pindare, de Théocrite, de Lucrèce, de Virgile, d'Horace, ceux de la poésie sanscrite, ceux de la poésie germanique, sont des vers sans rime. Il faut dire au contraire :

LE RYTHME EST L'UNIQUE HARMONIE DU VERS; LA RIME NE FAIT QUE CONSTATER LE RYTHME

La rime, c'est le maître de chapelle qui, jadis en Italie donnait, au temps fort de chaque mesure, un coup de son bâton sur son pupitre, ce dont Goethe si fort était scandalisé, mais non le public italien, qui aimait qu'on lui renfonçât la mesure dans les oreilles. — *Bing!* fait la rime. — Cela veut dire : « Attention! Voici un vers fini; nous allons en recommencer un autre. » — « La rime, dit Guyau, c'est la mesure devenue sensible et vibrante à l'oreille. » Oui, c'est bien cela, et si quelque chose de plus. C'est encore le

---

1. Remarquer que les consonnes finales se prononçaient.

moyen d'appeler l'attention sur le *mot important de la phrase*, sur le mot *à retenir*. Pour le présent, on se borne à signaler le fait. Nous aurons à y revenir.

C'est la raison pourquoi les proverbes populaires, encore qu'ils n'aient pas de rythme, sont le plus souvent rimés, et peuvent s'écrire en deux lignes, absolument comme les vers de M. Moréas. En voici quelques-uns, que je cite parce qu'étant lyonnais, ils sont mieux connus de l'auteur. On excusera ceux qui seraient trouvés un peu gaulois. C'est la faute du patois.

— Bouè debout, fëna à l'invârs
Portariant tot l'univârs.
— A Vorles en Vorluais,
Le fêne s'accuchont a très mès,
Mé solamint la parmiri veis.
— Faya (brebis) tro t'aprivoisia
De tro de belins (agneaux) est tetta.
— Y est la voga (fête) de Saint-Anduer (Andéol)
Onte le filhe chayont à l'invers.
— A la bonne buyandiri (lavandière)
Ne defaut jamés piri (pierre).
— Qui s'est marió est contint ina jorna ;
Qu'a tuo in cayon (porc) est contint tot in' anna, etc.

Voulez-vous des fleurs de la ville même :

— Femme et melon,
On a beau les flairer dessus, on ne sait jamais si c'est bon.
— Longueur bien remondée
Est à moitié tissée.
— Fille qui prend,
Elle se vend.
— Devant la quenouille
Est fou qui s'agenouille
— Mariage d'amours :
Une bonne nuit, de mauvais jours.
— Qui ne travaille pas poulain,
Travaille roussin.
— Du cayon
Fors le bran, tout est bon, etc.

Que la rime soit, pour le faiseur de vers, l'aide la plus précieuse, oui bien, mais qu'elle constitue le vers, non pas. Elle est proprement l'accessoire, comme la parure est l'accessoire de la femme. Or est-il qu'Ève se passait de parure, et si, dit-on, n'en était-elle pire. Et aux poètes de l'école de la rime riche on pourrait redire ce que le statuaire grec disait à l'auteur d'une faible statue, magnifiquement ornée d'or et de pierres précieuses : « Ne pouvant faire ta Kypris belle, tu l'as faite riche. »

Si l'on prenait au pied de la lettre l'assertion de Banville, il faudrait dire de la prose bien rimée qu'elle est une poésie supérieure à celle de Virgile, qui n'a pas de rime. Ce n'est pas encore chose admise.

Guyau avait tiré d'Alfred de Musset une suite de vers blancs. Sans doute ils étaient loin de l'agrément de leurs modèles, en leurs places ; mais c'était tout de même des vers, et d'une belle harmonie. Au rebours, il laissait la rime à ces mêmes vers, se bornant à changer leurs coupes de telle façon qu'ils ressemblassent à nos vers modernes sans césure ; et de montrer facilement que, sous cette forme, ils ne valaient pas le diable. D'un côté, la rime et de mauvais vers ; de l'autre, pas de rime et de bons vers. Mais les meilleurs de tous étaient les vers de Musset, tout simplement, avec leurs coupes et avec leurs rimes.

Nul poète ne saurait plus aujourd'hui se dispenser de la rime. Les tentatives pour acclimater les vers blancs ont toutes échoué, et spécialement celle qu'a faite Voltaire n'était pas pour nous mettre en appétit :

> N'êtes-vous pas troublé quand vous voyez la terre
> Trembler avec effroi jusqu'en ses fondements ?
> J'ai vu cent fois les vents et les fières tempêtes
> Renverser les vieux troncs des chênes orgueilleux, etc., etc.

(A propos, connaissez-vous rien de pire que les alexandrins de Voltaire — je ne parle pas des petits vers de ses pièces fugitives, où il est parfois si charmant ? — Moi non.)

Mais enfin comment la rime a-t-elle pris naissance dans la poésie française ?

Jadis, on considérait la rime comme une imitation de la rime intérieure des vers léonins, fréquents au temps de la décadence latine, et qu'on trouve d'ailleurs dans Virgile, Horace, etc. :

> Agricola incurv**o** terram molitus aratr**o**.

Ces retours de consonance s'expliquent, non par le besoin de rimer, mais par l'habitude où étaient les Latins de placer, après la césure du troisième pied, un mot se rapportant grammaticalement au mot terminant le vers.

D'ailleurs les deux voyelles consonantes étant le plus souvent, comme ici, deux atones, cette apparence de rime ne ressemblait en rien à notre rime sonore. Cela ne rimait pas beaucoup mieux que *miséricorde* et *hallebarde*. Ceux qui sont un peu familiers avec nos patois connaissent nos *o* post-toniques : chanêvo, ôno (chanvre, âne). La différence de cet *o* avec l'*e* muet existe, mais minime. De même pour la post-tonique latine.

On trouve bien, il est vrai, dès Octave Auguste, cette épigramme populaire :

> Pater argentarius,
> Ego Corinthiarius ;

Qui offre une franche rime. Mais c'est une exception dans les poésies rythmées primitives, l'effet d'une rencontre qui a charmé l'oreille, sans qu'on s'en fît une règle.

Les premières manifestations de la rime en latin apparaissent dans une petite poésie de Commodien et dans la célèbre hymne de saint Augustin contre les Donatistes. Cette rime, quoique très préméditée cette fois, n'en est pas plus une que la prétendue rime léonine des Latins. Elle ne comprend que la dernière voyelle, qui n'est ici jamais suivie de consonnes. Dans le Commodien tous les vers se terminent par *o*, et dans le saint Augustin tous les vers (au nombre de 250) se terminent par *e*. Ces voyelles insonores représentent la syllabe rimante. Pour distinguer cette pseudo-rime de la rime vraie, nous l'appellerons *rime atonique*.

Il arrive souvent par rencontre, dans ces vers, que la voyelle accentuée précédant la rime atonique est la même que la voyelle ainsi placée dans un autre vers. On trouve par conséquent dans l'*Abecedarius* (c'est le nom donné à l'hymne contre les Donatistes) de véritables assonances ou même des rimes que n'a pas recherchées l'auteur :

> Gaudium magnum esset nobis, | si tunc nolletis err**a**re ;
> Sed si tunc non visum est verum, | vel nunc experti vid**e**te.
> Multos nunc habetis pravos, | qui vobis displicent v**a**lde :
> Nec tamen hos separatis | a vestra communi**o**ne.
> Non dico de illis peccatis | quae potestis et neg**a**re...

Le premier vers rime avec le cinquième et assone avec le troisième. Le second et le quatrième n'ont ni assonance ni rime, mais seulement la rime atonique.

Si j'en crois M. Monceaux, la rime ou pseudo-rime, aurait paru d'abord dans le latin d'Afrique, sous l'influence de l'hébreu, et peut-être du punique. On en a la preuve, paraît-il, dans une foule d'inscriptions populaires trouvées en Algérie et en Tunisie. Ce sont d'ailleurs des poètes de la contrée, tels que Commodien et saint Augustin, chez qui on la voit apparaître d'abord [1].

La fortune de l'invention africaine est assez connue. La rime a été acceptée par toute l'Europe du moyen âge.

La rime d'une syllabe en latin devint bientôt la rime de deux syllabes et même de trois [2].

En français, ce qui se montre d'abord c'est l'assonance, comme on l'a vu dans l'*Eulalie* (v. p. 15 et 54). Mais l'assonance alla toujours se rapprochant de la rime, qui commence à paraître dans la seconde moitié du XIe siècle. Au XIIe siècle, je vois Crestien rimer

---

1. La présence de la rime à cette époque suffit à démontrer, dit M. W. Meyer, qu'elle n'a pas été empruntée aux Arabes, comme on l'avait prétendu, car on ne la rencontre chez eux qu'à la fin du ve siècle. Elle n'a pas été non plus empruntée au celtique, comme on l'a aussi soutenu, mais ce qui est vrai, c'est que c'est dans les pays celtiques qu'elle a été perfectionnée.

2. Voir page 13, l'hymne *Ad perennis vitae*.

à la moderne avec la plus scrupuleuse exactitude ; voire que presque toujours la rime *é* est précédée de la consonne d'appui :

> Quant ils orent tot atorné,
> A la roche sont retorné ;
> Si ont la litiere aportee,
> Sor quoi la dame en ont portee,
> Si com lor plot et abeli,
> Maugré le roi et maugré li [1].

Dans *Floire et Blanceflor*, aussi du XIIe siècle, la rime n'est guère moins soignée, à l'exception que l'auteur ne se préoccupe pas de la consonne d'appui devant *é* :

> Atant s'en est Floires tornés.
> Li portiers a engiens trovés... [2]

Il paraît admettre aussi dans les articulations post-toniques l'équivalence des dentales :

> Cil prennent les flors, ses emportent,
> Si sont cargié que tot detordent [3].

Les poètes du moyen âge ont posé cette grande loi :

LA RIME EXIGE LA RIGOUREUSE HOMOPHONIE DES VOYELLES

Dès le temps de l'assonance les poètes ne font assoner entre eux que les *e*, les *o* dont le son est *rigoureusement* le même. Notre œil est souvent dérouté, à cause des changements survenus dans la pro-

---

1. « Quand ils eurent tout préparé, ils s'en sont retournés vers la roche ; ils ont apporté la litière sur laquelle ils ont porté la dame, ainsi qu'il leur plut et agréa, et malgré elle. »
2. « Maintenant s'en est retournée Floire. Le portier a trouvé des ruses. »
3. « Ceux-ci prennent les fleurs et les emportent. Ils sont si chargés qu'ils fléchissent. » — Un ami me dit avoir rencontré dans V. Hugo, une rime du genre de *emportent* et *détordent*, qu'il a oublié de noter. Conférez dans Villon *enfle-temple*. Je crois que, *par exception*, on peut admettre des rimes de cet acabit, par exemple *cinabre-âpre*, *affre-navre*, *élytre-hydre*, etc. A l'ouïr, l'effet n'est point blessant, et cela enrichirait un peu notre minable magasin de rimes.

nonciation. Ainsi, dans la première laisse de Roland, par exemple, sommes-nous tout surpris de voir rimer *fraindre* et *montaigne*. C'est que la diphtongue *ai* se prononçait exactement de même dans les deux mots : *frai-ndre* et *montai-gne*.

Cette stricte homophonie fait tout le charme du vers. Nos poètes s'en écartent quelquefois. La rareté de certaines rimes, le besoin d'user de rimes autres que des rimes fatiguées, enfin et surtout des prononciations qui varient suivant les temps, les pays, quasi suivant les personnes, ont amené à cet égard un grand relâchement. Par un amour fort sot de la consonne d'appui, nos poètes en sont venus à choisir une rime sonnant mal, mais précédée de la spirituelle consonne, de préférence à une rime sonnant bien, mais privée de cet affixe qui, selon M. de Banville, constitue *toute la poésie*[1].

Il est certain qu'*infâme* ne rime pas avec *femme*. Et pourtant lequel de nous, chevilleurs, s'en prive ? Et tous nos Parnassiens aiment mieux faire rimer *femme* et *infâme* qui ne riment pas, que *femme* et *gamme*, qui riment très bien. Notre excuse est que les romantiques prononçaient *phâme*. Alors, rien à dire.

J'ai été absolument stupéfait, je l'avoue, la première fois que j'ai lu ces deux vers de Banville :

> Vous demandiez pourquoi, sur mon front *fatigué*,
> Au milieu des éclats du rire le plus *gai*...

Et ceux-ci d'Hugo :

> Ah ! toi, tu sais calmer ma tête *fatiguée*;
> Viens, ma coupe, dit-il. Ris, parle-moi, sois *gaie*.

Jamais de ma vie je n'avais prononcé *gai* autrement que *gai*. J'ai ouvert Littré, et j'ai vu, à ma stupéfaction plus forte, que les Lyonnais étaient dans leurs torts et que nous devions prononcer *ghé*. D'autre part le *Dictionnaire de rimes* de Napoléon Landais, que

---

1. Je n'invente rien : « *Sans consonne d'appui, pas de rime*, et par conséquent *pas de poésie.* » (*Petit traité de poésie*, page 56.) Or « la rime est *tout le vers* » (page 47).

Banville a sacré comme le bréviaire des Parnassiens, fait rimer *gai* avec *geai*, avec *déblai*, avec *frai*, etc., et nullement avec les participes *gué*. Inutile de dire que tous les dictionnaires de rimes quelconques en font autant [1].

A qui croire, de Littré ou de tous les autres ? Je suppose que *gué* était une prononciation faubourienne qui, peu à peu répandue à la ville, a fini par pénétrer jusqu'à la cour ; puis a trouvé accès auprès du bon Littré, tandis qu'à Lyon nous avons conservé la prononciation traditionnelle [2].

Banville, dans le même genre, fait rimer *quais* et *choqués* :

> Les sons, comme des flots qui tourmentent leurs *quais*,
> Se furent bien longtemps dans l'ombre *entrechoqués*.

Cette fois Littré indique bien la prononciation correcte : *khè*, et alors ça ne rime plus. Mais un exorable à mon ignorance m'explique qu'à Paris ils prononcent *khés*. Encore un de la banlieue qui se sera glissé sur le boulevard ! Mais où s'arrêter dans cette voie ? Et puisque les Parisiens ne prononcent pas l'*e* post-tonique, pourquoi ne pas faire rimer *corridor* et *Isidore* ? D'abord il y a la consonne d'appui : c'est une raison.

Des vers suivants de M. Verlaine, j'en dirai autant que de ceux de M. de Banville :

> Quoi, malgré ces reins *fricassés*,
> Ce cœur éreinté, tu ne *sais*
> Que dévouer à la luxure !

---

1. Pourtant N. Landais ajoute timidement en note : « Les mots de cette catégorie riment encore, quoique *assez pauvrement*, avec ceux en *é* appuyé de la même consonne, comme *bey* avec *tombé*, etc. » Alors cet infortuné Banville a rimé « assez pauvrement ». Le très digne homme en mourrait de chagrin, si, hélas ! il n'était déjà mort.

2. A ce propos, on me fait observer que (page 28, note 2) j'ai eu grand tort de me gausser de la prononciation *escayer, mayet, bredouyer, viéyard, payard, grenouyart, báye, canaye, Versaye, barbouyeur, bousiyeur, écrivayeur*, car aujourd'hui, me dit-on, en dépit de toutes les traditions classiques et des prescriptions du docte Littré, aussi vaines que nos lois sur la chasse, telle est la prononciation du highlife. J'en suis aux anges. Au moins si, à Paris, je vais dans le monde, je me croirai encore avec mes bons canuts de la Croix-Rousse.

J'ignore si, dans les faubourgs de Paris on dit tu *sés*, mais tous les dictionnaires de rimes font rimer *tu sais* avec *français, parais, palais* et non avec *cassés, censés*, etc.

Jamais au grand jamais les classiques ne se seraient octroyé ces libertés, de plus grave conséquence que les transgressions orthographiques qu'on leur a tant reprochées. Chose digne de note, Victor Hugo a été généralement rigoureux dans l'association des brèves et des longues.

Ce qui explique l'usage des rimes *ai-é* par les modernes et l'excuse parfois, c'est l'ennui d'accoler éternellement entre eux des participes passés. J'avoue qu'à la longue cela devient positivement haïssable [1].

C'est la cause pourquoi tout le monde aujourd'hui fait rimer *mai* et *charmé*, encore bien que Littré donne pour *mai* la prononciation *mè*, et que tous les dictionnaires de rimes (sauf Landais qui a sauté le mot) l'associent uniquement avec les mots en *ai*.

Pour les futurs des verbes en *er* (*j'aimerai*) avec les mots en *é* (*degré*), je crois que les modernes ont tout à fait raison. C'est un tort que nous avons à Lyon de ne pas faire sentir la différence du prononcer entre le futur *j'aimerai* (*ré*) et le conditionnel *j'aimerais* (*rè*). Par la même raison le prétérit rimera avec le participe :

---

[1]. Dans les six vers suivants, Hugo, qui était un fin renard, a eu l'adresse de ne pas réunir une seule fois deux participes, non (à parler franc) sans plus d'une écornure à la pensée et à la cohésion des idées; je suis trop respectueux pour dire sans plus d'une extravagance :

« .....Reçoit de toutes parts
« La pénétration de la sève *sacrée*.
« La grande paix d'en haut vient comme une *marée*.
« Le brin d'herbe palpite aux fentes du *pavé;*
« Et l'âme a chaud. On sent que le nid est *couvé*.
« L'infini semble plein d'un frisson de *feuillée*.
« On croit être à cette heure où la terre *éveillée*...

Quant à la succession de rimes en *é, ée*, blâmée par les Parnassiens, il me semble que, lorsqu'elle ne dépasse pas quatre vers, elle n'est pas déplaisante, à la condition qu'on veuille bien différencier nettement par la prononciation (comme il se doit) les rimes en *é* de celles en *ée*.

> Dans la nuit où le sang d'Ouranos *abhorré*
> Souilla l'Océan vaste,
> Où Thétis, dans ses bras, qu'en naissant j'*honorai*[1]...
>
> (BANVILLE.)

Je crois que si les classiques ne se sont jamais permis ces rimes, peut-être n'est-ce pas qu'ils les jugeassent fausses, mais c'est qu'elles violaient les règles de la rime pour les yeux[2].

Nous avons déjà dit que la tendance des romantiques et des parnassiens est, plutôt que de se servir de rimes éculées, de préférer altérer la qualité de la voyelle, à la condition de placer devant celle-ci une consonne identique dans les deux mots rimants. Mais ceci est périlleux. On arrivera de plus en plus à joindre *ai* et *é*. On fait rimer *vrai* et *doré*, *geai* et *infligé*, *quai* et *choqué* qui ne riment pas du tout. J'espère que, de progrès en progrès, la consonne d'appui excusant tout, on en arrivera à faire rimer *catakoi* avec *emberlucoqué*.

Toute la poésie gît dans l'harmonie des sons. Le premier souci du poète doit être de ne jamais atteler au même char une voyelle brève et une voyelle longue. Ce n'est pas une raison parce que le *Dictionnaire de rimes* de M. Pujol fait rimer *mêle* avec *mamelle*. M. Pujol est Belge et doit avoir ses motifs.

A fortiori le poète doit-il s'abstenir de dénaturer les noms propres, à seule fin de les faire rimer au moyen d'une prononciation de fantaisie, fondée sur l'apparence scripturale. Et Gautier faisant rimer *poète* avec *Goethe*, me semble dépasser toutes les limites de la morale :

> A vous faire oublier, à vous, peintre et *poëte*,
> Ce pays enchanté dont la Mignon de *Goëthe*...

D'évidence Gautier a voulu conformer la prononciation à la

---

[1]. Il n'est pas sans utilité de faire remarquer qu'*honorai* se rapporte à Thétis et non à *bras*.

[2]. Ce qui autorise certe supposition, c'est qu'on voit Racine faire rimer dans *Andromaque*, *consumé* et *allumai* en ayant soin de dénaturer l'orthographe de ce dernier mot en *allumé*.

Observations sur l'Art de versifier

graphie. Il n'a pas même réussi, car en estropiant l'orthographe du nom de Gœthe (*Goëthe* pour Gœthe) il a cependant fait le mot d'une seule syllabe, comme jadis *poète* qu'on prononçait *poite* (cf. *moelle* = *moile*). De sorte que, en dépit de la communauté d'orthographe, les deux mots ne riment pas plus que *boëte* = *boite* et *mouette*.

Quoi qu'il en soit, l'intention y est, de conformer le prononcer à l'orthographe. Aussi n'est-ce pas sans quelque surprise, je le confesse, que je n'ai pas rencontré ces deux vers dans la collection des œuvres de Gautier :

>   Et je prends en dégoût cet Arouet ignare,
>   Qui passe, railleur froid, devant Shakespeare.

Possible n'ai-je pas assez bien cherché.

Il y a, chez nos vieux poètes, des défectuosités apparentes dans la rime qui tiennent à des changements dans la prononciation [1]. Nos pères rimaient plus exactement que nous. Regnier, si bon rimeur, écrit :

>   Que j'aimerois bien mieux, chargé d'âge et d'ennuis,
>   Me voir à Rome pauvre entre les mains des Juifs.

C'est qu'alors, on prononçait *Juis*. Au XVIᵉ siècle, on faisait sentir, quoique « faiblement », dit Raillet, l'*f* de *Juif*, mais au pluriel, non ; toute consonne qui précédait la consonne finale, devant, suivant les grammairiens du temps, ne pas être prononcée. De même, disons-nous encore un *œuf*, des *œus*; un *bœuf*, des *bœus*. C'est sans doute par analogie, que peu à peu on en est venu à prononcer

---

[1]. L'excellent Banville cite, p. 223, des vers où Marot a fait rimer *dragme* avec *âme*, et, avec son aimable légèreté, il ajoute : « Au temps de Marot, comme aujourd'hui dans les chansons populaires, on se contentait souvent de la Rime assonante. » Hélas, au temps de Marot, il y avait beaux siècles que l'on ne se contentait plus de la rime assonante. Mais alors on prononçait *drame*, et l'on avait raison. Si des prononciations faubouriennes se sont glissées dans le *selected people*, au rebours l'orthographe savante est venue altérer mainte bonne prononciation, conforme au génie de notre langue. A force d'avoir le mot écrit sous les yeux, on a tenté de prononcer le *g* et, comme cela n'était pas très commode, on a dit le plus souvent *drakme*. *Drame* était mille fois plus conforme au génie de la langue.

l'*f* du pluriel *Juifs*. Et déjà je connais moult gens qui disent des *ofs*, des *bofs*. L'influence de la lecture du mot écrit a dû y contribuer [1].

Également dans Regnier :

> Qu'il désireroit *volontiers*
> Laschement me réduire au *tiers*.

Ces mots ne riment plus, mais ils ont parfaitement rimé. On prononçait *volontierrs*.

Règle générale, aucun de nos poètes n'a rimé pour les yeux. Il ne faut jamais accepter ce que disent les critiques modernes à cet égard. Ils ont parlé par ignorance. Les poètes mêmes qui avaient, comme Malherbe, la prétention de rimer aux yeux, n'entendaient jamais rimer pour les yeux contre l'oreille, mais pour les yeux en même temps que pour l'oreille.

Même observation pour les rimes dites rimes normandes, que l'on a attribuée chez Corneille à une prononciation dialectale. Mais Racine, qui n'était pas Normand, a dit :

> Malgré tout son orgueil, ce monarque si *fier*
> A son trône, à son lit daigna *l'associer*...
> Hé bien ! brave Acomat, si je leur suis si *cher*,
> Que des mains de Roxane ils viennent m'*arracher*.

Voltaire a écrit que « l'exemple de Racine et de Boileau, les deux meilleurs versificateurs français, prouve qu'il était de principe qu'une rime exacte pour les yeux était suffisante ». C'est une absurdité. Racine, Boileau, Corneille n'ont jamais été assez sots de rimer pour les yeux. Si Racine faisait rimer *fier* et *associer*, c'est que l'on prononçait *associèrr*, comme encore aujourd'hui devant une voyelle : *aimèrr une femme*. Vaugelas, en reprochant « à la pluspart de ceux

---

[1]. C'est sous la même influence du mot écrit qu'à Lyon nous disons *dom-p-ter*, quoique *donter* soit la prononciation régulière et ancienne. Et comme on place volontiers une voyelle d'appui dans un groupe de deux consonnes, maint Lyonnais dit *dômpeter* ; ce n'est pas bien joli. De même, au lieu de *sculter*, sous l'influence de la lecture, nous prononçons *scu-l-p-ter* ; d'où le plus souvent *sculpeter*, et même parfois *sculepeter*. Aussi en vers suis-je toujours tenté de faire *sculpter* de quatre syllabes, au minimum.

qui parlent en public[1] » de prononcer l'*r* dans *prier*, *pleurer*, etc. »,
et de plus de prononcer « cet *e* fort ouvert », ne fait que constater
l'usage reçu alors. L'usage s'était perdu dès le temps de Voltaire,
voilà tout.

Mais ce qui dépasse véritablement, c'est que, de nos jours, Baudelaire ait pu faire des rimes normandes :

> Oreiller de chair fraîche où l'on ne peut *aimer*,
> Mais où la vie afflue et s'agite sans cesse
> Comme l'air dans le ciel et la mer dans la *mer*.

Évidemment Baudelaire ne prononçait pas *aimèrr*. Cette étrange rime pour l'œil n'est pas excusable.

Ce n'est pas qu'on ne puisse, qu'on ne doive encore accoupler des infinitifs en *er* (*é*) avec des mots en *èrr*, mais c'est seulement lorsque le vers suivant l'infinitif en *er* a une voyelle à l'initiale, et qu'*il n'y a aucun repos entre les deux vers*. Il faut alors faire la liaison entre l'infinitif et le mot suivant. C'est donc avec une grande raison que M. Guimberteau, dans son beau poème, intitulé *Brahma*, a fait rimer *chair* et *arracher* :

> Senti les buissons m'*arracher*
> Un lambeau vivant de ma *chair*
> A chaque détour de la route.

La prononciation *arraché* serait fausse ici, car là liaison est exigée.

De ce qui a été dit à propos des rimes *chair* et *arracher*, on en peut déjà conclure qu'il est tel cas où deux infinitifs en *er* ne rimeront pas. C'est lorsque l'un des deux doit se lier, et l'autre non.

---

[1]. « De ceux qui parlent *en public*... » Rappelons encore une fois que, de même qu'il y a plusieurs styles, il y a plusieurs prononciations. Bossuet, dans ses *Oraisons funèbres*, ne prononçait pas les mots de la même manière que lorsqu'il parlait à son laquais. A *fortiori* s'il s'agit de vers. L'abbé Tallemant, secrétaire d'un bureau établi par l'Académie « pour traiter des Doutes de la langue Françoise », écrit dans son livre, *Remarques et décisions de l'Académie Françoise* : « C'est une chose bizarre et particulière surtout à la langue Françoise, que la plus part des mots ont deux différentes prononciations, l'une *pour la prose et le discours ordinaire*, et l'autre *pour les vers*. »

Dans ce fragment d'un drame romantique dont j'ai oublié le nom de l'auteur, *diffamer* et *aimer* ne riment pas :

> DONA CLARINETTA, *à mi-voix, avec une indignation sourde :*
> Le félon ! *Diffamer*
> Une femme !
>
> DON BOMBARDINO, *avec effarement :*
> !!!
>
> DONA CLARINETTA, *poursuivant sa pensée :*
> Assez lâche encore pour *l'aimer.*

C'est que l'on doit ici prononcer *diffamèrr* et *aimé.*
De même que Racine ne faisait point de fautes en employant des rimes normandes, de même je ne dirai point que Voltaire a été fautif lorsqu'il écrivait :

> — Ma fille ! ah, *monsieur !*
> Vous réparez quarante ans de *malheur*[1] !

Pour certain qu'il n'entendait pas rimer pour les yeux. Toujours, au contraire, il a prêché la rime pour l'oreille. C'est qu'alors on prononçait *monsieur* (comme aujourd'hui on prononce *sieurr*), au moins quand on chaussait le cothurne. Présentement *monsieur* ne rime plus avec *malheur*, mais *mossieu* rime magnifiquement avec *essieu.*

Aussi, c'est avec équitable raison que l'excellent poète Maurice Bouchor a écrit :

> La chair de cette carpe est rose, comme, aux *cieux,*
> Les nuages teintés par l'aurore. *Messieurs*...

Je vois d'ici, dans quelques siècles, lorsque notre langue aura été transformée une fois de plus, un grammairien plein de clergie s'ap-

---

1. Racine dit de même :
> « Elle voudroit *monsieur,*
> « Que devant des témoins vous lui fissiez l'*honneur*... »

puyant sur le *monsieur-malheur* de Voltaire pour prouver que M. Bouchor a rimé inexactement.

De nos poètes il n'en est guère qui ne fasse rimer des mots où la consonne suivant la tonique est insonore, avec des mots où elle est sonore. Et Hugo, le beau fin premier :

>.....Le *zénith*
Qui, formidable, brille et flamboie et *bénith* [1]...
.....Richelet *s'obscurcitt'* !
Il faut à toute chose un magister *dixit*...
Nous allions au verger cueillir des *bigarreauss'*,
Avec ses beaux bras blancs en marbre de *Paros* [2]...

Gautier ne demeure pas en reste :

> Prennent l'air d'éléphants et de *rhinocéros*...
Dansent entre eux des *boléross'*

Ni M. Verlaine :

> Sur la kithare, sur la harpe ou sur le *luth*,
Il honorait parfois le passant d'un *saluth* [3].

Mais « je connais mieux que ça », comme disait constamment le comique Reynard dans je ne sais quelle pièce :

> Qui se sert d'un enfant ainsi que d'un *outill'* ;
Progrès dont on demande : « Où va-t-il ? Que *veut-il* ? (HUGO.)
.....Au bas, sur une meule *assi ls*
Est une enfant, dont l'œil, voilé sous de longs *cils* [4]... (GAUTIER.)

---

1. Sans compter que j'ai quelque peine à me figurer un zénith bénisseur ; mais cela ne fait rien à la rime.
2. Un bon point à Banville pour avoir proscrit ces prétendues rimes.
3. C'est instinctivement que, faisant sonner la consonne finale au premier vers, je l'ai fait sonner au second. Et je comprends maintenant Méry, rencontrant un de ses compatriotes sur le boulevard, qui lui demanda : — « Eh bien, fais-tu toujours des verss' ? » — « Eh oui, répondit Méry instinctivement, se croyant à Marseille, j'en faiss'. » — « Adieu, fit le Phocéen, toujours instinctivement, je m'en vaiss'. »
4. On peut défendre la rime par assonance : seulement l'intention de toute cette école n'est pas d'assoner, mais au contraire de rimer mieux que les autres.

J'ai gardé le suivant pour la bonne bouche :

> Car ils ne sont complets qu'après qu'ils sont *déchus*,
> De l'exil d'Aristide au tombeau de Jean Huss... [1] (!)

Ainsi Romantiques et Parnassiens font à l'envi rimer *obscurcit-dixit*, *outil-il*, *cils-assis*, *luth-salut*, *déchus-Jean Huss*, etc., mais ils n'osent pas faire rimer *rose* avec *choses*, que pourtant l'on ne prononce pas *choses*.

Les modernes, pour les rimes de cet acabit, ont été devancés par les classiques [2], lesquels, dans leurs tragédies, ayant souvent à la fin du vers des noms latins en *us*, ne voulaient pas les faire rimer toujours avec un autre nom latin (ce qui n'eût pas été délectable). Il peut y avoir des circonstances atténuantes, voire des excuses admissibles, comme (ce dit-on) aux femmes pour tromper leurs maris : et je n'aurais pas le courage de blâmer Sainte-Beuve de ses jolis vers :

> Agrafe autour des seins nus
> De Vénus...

Mais ce ne sera jamais, non plus pour les poètes que pour les femmes, une conduite bien correcte.

Ce qui est positivement extravagant, c'est de faire, comme Marot, rimer une atone et une tonique :

> O Roi François, tant qu'il te plaira, pers-le.
> Mais si tu le perds, tu perdras une perle.

Bel exemple de rime pour les yeux ! Si Marot avait seulement prononcé ces vers à haute voix, il aurait vu que le premier est un vers masculin de onze syllabes.

M. Verlaine n'a rien voulu devoir à Marot et il a écrit :

---

1. Fausse rime pour fausse rime, j'aurais préféré faire rimer *Jean Huss* avec *j'en eusse*. Ça se ressemble davantage.
2. Le sévère Boileau est fort négligent à l'endroit de ces fausses rimes. Il fait rimer *travaux-benedicat vos*, *secret-sept*, *Guérets-Cérès*, *sourds-ours*, *ours-vautours* (au XVIIe siècle, comme presque tout le monde encore aujourd'hui, on prononçait *ourss*). Il fait aussi rimer des brèves avec des longues : *prône-Pétrone*, *disgrâce-menace*. Seul, le moyen âge a eu le sens de la rime exacte, parce qu'il faisait surtout les vers pour l'audition.

> Prince et princesses, allez, élus,
> En triomphe; par la route où **je**[1]
> Trime d'ornières en talus.
> Mais moi, je vois la vie en r**ou**ge.

Il n'y a pas la moindre rime là-dedans. M. Verlaine aura peut-être cru s'autoriser de ces beaux vers (de qui sont-ils? de M. Richepin, probablement) :

> Touranien altier, d'où viens-je? Où suis-je? Où cours-je?
> Où s'en va la savate et l'écorce de courge!

Ce n'est pas une raison.

DE LA RIME RICHE

Est dite rime riche celle où non seulement la voyelle rimante est identique dans les deux mots, mais encore où la voyelle est précédée de la même consonne, dite consonne d'appui. Exemple : *soliveau-veau.*

Est dite rime léonime celle ou deux voyelles riment. Exemple : *Florentin-enfantin.*

On sait que les modernes ont donné à la rime une tout autre importance que les classiques. Victor Hugo rime toujours avec une grande richesse. Semblablement Gautier. Quant à Banville, on a vu que pour lui la consonne d'appui constitue toute la rime, et que la rime constitue toute la poésie. Tous les autres poètes, sauf Lamartine et Musset, se sont appliqués à la rime constamment riche. MM. Leconte de Lisle, Coppée, Sully-Prudhomme n'y ont point failli. La consonne d'appui est devenue l'alpha et l'oméga des romantiques et des parnassiens. On a donné à des recueils le titre de *Rimes riches*, et je me souviens d'avoir lu dans un article de critique sur un volume de poésies : « M. X. est véritablement un grand poète : pas une de ses rimes qui n'ait la consonne d'appui! »

---

1. Ce vers a neuf syllabes bien comptées.

On commence à sourire de ces extravagances, et l'on en sourira bien davantage un jour. La consonne d'appui faisait déjà fureur il y a trois ou quatre siècles. Cela a passé, cela est revenu, comme les tournures postiches aux dames. Encore certaines personnes prétendent-elles que sous les tournures il y a toujours peu ou prou, tandis que, sous la rime riche, il n'y a quelquefois rien du tout.

Si la richesse de la rime fait le poète, nos modernes doivent mettre Cretin et Molinet très au-dessus de Racine, de Molière et de Boileau, et la Fontaine ne doit plus être considéré que comme un vil poètereau.

Déjà Marot était un apôtre de la rime riche :

> Sur son espaule ardante colorée
> Tu verras pendre une trousse dorée,
> Et au dedans ces pestiferes traicts,
> Dont le cruel abuseur plein d'attraicts
> A bien souvent faict mainte playe amere,
> Mesmes à moi qui suis sa propre mere.

Ronsard n'est pas moins dévot à la sainte consonne d'appui !

> Fais que la mienne, au courroux endurci,
> En mon endroit ait le cœur adouci,
> Et qu'en lieu d'être à tort insupportable,
> S'amollissant devienne plus traitable,
> Sans croire plus les malheureux propos
> De ce vieil chien contraire à mon repos.

Avant eux les affinés étaient allés bien au delà, et la rime dite riche ne suffisant plus, ils avaient employé exclusivement la rime léonime ; témoin le grand Molinet :

> AIGLE impérant sur mondaine maCYNE,
> ROY triomphant de prouesse raCYNE,
> DUC, archiduc, père et chef de TOISON,
> AUSTRICE usant de fer à grant FOISON, etc.

Cette belle façon de rimer serait mince chose encore, si, comme le lecteur l'a déjà remarqué, chaque vers ne commençait et ne finissait par un nom d'oiseau. Quel art, quelle ingéniosité ! Voilà de la poésie au moins où la rime est tout !

Mais la rime léonime elle-même devait se voir dépasser, et le poète

> Construit, tordant les mots vers un sens gauche et lourd,
> Le Janus à deux fronts, l'hébété calembourg.

C'est ainsi que Banville a fait deux vers célèbres par la richesse de leurs rimes deux fois léonimes :

> Ces clochetons à dents, ces larges *escaliers*,
> Que dans l'ombre une main gigant*esque a liés*.

Et M. Bergerat :

> Il appert du cachet que cette *cire accuse*,
> Que ce vin, compagnons, vient bien de *Syracuse*.

Mais combien faible ! comme dirait M. Paul Bourget, à côté des beautés du poète Cretin :

> Pour bien savoir *comment cela se mène*,
> Fille, lundi, *commence la semaine*,
> Pleine d'ennuy et de *pénalité ;*
> Cœur devot doibt, en la *peine allité*,
> En l'œil plorant...
> En ce sainct temps memoire de *compte ample*,
> Et en ferveur ardente ne *contemple*
> Le doulx Sauveur[1]...

Le tour de force devenu l'objet de la poésie, c'est la marque de toutes les époques de la décadence :

> Ille per extentum funem mihi posse videtur
> Ire poeta...

La poésie provençale la première, puis la poésie allemande au XIVe-XVe siècle, la poésie française au XVe-XVIe, étaient tombées dans le dernier discrédit pour ce qu'elles avaient fini par prendre pour

---

[1]. J'emprunte ces exemples à M. l'abbé Bellanger.

devise : le beau, c'est le difficile : τὰ χαλεπὰ καλά. Voltaire lui-même, qui n'était pourtant pas un grand virtuose en matière de rimes, a écrit : « C'est l'extrême difficulté surmontée qui charme les connaisseurs. » C'est exactement comme si l'on disait que la suprême beauté plastique, c'est de se promener, comme les clowns, sur les mains, la tête entre les cuisses.

Je crois bien que notre époque n'a point échappé à l'abus du tour de force en poésie. Schérer écrivait avec son admirable justesse d'esprit :

On n'a pas l'air de s'en douter, mais c'est toute une révolution que l'école de la rime riche a faite dans l'école française. Honorée comme elle l'est aujourd'hui, la rime est en train de devenir un tyran. La phrase n'est plus conduite par l'idée, mais par la nécessité d'amener le mot, de trouver la consonance. L'écrivain se laisse aller où le conduisent, non pas la pensée, non pas même la fantaisie, mais des besoins d'effets. Zanetto a décrit son métier :

Jongler dans un sonnet avec des rimes d'or.

« C'est cela même, la jonglerie, le tour de force, moins que cela :

Rimer des amusettes
Sur des sujets de presque rien,
Avec l'art du galérien
Qui sculpte au couteau des noisettes.

« Le bibelot, voilà le fléau ; le bibelot, c'est-à-dire l'objet qui ne vaut que par la recherche de la matière ou par l'adresse de la main, et qui, ne répondant à aucun besoin, ne servant à aucun usage, n'a qu'un intérêt de curiosité. »

C'est bien là, en effet, le caractère de certaine poésie dans ces dernières années. Sans doute, on ne saurait dire de M. Sully-Prudhomme, par exemple, qu'il soit précisément le poète de la difficulté vaincue. C'est au contraire un des poètes de notre temps qui ont le plus parlé pour dire quelque chose, et c'est sa supériorité. Eh bien, lui-même a attaché à cette difficulté un assez grand prix pour qu'il ait pris la peine d'écrire toute une philosophie en sonnets à rimes riches, avec des répons en quatrains jetés dans un moule inflexible, toutes choses qui ont dû parfois singulièrement gêner la liberté de sa pensée.

Quoi qu'il en soit, il est certain que l'abus de la rime riche a influé de façon fâcheuse sur la poésie moderne et que le procédé y a souvent pris la place de l'inspiration.

Banville nous a renseigné lui-même sur la manière de préparer la cuisine du vers, car il parait qu'il y a des recettes, comme dans la *Cuisinière bourgeoise :*

Vous choisissez des cailles bien grasses, bien dodues (la langue m'a fourché, je voulais dire des rimes) que vous tirez de votre volière, c'est-à-dire de votre mémoire, ou que vous prenez au marché, c'est-à-dire dans un dictionnaire de rimes. Vous plumez, flambez et alignez dans la casserole, je me trompe, je voulais dire sur le papier. Puis vous liez avec la sauce ordinaire, bien convenablement préparée, comptant le nombre de syllabes pour atteindre à chaque rime-terminus. Vous faites cuire rapidement à un feu vif, et vous servez chaud [1].

Telle est la mission du poète : Déjà Chénier disait de lui :

> Il attache une tête aux bouts-rimés nouveaux.

En effet, et c'est ce bout qui mène la pensée par celui du nez. Banville l'a senti, et riposte triomphalement (*loc. cit.*, p. 86) : Oui, mais ce n'est pas une aimable dame qui les a choisis dans une aimable société, c'est l'auteur lui-même. Voyez la différence ! — En effet, le monsieur qui fait des bouts-rimés sur des rimes choisies par les autres a encore bien plus de difficultés à vaincre : partant il a plus de mérite : τὰ χαλεπὰ καλά [2].

Lis-tu quelquefois Nicole, ami lecteur ? Si oui, tant mieux ; si non, il le faut lire :

Je me souviens, dit-il, qu'un jour on montra à une personne de grande qualité et de grand esprit un ouvrage d'yvoire d'une extraordinaire délicatesse. C'étoit un petit homme monté sur une colonne si déliée, que le

---

1. Voir *Petit traité*, etc., page 74 et suivantes.
2. « Pour M. de Banville, écrivait M. Ganderax, il n'y a pas de beaux sens : il n'y a que de beaux mots ; il n'y a pas de nouvelles pensées : il n'y a que de nouvelles rimes. »

moindre vent étoit capable de briser tout cet ouvrage, et l'on ne pouvoit assez admirer l'adresse avec laquelle l'ouvrier avait su le tailler. Cependant, au lieu d'en être surprise comme les autres, elle témoigna qu'elle étoit tellement frappée de l'inutilité de cet ouvrage et de la perte du temps de celui qui s'y étoit occupé, qu'elle ne pouvait appliquer son esprit à cette industrie que les autres y admiroient.

J'ai souvent éprouvé cette impression en lisant Gautier, Banville et les parnassiens en général ; en contemplant leurs petits hommes d'ivoire.

Je crois bien que beaucoup de poètes n'emploient pas les recettes de Banville, et je ne suis même pas bien sûr que, sauf dans ses *Odes funambulesques* (un chef d'œuvre dans un genre très inférieur), il les ait souvent appliquées. Est-ce même bien certain qu'il n'ait pas voulu se gausser du lecteur? Mais alors il l'a fait à son propre dam.

Chose singulière le « bout-rimé » est beaucoup moins sensible chez Banville que chez nombre de ses confrères, soit parce que son goût l'empêchait de mettre des mots baroques à la rime, soit qu'il fût plus adroit que les autres. Je crois bien cependant que l'on n'a jamais vu des jours coulant d'émeraude et de moire que lorsque l'on avait besoin d'une rime à *noire*.

> Je revoyais mes jours d'enfant
> Couler *d'émeraude et de moire,*
> Puis engouffrer leurs tristes flots
> Au fond d'une mer sombre et noire [1].

Je crois bien aussi qu'un rythme « essentiel » est créé surtout pour rimer avec « ciel » et « providentiel » ; et que le « tendre cristal » ne prend guère de « reflets métalliques » que dans le voisinage des « basiliques » :

> Dans un tendre cristal *aux reflets métalliques,*
> Montent, ressuscitant le rythme *essentiel,*
> Les clochetons à jour des sveltes basiliques.

---

1. Après cela, si la mer était *noire*, elle ne pouvait manquer d'être *sombre*. Banville dit qu'il faut mettre des chevilles. Il me semble que celle-ci désaffleure un peu le bois.

Enfin, comme les décors de paysages sont généralement verts et bleus, j'imagine que si, dans les vers, ils sont quelquefois vermeils, ils doivent avoir pour cela des raisons particulières :

> Les décors, *malins et vermeils*
> Etaient de Puvis de Chavannes.

L'homme qui me paraît avoir fait le plus de vers en vue de la rime, comme aussi celui qui, avec le plus d'art, trouve un sens susceptible d'amener la rime choisie par avance, c'est Hugo. Mais malgré son habileté incomparable, prestigieuse, on ne laisse pas de sentir quelquefois la suture. C'est impossible autrement, lorsque l'on s'est donné comme une gageure de choisir les mots les plus extraordinaires, de rapprocher les idées les plus opposées. Il est certain que ni « grappe » ni « hasardeux » ne se présentent naturellement dans :

> Je ne me laisse point oublier des satrapes;
> La nuit, lascifs, leurs mains touchent toutes les *grappes*
> Du plaisir *hasardeux;*

Et que, lorsque le poète dit du ver :

> Vil, infect, *chassieux*,

Ce n'est pas parce que l'idée d'un ver chassieux s'est présentée naturellement à la pensée, mais c'est parce que « chassieux » rime richement avec « cieux ».

> Il est dans le ciel noir des mondes plus malades
> Que la barque au radoub sur un quai des *Cyclades*.

Certes, la nouveauté de l'image est pour susciter l'admiration, mais une question me hante : pourquoi un quai des Cyclades plutôt qu'un quai de Marseille ? — Et pour quelle raison « Isaïe, habitant d'un sépulcre », avait-il « l'esprit *fauve* » ? — Je vais vous le dire : parce que le vers suivant se termine par *chauve.*

> Je sens parfois, la nuit, un rêve qui me mord.

Et comment s'y prenait-il pour mordre, car les rêves ont rarement des dents ? — A mon tour je vous demanderai : Et comment aurait-il fait pour rimer avec *mort* ?

Avez-vous vu jamais un « gouffre hostile, *torrentiel* » ? Oui certes, mais seulement lorsqu'il rimait avec *arc-en-ciel*.

Quelquefois cette rime infortunée traîne après elle non pas une cheville, mais tout un chariot de bois :

> L'été la bande (de brigands) met à profit la *douceur*
> De la saison, *voyant dans l'aurore une sœur* (!).

D'autres fois elle amène, avec les plus bizarres rapprochements, de ces fâcheuses inversions, si furieusement proscrites par Banville :

> La montagne..........................
> S'associe aux fureurs que la guerre combine
> Et devient des forfaits de l'homme *concubine*.

N'est-ce pas à propos de ce vers que Mme Roland s'écriait, marchant à l'échafaud : « O consonne d'appui, que de crimes l'on commet en ton nom ! »

> ....Toi, Vénus, qui reposes
> Notre œil dans le péril (???)

Tout vous sera expliqué si vous voyez, deux vers plus loin *avril* à la rime.

Peut-être la vue du ciel ne vous a-t-elle jamais suggéré l'idée d'un crible :

> Refaisant notre nuit, va contre un autre *crible*
> Changer le firmament.

Mais j'aurais bien voulu vous voir si vous aviez eu besoin d'une rime à *terrible !*

Si vous n'êtes jamais monté sur

> ....La tremblante *échelle des hasards*,

C'est que, jamais, vous n'avez

> Calme, donné l'assaut à tous les *alcazars*.

Vous figurez-vous un monsieur qui, un soir, regardant l'étoile Sirius, s'écrie : « Dieu, comme cela ressemble à un émir sinistre ! » Cela vous paraît extraordinaire. Vous étiez dans l'erreur; rien ne ressemble plus à un émir que Sirius, mais seulement, il est vrai, lorsqu'il faut rimer avec *frémir* :

> A l'heure où tout semble *frémir,*
> A l'heure où, se levant *comme un sinistre émir*
> Sirius apparaît.

Heureux êtes-vous de n'avoir jamais connu

> La fatalité de vos mœurs *imperdables* (?).

C'est que vous n'avez jamais eu à rimer avec *formidables*.

Sans doute, vous vous étiez imaginé l'Espérance avec des yeux pleins de clartés. Erreur : Si vous aviez fait

> .....Un pacte avec la lune *sombre* (?),

Vous auriez aussitôt vu

> Avec l'illusion l'espérance aux yeux d'*ombre.*

Une supposition que vous eussiez fait ces deux vers orthodoxes sur le Dieu triple et un :

> Dieu, triple feu, triple harmonie,
> Amour, puissance, volonté ;

Quelle belle rime pourrions-nous trouver pour *harmonie*? Si, par exemple, nous mettions *insomnie*? C'est une rime à peu près léonime. Sans doute, mais quel rapport ? — C'est là le beau qu'il n'y pas de rapport!

> *Prunelle énorme* D'INSOMNIE,
> De flamboiement et de bonté.

Avez-vous entendu parfois

> Derrière notre nuit, derrière notre faim
> Rire l'ombre Ignorance et la larve *Misère?*

Je l'ignore, mais il s'agit bien de cela! il s'agit de rimer, et à l'aide de la consonne d'appui!

> Le lys a-t-il raison ? et l'astre est-il *sincère* ?
> Je dis oui, tu dis non.

J'avoue que je ne suis pas satisfait complètement. Hugo accepte souvent, pour la consonne d'appui, l'équivalence de *s* dure et de *s* douce. Cette humiliante transaction n'est pas admise par les purs, pas plus que l'équivalence de *gn* et de *n*. Puis la rime n'est pas léonime. Ce n'était pas la peine de mettre quelque chose de si incohérent pour une rime un peu meilleure tout au plus qu'une rime de Boileau. J'aurais écrit carrément :

> Rire l'ombre Ignorance et la larve Misère ?
> Hydaspe, Oxus, Volga, Danube, Rhône, Isère,
> Répondez ! — L'un dit oui ; l'autre non...

C'eût été absurde, sans doute, mais pas plus que : « le lys a-t-il raison, etc. » et la rime eût été si belle !

Par exemple, dans les vers suivants, il m'est impossible de dire si *Cunne* a été inventé pour rimer avec *Aucune*, ou si c'est *Aucune* qui a été amenée à la désespérade pour rimer avec *Cunne* :

> Mundiaque, Ottocar, Platon, Ladislas *Cunne*,
> Welf dont l'écu portait : « Ma peur se nomme *Aucune*. »

Hactenus haec; il faut arrêter là cette insipide nomenclature. Elle suffit à faire juger dans combien de vers modernes (et quel poète aurait la dextérité d'Hugo[1] !) les idées ne sont que les enfants gibbeux et cagneux de la rime.

Au XVIᵉ siècle, au temps de l'ivresse de la rime richissime, du Bellay fut le premier qui eut le bon sens de se moquer de la mode et d'établir les principes sains de la poésie :

---

[1]. S'il en faut croire Banville, le vrai poète est simplement celui qui a « l'imagination de la rime ». Ceci m'étonne un peu. Hugo n'était donc un très grand poète qu'à cause de l'abondance de rimes qui se présentaient à sa mémoire ? C'est singulier : je me figurais qu'il devait y avoir autre chose. Et je croirais plus volontiers que ce qui a gâté tant de beaux ouvrages d'Hugo, c'est la trop grande imagination de la rime.

Observations sur l'Art de versifier.

Quand je dy que la rythme doibt estre riche, je n'entends qu'elle soit contrainte et semblable à celles d'aucuns qui pensent avoir faict un chef d'œuvre en François, quand ils ont rymé un *imminent* et un *eminent*, un *misericordieusement* et un *melodieusement*... *encore qu'il n'y ait sens ou raison qui vaille;* mais la rhythme de nostre poëte sera *volontaire*, non *forcée;* receuë, non *appelée;* propre, non aliénée; naturelle, non adoptive. Bref, elle sera telle, que le vers tombant en icelle, ne contentera moins l'oreille que une bien amoureuse musique tombante en un bon et parfait accord.

Ce pauvre du Bellay, naturellement, fut fort injurié. « Ne defendz pas aux autres ce que tu desesperes pouvoir parfaire, » lui crie Charles Fontaine.

Cependant Ronsard et ses amis abandonnèrent la rime léonime et la rime équivoquée, mais ils s'adonnèrent constamment à la rime riche, à l'aide d'inversions multipliées. Dans ce genre de rime excella Regnier, sans que pourtant chez lui elle soit autrement que « volontaire », non « forcée ».

Malherbe lui-même sacrifia à la rime riche lorsque l'inspiration (qu'il n'eut jamais terrible) se tarissait de plus en plus. « Sur la fin de sa vie, dit son élève Racan, il étoit devenu rigide en ses rimes... et s'étudioit fort à chercher des rimes rares et stériles, sur la créance qu'il avoit qu'elles lui faisoient produire *quelques nouvelles pensées* (c'est proprement le procédé de nos poëtes modernes, et dont ils se vantent), outre qu'il disoit que cela sent son grand poëte de tenter des rimes difficiles qui n'avoient point encore été rimées. »

Les classiques, Corneille, Racine, Boileau, Molière, ont donné sa vraie place à la rime, et Port-Royal a porté sur elle un jugement fort exact :

La rime étant une gêne, quoique agréable et très nécessaire pour la beauté des vers, il vaut mieux y être un peu libre pour favoriser un beau sens que trop scrupuleux.

Impossible de mieux dire. Sacrifier l'exactitude de la pensée à la richesse d'une rime, c'est proprement ravaler la poésie. La poésie est pour autre chose que cela. Qu'eût dit le divin Homère, si

M. de Banville était venu lui affirmer que la poésie, c'était l'art d'assembler des rimes riches avec des chevilles bien dissimulées !

Boileau, dans une tirade de vers assez plats [1], en a frappé un qui mérite de rester :

> La rime est une esclave et ne doit qu'obéir.

C'est là le difficile de la faire obéir, mais c'est le *sine qua non*. C'est pour cela que loin de l'arrêter toujours à l'avance *ne varietur*, selon le procédé Banville, il faut, si du coup elle ne colle pas à votre pensée, en essayer successivement plusieurs, jusqu'à ce qu'enfin la vraie, la bonne, éclate à la fois à la pensée et à l'oreille. Tel est certainement le procédé de Racine, de Chénier, de Lamartine. Quant à Hugo, il n'inscrivait certes pas ses rimes à l'avance comme des lépidoptères piqués sur une planche de liège. Le premier mot sonore qui répondait à sa pensée se présentait naturellement. C'est presque toujours une splendide image. La seconde rime, choisie uniquement à cause de sa richesse, forme souvent un rapprochement incohérent, et c'est l'art du poète de le dissimuler (s'il peut). Souvent c'est le vers tout entier qui est un bouche-trou.

> Tu verras par moments le fronton blanc d'un temple,
> *Avec la modestie auguste de l'exemple,*
> Se montrer à demi derrière un bois vermeil.

C'est le chapeau [2] qui est auguste ! Je veux bien être étranglé si je comprends pourquoi un fronton est un exemple, et en quoi un exemple peut avoir de la modestie !

Parfois l'obligation sotte d'alterner les rimes féminines et masculines amène deux chapeaux de suite : un pour l'hiver, l'autre pour l'été. A témoins les vers grotesques qui déparent (avec d'autres) la pièce épique d'Aymerillot :

---

1. Échantillon : « Lorsqu'à la bien chercher d'abord on s'évertue... »
2. Dans le jargon des rimeurs, un chapeau est un vers oiseux qui n'est là que pour la rime.

>   .....Et pardieu ! j'oubliais
>   Les six énormes tours en pierre de liais[1]

Voilà de ces grossières « ficelles » que vous ne rencontrerez jamais chez les poètes absolument sincères, tels que Racine.

Mais à quoi n'ont pas songé les adorateurs de la rime riche, c'est à l'insupportable monotonie de leurs vers. Les rimes riches, par elles-mêmes, sont peu nombreuses. De ce petit nombre il en faut encore exclure les mots qui ont trop de rapport de sens, comme *horreur-terreur*, etc.; il en faut exclure les mots composés sur le même radical, comme *parvenu-revenu*, etc.; il en faut exclure les mots prosaïques, ou vulgaires, ou plats, ou bêtes (en dépit des railleries de Banville et d'Hugo, langue de la poésie et langue de la prose sont deux). Les mots qui restent disponibles sont en nombre si limité qu'en entendant un vers on peut, avec faible chance d'erreur, annoncer la rime qui le suivra. Jadis, *guerrier* appelait *laurier*, et *montagne*, *campagne*. Aujourd'hui, dites *rose*, j'attends *morose;* dites *cœur*, j'attends *vainqueur;* dites *toile*, j'attends *étoile*, et vingt-neuf fois sur vingt-huit je ne me tromperai pas.

Aussi découvrir dans quelque vocabulaire technique une rime baroque, non encore employée, est devenu un titre de gloire. La rime baroque, n'est-ce pas la beauté des bouts-rimés ? Gautier conseillait au poète la lecture des dictionnaires des métiers, et c'est fort sérieusement que Banville écrit :

> Je vous ai dit de ne lire que VOTRE LIVRE (*sic*) en fait de poésie; mais je ne vous interdis pas, je vous ordonne au contraire de lire, le plus qu'il vous sera possible, des dictionnaires, des encyclopédies, des ouvrages techniques traitant de tous les métiers et de toutes les sciences spéciales, des catalogues de vente, des livrets des musées, enfin tous les livres qui pourront augmenter le répertoire des mots que vous savez.

Ceci n'est pas affaire d'un poète, mais d'une de ces dames

---

[1]. Ce n'est point, comme on le pourrait croire, *oubliais* qui a tiré la belle rime *liais*. C'est l'inverse. Dans le passage d'*Aimeri de Narbonne*, ici imité par Hugo, on lit :
« XX. tors i ot qui sont de liois clair. »

patientes qui font des couvre-pieds avec des rognures de toute espèce d'étoffes cousues ensemble.

Il est nécessaire, pour ne pas rabâcher éternellement les mêmes rimes, de fournir au poète la possibilité d'user de rimes moins éculées que les rimes romantiques, sans tomber pourtant dans l'extravagance des rimes insolites. C'est avec un vrai bon sens que Voltaire écrit dans une des lettres servant de préface à son Œdipe :

> J'ai fait rimer *héros* à *tombeaux*, *contagion* à *poison*, etc. Je ne défends point ces rimes parce que je les ai employées ; mais je ne m'en suis servi que parce que je les ai crues bonnes. Je ne puis souffrir qu'on sacrifie à la recherche de la rime toutes les autres beautés de la poésie, et qu'on cherche plutôt à plaire à l'oreille qu'au cœur et à l'esprit.

Si fait, Voltaire, il faut plaire à l'oreille en même temps qu'au reste, mais ce qu'il fallait dire, c'est que la beauté d'un vers à l'oreille ne consiste pas toujours dans l'emploi de la consonne d'appui. On pourrait même ajouter que la recherche trop grande de la rime peut être un signe de la pauvreté de l'imagination (on comprend que je ne dis pas cela pour Hugo !) ou de la pauvreté des idées (je crois que cette fois on pourrait quasi le dire).

Véritablement l'on ne sent pas que les délicieux vers qui suivent aient l'impérieux besoin de la consonne sacrée :

> Solitude où j'éprouve une douceur secrète,
> Lieux que j'aimai toujours, ne pourrai-je jamais,
> Loin du monde et du bruit, goûter l'ombre et le frais !
> Oh ! qui m'arrêtera sous vos sombres asiles !
>   (LA FONTAINE.)

Depuis Musset, parmi les poètes qui ont eu la vogue, Baudelaire est, je crois, le seul qui ne soit pas embabouiné de la rime riche. Ce qui suit était pour faire frémir le pauvre Banville :

> Encore la plupart n'ont-ils jamais *connu*
> La douceur du foyer, et n'ont jamais *vécu*.

On sait au contraire combien M. Coppée s'astreint à dire les choses les plus simples, quelquefois les plus prosaïques, en rimes richissimes.

Chez les Lyonnais je ne vois que Soulary et, après lui, Mlle Siefert qui aient tenu à rimer à la moderne. Jean Tisseur faisait remarquer que l'honneur d'avoir inventé la rime riche n'appartenait pas aux romantiques, et il considérait qu'à ce titre Regnier (il aurait pu ajouter tous les poètes du XVIe siècle) était leur père. Il écrivait sur un carnet :

> Chez Regnier la recherche de la rime retentissante est visible. A ce titre il a engendré Méry et tous les forts rimeurs de ce temps. De là, encore, peu de composition ; les idées ne sortent pas les unes des autres avec ordre. C'est que la rime les tire à elle suivant ses exigences. Nous avons aujourd'hui la rime si riche qu'elle en fait calembour ; la rime tellement extraordinaire que l'esprit ne peut plus se préoccuper d'autre chose que savoir comment l'auteur s'en tirera pour en amener une seconde. Quand il a réussi à la trouver sans trop de peine visible, nous applaudissons intérieurement, mais en même temps nous perdons de vue le sujet ; et après un ahurissement de sons, tous plus extraordinaires les uns que les autres, nous ne savons plus où en est l'auteur ; rien n'est clair dans notre esprit, si ce n'est que l'oreille nous bourdonne [1].

Jean Tisseur avait accoutumé de dire que la rime, telle qu'on la cherche aujourd'hui, est un clou où le vers est suspendu, ou plutôt une patère large comme un chapeau. Le vers tombe comme un gros drap, à plis roides et droits, mais ne se modèle plus sur la pensée, tandis qu'au contraire, pour bien saisir le relief des formes sur lesquelles s'appuie le vêtement, il faudrait, à l'exemple des anciens statuaires, mouiller le lin dont on les recouvre.

Selon Jean Tisseur, Chénier seul avait compris le juste mouvement du rythme :

> Dans son vers, pas plus que dans celui de Boileau, la rime ne joue un rôle trop prépondérant ; mais l'alexandrin de Boileau, qui sortait de la forge, est resté roide souvent. Celui de Chénier est souple. A sa suite,

---

[1]. Pour Barthélemy et Jean Tisseur la rime devait tellement sortir de la pensée et non la pensée de la rime, qu'ils ne possédèrent jamais ni l'un ni l'autre un dictionnaire de rimes.

l'école moderne a voulu le vers souple, mais elle ne s'est pas aperçue qu'en y voulant joindre une rime constamment riche, il n'y a pas de vers souple possible. Le coup de timbre que frappe au bout de l'hexamètre la rime trois fois retentissante est autrement monotone que la césure cassée au sixième pied. Si nos bœufs marchent d'un pas moins égal, deux à deux, comme dit Alfred de Musset, ils marchent en portant au col le bourdon de Notre-Dame. Ils sont restés lourds. Ce sont des bœufs qui font des faux pas.

DU CHOIX DES RIMES

De tout ce qui précède on peut, je crois, tirer les règles suivantes relativement au choix des rimes :

1º Entre deux rimes pouvant exprimer votre pensée, il faut, si le sens n'en souffre pas, choisir la rime riche. L'identité des articulations aide à caractériser le mot rimant et ajoute au charme de la sonorité, du moins pour les oreilles d'aujourd'hui ;

2º Si la rime riche vous oblige au gauchissement de la pensée, n'hésitez pas à la sacrifier et à la remplacer par une rime moins riche, mais plus juste.

Cherchez la rime sonore, qui n'est pas toujours la rime riche, et qui vaut mieux encore. Ces vers vraiment royaux :

> Depuis que sur ces bords les dieux ont envoyé
> La fille de Minos et de Pasiphaé,

Riment bien moins richement que ces débiles vers d'Hugo (il ne les eût pas écrits au temps au temps de sa maturité) :

> S'enivrant des accords de la flûte *vantée*
> Des fleurs, des lustres d'or de la fête *enchantée*.

Et cependant, sans parler de la splendeur du rythme, combien les rimes de Racine sont plus magnifiquement sonores que les chevilles d'Hugo, toutes léonimes qu'elles sont!

Si le vers est d'un beau rythme, d'un grand jet, d'une forte pensée, la rime a le droit d'être pauvre. S'il n'a rien de ces qualités, la rime riche ne les lui donnera pas, mais alors c'est elle qu'on pourra remarquer avec plaisir. Règle générale, plus un vers est faible, plus il a besoin d'une forte rime pour le relever. Le plus charmant de nos poètes, la Fontaine, s'est-il jamais maucœuré de la consonne d'appui? Et, au contraire, les vers de tel de nos poètes modernes, si vous leur enleviez la consonne d'appui, qu'y resterait-il?

Dans les pièces funambulesques, à l'inverse, l'extrême richesse de la rime est un élément essentiel, et même le principal élément comique. Changez les merveilleuses rimes du quatrain suivant, il perdra tout :

> Tournant de ce côté mes yeux en diligence.
> Je vis à l'horizon ce point essentiel :
> C'était monsieur Courbet montant en diligence
> Et sa barbe pointue escaladant le ciel.
> (BANVILLE.)

3° Il est inutile de chercher l'identité de la consonne d'appui dans les rimes accentuées sur la pénultième, parce qu'alors l'articulation post-tonique donne déjà à la rime un caractère de richesse. *Ante, ance, âtre, onge, ure, aine*, etc., sont des sonorités dont la plénitude se suffit à elle-même. *Éloquence* rime aussi bien avec *confidence* qu'avec *fréquence*, ou du moins la différence ne vaut pas un bouton;

4° Parmi les sons masculins, il n'en est réellement qu'un petit nombre dont l'acuité ait besoin d'être adoucie par une consonne d'appui identique dans les deux rimes. Tels sont *i, é, u*. Mais *è, ê, a, o*, même *on, ant* ont le caractère de sons sur lesquels la voix s'allonge et rend la rime naturellement assez sonore pour que la consonne d'appui puisse y être un ornement parfois, une nécessité non. A plus forte raison, s'il s'agit de sons suivis d'une consonne qui se prononce, tels que *eur, our, oir*, etc.;

5° Parmi les règles des traités de versification, une des plus naïves est celle qui autorise l'absence de consonne d'appui lorsqu'un des mots rimants est un monosyllabe, absolument comme si le monosyllabe avait en soi une vertu propre qui le douât à l'oreille d'une homophonie dont ne jouissent pas les polysyllabes. Ainsi INFINIE *peut rimer avec* VIE, parce que ce dernier est monosyllabe, *mais il ne peut pas rimer avec* ENVIE, parce que ce dernier est dissyllabe[1] !

Il me semble difficile de contredire que ce qui est bon pour *vie* doit être bon pour *envie*, ou ne doit être bon ni pour l'un ni pour l'autre ;

6º Une autre règle qui n'est guère plus logique veut que ce soit le nombre des rimes au dictionnaire qui accroisse les exigences en matière de consonne d'appui. Ainsi, quoique *ant*, *on*, surtout *eur*, soient des sons assez pleins par eux-mêmes, on exige qu'ils soient précédés de la consonne d'appui, *parce que les rimes sont nombreuses*, mais on ne les exige point pour les noms en *il*, en *ui*, en *ul*, *parce que les rimes sont rares*. Cependant l'oreille ne fait point de différence entre les sons où les rimes sont nombreuses et ceux où elles sont rares. Elle ne fait de différence qu'entre ce qui sonne bien et ce qui sonne mal. Il ne s'agit donc ici que d'accroître les difficultés pour le poète, afin qu'il ait plus de mérite à les vaincre : « le beau, c'est le difficile ! » Mais la difficulté vaincue n'entre en réalité pour rien dans la beauté, et il ne me chault qu'un tableau ait été peint avec la main ou avec le pied, voire avec autre chose : je ne m'enquête que de savoir s'il est bon ;

Somme, tout se résume en ceci :

Faites de beaux vers d'abord. Si la rime y est riche, tant mieux ; si elle n'y est pas riche, ne vous en travaillez mie, et songez que ce qui a suffi à Racine et à Chénier peut bien suffire à un honnête homme.

QUE TOUT LE MONDE N'A PAS LE GOUT DE LA RIME RICHE

« La coutume fait nos preuves les plus fortes et les plus crues, » disait Pascal. Nous autres Français, nous croyons en la consonne

---

1. C'est en vertu de ce beau principe qu'Hugo, qui se fût fait couper la main plutôt que de faire rimer *nébuleux* avec *adieux*, fait rimer *bleu* et *Dieu* :

« Et que le ciel soit noir ou que le ciel soit *bleu*
« Caïn tuant Abel est la stupeur de *Dieu*. »

d'appui, parce qu'ainsi l'a prouvé la coutume. Foi est argument des choses de nulle apparence, disent les Sorbonnistes. Banville avait la foi, et il n'eût pas fait bon lui dire que la consonne d'appui n'était peut-être qu'une « superstition » destinée à disparaître au « flambeau de la science ».

Tout un chacun n'a pas la foi de Banville. Il estime que Boileau ne rimait pas exactement en faisant rimer *abbé de Pure* avec *figure*, et qu'il eût fallu *l'abbé de Gure*. Les Anglais, au rebours, estiment que *Pure* rime avec *figure*, mais que *figure* ne rime pas avec *Gure*. Et si n'ont-ils pas l'oreille autrement que la nôtre.

En anglais, *ne riment que les mots où la syllabe rimante n'est pas précédée de la même consonne.*

En français l'extrême identité des sons constitue la rime riche; en anglais l'extrême identité des sons constitue la rime pauvre. Un poète anglais fera rimer *staff* avec *calf*, quoique *a* soit bref dans le premier et long dans le second[1], mais il ne fera pas rimer correctement *knight* et *night*, parce que les deux mots se prononcent de même : naïte. Aussi notre amour de la rime riche est-il, aux yeux des Anglais, une aberration de l'esprit français.

Ceci est beaucoup moins absurde que ne l'eût cru Banville, et répond, au fond, à un instinct harmonique. Ce n'est pas pour le pur amour du médire que Laharpe reprochait à Gilbert d'user de rimes trop riches.

Remarque bien, lecteur, qu'en français nous goûtons la rime riche, mais que nous réprouvons la rime trop riche :

> On voit à l'hôpital maint *prodigue alité.*
> Qui pleure amèrement sa *prodigalité.*

Cette trop longue homophonie nous fatigue, et l'identité des sons provoque une fausse identité d'idées. Cette délicatesse est un peu plus poussée chez les Anglais que chez nous : voilà tout. Les Romantiques admiraient fort ces rimes de Corneille :

---

[1]. Les Anglais ont parfois de drôles de rimes. Pope fait rimer *still* et *suitable*, et Keats *Thalia* et *higher!* Comme s'il n'était pas plus honnête de faire des vers blancs!

> J'aime ta passion, et suis ravi *de voir*
> Que tous ses mouvements cèdent à son *devoir;*

Les Anglais trouvent pénibles ces deux *devoir*, dont on ne sait d'abord pas très bien distinguer quel est le substantif et quel est le verbe.

Après tout, c'est une question que de savoir si les Anglais ne donnent pas dans le vrai de la chose. Leur sentiment est parfaitement défendable, et s'étaye d'aussi bonnes raisons que le nôtre. Il n'est pas impossible que, s'il se formait en France une nouvelle école proscrivant la rime avec consonne d'appui, elle ne prît un jour le dessus. Et dans cent ans d'ici, nous pourrions voir (voir est une image) un dictionnaire classant les rimes à l'inverse de celui de N. Landais, *id est* n'associant que celles qui n'ont pas la même consonne d'appui et proscrivant les autres.

Parmi toutes les bourdes de nos traités de versification, la plus bourde est sans doute l'obligation de

RIMER POUR LES YEUX

On a déjà fait remarquer (page 3) que le vers étant une sorte particulière de musique, il doit être fait uniquement pour l'oreille. Autrement, c'est comme si vous disiez que tous ces petits pochons à cheval sur des lignes horizontales qui composent une sonate de Mozart, sont écrits pour le plaisir de les lire, et non d'entendre les sons qu'ils expriment.

Pourtant, tous les auteurs des traités de versification exigent que, pour la satisfaction de l'œil, les consonnes muettes qui suivent la voyelle rimante soient identiques (ou prétendues équivalentes) dans les deux mots à la rime.

Dans leur ignorance de la grammaire historique, les grammairiens n'ont pas seulement eu l'idée de cette chose si simple, c'est que les exigences de la rime dite correcte remontent à une époque où les consonnes finales n'étaient pas encore devenues muettes.

Il faut tenir pour assuré que toute consonne muette s'est prononcée à l'origine, sans quoi sa présence dans le mot serait inexplicable. « S'il est un principe que la philologie comparative et historique ait mis hors de doute, dit M. Gaston Paris, c'est que les différences graphiques, à l'origine, correspondent toujours à des différences graphiques ; en d'autres termes que tout caractère distinct a d'abord représenté un son distinct. »

La prononciation des consonnes finales tomba d'abord lorsque le mot suivant, commençant par une consonne, était lié avec le précédent sans aucun repos. Encore au XVIe siècle, le moindre repos, celui d'une virgule, par exemple, appelait la prononciation des consonnes finales [1].

Dans son *Introductorie for to lern to speke French truly*, Dewes (le Français du Guez) explique aussi que la dernière lettre de chaque mot finissant en *s, t, p* est insonore, *hormis le cas où l'on doit faire un repos sur ce mot* [2].

A la fin du vers, *la consonne finale se prononçait toujours* [3].

Les grammairiens français sont d'accord avec du Guez. Fabri demande l'élision, à la fin des mots, de l'*s* et de l'*e* ; Meigret, l'élision de l'*s* dans *les, des, es* ; Ramus, de l'*s* et du *t* ; quelquefois de l'*r* et de l'*l*, etc. *Mais le plus léger repos de la voix faisait immédiatement reparaître ces consonnes* [4].

Geoffroy Tory allait plus loin et il regrette que les dames de Paris laissent « le *s* finalle de beaucoup de dictions, quand elles disent : Nous avons mengé des prune blanche et noire, des amendé

---

1. Every frenche worde comynge next unto a poynt... or... comma; or virgula... al suche words shal sounde theyr last letters distinctly or remissely : and so shal all the last wordes in the lynes of suche thynges as be made in ryme. (PALSGRAVE, édit. Génin, p. 39.)
2. THE SECONDE RULE. Also in redyng frenche, ye shall leave the last letter of every worde unsounde, endyng in *s, t* and *p*, save of the same worde wherupon ye do pronounce every worde by hymselfe, that is to say, restyng upon the same, you ought for to pronounce and sounde him thorowe.
3. For the true pronounsyng of thynges writen in ryme, it is to be noted, that the last wordes of the lynes shall ever sounde theyr consonantes whiche folowe after theyr last vowels. (PALSGRAVE, p. 60.)
4. Bellanger, la *Rime française*, page 169.

douce et amère, etc., au lieu de : Nous avons mengé des prunes blanches et noires, des amendes doulces et ameres[1]. »

A la fin du xvie siècle, H. Estienne ne demandait, pour faire reparaître la consonne finale, qu'un repos bien plus léger encore que le repos noté par la virgule[2].

Mais peu à peu les consonnes finales cessèrent d'être prononcées, et, comme on avait exigé leur identité dans les deux mots rimants lorsqu'elles se prononçaient, on continua de les exiger lors même qu'elles ne se prononçaient plus, absolument comme on avait laissé le célèbre factionnaire pour empêcher de s'asseoir sur un banc fraîchement peint... il y avait cinq ans.

La règle de la rime en rapport unique avec la prononciation a été exactement observée par les poètes du xvie siècle. Ce n'est que peu à peu qu'on est arrivé au non-sens de la rime pour les yeux. On connaît les règles de cette rime par tous nos traités de versification. Il a été prononcé que l'identité de la consonne muette suffisait pour constituer la rime aux yeux, l'identité de la consonne qui la précède n'étant point exigée. Ainsi l'on ne peut faire rimer *désert* avec *mer*, *différent* avec *rang*, mais on peut faire rimer *déserts* avec *mers*, *différents* avec *rangs*, etc.

Or, de fait, au xvie siècle la consonne pénultième d'un groupe terminant un mot était tombée dans la prononciation lorsque la consonne ultime persistait encore. « Si vous ajoutez une *s* (aujourd'hui un *z*), dit Palsgrave dans sa sixième règle, à la fin de *mot*, *puing*, *escript*, *feullet*, ils deviennent nombres pluriel, comme *motz*, *puingz*, *escriptz*, *feulletz*, et alors vous ne ferez pas sonner la lettre précédant ledit *z*, lisant *mos*, *puins*, *feullés*[3]. »

Ainsi *fust* qui, au moyen âge, se prononçait intégralement, se prononçait maintenant *futt'*; au xviie siècle il se prononcera *fu*.

---

1. C'est-à-dire *pruness blanche z'et noiress*, etc.
2. Bellanger, pages 168, 170.
3. .....As these wordes and such lyke *mot, puing, escript, feullet*, whiche be all syngular nombres : and if ye do adde a *z* at the latter end of them, than are they plurell nombres, as *motz, puingz, escriptz, feulletz* : and than shall ye nat sounde the letter before the said *z*, redynge *mos, puins, feullés*.

Cette chute de la pénultième explique comment, dès le xve siècle, Charles d'Orléans écrivait :

> Qu'amours tendra, lui montrant par *escript*
> Les maulx qu'ay euz et le peu de *prouffit*...

Et au xvie notre Belle Córdière :

> O ris, ô front, cheveus, bras, mains et *doits* :
> O lut pleintif, viole, archet et *vois*...

Et enfin Ronsard :

> Ne retourne au logis ou malade où *pasmé*,
> Qu'il ne sente d'amour tout son cœur *entamé*.

Le *p* dans *escript*, le *t* dans *doits*, l'*s* dans *pasmés* ne se prononçaient plus, mais le *t* se prononçait encore.

Par identique raison les vers suivants, qui ne rimeraient plus aujourd'hui, rimaient très exactement :

> Par faute d'argent et de *draps*
> Ne soyons tous vêtus de *sacs*.
>   (Coquillart.)

> Ce ne sont pas mortiferes *aspics*,
> Mais ce sont bien serpents qui valent *pis*.
>   (Marot.)

> Vénitiens, Marranes, Mores, *Turcs*,
> Juifs, Mameluz, cœurs obstinés et *durs*.
>   (Le Maire.)

Parce que l'on prononçait *drass*, *sass*, *aspiss*, *piss*, *Turss* et *durss*. Mais il y avait une exception pour l'*r*. De même qu'on prononçait *chanterr*, on prononçait *dangerrss*[1]. C'est ainsi que doit s'expliquer l'exception que nos traités de versification font pour l'*r* à la pénultième. On ne peut faire rimer *dangers* et *changés*, quoiqu'il

---

1. *M, n* or *r, commyng after the last vowel in a frenche worde, lese never theyr sounde, whether they come alone, or have other consonantes joined with them.* (Palsgrave.)

y ait beau temps que la peinture du banc est sèche, je veux dire que l'*r* de *dangers* ne se prononce plus ! En toute occurrence, c'est contre ses propres règles que Banville a fait rimer *escaliers* avec *gigantesque a liés*[1].

C'est Malherbe

De qui l'esprit rongneux de soy mesme se gratte,

C'est Malherbe qui posa en principe qu'il fallait rimer pour les yeux[2]. Racan dans ses *Mémoires pour la Vie de Malherbe* nous conte que celui-ci le « traitoit d'hérétique, lui Racan, pour ne se tenir pas assez étroitement dans ses observations, et voicy particulièrement de quoy il le blasmoit : Premièrement de rimer indifféremment aux terminaisons en *ent* et en *ant*, comme *innocence* et *puissance*, *apparent* et *conquérant*, et vouloit qu'on rimât *pour les yeux* aussi bien que pour les oreilles »[3].

---

1. C'est avec moult raison que Victor Hugo s'est rebellé contre cette prétendue règle en faisant rimer *apaisés* avec *baisers*, *liés* avec *tabliers*, et que Jean Tisseur a écrit :

« Ses yeux où, comme aux tiens, mes regards *exercés*
« Lisent les doux désirs et les secrets *pensers*. »

2. Avant lui personne n'avait demandé de rimer à l'œil, ôté Fabri qui, en 1520, écrivait : « Rythme est une congrue consonnance de lettres, sillabes, en *orthographie* et prononciation. » Mais personne n'avait fait attention à Fabri.

3. Selon M. Bellanger, Malherbe n'aurait jamais exigé que l'on rimât pour les yeux. Mais quelle apparence que Racan eût inventé de toutes pièces l'opinion par lui attribuée à son maître et ami ? Il suffit, au surplus, d'étudier les poésies de celui-ci pour constater le soin qu'il a mis à ne pas faire rimer *en* et *an*. Tandis que les rimes *an-an* se comptent par centaines dans son recueil, on ne trouve peut-être pas six fois la rime *an-en*. Il n'est de merveille si l'on rencontre quelques exceptions. Autre le prêche, autre quelquefois le prêcheur. On sait la rage de Malherbe contre les hiatus : il n'en a pas moins écrit :

« La Garde, tes doctes écrits
« Montrent les soins que *tu as* pris... »

« Je dirai : *Autrefois* cette femme fut belle. »

Quant à ne pas avoir repris Desportes de faire rimer *en* et *an*, c'est simplement parce que la règle de rimer aux yeux, au moins dans ce cas particulier, n'était pas encore assez établie pour qu'il eût couru fortune de faire accepter ses critiques, ou peut-être, quand il écrivit le commentaire, n'avait-il pas encore inventé la règle.

DE L'ÉQUIVALENCE DES CONSONNES FINALES

Tout en exigeant en principe la rime aux yeux, les traités de versification admettent l'équivalence de certaines consonnes finales :
1° *c, g, k, q* (alambic-brick, blanc-rang);
2° *d* et *t* (allemand-amant) [1];
3° *m* et *n* (faim-fin, parfum-commun);
4° *s, x* et *z* (paix-épais, lassés-assez);
5° *f* et *ph* (nef-Joseph).

Rien à dire lorsque les consonnes se prononcent de même (alambic-brick, nef-Joseph).

Mais lorsqu'elles ne se prononcent pas, quoi de plus contre raison que d'accepter l'équivalence de telle consonne, et de proscrire l'équivalence de telle autre; ou de proscrire l'absence de consonne à la finale dans l'un des mots (ce qui est exactement la même chose qu'une consonne qui ne se prononce pas)?

Pourquoi faire équivaloir *t* et *d* et non pas *t* et *c*, ou *t* et *b*? Pourquoi *t* et *d* ne blessent-ils pas l'œil par leurs différences de forme, tandis que le *t* et le *c* le blessent? Est-ce parce que *c* a un gros ventre, tandis que *t* est sec comme un échalas?

Mais cette règle, aujourd'hui inexplicable, a été très juste en son temps. Elle est le témoignage d'une prononciation qui a cessé d'exister. On admettait l'équivalence de *t* et de *d* parce que, à la fin d'un mot, *d* prenait le son de *t*. *Brigand*, à la rime, se prononçait *brigantt* et non *brigandd* [2]. De même encore aujourd'hui dit-on un *brigand t'odieux* et non un *brigand d'odieux*.

Mais puisqu'on ne dit plus *brigantt*, mais *brigan*, pourquoi ne puis-je pas faire rimer *brigand* avec *catogan*? Et puisqu'on ne dit plus

---

1. Banville a renchéri là-dessus, et il a *inventé* la « règle » de l'identité absolue des consonnes terminales : « Un mot terminé par un T ne peut, sans faute grossière, rimer avec un autre mot qui ne soit pas terminé par un T » (page 75). — Les ombres de Richelet et de Quitard doivent en être humiliées !

2. Il y eut de bonne heure tendance à ne pas prononcer la finale. Ainsi Ronsard fait rimer : *rang-défend, gond-adonc, blond-tronc, blond-long*.

blank et *tremblantt*, mais *blan* et *tremblan*, pourquoi ne puis-je pas faire rimer *tremblant* et *blanc*?

L'habitude de se conformer, sans y regarder, à ce qui a été écrit avant soi, a fait commettre d'assez plaisantes méprises à nos traités de versification. Parmi les consonnes finales équivalentes à *c*, ils placent *g*. C'était fort bon du temps que l'on prononçait *sank*, *rank*[1]; cela rimait avec *blank*, *flank*. Mais aujourd'hui *c* et *g* ne s'équivalent plus que lorsqu'ils sont muets, c'est-à-dire lorsqu'ils sont comme s'ils n'étaient pas. Si j'observe rigoureusement les règles, je ferai rimer *brick* à *Zadig*, *trafic* à *un bon zig*, et notre directeur de la Martinière, M. *Lang*, qui s'est si brillamment conduit à Belfort, rimera avec *rose bank* ou avec *monsieur Ranc*. D'évidence, des traités aussi peu exacts sont à remanier[2].

On admet aujourd'hui l'équivalence de *ain* et *in*, et c'est à bon droit, puisqu'il n'y a plus de différence entre la prononciation de *vain* et celle de *vin*. Mais cette différence a existé, et vous ne trouverez pas, durant tout le moyen âge, ces deux sons associés à la rime. Au XVIIe siècle on disputait encore sur le droit de faire rimer deux sons que les puristes prétendaient ne pas devoir se prononcer de même.

Mais si l'on a conformé la règle à la prononciation dans cette circonstance, pourquoi ne pas la conformer dans les autres?

Pour une pratique déraisonnable, il faut toujours inventer une théorie qui tâche à l'expliquer, sinon qui la justifie. Il fallait donc inventer quelque chose pour motiver nos belles règles sur la rime à l'œil. Voici comment l'on s'en est tiré :

« Ce n'est pas par la prononciation des mots qui se font entendre dans le débit des vers que l'on doit juger de la cor-

---

1. Dès le XVIe siècle, avons-nous dit, le *c* tendait à devenir muet après la consonne nasale : dans son Dictionnaire de rimes, Tabourot, à *anc*, renvoie à *ant*, et autorise la rime de l'un avec l'autre. Pourquoi nos traités modernes n'en font-ils pas autant ? A demander au génie profond et subtil de ceux qui ont décrété la rime à l'œil.

2. Le traité de MM. le Goffic et Thieulin (le premier est le très charmant poète que l'on connaît) ne tombe pas dans ces chinoiseries, mais tout bien fait qu'il est, étant destiné aux écoles, il n'a pu moins faire que de reproduire les règles « officielles ».

Observations sur l'Art de versifier.

rection de la rime, mais par celle QUI AURAIT LIEU DANS LE CAS DE LA LIAISON (!)¹. »

En effet, si le ciel tombait, il y aurait bien des alouettes de prises, mais voilà, il n'est pas tombé jusqu'ici ! Si l'on avait à faire la liaison entre deux rimes et les mots suivants, sans doute qu'il faudrait suivre la règle pour rimer à l'oreille, mais si l'on n'a pas à faire cette liaison ?

DES LICENCES ORTHOGRAPHIQUES

Croirait-on que, pour la platonique satisfaction de rimer à l'œil, les poètes en vinrent à faire des *fautes d'orthographe* qu'ils qualifièrent de *licences poétiques*. La Fontaine écrit :

.....Malgré son noir *sourci*,
Jupiter et le peuple immortel rit aussi.

Et Racine :

Semble s'être assemblé contre nous par *hasar :*
Je veux dire la brigue et l'éloquence. Car...

Quant à *vien* pour *viens*², *voi* pour *vois*, *averti* pour *avertis*, on sait que ce sont des archaïsmes, mais il n'en est pas moins vrai que déjà, au XVIIe siècle, c'étaient des fautes d'orthographe.

Victor Hugo a la bonhomie, de peur de ne pas rimer à l'œil, d'écrire *pié* pour *pied*. Et par quelle servitude des usages bêtes a-t-il supprimé l's de *Thèbes* et d'*Athènes* dans les vers suivants :

Pluton, après avoir mis Kothos dans l'Érèbe,
A cloué ses cent mains aux cent portes de *Thèbe*...

Eurybiade, à qui Pallas confie *Athène*,
Noble Adymanthe, fils d'Ocyre, capitaine...

---

1. Tobler, *le Vers français*, p. 151, M. Tobler ajoute : « Il faut avouer que cette règle de la rime, en ce qui concerne les consonnes muettes des mots, a quelque chose de bien arbitraire dans l'état actuel de la prononciation. »

2. « Quitte ces bois et *redevien*
« Au lieu de loup homme de bien. »   (LA FONT.)

Et, nouveau Malherbe, Banville lui reproche gravement d'avoir « pris une licence », sans même avoir l'idée, lui Banville, qu'il eût été plus simple de faire rimer *Érèbe* et *Thèbes* !

Victor Hugo écrit de même *Charle, Londre, Versaille, Gêne, Arle, Nîme*, et M. Verlaine, ce farouche novateur, a la bonté de priver *Charles* de son *s* :

> Le pauvre du chemin creux chante et parle;
> Il dit : « Mon nom est Pierre et non pas *Charle*.

Je crois que c'est dans *les Contemplations* que se trouve un des derniers exemples de *je voi* :

> Comme si, se mirant au livre où je te *voi*,
> Ce doux songeur ravi lisait derrière moi [1].

Laprade, avec infiniment plus de bon sens, a écrit carrément dans *le Livre d'un père* :

> Mais si je regarde en *moi*,
> J'y *revois*
> Verdoyer la poésie.

Pourquoi, en ce qui concerne la graphie des sons rimants, les traités ne montrent-ils pas la même rigueur que pour l'identité des consonnes muettes qui suivent la voyelle rimante ? Parce que, dans un cas comme dans l'autre, on a répété ce qui avait été dit auparavant sans s'en inquiéter davantage.

Au moyen âge *ai* et *è* ne rimaient pas, mais lorsque les prononciations se confondirent, on les fit rimer, et ils riment encore. De même pour *an* et *en*, en dépit de Malherbe. Le père Buffier, qui ne tolérait pas que Boileau fît rimer *tout* avec *goût* ne réussit pas mieux.

Pourtant les poètes sont tombés à cet égard dans des contradictions assez singulières.

---

[1]. On trouve dans la *Légende des Siècles*, 2ᵉ série, une licence analogue :
« Je l'ignore; ici Dieu m'échappe; mais je *sai*
« Qu'il ne nous reste rien, quand elles ont passé. »

Racine fait carrément rimer *être* et *aître*, *est* et *aît*, *ô* et *au* :

...Petit-Jean, ramenez votre *maître*;
Couchez-le dans son lit; fermez porte et *fenêtre*...

...Ho! je vois ce que *c'est* :
Tu prétends faire ici de moi ce qui te *plaît*...

...Mariez au plus *tôt* :
Dès demain, si l'on veut; aujourd'hui s'il le *faut*.

Il ne s'est donc ici inquiété que du son.

D'autre part, il n'ose pas faire rimer *è* et *oi* (dans les cas, bien entendu, où *oi* sonnait *ai*); et il préfère estropier l'orthographe de *comparoître* :

Si je leur donne temps, ils pourront *comparestre* [1];
Ça, pour nous élargir, sautons par la fenêtre.

De même avait-il mis dans son *Andromaque* :

M'en croirez-vous? Lassé de ses trompeurs *attraits*,
Au lieu de l'enlever, seigneur, je la *fuirais*,

N'osant pas faire rimer aux yeux *ois* et *aits*, en écrivant *fuirois*, suivant l'orthographe admise alors. Mais dans la crainte d'être critiqué pour cette nouveauté orthographique, qui devançait Voltaire, il eut la faiblesse de remplacer son excellente rime par la rime pauvre de *jamais*, et il refit ainsi le vers :

Au lieu de l'enlever, fuyez-la pour jamais [2].

Encore à seule fin de rimer aux yeux, il avait outrageusement violé l'orthographe la plus élémentaire dans les vers suivants :

Vaincu, chargé de fers, de regrets consumé,
Brûlé de plus de feux que je n'en *allumé* [3]...

1. Peut-être y avait-il quelque exemple de cette orthographe. Des grammairiens avaient tenté de substituer à *oi*, prononcé *ai*, l'orthographe *è*.
2. Dans la même pièce, acte IV, scène 3º, Racine avait aussi employé l'orthographe surannée *craistre* au lieu de *croistre* pour rimer aux yeux avec *maistre*.
3. Premier exemple de la rime, dans les verbes en *er*, du prétérit avec le participe passé, rime aujourd'hui admise par tous les poètes (voyez page 160).

Ce ne fut qu'après la mort du poète qu'on eut « l'audace » d'imprimer *allumai*.

Racine fait d'ailleurs rimer *Hélène* et *chaîne*, *plaire* et *sévère*. Ces différences d'orthographe ne choquaient pas, parce que l'on en avait d'anciens exemples. Celle de *consumé* et *allumai* aurait choqué, sans doute parce que la prononciation $ai = é$ était plus récente ; peut-être même était-elle une nouveauté.

DE QUELQUES-UNS QUI ONT PROTESTÉ CONTRE LA RIME POUR LES YEUX

Le dictionnaire de rimes de Lanoue (vers 1625, je crois) est fait par un homme qui connaît son métier, sur le principe de la rime pour l'oreille. Déjà, à cette époque, toute différence entre la prononciation de *oit* et de *oient* avait disparu. Il trouve donc très naturel de les faire rimer :

> Que si on ne veut escrire comme on parle, qu'on ne trouve mauvais l'assemblage de mots de mesme prononciation, *quoi qu'ils soient différemment escrits : veu que la bonne ou mauvaise rime se discerne de l'oreille, estant proférée, et non de l'œil, pour la similitude qu'elle ayt sur le papier en l'escriture*. Si donc celui qui aura escrit :
>
> > *Ceux qui tant de bien luy donnoient,*
> > *Maintenant il les mécognoist,*
>
> Trouve cette rime mauvaise contre l'opinion de ceux qui lui orront prononcer, qu'il la baille à lire à un autre pour en juger, et son ouye lui fera juger ce que sa veue (incapable juge d'un tel procès) lui faisoit réprouver[1].

Pourquoi les dictionnaires de rimes subséquents n'ont-ils pas suivi Lanoue à cet égard ? — Pour ce qu'il y avait les pédants, les grammairiens.

Ceux-ci s'imaginaient faire d'autant plus montre de science qu'ils témoignaient plus d'exigences. Ils ne démontraient que leur igno-

---

[1]. Bellanger, page 180.

rance de l'ancienne grammaire et des lois qui régissaient la métrique de leurs pères. Qui trop veut faire le savant, aucunes fois il fait la bête.

Mais quoi! les grammairiens eux-mêmes ne sauraient penser à tout.

Lanoue avait écrit à *oing* :

Oing. Tous les mots que la coutume attribue à cette terminaison se trouveront à celle en *oin*, où ils sont placez, à meilleur droict que sous celle-ci, d'autant qu'on ne prononce point le *g*.

Pour rimer à l'œil, il aurait fallu séparer les rimes en *oing* de celles en *oin*. On oublia de ce faire, et les dictionnaires de rimes, y compris le sévère Richelet, copiant Lanoue, admettent la rime *coing* et *soin*, sans songer qu'il faut alors admettre la rime *sang* et *Persan* ! — Le patriarche Quitard fut plus logique, et encore dans une édition de son dictionnaire, sans date, mais postérieure à 1884, peut-on lire : « Les mots en *oing* ne riment pas avec ceux en *oin*, quoiqu'ils se prononcent de même. »

M. Pujol et M. Landais autorisent les rimes *soin-coing*, mais ils proscrivent toujours *sang* et *Persan*, parce qu'ils l'ont trouvé ainsi dans le précédent dictionnaire, qui l'avait pris dans le précédent, et ainsi de suite jusqu'au premier, qui, lui, avait proscrit ces rimes parce qu'on prononçait alors *sank*[1].

La sottise de la rime pour les yeux avait frappé Voltaire. Il n'était guère poète, il est vrai, mais il avait infiniment de bon sens :

La bizarrerie de l'usage, ou plutôt des hommes qui l'établissent, écrivait-il dans sa préface d'*Œdipe*, est étrange sur ce sujet, comme sur bien d'autres. On permet que le mot *abhorre*, qui a deux *r*, rime avec *encore* qui n'en a qu'une. Par la même raison, *tonnerre* et *terre* devraient rimer avec *père* et *mère*. Cependant on ne le souffre pas[2], et personne ne réclame contre cette injustice.

[1]. Au XVIe siècle, d'après Palsgrave, la prononciation de *c* et *g* finals dans *blanc* et *sang* devait se faire sentir, mais faiblement (*remissely sounded*). La consonne devait avoir un petit son (*a littel sounde*). Il y avait sans doute des variétés dialectales. A Lyon nous disons encore le *sank*, mais nous disons *blan*.

[2]. Le vénérable Quitard proscrit encore l'alliance de *ère* et *erre*, mais il est juste de constater que M. Pujol et M. Landais réunissent ces deux rimes. C'est Malherbe qui a proscrit *erre* et *ère*.

Il me paraît que la poésie française y gagnerait beaucoup si l'on voulait secouer le joug de cet usage déraisonnable et tyrannique. *Donner aux auteurs de nouvelles rimes, ce serait leur donner de nouvelles pensées, car l'assujettissement à la rime fait que souvent on ne trouve dans la langue qu'un seul mot qui puisse finir un vers : on ne dit presque jamais ce qu'on voulait dire ; on ne peut se servir du mot propre, et l'on est obligé de chercher une pensée pour la rime, parce qu'on ne peut trouver de rime pour exprimer ce qu'on pense.*

C'est à cet esclavage qu'il faut imputer plusieurs impropriétés qu'on est choqué de rencontrer dans nos poètes les plus exacts. Les auteurs sentent encore mieux que les lecteurs la dureté de cette contrainte, et *ils n'osent s'en affranchir*.

Et dire que pas un poète, même de ceux qui se sont qualifiés de révolutionnaires, n'a tenté de se délivrer de ces taies intellectuelles ; que Victor Hugo, qui a trouvé bonnes des rimes telles que *déchus* et *Jean Huss*[1] (voyez page 167), c'est-à-dire des assonances dont ne se contentait plus le XIIe siècle, n'a pas osé faire rimer *marbre* et *arbres*, qui sonnent rigoureusement de même ; et qu'il a préféré donner des entorses au bon sens plutôt que de ne pas rimer pour les yeux :

> J'étais *froid comme les marbres...*
> Je parlais des fleurs, des arbres ;

Que dis-je, au bon sens, voire à la grammaire :

> O vieux pots égueulés des soifs qu'on ne dit pas !
> Le pluriel met une S à leurs *meas culpas*.

Eh non, ce n'est pas le pluriel, c'est la rime pour les yeux, qui met une *s !*

Une foule de vers modernes ont l'empreinte désagréable de cette préoccupation. Qui ne se rappelle ces jolis vers des *Chants du Crépuscule* :

> Soyez comme l'oiseau posé pour un instant
> Sur les rameaux trop frêles,
> Qui sent plier la branche et chante cependant,
> Sachant qu'il a des ailes.

---

1. Dans sa splendide pièce, *le Régiment du baron Madruce,* Hugo fait aussi rimer *Zug* et *joug,* c'est-à-dire *tzougue* et *jou !*

Je les ai rencontrés inexactement cités par un auteur :

> Soyez comme l'oiseau posé pour un instant
> Sur *le rosier trop frêle.*

L'avait-il fait par inadvertance ? C'est probable. Mais comme les oiseaux ne se posent pas généralement sur un très grand nombre de rameaux à la fois, je crois que la faute était heureuse.

Il est évident aussi que ce n'est que comme contraint et forcé que M. Leconte de Lisle a mis *sables* au pluriel dans ces vers superbes :

> Et le monde illusoire aux formes innombrables
> S'écroulera sous toi comme un monceau de *sables.*

Cependant de tout temps les poètes ont supporté assez impatiemment le joug de la rime à l'œil, et si aucun n'a jamais poussé la témérité jusqu'à mettre à une rime une *s* de plus qu'à l'autre (il paraît que pour cette consonne c'est plus grave), on les voit de temps en temps s'émanciper, qui à mettre un *t*, qui un *p*, qui un *g*. Regnier écrivait :

> J'en fais autant d'état du long comme du *court*[1],
> Et mets en la Vertu ma faveur et ma *cour.*

Et ailleurs :

> Si selon l'intérêt tout le monde *discourt*,
> Et si la vérité n'est plus femme de *cour.*

Les naïfs éditeurs de l'édition de Londres, 1730, ont préféré faire une monstrueuse faute d'orthographe, et orner partout d'un *t* le substantif *cour*, ma *court*(!!), à seule fin de ne pas sortir des « règles ».

Molière et Racine ont fait rimer *seing* et *main*, et la Fontaine s'est assez souvent écarté de la rime à l'œil :

---

1. Ceci prouve qu'au temps de Regnier on ne prononçait déjà plus *courtt.*

> Il lui fait signe; elle *accourt*...
> Elle retira l'os, puis pour un si bon *tour*,
> Elle demanda son salaire...

> De leur montrer avant sa *mort*
> Que le travail est un *trésor*....

> Quoi, ce n'est pas encor *beaucoup*
> D'avoir retiré votre *cou*...

> La seconde, par droit, me doit échoir *encor*.
> Ce droit, vous le savez, c'est le droit du plus *fort*...

> A l'œuvre on connaît l'*artisan*...
> Des abeilles s'*opposant*.

Et Voltaire :

> Chacun porte un regard comme un cœur *différent*;
> L'un croit voir un héros, l'autre voir un *tyran*.

Et M. de Banville, qui aurait dû embrasser ici Voltaire pour l'amour de la « consonne d'appui », a la férocité de lui dire « qu'il rime aussi mal que possible » !

Baudelaire a fait rimer *matin* et *teint*, *Boucher* et *débouché* :

> Ma pauvre muse, hélas, qu'as-tu donc ce *matin*?
> Tes yeux creux sont peuplés de visions nocturnes,
> Et je vois tour à tour, réfléchis sur ton *teint*...

> Où les pastels plaintifs et les pâles *Boucher*
> Hument le vieux parfum d'un flacon *débouché*[1]...

De toutes les vieilles règles de la rime, il n'en est qu'une seule que Victor Hugo et après lui ses élèves aient jeté par-dessus bord;

---

1. Voltaire et Baudelaire ont été moins heureux quand ils ont dit, le premier :

> « Combien de muids de vin vous vidiez dans un an,
> « Si Brunelle avec vous a dormi bien souvent; »

Et le second :

> « Ombragé par un bois de sapins toujours *vert*,
> « Où sous un ciel chagrin, des fanfares étranges
> « Passent, comme un soupir étouffé de *Weber*...

Il convient, lorsqu'on sort des usages, même avec raison, de ne le faire qu'à l'occasion de rimes fortes.

c'est celle qui interdit l'équivalence, à la fin des mots, de *p, c, g,* d'une part, et de *t, d,* d'autre part. Il fait rimer *blanc-sifflant, poing-point, méchant-champ, sang-menaçant, Roland-blanc, soufflant-flanc, partout-loup, étincelant-blanc, flanc-bâillant, grelot-galop.* C'est à propos de cette dernière rime que M. Pujol dit gravement : « Ce sont des négligences qu'il ne faut pas imiter. »

Reboul, pour classique et sage qu'il fût, a fait rimer *effroi* et *froid, Josaphat* et *triompha.* M. Leconte de Lisle fait rimer *sang* et *frémissant*[1] ; M. Coppée, *point-poing, rochers-cachés*[2].

Mais pourquoi ces poètes n'ont-ils jamais fait rimer à un mot avec consonne finale un mot qui en est dépourvu, par exemple : *roman-sentiment, sain-saint, talon-plomb;* pourquoi aucun n'a-t-il eu l'audace d'imiter la Fontaine faisant rimer *cou* et *beaucoup, encor* et *fort,* c'est affaire à vous de le deviner.

Et pourquoi, si toutes les consonnes ci-dessus s'équivalent entre elles, *s* ne peut-il pas à son tour entrer en équivalence avec elles ? Pourquoi puis-je dire *blanc* et *sifflant*, et non *blanc* et *clans* ? Quelle

---

1. La Fontaine fait aussi rimer *sang* et *puissant.* De même qu'en fait d'enjambements, de rejets de césure, etc., il a devancé tous nos romantiques, il les a de même devancés en fait de rimes.
2. Un Lyonnais d'adoption, le pauvre et excellent Théophile Doucet, a fait rimer *jour-Strasbourg, court-retour,* dans un charmant sonnet, que je ne puis me tenir de citer en entier :

LE DÉSERTEUR

A mon ami X., qui m'avait engagé à revenir à la poésie, en m'envoyant des vers.

C'était un enfant d'Argovie,
Tenant garnison à Strasbourg;
Bon soldat. — Son oreille, un jour;
Par des sons lointains est ravie.

C'est le ranz du soir qui convie
Troupeaux et pasteurs au retour.
Pauvre lansquenet !... — il y court.
On le rattrape. — Adieu la vie !...

Tel mon sort. — J'étais un fervent
Et doux géomètre ; le vent
M'apporte vos chansons fatales :

Je reconnais — ô volupté ! —
Le cor de mes Alpes natales.
— C'en était trop... J'ai déserté !

vertu a donc en elle cette *s* fatidique, qui cause sa proscription? Je vous le demande de plus en plus.

Jean Tisseur avait trop le sens de la musique du vers pour chercher dans la rime autre chose que le timbre, et il n'hésitait pas à écrire :

...A Phébé qui te *voit*
Poète, allons, ce soir chante un hymne avec *moi*...

Oh! ne dédaignez pas de tresser, de suspendre
Des couronnes de rameau *vert*
Aux flancs du chariot qui vomit de la cendre;
Sous les feuilles cachez le *fer*...

Et cette sève au sang dont il est tiède *encor*
Se mêle, et dans ce champ engraissé par la *mort*...

Cette nuit, sur le front de la cité qui *dort*,
Étoile du travail, tu mets ton rayon d'*or*...

Sous la tente en coutil, là seule au bout d'un *banc*,
Une femme est assise et feuillette un *roman*...

Le poète est très grand et très noble et très *haut;*
Sa pensée est de tout le miroir et l'*écho*.

« C'était un parti-pris très arrêté chez lui, dit son biographe, que la consonne qui ne se prononce pas n'altère pas la rime. Il écrivait :

Plus graves, portant chape, éphod et manipule,
Pontifes et docteurs délibèrent entre eux :
Anathème à l'intrus, dit l'irascible *Jules*...

« Sans prendre même la peine d'user de la licence autorisée d'orthographier *Jule*[1]. Il n'allait pourtant pas jusqu'à associer communément les singuliers et les pluriels (personne ne suit ses maximes jusqu'au bout); mais, dans de certaines occasions, il n'hésitait pas à le faire. » Pour rendre une chose en prose, il n'y a qu'une seule bonne expression; de même, en poésie, un seul vers. Si Jean Tisseur avait rencontré un de ces vers, il n'hésitait pas à le

---

[1]. Dans l'impression de la pièce, les éditeurs ont cru devoir se conformer à l'usage. C'est un tort.

conserver, tant pis pour la rime du singulier avec le pluriel. Il écrivait carrément :

> .....Ta destinée est *close;*
> Fais ton deuil maintenant des lauriers et des *roses;*

Car, sous toute autre forme, ce vers n'eût pu qu'être affaibli. De même il a dit :

> O douleur, ô douleur, marâtre sans *entrailles,*
> Toi qui dévores l'homme en lui disant : *travaille!*

Son frère Barthélemy, lui aussi, avait écrit ces vers charmants :

> Pourquoi, dans la saison du soleil et des *roses,*
> A mon cœur inquiet manque-t-il quelque *chose?*

En gros, il y a malgré tout, présentement, une tendance à s'affranchir de la rime à l'œil. Les Parnassiens, par exemple, ont fait accepter les rimes *er-ert*, lorsqu'elles sont précédées de la consonne d'appui[1]. Beaucoup de poètes gémissent en secret de ce qu'ils trouvent absurde sans oser se révolter contre la tyrannie de l'usage.

Je connais un jeune auteur qui est en relations avec Sully-Prudhomme. Il contait que ce délicat et sévère poète trouve niaises les exigences de la rime à l'œil, mais osez donc vous révolter contre ce qui est bête! Si c'était contre ce qui est sensé, ce serait différent.

Le classique et prudent Quicherat lui-même n'hésite pas à se prononcer contre la rime à l'œil, et il fait remarquer combien une réforme qui en abolirait les prescriptions permettrait de rimer plus richement : « *vallon* et *long, accablé* et *troubler, témoin* et *moins,* rimes prohibées, satisfont mieux l'oreille que *vallon* et *son, accablé* et *aveuglé, témoins* et *soins,* rimes régulières. »

Le chansonnier Debraux, l'ami de Béranger, a fait un traité de versification, où il reproduit, tout en protestant, les vieilles règles de la rime à l'œil :

---

1. Toujours la Fontaine ! Avant eux il avait fait rimer *hiver* avec *vert*.

> Qu'une orthographe empirique et bizarre
> Sous trente aspects nous peigne un même son,
> Si pour l'oreille il n'a rien de barbare,
> Je veux l'admettre en mes humbles chansons.

Pas à douter que si un poète de premier ordre, tel que Victor Hugo, avait entrepris cette réforme, il n'eût été suivi par quasi tout le monde, et cela eût possible autant valu que de dresser nos jeunes poètes à faire boiter leurs alexandrins, en les coupant à la cinquième ou à la septième syllabe.

Une conclusion :

1° *Il faut s'affranchir des lois surannées et illogiques de la rime à l'œil*;

2° Mais, ami, tâche *que ce ne soit que dans de beaux vers* (plus facile à conseiller qu'à faire). Écris ceci en ta cervelle avec un style de fer : toute nouveauté qui ne s'appuie pas sur de beaux exemples est non avenue ;

3° *Ne viole la règle de la rime à l'œil que dans les rimes riches*, pour autant que ce qui fera le mieux accepter la réforme par le temps qui court, c'est la possibilité de rimer plus richement ;

4° En revanche, apporte plus de scrupule qu'on ne fait dans la conformité du son des rimes.

Évite de faire rimer des brèves avec des longues, des voyelles suivies d'une consonne sonore avec des voyelles suivies d'une consonne insonore (*déchus* avec Jean *Huss*), songeant d'ailleurs qu'il faut d'autant plus être respectueux de l'oreille qu'on se moque davantage de l'œil.

DU MOT A LA RIME

Ce qui fait que la rime ajoute une si grande puissance au vers, ce qui fait que l'on préférera éternellement les vers rimés aux vers sans rime, c'est, avons-nous dit (pages 152-153), non seulement que la rime sert de métronome, mais encore qu'elle est le moyen d'appeler l'attention sur le mot principal, le mot à retenir. « C'est le mot placé à la rime, dit Banville, le dernier mot du vers, qui doit, comme un magicien subtil, faire apparaître devant nos yeux tout ce qu'a voulu le poète[1]. »

Sans doute qu'on ne saurait mieux dire, mais si l'on en croit, non le traité de Banville, mais quelques-uns de ses vers, il paraîtrait, d'après le second de ceux qui suivent, par exemple, que c'est la particule *vers* qui fait apparaître à nos yeux tout ce qu'a voulu le poète :

> C'était l'orgie au Parnasse; la Muse
> Qui par raison se plaît à courir *vers*
> Tout ce qui brille et tout ce qui l'amuse[2]...

Et que, dans le premier des vers suivants, « le mot sorcier, le mot fée, le mot magique, » c'est la préposition *pour* :

> Et malgré ces deux noms effrayants, j'allai *pour*
> Baiser aussi les seins des Vénus, fou d'amour.

Et dans ceux-ci, l'humble signe du comparatif, isolé de l'adjectif qu'il qualifie :

> Mais toi, Maître aux vœux absolus,
> Tu poursuis une amante *plus*[3]
> Charmante qu'elle.

O ce *pour*, ce *vers*, ce *plus*, que cela dit de choses!

Laissons ces lanterneries. Clair et sûr qu'il faut proscrire de la rime tous les mots insignifiants, tout ce qui est préposition, conjonction, article, mot secondaire, terme banal, sans accent, pour n'y laisser que ce qui représente l'idée, surtout ce qui constitue l'image, ce qui force *l'esprit à s'arrêter*.

---

1. *Petit traité*, etc., p. 49.
2. Il n'est que juste de dire que la pièce, d'ailleurs charmante (*Enfin Malherbe vint*), où figure ce vers est sur un ton légèrement comique qui peut expliquer l'emploi de cette rime funambulesque.
3. Un pas de plus, on choit dans les mots coupés en deux à la rime. Les Anglais, qui ont toujours la plaisanterie un peu grosse, ont fait des vers comme ceux-ci, de Canning :

> « The tu-
> « Tor at the U-
> « Niversity of Gottingue. »

Il y a même une raison toute matérielle qui oblige le versificateur à choisir un mot important — substantif ou verbe ou bien épithète colorée, concrète — c'est qu'il est nécessaire que la rime marque la fin du vers et qu'elle permette un *inflatus*, sans quoi, adieu le métronome, et l'oreille perd la mesure[1]. Si le mot à la rime est insignifiant, s'il n'est qu'une liaison entre deux phrases, il n'est plus possible à l'auditeur de bien saisir où finit le vers, car le comble du ridicule serait d'enfler la voix sur une préposition ou quelque chose d'analogue.

La rime — question de mauvais enjambement à part — ne doit pas être un pâle adjectif précédant le substantif, comme dans ces vers de M. Verlaine :

> Où la brume évoquait un *grand*
> Fantôme laiteux se désespérant.

Et ce mot à la rime, il doit être d'autant plus significatif que la césure est moins marquée, le rythme plus brisé : le coup de timbre doit alors être d'autant plus fort. Telle est la cause pourquoi le vers moderne supporte bien moins encore que le vers classique des mots secondaires à la rime. Ce n'est pas la vulgaire consonne d'appui qui fait la vraie richesse de la rime, c'est la beauté et la force du vocable. Poëte, tu ne te régleras donc point sur M. Moréas lorsqu'il écrit :

> Les fenouils m'ont dit : Il t'aime *si*
> Follement qu'il est à ta merci,

Et ceci, alors même que le choix du mètre serait plus heureux, ou du moins que le vers serait coupé de manière à avoir quelque cadence.

Ne te laisse point entraîner davantage, sous prétexte de rime prétendue riche, à mettre à la rime la particule *à* :

> Tes seins que busqua, que musqua
> Un diable cruel, et jusqu'*à*
> Ta pâleur volée à la lune.
> (VERLAINE.)

---

1. La rime importante a encore ce précieux avantage d'être un procédé mnémotechnique. Des vers rimés fortement se fixent plus facilement dans la mémoire.

Abandonne aux pièces funambulesques ces tabarinades, dont je ne conteste point l'ingéniosité ni l'esprit.

Grave en ton esprit combien, à l'opposite, les nobles maîtres ès-arts ont veillé à placer au bout du vers le « mot fée », le mot qui fait surgir la lumière :

> Ils flairaient dans la nuit une odeur de **lion**.
> (Hérédia.)

Et comme dans le vers suivant du même poète l'épithète à la rime est immense :

> La gigantesque horreur de l'Ombre **herculéenne**.

M. Leconte de Lisle a toujours à la rime des mots superbes, splendides, « vénérables » :

> Tels, le ciel magnifique et les eaux **vénérables**
> Dorment dans la lumière et dans la **majesté**...

> Le grand Germain, faucheur des **générations**...

> On n'a point retrouvé sa chair **impériale**,
> Et ses margraves, loin du sinistre **orient**...

Encore bien qu'Hugo cherche plutôt la rime riche et bizarre que le mot-idée, il est cependant très respectueux de la loi que nous avons indiquée, et, fors de très rares exceptions, il ne place jamais à la rime des mots secondaires, mais le mot-contraste, l'image frappante :

> Que fait Gad ? Il est mort. Que fait **Sardanapale** ?...

> J'entends parler l'atome. Allons, Soleil, **poussière**,
> Tais-toi...

> Le soleil et le vent, ces farouches **tanneurs**.

S'agit-il d'emprunter un sujet au cycle épique de Charlemagne, il choisit dans le trouvère l'épithète saillante qui caractérise une chose, un personnage :

> Charlemagne, empereur à la barbe **fleurie**.

Évidemment cette loi ne serait plus de mise s'il s'agissait de vers grotesques, ou funambulesques comme on dit aujourd'hui. L'effet, au contraire, est d'autant plus drôle que l'auteur a mieux pris le contre-pied des règles de la poésie « soutenue », suivant l'expression de nos pères. C'est de la sorte que, dans un vers qui a tout à fait la coupe romantique, Racine a mis spirituellement à la rime le mot *car* :

> Je veux dire la brigue et l'éloquence. Car
> D'un côté le crédit du défunt m'épouvante...

Pour les effets comiques et baroques, à Banville le panache :

> Jadis le bel Oscar, ce rival de Lauzun,
> Du temps que son habit vert pomme était dans un
> État difficile à décrire...

> Comme les romans
> Que fonde
> Le joyeux About,
> Elle avait pris tout
> Le monde

Il y a encore autre chose dans le mot au bout du vers que la caractéristique du sujet, il y a le rapprochement avec l'autre mot formant rime.

Ce rapprochement doit offrir de l'intérêt, mais il est pour cela nécessaire que les mots rapprochés ne soient pas parents, que le second ne vienne pas susciter la même idée que le premier. De là, proscription très justifiée de la rime du simple et du composé : *venu-revenu*, *sacré-consacré*, etc. Manifeste que dans les rimes suivantes l'idée aussi bien que le son se répètent :

> Grondait au moindre bruit, et las de le *veiller*,
> Écoutait si son souffle allait le *réveiller*.
>   (LAMARTINE.)

Le résultat ne serait pas modifié, si, au lieu d'appeler la même idée, le second mot à la rime appelait une idée, à la vérité, contraire, mais de même nature, comme serait *ami* et *ennemi*, *malheureux* et *heureux*.

Il est cependant un cas où le simple et le composé non seulement peuvent mais doivent rimer, c'est lorsque l'association des mots parents est le seul moyen de mettre en relief l'opposition que l'on recherche; lorsqu'ils forment une antithèse que rien ne pourrait remplacer. Ainsi dans les vers suivants :

> Vous savez où le Vrai finit ou bien commence !
> Ignorez-vous encor que l'*Incrédulité*
> N'est que l'envers moins doux de la *Crédulité?*

Ici, tout autre mot à la rime eût singulièrement affaibli ou même dénaturé la pensée, et si l'on eut placé ces mots *principaux* dans le corps du vers, ils n'eussent plus sollicité au même point l'attention.

C'est un sentiment analogue à celui-ci qui, parfois, contre toutes les règles, a autorisé la répétition à la rime du même mot, lorsque cette répétition constitue la pensée même, comme dans les vers de Lebrun, qui courent tous les traités de versification :

> Sa voix disait encore : Eurydice ! Eurydice !
> Et tout le fleuve au loin répétait : Eurydice[1] !

Toutes les règles d'ailleurs ont leurs exceptions motivées, dont il faut savoir user :

---

[1]. Les Allemands n'ont pas nos scrupules. Ils répètent le même mot à la rime, mais en le faisant précéder de une ou deux syllabes rimantes :

> « Wie das Wort so wichtig *dort war,*
> « Weil es ein gesprochen *Wort war.*

(Puissante ainsi que la Parole, parce qu'elle (la Foi) était une Parole prononcée.)
(GOETHE.)

> « Nicht immer am besten *erfahren ist*
> « Wer am aeltesten von *Jahren ist.* »

(Le plus expérimenté n'est pas toujours le plus âgé.)
(BODENSTEDT.)

On considère cela comme une rime très riche. D'autres fois la répétition du même mot constitue un effet. Dans un ghasel de douze vers, de Platen, le mot *mir* (à moi) revient sept fois à la rime. Dans un autre, de Goethe, sur vingt vers, le mot *trunkenheit* (ivresse) revient neuf fois à la rime. Toutefois, c'est loin d'être agréable.

.....On les fera passer pour *cornes*,
Dit l'animal craintif, et cornes de *licornes*.

Un critique « biscornu » aurait proscrit ces charmants vers de la Fontaine, où la répétition des mots est un effet voulu et heureux, les aurait proscrits, dis-je, parce que *licorne* est un composé de *corne*.

Les parnassiens ont renchéri sur la règle qui exclut la rime du simple et du composé, et le Dictionnaire de N. Landais a, pour la première fois, opéré la division des simples et des composés (l'auteur s'en flatte comme d'une précieuse innovation), à celle fin que le poëte fût tout de suite éclairé sur les mots dont le rapprochement lui est interdit. Il y a de bien agréables choses dans ce bréviaire des poëtes de la rime riche. Tu y verras, par exemple, que *circoncis* est un composé de *concis*, partant qu'ils ne riment pas. Pourtant, à y réfléchir de près, un auteur *concis* et un auteur *circoncis*, il me semble que ce n'est pas exactement la même chose. Tu y liras qu'*exquis* est un composé d'*acquis*, que *rodomont* est un composé de *mont*, qu'une *averse* de pluie est un composé d'*adverse*[1]; qu'*abondant* est le simple de *redondant*, etc., etc. Y a-t-il, dans tous les vieux traités de versification, aussi friand morceau que cela?

Les parnassiens, paraît-il, ont trouvé qu'il y avait trop de mots rimant entre eux, et ils se sont efforcés d'en diminuer encore le nombre. De progrès en progrès on arrivera à ne laisser subsister que quelques rimes, qui devront servir à tout le monde. Cela s'appelle protester contre les règles asservissantes de Malherbe et de Boileau[2].

Bien remarquer que, lors même que les rimes ne seraient pas formées d'un simple et d'un composé ou de deux composés tirés.

[1]. Est-il nécessaire de dire que les deux mots n'ont pas même un rapport d'étymologie?

[2]. Malherbe, dit Racan, n'admettait pas les rimes *temps-printemps, jour-séjour*, où, comme N. Landais, il voyait le simple et le composé. Mais lorsque le simple et le composé ont pris des sens complètement différents, ils sont en réalité devenus des mots différents, et l'on serait fou de se priver de leur usage.

d'un même simple, elles n'en seraient pas moins mauvaises si, pour être tirées d'éléments linguistiques différents, elles n'en représentaient pas moins des idées parentes. Ce n'est pas pour avoir fait rimer *tyran* et *différent* (une de ses rares bonnes rimes) que Voltaire « rime aussi mal que possible », c'est pour avoir éternellement associé des mots où la banalité le dispute à la parenté. Le malheureux s'est efforcé de les faire rimer aussi richement que possible. Mais hélas, ce n'est pas toujours la richesse qui fait le bonheur, même des rimes :

> Même il était dans Thèbe en ces temps *malheureux*
> Que le ciel a marqués d'un parricide *affreux*...
>
> Ce n'était point, Égine, un flot *tumultueux*,
> De mes sens enchaînés enfant *impétueux*...
>
> Peuple qui, dans ce temple apportant vos *douleurs*,
> Présentez à nos dieux des offrandes de *pleurs*.
>
> Digne de sa naissance et de qui la *fureur*
> Remplira l'univers d'épouvante et d'*horreur*.

Il y en a comme cela, non par centaines, mais par milliers. C'est de tels vers qui sont pour exciter « la fureur » et remplir l'âme « d'épouvante et d'horreur[1] ! »

DE LA RIME EN ÉPITHÈTES

Éviter (quand on le peut) de faire rimer deux épithètes, au moins quand elles n'accusent pas une franche opposition (par exemple l'une concrète et l'autre abstraite); surtout tâcher qu'elles n'aient

---

1. Il n'y a pas que Voltaire qui ait fait des alexandrins dans ce goût. Boileau en a de tout pareils :

> « Où comme on voit un feu jeter partout *l'horreur*,
> « Au travers des forêts promener sa *fureur*... »

Et quelques pages plus loin :

> « Et tout ce que du sort la maligne *fureur*
> « Fit jamais voir au jour et de honte et d'*horreur*. »

Notez que ces vers, d'une banalité si intense, sont donnés comme exemples du « sublime » !

pas l'air d'être amenées par le besoin de la rime, comme dans ces vers d'Hugo, déjà cités :

> S'enivrant des accords de la flûte *vantée*,
> Des fleurs, des lustres d'or de la fête *enchantée*;

Car, en admettant même qu'on pût s'enivrer de lustres, la flûte pourrait, à l'inverse, être enchantée, et la fête vantée, sans que le sens y perdît rien.

Mais notre langue, malheureusement, est ainsi faite, que certains suffixes ne servent qu'à des mots de même catégorie : *eux*, *al*, *ique* pour les adjectifs, *ier* pour les substantifs, etc. Par exemple, les rimes en *euse* ne se composent que d'adjectifs, sauf un peut-être (yeuse). De ces rimes il faut user rarement, et alors rapprocher des épithètes le moins parentes possible. A choix égal, lorsqu'on peut prendre les mots dans des catégories grammaticales différentes, cela est préférable. Ainsi, mieux vaut faire rimer un verbe en *er* avec un substantif, qu'avec un autre verbe. J'ai noté qu'Hugo ne fait presque jamais rimer deux infinitifs en *er*. C'est en cela que débarrasser les poètes des exigences de la rime à l'œil serait leur apporter un précieux réconfort! Ayez à mettre à la rime le mot *parler*, vous ne trouverez pas, selon les « règles », de substantif à lui associer, mais seulement des verbes comme *niveler*, *égaler*, etc. Que si vous pouviez lui adjoindre une rime en *lé*, vous auriez ainsi la possibilité de faire rimer le verbe avec un substantif ou un adjectif, et la rime en serait agréablement variée.

DES RIMES BIZARRES

De ce qu'il faut éviter les rimes qui réveillent la même idée, il ne s'ensuit point qu'il faille constamment, comme Hugo, rechercher le contraste, en opposant l'extrême diversité des sens à l'extrême identité des sons. Ainsi que le disait M. Brunetière, c'est proprement la définition du calembour. En parlant de la rime riche, nous avons déjà vu quelque chose de ces recherches baroques.

Et parce qu'il est bon d'éviter les rimes éculées où tout le monde a mis le pied (ceci est relatif, car les rimes des romantiques s'éculeront à leur tour, et il en est déjà plus d'une qu'on peut jeter aux équevilles), ce n'est point une raison pour chercher, sous prétexte de nouveauté, des rimes biscornues. Encore moins si ce sont des termes abstraits. Tu n'imiteras donc pas Banville quand il écrit :

> A présent que tu fuis vers l'astre où la musique
> Pure t'enivrera du rythme *hyperphysique*.

Garde-toi de suivre le conseil de Gautier et de Banville, de puiser dans les dictionnaires des mots nouveaux ; d'abord parce que personne ne les comprend (les vers sont faits pour être compris), puis parce qu'ils sont essentiellement procréateurs de chevilles. Pour amener à la rime le mot *girel*, que personne ne connaît, Hugo a été obligé de pousser l'énorme cheville « surnaturel » :

> D'un coup prodigieux qui fendit en deux l'homme
> Et tua le cheval, et si *surnaturel*
> Qu'il creva le chanfrein et troua le *girel*.

Fuyons les mots bizarres, incompréhensibles, et qui, par cela même, prêtent à rire. C'est payer trop cher le plaisir d'une rime nouvelle. N'est-ce pas une fumisterie que d'écrire comme Hugo :

> Harizetta, Wermond, Barbo, l'homme *égrégore*,
> Juan, prince de Héas, Guy, comte de Bigorre ?

Que diable est-ce que cela peut bien être, un homme égrégore ? J'ai vainement retourné toute la terre du jardin des racines grecques, sans pouvoir en retirer l'oignon dont j'avais besoin, et je me demande quelquefois avec effroi si je ne serais point un homme égrégore sans le savoir. Ce qui me console, c'est que je serai sans doute le seul à ne pas comprendre [1].

---

[1]. Je suppose, d'après un autre vers d'Hugo (ce n'est pas une forte autorité), qu'un ou une égrégore, c'est une sorte de larve :

> « .....Il sait l'art
> « D'évoquer le démon, la stryge, l'égrégore. »

Aussi, malgré mon immense admiration pour le poète qui a écrit le vers suivant, je ne puis me faire à ce mot de *lectisterne*, arraché du latin avec le tronc et les racines, pour rimer richissimement avec *consterne* :

> En vain le Grand Pontife a fait un *lectisterne*...

Au rebours, l'aplustre étant une partie du vaisseau antique, sans correspondant en français, je trouve naturel que le même poète ait emprunté ici au latin le mot dont il avait besoin. Joint que la forme est moins bizarre que dans *lectisterne*. Et puis, comment traduire? Une périphrase eût été ridicule. Cette rime neuve me paraît donc fort bonne :

> Et la flotte captive et le rostre et *l'aplustre*.

Sauf cas d'extrême besoin et pour des substantifs techniques, il est bon de ne pas introduire de mots latins dans notre brave français. Il n'a que trop gardé de ceux que lui ont infligés les lettrés du XVIe siècle. A chercher à renouveler un peu la langue, il est préférable d'emprunter à nos sources nationales. Ce n'est pas, grands dieux ! que je goûte le jargon précieux, incompréhensible, tiré par quelques jeunes poètes de vieux monuments du moyen âge :

> Et votre regarder, lui disais-tu, est seul *Mire*
> De mon cœur *atramenté*...
>
> Chapelets de fine émeraude, ophite,
> Ambre *coscoté*...

Il convient, lorsqu'on veut se servir d'archaïsmes, de ne le faire qu'avec un goût très sûr, une extrême discrétion. Il faut choisir de ces mots qui ne sont plus dans la littérature courante, mais que tout le monde comprend encore, et que l'on est à même de rencontrer dans Corneille, dans la Fontaine, dans Molière, dans Pascal, dans Bossuet. On peut aller — rarement — jusqu'à Montaigne, et bien plus rarement au delà. Mais il est de nos vieux mots qu'il ne faudrait pas laisser périr, de ces mots savoureux, pleins de moelle, et conformes au véritable génie de la langue. Et, bien plus que dans les vocables, il y a de quoi prendre dans les tournures, dans les locutions, dans les acceptions. Comme, par exemple, dans le vers suivant de Regnier, *veiller*, pris substantivement, est heureux :

> En vain par le veiller, on acquiert du savoir.

Et le mot *châloir* dans les suivants :

> J'aime une amour facile et de peu de défense.
> Si je voy qu'on me rit, c'est là que je m'avance,
> Et ne me veux chaloir du lieu, grand ou petit.
> La viande ne plaît que selon l'appétit.

Et le mot *appétit* dans ceux-ci :

> Pâlis dessus un livre, à l'appétit d'un bruit,
> Qui nous honore après que nous sommes sous terre.

Et le verbe *alentir* dans ce distique de Théophile :

> Je pensois au repos, et le céleste feu
> Qui me fournit des vers s'alentissoit un peu.

Et que le mot *visage* fait bien image dans ce vers de Corneille :

> Un moment donne au sort des visages divers.

Pourquoi ne pas ressusciter aussi certains mots utiles si sottement proscrit par les grammairiens ? Pourquoi ne pas reprendre l'usage de la préposition *dessus* au sens de *sur*, *devant que* au sens d'*avant que*, avant de :

> Si devant que mourir, la triste Bérénice
> Vous veut de son trépas laisser quelque vengeur...

On aurait ainsi des doublets précieux aux poètes. Plus d'un vers a été manqué, faute d'un mot sous la main. Pour une syllabe Martin perdit son âne, je veux dire abîma son vers.

L'étude du mot à la rime conduit naturellement à l'étude

DES SONORITÉS DANS LE VERS

Le vers (et c'est là ce qui le différencie de la prose) peut avoir en lui-même un charme indépendant de la pensée, et qui est dû à l'agrément des sons. La pensée doit s'y ajouter sans doute, mais sur le premier moment l'oreille est charmée sans comprendre. C'est, à un degré moindre pour le vers, ce qui se passe en musique, où les sons ont en eux-mêmes une valeur d'harmonie différente de l'expression, à ce point qu'il est de certains morceaux auxquels on peut prêter des expressions contradictoires, si seulement l'on change le mouvement.

C'est pour cela que Gautier, lisant sur une affiche : *Racahout des Arabes*, s'écriait, ravi en admiration : « Quel bel hémistiche final ! »

Pour mon compte, je n'ai jamais fait qu'un beau vers dans toute ma vie, mais pour être beau, il est beau :

> Le fils de Khrysaor et de Kallirohé [1].

Et si, comme pensée, il ne signifie pas grand'chose. Je sais bien que tu vas te moquer de moi, et me dire que ce vers n'est pas beau. C'est qu'alors tu ne t'y entends que peu. Je m'en rapporte aux plus malins d'entre les faiseurs de vers, et qui doivent le mieux s'y connaître, à M. de Hérédia, à M. Leconte de Lisle, à ce pauvre Banville, s'il vivait encore. S'ils disent que ce vers est mauvais, surtout Banville, je consens à perdre tout ce que je n'ai pas.

On sait que Victor Hugo a des vers qui ne sont qu'une série de noms propres. Au gré de Gautier, c'étaient les plus beaux qu'eût jamais écrits le grand poète :

> Soit qu'à Vitavaubin Vitaconlud réponde...
>
> Ponce, qui tient la mer d'Irun à Biscarosse,
> Rostabat le Géant, Materne-le-Féroce,
> Blas, Ramon, Jorge, et Ruy-le-Subtil leur aîné...

---

1. Chacun sait que le fils de Khrysaor et de Kallirohé était un titan, le nommé Gérion.

> .....C'est Pancho que la crainte accompagne,
> Genialis, Sforon qu'Urgel a pour fardeau,
> Gildebrand, Egina, Pervehan, Bermudo,
> Juan, Blas-le-Captieux, Sanche-le-Fratricide...

Je n'ai pas l'enthousiasme si féroce que Gautier, et je préfère ces vers qui ont peu de noms propres :

> Ariane, ma sœur, de quel amour blessée,
> Mourûtes-vous aux bords où vous fûtes laissée ?

Mais on ne peut nier que le choix des sonorités ne tienne une place énorme dans le vers, et que la beauté de la forme n'y soit, dans une certaine mesure, indépendante de la beauté de la pensée. « Rien de plus beau, dit M. Brunetière, que quelques pièces d'Hugo dont une critique exacte ne laisserait pourtant pas subsister un seul vers, si même on ne prouvait avec la plus grande facilité qu'au fond elles ne signifient rien. » Ceci est un des paradoxes coutumiers à M. Brunetière, mais le paradoxe est à la vérité ce que la puce du microscope est à la puce du sein de Mlle Desroches, qui était tout de même une puce, quoique plus petite que l'autre.

Un soir, chez Laprade, Mme Amélie Ernst lisait des vers. Elle débita — très bien, avec un accent profond — le sonnet de *Bellérophon*, alors dans sa primeur :

> La Chimère a brisé son front contre l'Azur ;
> Elle fouettait les cieux de ses ailes meurtries
> Et le fer de ses pieds rayait le cristal dur...
> Le cavalier tomba. — Des gens, dans les prairies,
>
> Virent cet homme étrange, en son rouge pourpoint,
> Se traîner et gémir longtemps sur l'herbe verte.
> Pareil au sang nouveau d'une blessure ouverte,
> Une lueur captive étincelle à son poing...
>
> Il cria : « Les Dieux ont le ciel, l'ivresse est mienne ! »
> A sa ceinture il prit une coupe ancienne,
> Dans le chêne taillée, avec de rudes nœuds,

> Et, riant du poison qui dévorait ses moelles,
> Il regardait fumer sur ses doigts lumineux
> Le vin mystique et doux fait du sang des étoiles[1].

Quand Mme Ernst eut fini, un murmure flatteur indiqua l'impression profonde, remuante, qu'avait faite ce morceau. Ces belles sonorités avaient jeté dans le ravissement. On n'avait pas précisément compris, mais cela n'en était que plus beau ! Le mystérieux est une force. Notez que les présents étaient tous gens intelligents et suffisamment lettrés. Je ne crois pas qu'un seul se soit douté qu'il venait d'entendre un sonnet-parodie, absolument incohérent.

Ceci peut donner une idée de la puissance des mots, indépendamment du sens qu'ils représentent. Ce n'est pas en vain qu'Hugo l'a dit :

> Oui, vous tous comprenez que les mots sont des choses ;

Et c'est peut-être pour cela que, si souvent, dans sa poésie, les choses ne sont que des mots.

DES TERMES NOBLES

L'autre jour, venant de lire les prescriptions comiquement rigoureuses que l'on édite aujourd'hui à l'endroit de la rime, de la consonne d'appui, etc., il m'arriva d'ouvrir le traité qui précède le Dictionnaire des rimes de Richelet et Wailly[2]. En voyant ceux-ci, non moins comiquement, donner leurs règles, dire qu'*espoir* « n'est pas admis dans la prose », mais qu'il est bon dans « la haute poésie » ; qu'il faut mettre *jadis* au lieu d'*autrefois*, *coursier* au lieu de *cheval*, etc. ; et que les mots *vache, chien, très, fort* (synonyme de *très*), *c'est pourquoi, pourvu que, car, parce que, puisque, en effet, en vérité, à la vérité, de sorte que, outre que, or, d'ailleurs, tant s'en faut, à moins que, non seulement, pour ainsi dire, lequel, laquelle, lesquelles, celui, ceux, celles* sont des termes « trop bas » pour être

---

1. Ce sonnet, non signé, et tiré du *Parnassiculet*, est de M. Paul Arène.
2. Édition de l'an VII, un vol. in-8° de 816 pages.

admis dans la poésie ; que *temps* ne rime pas avec *dedans;* que *discret* rime mal avec *prêt*, mais que *discrets* rime bien avec *prêts;* qu'on ne peut faire rimer *tout* avec *goût*, etc., etc., en voyant tout cela, dis-je, je songeai que, dans quelque quatre-vingts ans, on lira les traités de Landais et de Banville avec les mêmes jouissances de rate que nous éprouvons aujourd'hui en lisant celui de Richelet.

L'excellent M. Lefranc, dans son *Traité de poésie* (encore en 1842), dresse une longue liste de mots appartenant à la prose, et, en regard, la liste de leurs synonymes seuls acceptés en poésie. Par où nous voyons qu'en poésie, au lieu d'*ancien* on doit dire *antique;* au lieu d'*aussitôt : soudain;* au lieu de *ciel : Olympe, voûte éthérée, séjour des dieux;* au lieu de *colère : courroux;* au lieu de *Dieu : l'Être suprême, le Créateur, le Tout-Puissant, le Ciel;* au lieu de l'*Enfer : les sombres bords, le Ténare ou Achéron, le Tartare ou Cocyte;* au lieu d'*épée : glaive;* au lieu d'*espérance : espoir;* au lieu de *les hommes : les Humains, les Mortels, la race de Japet, les fils d'Adam;* au lieu de *il n'y a pas longtemps : naguère ou naguères;* au lieu de *mariage : hymen, hyménée;* au lieu de *pays : climat, séjour;* au lieu de *pensée : un penser;* au lieu de *repentir : repentance* [1] *;* au lieu de *sein : flanc;* au lieu de *souffle des vents : haleine;* au lieu de *travail : labeur;* au lieu de *vent frais : zéphyr;* au lieu de *vent violent : aquilon;* au lieu de *vent froid*, de *bise : Borée;* au lieu de *ventre : flanc, entrailles*.

Et l'auteur d'ajouter avec une charmante naïveté : *En général la poésie aime les termes qu'un usage universel n'a pas encore rendus trop vulgaires.....*

On pourrait aujourd'hui, dans un traité de versification, énumérer tous les mots désignés par Richelet, Lefranc et les autres comme poétiques, et les inscrire sous la rubrique :

---

1. Avec *repentance*, ce n'est rien de moins que le microbe romantique pénétrant chez ce bon M. Lefranc. Jamais Voltaire n'eût toléré ce mot. De même il avait fallu le révolutionnaire Châteaubriand pour faire accepter *souvenance* pour *souvenir*.

MOTS INTERDITS EN POÉSIE.

Mais il ne faut pas croire que d'autres n'aient pas pris leur place, et qu'il n'y ait pas toujours deux vocabulaires, un pour la poésie, l'autre pour la prose. La monnaie ancienne à l'usage des poètes s'était usée par le frai. On leur en a frappé une nouvelle, dont plus d'une pièce commence déjà à s'user à son tour.

Lorsque Th. Gautier et les romantiques n'avaient pas assez d'injures et de railleries à l'endroit des termes employés par Racine, ils ignoraient certainement que celui-ci avait été violemment attaqué pour avoir introduit dans ses tragédies « des familiarités indignes de la poésie, des expressions bourgeoises ». Un nommé Subligny énuméra dans Racine une foule de mots « bas et rampants » et qu'il voulait « renvoyer à l'hôpital ». Ces mots ont conquis leur droit de bourgeoisie, en dépit de Subligny, et ce sont précisément ceux qui ont le moins vieilli.

Le fonds poétique (et j'entends par fonds les tournures, le choix des images, aussi bien que les vocables) se forme ainsi tantôt par infiltrations, tantôt par inondation générale, comme au temps du romantisme. Mais, contrairement à ce qui se passe dans l'ordre social, il y a et il y aura toujours une noblesse et une roture des mots, comme il y aura toujours une diction roturière et une diction noble, en dépit des règles de M. Psichari [1].

Victor Hugo considérait comme le meilleur de sa gloire d'avoir fait admettre dans la poésie les termes qui en étaient bannis :

> Plus de mot sénateur, plus de mot roturier...
> ...Je montai sur la borne Aristote,

---

[1]. Voir page 28, note 2. « Si l'on admettait un instant ce que soutient M. Psichari, m'écrivait un ami après la lecture de l'article de la *Revue bleue* du 6 juin 1891, il n'y aurait plus de poésie en aucune langue. Il ne s'est pas aperçu, cet homme qui porte un nom grec, que les poètes non seulement ne prononcent pas, mais ne *parlent* pas comme les prosateurs. »

Je ne voudrais pas que de ces protestations, un peu vives dans leur justesse, on pût inférer que je ne professe pas pour M. Psichari l'estime que méritent sa haute érudition et l'originalité de son esprit.

> Et déclarai les mots égaux, libres, majeurs...
> Je nommai le cochon par son nom. Pourquoi pas ?...
> J'ai dit à la narine : Eh mais ! tu n'es qu'un nez !
> J'ai dit au long fruit d'or : Mais tu n'es qu'une poire !...
> J'ai dit aux mots : Soyez république !...

Puisque la mode est aux vocables du moyen âge, nous dirons que ceci est un *gab* immense (Hugo, à cet égard, en aurait remontré à tous les héros du *Pèlerinage à Jérusalem*). Le poëte se vante lorsqu'il dit qu'il appela le cochon par son nom. Pourquoi donc a-t-il écrit dans le *Sultan Mourad* :

> Il vit à quelques pas du seuil d'une chaumière,
> Gisant à terre, un *porc fétide*, qu'un boucher ?...

Pourquoi ne pas écrire carrément :

> Gisant, un gros *cochon tout puant*, qu'un boucher ?...

Eh, mon Dieu parce que « porc fétide » est un « mot sénateur », et que « cochon puant » est un « mot roturier ».

Et par quelle cause mystérieuse le sabre est-il plus « roturier » que le glaive ? Essayez un peu, pour voir, d'écrire « le sabre de la Justice ! »

Un auteur a dit :

> Et, parmi la poussière opale de la mer,
> Les naseaux des dauphins faisaient, dans un éclair,
> Jaillir la froide écume aux *genoux* d'Aphrodite.

Je l'aurais bien défié de mettre :

> Jaillir la froide écume aux *mollets* d'Aphrodite.

Et pourquoi le genou est-il plus honorable que le mollet ? En réalité l'un vaut l'autre, ce me semble. — Et comment se fait-il que le mollet, qui est plus bas, soit moins chaste que le genou, qui est plus haut ? — Va le demander à plus grands clercs !

Au fait, demandez à Mlle Bellavoine pourquoi elle exigeait que sa nièce dît toujours « mon fémur » et « mon os coxal », au lieu d'employer les termes moins farouches à l'ouïr, plus exacts, et, au fond, meilleur français, dont se servait Mlle Virginie, mais qui avaient le malheur de n'être pas nobles.

On ne saurait croire combien, en réalité, il y a peu de vocables qui puissent entrer dans les vers, — j'entends dans certains vers, — car dans ceux de M. Richepin, par exemple, tout y peut entrer, comme dans ceux de la *Muse à Bibi*, comme dans le récipient aux « équevilles » que nos cuisinières mettent à la porte de l'allée chaque matin. Et dans la *Muse à Bibi* on trouve des vers plus drôles que ceux de M. Richepin, des expressions mieux prises sur nature. « C'est plus ça, » comme disent les Parisiens. Mais « ça », c'est un genre particulier de « poésie ». En poésie, il y a les grands vins, il y a les piquetons, il y a les ignobles rogommes. Nous ne parlons ici que des liquides qu'on peut porter au laboratoire municipal.

C'est vainement que Victor Hugo se targue d'avoir introduit la poire en poésie. Pourquoi a-t-il écrit :

> Il faut qu'avril jaloux brûle de ses gelées
> Le beau *pommier* trop fier de ses fleurs étoilées,
> Neige odorante du printemps ?

Et non le « beau poirier », ou « le beau prunier », sinon parce qu'il était trop fine pratique pour ne pas sentir que « pommier » est un peu plus « noble » que « poirier » ou « prunier ». Jean Tisseur faisait remarquer combien peu de noms de fruits sont entrés dans la langue poétique : la pomme, le raisin, l'olive, la figue, et c'est quasi tout. Pourquoi la poire, qui vaut mieux que la pomme, est-elle moins poétique ? Pourquoi le melon, le cantaloup, qui sont délicieux, sont-ils encore moins poétiques ? Je l'ignore de plus en plus, mais évidemment :

> Le beau melon, trop fier de ses fleurs étoilées,

Ne ferait pas aussi bien que le vers d'Hugo.

De même pour les légumes. J'ai perpétré ce vers :

> Et les pois, et l'oseille avivante, et les œufs ;

J'avoue que je n'aurais pas osé écrire :

> Les pois frais, la diurétique[1] asperge, et les œufs ;

Pourtant on ne peut nier que le trait ne soit pris sur la réalité. Mêmement que l'asperge, pour l'immense majorité, est plus savoureuse que l'oseille. Par ainsi, le vers eût eu plus de force. Mais sacrifice au préjugé, lâcheté insigne, je le reconnais, je n'ai point osé, je n'ai point osé !

En fait, le nombre de mots dont le poète dispose, et par conséquent le nombre de rimes, est extrêmement limité, et ne peut être agrandi en empruntant des vocables barbares à la technologie.

Le dictionnaire de Landais doit contenir trois fois plus de rimes que celui de Quitard. Ce n'est qu'un embarras pour y chercher quelque chose. L'auteur a vidé là-dedans les dictionnaires de chimie, d'histoire naturelle, de physiologie. C'est un riche écrin. On y trouve *malacostracé!!!* Quel beau mot ! Si je savais seulement ce qu'il veut dire !

En voici d'autres : *cysto-phlegmatique, cysto-lithique, lithontripique, interlobulaire, hypersarcose, synchondrose, amphartrose,* etc., etc., etc. J'oubliais la plus belle des rimes : elle n'a rien de moins que sept syllabes, et l'alexandrin n'est pas assez vaste pour la contenir : *hystérotomotocie!* Mais je ne déteste point non plus *allochroïte,* ni *pharmacosidérite;* et *gadolinite* (je présume essence de gadoue ?) me paraît le plus joli du monde. Belle matière à poésie !

Après tout, cela doit, à l'occasion, rendre des services, et d'évidence, ce n'est qu'à l'aide du dictionnaire de Landais qu'on a pu écrire ces beaux vers à rimes si riches, que je tire d'un journal parisien :

> Varicocèle
> Et sarcocèle
> Sont l'hydrocèle

---

[1]. *Diurétique* fait-il quatre ou cinq syllabes ? Question immense! Mon oracle, Landais, ne dit pas le nombre de syllabes de ce mot, qu'il fait rimer avec *dodécandrique*. A tout hasard, je le mets en quatre syllabes, parce que cela fait le nombre dont j'ai besoin.

MOTS INTRODUITS PAR LES ROMANTIQUES. ILS VIEILLIRONT   225

>   Du vrai bonheur,
>   Quand l'hydrogène
>   Et l'oxygène
>   Chez Ugène
>   Sont en fleur !

Quand on parcourt un dictionnaire de rimes, on est tout surpris du nombre immense de mots qu'il faut rejeter dans la prose. On tourne éternellement dans le même cercle de rimes. C'est pourquoi convient-il d'élargir ce cercle, non en y ajoutant des mots inadmissibles ailleurs que dans des mémoires de physiologistes ou de malacologistes, mais en y adjoignant des mots qui, maintenant, sont censés ne pas rimer parce que l'un d'eux porte à sa queue une consonne muette de plus ou de moins que l'autre.

Quant aux mots introduits par les romantiques, Hugo en tête, une partie restera (plus ou moins longtemps); une autre commence déjà à s'user. Qui oserait écrire encore :

>   Leur regard est souvent *fauve*, jamais moqueur...
>   La chèvre aux *fauves* yeux, qui rôde aux flancs des monts...
>   Et la *fauve* dryade agite sa tunique...
>   Et Jean, *fauve* songeur qu'en frémissant on nomme...
>   Isaïe, habitant d'un sépulcre, esprit *fauve*...
>   Le poète *pensif*, en son âme *effarée*...

Des images, c'est comme des remèdes dont il faut se hâter de se servir pendant qu'ils guérissent. Hâtez-vous de les employer durant qu'elles sont fraîches !

Il y a longtemps qu'on ne peut plus dire *l'émail des prairies, le cristal des eaux, le gage de son amour, le fruit de l'hyménée*. Maintenant, c'est très joli de dire des *rougeurs d'aurore, une gorge de lys, un cou de neige, des bois d'or fauve, des clartés d'âme*. Tout cela vieillira comme vous, belle dame ! Déjà l'on ne peut plus dire *les blés d'or*. Aujourd'hui tout est « troublant ». Le mot est déjà si fatigué que l'on hésite à s'en servir. Par quoi tout cela sera-t-il remplacé ? Je ne vois pas. Peut-être reviendra-t-on à *l'aurore aux doigts de rose*. C'est si joli ! Mais il est plus probable que nos tropes seront suppléés

Observations sur l'Art de versifier.

simplement par ceux de *la Muse à Bibi*. Cela répond mieux à « l'état d'âme » démocratique.

Que si vous voulez sortir du cercle des mots « nobles », sans cependant vous encrapulailler, vous tombez dans les vers plats, les pires de tous. Cette fois, je préfère de beaucoup *la Muse à Bibi*. « Canaille, tant que tu voudras, mauvais genre, jamais, » me disait un apprenti architecte, mon camarade à Saint-Pierre. M. Sully-Prudhomme écrit excellemment : « Une seule condition s'impose essentiellement au vers, c'est de ne jamais être plat. Le vers est tenu de différer de la prose par une cadence qui n'est pas toute dans l'hémistiche et le nombre des pieds. » — Il faut ajouter : tenu de différer de la prose par le choix des expressions. — « Un vers plat n'est pas vraiment un vers, continue M. Sully-Prudhomme, parce que l'harmonie la plus expressive, cette harmonie ailée qui ne se définit ni ne s'enseigne en est absente. »

Retenez ces paroles : elles sont toutes d'or ! Mais il n'est pas toujours si facile de ne pas faire un vers prosaïque. Et M. Sully-Prudhomme lui-même, ce poète de la forme raffinée, lorsqu'il a voulu exprimer des choses qui ne sont peut-être pas du ressort de la poésie, ne s'est pu retenir de quelques prosaïsmes :

> A ces mots ton génie, ô profonde Allemagne
> *S'ébranle avec lenteur, puis il entre en campagne...*
> A recouvrir sa foi *la raison s'évertue...*
> *Enfin François Bacon se fie aux phénomènes...*
> *Oui, le suprême arbitre en peinture, c'est l'œil...*
> *La vertu par calcul est la vertu du vice* [1].

Les vers célèbres de Ponsard :

> Notre ami, possesseur d'une papeterie,
> A fait avec succès appel à l'industrie ;

Ne sont pas non plus d'un vol sublime, mais le prosaïsme se tolère encore moins bien dans la poésie lyrique que dans la dramatique.

---

[1]. J'ai trouvé ce vers cité, mais n'ai pu vérifier la citation : s. g. d. g.

Par exemple, je n'ai jamais pu lire sans une profonde émotion les alexandrins suivants de Sainte-Beuve :

> Il tenait, comme on dit, un cabinet d'affaires ;
> De finance ou de droit il débrouillait les cas,
> Et son conseil prudent disait les résultats.

Ce cabinet d'affaires m'est allé au cœur, et avec quel sentiment de vénération profonde je considère cet homme qui disait les résultats !

Il ne faudrait point croire que cela m'empêche de goûter le célèbre vers de M. Belmontet, le Tennyson du second empire :

> Le vrai feu d'artifice est d'être magnanime.

Quant à Béranger, c'est effrayant ce qu'il a de vers plats. Et dans la Fontaine, qui n'a pourtant traité que des sujets prosaïques, pas un seul. Voilà comment se reconnaissent les poètes supérieurs !

Si quelqu'un, d'après ses propres principes, n'eût jamais dû faire de vers plats, c'est assurément Gautier, n'est-ce pas ? Le chef-d'œuvre des vers plats est pourtant sien :

> Ces Allemands ont seuls fait de l'art catholique ;
> Ils ont parfaitement compris la basilique [1].

Et dans les vers suivants, que dites-vous du second, tout entier composé de deux adverbes :

> Voilà comment Dürer, le grand maître allemand,
> *Philosophiquement et symboliquement*
> Nous a représenté...

A inscrire sur l'album d'un hôtel de Nuremberg, comme un mauvais plaisant a inscrit les suivants sur l'album de l'hôtel de *Pétrarque et Laure :*

---

[1]. Tout est admirable dans ces vers ! On sait combien Gautier exigeait la précision. Ici, tout est inexact. Le mot de *basilique* devrait être remplacé par celui *d'église ogivale*, et l'art catholique des Allemands est très inférieur à celui des autres nations. En architecture il suffit de comparer Cologne à Reims, et les peintres allemands du xve siècle aux Florentins primitifs.

> La Fontaine Vaucluse est un endroit charmant ;
> Elle a donné son nom à ce département ;

Et a signé : Lamartine.

Il faut le dire à la haute louange d'Hugo : il a des vers horribles ; il n'en a pas de plats [1].

DE L'HIATUS

On sait ce que c'est : la rencontre de deux voyelles qui ne peuvent s'élider : « Il alla à Alençon. »

Les poètes du moyen âge n'étaient pas choqués de l'hiatus, ou, s'ils en étaient choqués, ils ne s'en préoccupaient pas beaucoup davantage :

> Sansun li dux e Anseïs li fier.

Clément Marot disait encore :

> Qui de conter vérité ont appris.

Pourtant l'hiatus est pénible à l'oreille, et encore plus à la langue. La preuve en est dans ce fait que le patois les rompt toujours. De même le français populaire. C'est là l'origine des « liaisons dangereuses ».

Les moyens employés pour rompre l'hiatus entre les mots sont le z et le t, quelquefois l'n. On dit très bien « j'ai z'été », et cela semble naturel puisqu'on dit « nous avons z'été ». Cependant on a le droit de préférer le t. Un jeune homme, pour me faire voir qu'il était instruit, me disait : « J'ai t'été trois ans à la grande école. »

Un des hiatus les plus désagréables existe dans ces mots à un. C'est pour cela que la bonne de ma grand' achetait toujours des pommes à « n'un sou le tas ». Cette n est particulièrement euphonique. Nous l'aimons beaucoup à Lyon, et nous l'employons quelquefois par simple agrément. Une bonne femme me disait un jour

---

[1]. Hélas, il ne faut jamais rien affirmer de façon absolue. Cinq minutes après avoir écrit cette phrase, je tombais sur ce *capo d'opera :*

> « La démolition, voici mon diamètre (!!). »

avec bienveillance : « Ah, M. Puitspelu, à votre n'âge, c'est bien temps de vous reposer. »

Souventefois ai-je ouï dire : « Mais l'hiatus dans l'intérieur des mots ne choque pourtant pas. » C'est que nous y sommes habitués, comme les Normands d'être pendus. A telles enseignes que les patois ne le supportent pas. Pour le rompre, ils introduisent soit un *v*, soit le plus souvent un *y*. De *abla(t)um*, nous avons fait *ablavô*, nettoyer la racine des vignes ; de *fa(s)eola*, *faviola* et *fiajôle* ; de *succu(t)are*, *secoyî* ; de *ma(t)eria*, *mayiri*, chêne étronché. Notre canut dit un *poyète* pour un *poète*. Je ne doute mie que si, à l'un de ces bons canuts, je fais prononcer *Pasiphaé*, il ne dise *Pasiphayé* ; et je m'assure que *Pasiphayé*, *Leuconoyé*, *fléyau*, *poyète*, *réyunir* sont plus faciles au prononcer et plus aimables à l'ouïr que *Pasiphaé*, *Leuconoé*, *fléau*, *poète*, *réunir*.

C'est par une de ces erreurs dont Becq de Fouquières est trop coutumier que, dans son *Traité de versification* (page 290), il voit une *différence euphonique* entre l'hiatus au sein d'un mot et l'hiatus entre deux mots, parce que, dans l'intérieur d'un mot, la première voyelle de l'hiatus est une atone [1]. C'est bien hors de propos qu'il fait remarquer que le second *a* dans Danaé sonne moins que le *a* tonique de dina. L'exemple n'a que faire ici.

Les choses ne se passent pas autrement, que l'hiatus se présente entre deux mots ou à l'intérieur d'un mot.

Soit *Mahon* et *ma honte*, où est la différence ? Le *a* est atone aussi bien dans un cas que dans l'autre. Si fait, il y a une différence, mais elle est faveur de l'hiatus entre deux mots, et tient à d'autres causes. *Ma honte* est moins choquant que *Mahon*, parce que *onte* est un son continu, et *on* un son explosif.

J'ai eu sonne exactement comme *Jéhu*. Dans *elle a aimé*, l'hiatus est moins fort que dans *Danaé*, parce que le choc est moins sensible entre deux atones (elle a aim**é**) qu'entre une atone et une tonique (Dana**é**).

---

[1]. Il dit la chose plus obscurément, mais c'est exactement sa pensée.

De même Pré**au** choque plus que Pré-aux-C**l**ercs, parce que, dans le dernier, *au* est atone, et tonique dans le premier.

Le cas inverse peut se présenter, et le heurt être plus sensible entre deux mots qu'à l'intérieur d'un mot offrant la même combinaison de syllabes. Dans L**a**o-ts**é**, le choc entre *a* et *o* est peu pénible parce que la première voyelle porte un accent secondaire, qui la fait sonner un peu plus que la deuxième, et que l'hiatus en progression descendante est moins pénible qu'en progression ascendante. Au rebours, dans là-**hau**t, le choc est très rude non seulement parce que *au* est tonique, mais encore parce qu'il a le caractère explosif. Mais l'hiatus intérieur de Bilb**a**o, cac**a**o est exactement dans la même posture que celui de là-h**au**t.

De tout cela, seul juge : l'oreille. On peut seulement poser en principe :

1º Que le choc a le minimum d'intensité s'il a lieu entre deux atones ;

2º Que le choc entre deux voyelles, dont l'une est plus forte que l'autre, a moins d'intensité quand il a lieu en progression descendante que lorsqu'il a lieu en progression ascendante ;

3º Que le choc atteint le maximum d'intensité quand la seconde voyelle est non seulement tonique, mais encore qu'elle a un caractère explosif, c'est-à-dire que le son en est brusquement arrêté.

Les traités de versification, en ce qui concerne l'hiatus, ne font point de différence dans la qualité des voyelles en contact. Si en est-il de beaucoup plus dures que d'autres. L'*i* forme toujours un hiatus moins pénible ; quelquefois il n'en forme pas du tout. *Nation*, quoi qu'en dise Quicherat, ne renferme aucun hiatus, car sa prononciation avec la diérèse, comme en poésie, est identique à celle de *naciyon*. *Obéir* se prononce presque *obéyir*, et à moins de faire exprès de bien diviser les syllabes pour faire sentir l'hiatus : *obé-hir*, il n'y a qu'une nuance à peine entre les deux prononciations.

Les voyelles en contact dans deux mots séparés, avons-nous dit, ne se comportent pas autrement que dans l'intérieur du mot. Il est telle circonstance où, comme dans les exemples précédents, l'*i* en hiatus est d'une grande douceur. Il faut avoir l'esprit pointu comme la tête d'un grammairien pour voir un hiatus dans *il y a*. Il n'est pas, dans toute la langue française, un concours de sons plus doux. En général, plus les voyelles associées sont de nature opposée : une aiguë avec une grave, une faible avec une forte, moins le choc est sensible. C'est ce qui fait que l'*e* muet non élidé ne forme jamais hiatus. C'est bien à tort que Quicherat et maint autre avec lui disent que, lorsqu'un *e* muet est précédé lui-même et suivi d'une voyelle, on élide cet *e*, et qu'il reste un hiatus qui est « admis en poésie ». Car, d'abord, pourquoi l'admettre quand il y a un *e* élidé, et ne pas l'admettre quand il n'y a pas d'*e* élidé, si les deux hiatus sont semblables? Mais, en réalité, dans le vers suivant, par exemple, il n'y a pas d'hiatus « admis », il n'y a aucun hiatus du tout :

Rome entière noyée au sang de ses enfants.
(CORNEILLE.)

Ée et *au* en contact se prononcent ou au moins doivent se prononcer d'une manière très différente de *é* et *au*, dans le vers suivant, qui renferme, lui, un hiatus :

Le Latium noy*é au* sang de ses enfants.

Dans le premier cas je dis *noyé-e-eau*. L'*e* muet, *comme une sorte d'y affaibli*, fait une liaison qui détruit l'hiatus.

De même il n'y a pas d'hiatus dans *Marie adorée*, qui se prononce de façon très différente de *mari adoré*. Dans le premier cas on prononce en réalité *Mari yadorée*. Dans le second on peut dire à la grande rigueur qu'il y a hiatus, mais l'*i* et l'*a* étant de nature très différente, le choc est atténué au point de disparaître complètement. Au contraire, dans « d*ieu* adoré », il devient sensible ; dans « Maya adorée », il est affreux. A mon humble estime il n'y a aucun inconvénient à mettre dans un vers « un mari adoré ». Il n'y a d'autre inconvénient que l'invraisemblance.

La nature de la consonne qui précède l'*i* a une action considérable sur la qualité de l'hiatus. Pourquoi *il y a* est-il si doux, et *qui a*, si désagréable ? C'est que, dans le premier cas, *i* est précédé de la plus douce des liquides, et, dans le second, de la plus dure des gutturales.

Dans ce vers de Ronsard :

> Ains*i en* ta première et jeune nouveauté,

Rien ne me choque à l'oreille, malgré le rapprochement de *i* et *en*. Ce qui m'y choque c'est que je sais bien par moi-même que la nouveauté est jeune, sans qu'on ait besoin de me le dire.

Dans cet autre, du même auteur :

> *Où* allez vous, filles du ciel ?

Le rapprochement de *ou* et *a* n'a rien non plus de pénible. C'est que *ou* est un son qui n'a pas le caractère explosif, et qu'il se lie d'autant plus facilement à *a*, que celui-ci est protonique. Mais si Ronsard eût dit :

> *Où est* la fille de l'Olympe ?

Le choc eût été d'autant plus désagréable que *est* se trouve être un monosyllabe et qu'il porte l'accent tonique.

Le pire des hiatus est celui qui est formé par la répétition de la même voyelle. A cet égard le plumet appartient à ce vers de Gautier :

> Don*a A*nna pleurait...

Comment, à lui, si micrologue en ces matières, cette bronchade a-t-elle échappé[1] ?

L'hiatus suivant, de M. Moréas, pour ne pas être, probablement, une inadvertance, ne m'en paraît pas plus délectable :

> Pour lu*i i*l n'est ni mai ni printemps.

Je n'oserais pas même écrire cela en prose, tout lâché que je suis.

Il faut donc en tout cela consulter et l'oreille et la langue (c'est-

---

[1]. Musset n'est pas tombé dans cette lourde faute et il a dit, prononçant d'ailleurs à l'italienne : « Done Elvire. »

à-dire la facilité de la prononciation), car il est entre ces deux choses des affinités mystérieuses. Mais il ne faut pas suivre aveuglément les traités, qui proscrivent au hasard toute rencontre de deux voyelles. Il y a chou et chou, Monsieur le curé ; il y a hiatus et hiatus. Le poète, avec un peu d'attention, sentira facilement quand cela glisse ou ne glisse pas [1]. Un bon vers doit être lubrifié comme un limaçon sans coque.

Dès le XVIe siècle on sentit le manque de charme de l'hiatus. Ronsard conseille de l'éviter, et lui-même, avançant dans la carrière, le pratique de moins en moins. Regnier qui, se moquant de Malherbe, a écrit d'un vers si ferme :

> Cependant leur sçavoir ne s'estend seulement
> Qu'à regratter un mot douteux au jugement,
> Prendre garde qu'un qui ne heurte une diphtongue,

Regnier lui-même ne s'est presque jamais permis l'hiatus qu'à bon escient.

Mais une des meilleures plaisanteries des traités, c'est la règle de

L'HIATUS A L'ŒIL

Ou, plus proprement, la règle qui décrète l'absence d'hiatus quand il n'y en a point à l'œil, et que cependant il en existe un à l'oreille !!

C'est ainsi que (sauf pour la conjonction *et*) la présence d'une consonne *qui ne se prononce pas*, entre les deux voyelles formant hiatus, suffit aux yeux du grammairien (c'est bien le cas d'employer la locution *aux yeux*), à détruire idéalement l'hiatus.

Par exemple, Hugo eût fait un hiatus condamnable s'il eût écrit :

> C'est hideux ! Satan **nu et** ses ailes roussies;

---

[1]. MM. le Goffic et Thieulin disent excellemment : « C'est affaire au goût du poète d'éviter tout hiatus pénible, et il convient de ne pas se montrer trop sévère sur ce point. »

Mais en employant une orthographe surannée, il écrit :

> Satan n**ud et** ses ailes roussies

Et il n'y a plus d'hiatus du tout. — N'est-ce pas merveille ?

Au temps où les consonnes finales du mot se prononçaient, il n'y avait naturellement pas d'hiatus entre *on*, *in*, *an* finals et une voyelle commençant le mot suivant. Quand Ronsard écrivait :

> J'ouvrais déjà la lèvre après Thoinet pour dire
> De combien Mario*n* était encore pire,

Il n'y avait aucun hiatus parce qu'on prononçait *Marion n'était*.

Lorsque *n* final cessa de se prononcer, au moins dans la plupart des liaisons, il y eut alors, dans les vers de la nature du précédent, un hiatus *réel;* mais, comme à l'œil on n'en voyait point, les grammairiens continuèrent à n'en point entendre.

Même observation pour *r* final dans les mots où il a cessé de se faire ouir.

Par ainsi cet exécrable hiatus de Banville est conforme aux règles :

> L'arche*r* É*r*os lui-même loue,

Car je ne pense pas que Banville entendît que l'on prononçât :

> L'arché r'Éros...

Ce qui serait encore plus joli.

Nul doute non plus que, encore bien que le vers suivant d'Hugo soit conforme aux règles, il ne renferme deux hiatus :

> Naquit d'un sang breto*n et* lor*r*ai*n* à la fois.

Mais M. Tobler[1] est tombé dans de singulières erreurs, qui ne peuvent, ce me semble, s'expliquer que par sa qualité d'étranger, lorsqu'il a vu des hiatus réels, quoique permis, dans les vers suivants de Racine :

---

1. *Le Vers français*, page 141.

> ...Si grand *en* apparence... (*Britannicus.*)
> Quels desseins mainten*ant* occupent sa pensée ?... (*Bajazet.*)
> Cepend*ant* *on* m'arrête... (*Ibid.*)
> Nos intérêts comm*uns et* mon cœur le demandent. (*Mithrid.*)
> Du jour que sur mon fr*ont on* mit ce diadème. (*Ibid.*)
> ...Calchas qui l'attend *en* ces lieux. (*Iphig.*)

Il se peut qu'aujourd'hui, dans une conversation familière, on prononce : « si gran en apparence, » mais il n'y a pas de doute que même de nos jours, au Théâtre-Français, on ne prononce « si gran t'en apparence », — « maintenan t'occupent », etc., etc., à plus forte raison au temps de Racine. Il n'y a pas le moindre hiatus, pas plus à l'oreille qu'aux yeux, dans tous ces vers.

Il fait une erreur encore plus considérable lorsqu'il voit un hiatus dans cet autre vers :

> La fléchir, l'enlever *ou* mourir à ses yeux.

Il a cru qu'ici *enlever* se prononçait *enlevé*, comme lorsque l'infinitif en *er* est suivi d'une consonne, mais tous les Français savent que devant une voyelle on prononce *enlevèrr*, en faisant la liaison. On a déjà eu l'occasion (page 165) de signaler cette prononciation : *diffamèrr une femme*.

M. Tobler trouve aussi un hiatus dans ce vers :

> Orc*an et* les muets attendent leur victime

Et en effet, cette fois, dans la prononciation moderne, l'hiatus existe, mais je crois qu'il n'y a pas à douter qu'au temps de Racine, l'acteur ne prononçât :

> Orcan n'et les muets...

Cependant il y a bien un hiatus caractérisé dans ce vers de Racine :

> Le dessein *en est* pris, je pars, cher Théramène

Car je ne crois pas que l'on ait jamais pu dire : *Le dessein n'en n'est pris;* il y aurait eu une cacophonie allitérante pire que l'hiatus.

Aujourd'hui que nous lions beaucoup moins les mots, il y a un plus grand nombre d'hiatus que jadis ; et le son *an, en*, qui n'est autre que le son *a* prononcé du nez, ne diffère pas, quand il s'agit de choc avec une autre voyelle, du même son non nasalisé. Il y a donc un hiatus très caractérisé, encore bien qu'il n'existe pas aux yeux, dans ce vers d'Hugo :

C'est ainsi que Rolland épousa la belle Aude.

Car personne n'oserait prononcer : *Roland t'épousa la belle Aude.* L'hiatus est aussi net que s'il y avait :

C'est ainsi que Rolla épousa la belle Aude.

Je me hâte de dire que ce serait grand'pitié qu'Hugo eût sacrifié ce vers, qui clôt de façon merveilleuse cette belle pièce héroïque[1], à un heurt de syllabes qui, en définitive, passe inaperçu.

Il faut dire la même chose de *in, ain* que de *an, en*. Quand les mots ne se peuvent lier, *in, ain* font hiatus au même titre que *an, a*. Toutefois, on doit remarquer qu'on peut, en débitant des vers, faire des liaisons qui, en prose, seraient absolument ridicules. En poésie on peut et l'on doit dire : *en vain n'il s'élance* (ce qu'on ne ferait pas en prose) ; mais on ne pourrait dire *à la fin n'il s'élance*, et je doute qu'on pût prononcer, même en vers, *un vin n'abominable*. Il est même telle construction de phrase où les mêmes mots se peuvent lier, telle autre, non. De tout ceci l'oreille décide, et dans le doute, il vaut mieux (si l'on peut) s'abstenir de la rencontre.

Pour *on*, je ne vois guère que *on est, son âme*, et autres expressions semblables, où il doive se lier : *on n'est, so n'âme*. *Raison entière, nom ancien*, sont évidemment des rencontres à proscrire, aussi bien que toute autre de ce genre. A moins pourtant que le vers ne fût tellement réussi, qu'il ne pût que perdre au changement.

---

1. Avec malheureusement une nuance de charge qui ne se trouve point dans les graves et nobles épopées du moyen âge. On sent trop qu'Hugo ne croit pas que ce soit arrivé.

Tout se taît devant un beau vers. Qui ne voudrait avoir fait ce joli vers de Regnier, en dépit de son hiatus :

> Lorsque aimant ardemment, *et a*rdemment aimé [1]...

Une inexactitude des traités, ou plutôt une règle surannée, c'est de considérer l'*h* aspirée en tête d'un mot, comme une consonne détruisant, dans tous les cas, l'hiatus avec la voyelle précédente. Je lisais récemment dans un recueil de vers d'un jeune homme :

> Vois Phœbé qui brille
> *Au haut* du coteau.

C'est régulier, mais je préfère de beaucoup :

> Il reviendra z'à Pâques [2],

Qui n'est pas régulier.

Cette exception pour l'*h* se justifiait lorsqu'on prononçait fortement l'aspiration. Quand Regnier écrivait ce mauvais vers, hélas :

> Eh quoi ! là h*aut* au ciel, mets tu les armes bas?

Il n'y avait pas d'hiatus entre *là* et *haut*, parce que l'*h* s'aspirait fortement « à l'allemande », comme dit Nicot. Quant à *haut au*, le rapprochement en est détestable, non parce qu'il y a hiatus (car on prononçait *hau t'au*), mais tout simplement parce que deux sons identiques et voisins font un cliquetis cacophone.

Je crois qu'aujourd'hui la tendance générale dans la prononciation est de supprimer l'aspiration de l'*h*. En tout cas, il est certain, qu'à moins d'une aspiration de *h* à l'allemande, ces mots *sa honte* ne forment pas une sonorité agréable, encore bien qu'on soit obligé parfois de l'employer, puisqu'on ne peut dire *so-n'honte*. Dans *une honte*, le choc est annulé à cause de la grande différence de sonorité de *on* et de *e* muet. Même observation pour *sa haine* et *une haine*.

---

1. On pourrait supposer qu'on prononçait *et t'ardemment*, mais, dès le temps de Palsgrave, le *t* de la conjonction *et* ne se prononçait jamais, même devant une voyelle.
2. Remarquer qu'il n'y a pas : *ou z'à la Trinité*, parce que l'hiatus *ou-a* est beaucoup moins pénible que l'hiatus *a-a*. Le populaire a un sens très délicat de l'hiatus.

QU'IL N'Y A PAS D'HIATUS TOUTES LES FOIS QU'IL EXISTE UNE PAUSE ENTRE LES DEUX VOYELLES CONSÉCUTIVES [1]

Ce qui me dépasse absolument, c'est que pas un seul auteur des traités de versification n'ait songé à ce raisonnement si simple :

Pour qu'il y ait *choc* entre deux voyelles consécutives, il faut qu'il y ait *contact*.

Pour qu'il y ait *contact*, il faut qu'il n'y ait pas de *pause* entre ces deux voyelles.

S'il y a pause, il n'y a pas d'*hiatus* possible, par la même raison qu'il n'y a pas de *liaison* possible entre deux mots séparés par une pause.

Voici un vers de Béranger :

> Allons, Babet, un peu de complaisance.

La pause entre *Babet* et *un* interdit de lier les deux mots. Vous ne pouvez prononcer :

> Allons, Babè, t'un peu de complaisance.

Mais si vous ne pouvez faire la liaison, quelle différence y a-t-il donc entre le vers de Béranger et celui-ci :

> Allons, Babè, un peu de complaisance ?

Et cependant les traités déclarent qu'il y a un hiatus dans le premier vers, et pas dans le second ! — O comble de la sottise grammairienne !

Comme ces gens qui prêchent la chasteté, tout en ayant de fois à autre des faiblesses, Malherbe, dans ses vers, a donné plus d'un accroc à ses propres règles. S'il avait trouvé ceci dans Desportes, il l'eût certainement qualifié d'hiatus abominable :

> Je dirai : *Au*trefois cette femme fut belle,
> Et je fus autrefois plus sot que je ne suis.

[1]. C'est à Becq de Fouquières, ce me semble, qu'appartient la priorité de cette constatation.

S'est-il pardonné ces deux vers, qui sont au nombre de ses bons ? Je ne sais. En tout cas, ils ne renferment aucun choc de voyelles, à cause de la pause après *je dirai*. Mais le certain, c'est que Malherbe ne s'est jamais douté pourquoi son hiatus était à justifier.

Dans le vers suivant de Jean Tisseur, il n'y a pas d'hiatus, non certes parce que *non* se termine par une *n*, mais parce qu'il y a une pause après lui :

Ah, sans doute il vaincra. — No*n*, *un* soldat le guette...

C'est par respect pour la règle inepte de l'hiatus à l'œil, que la Fontaine a gâté le vers suivant, où la répétition des trois *l* à l'initiale sonne désagréablement :

Ce que je vous dis là, l'on le dit à bien d'autres.

Le vers serait bien préférable ainsi :

Ce que je vous dis là, on le dit à bien d'autres.

Et il n'y aurait pas eu davantage d'hiatus.
Boileau n'a fait aucun hiatus dans le vers suivant :

Moi-même, Arn*au*ld, *i*ci qui te prêche en ces rimes,

Non parce qu'*Arnauld* se termine par un *d* (qui ne se prononce pas), mais parce qu'il y a une pause entre *Arnauld* et *ici*. Et dire que si *Arnauld* se fût écrit *Arnau* :

Moi-même, Arnau, ici qui te prêche en ces rimes,

Le pauvre diable eût dû refaire son vers pour ne pas laisser subsister un hiatus à l'œil !

Remarque, lecteur : le repos entre eux change si bien le rapport de deux sons, que, lorsqu'il y a une pause après un infinitif en *er* suivi d'une voyelle, la consonne finale ne se prononce plus. Dans ces vers de Béranger :

Aimer, aimer, c'est être utile à soi,
Se faire aimer, c'est être utile aux autres,

On prononce aimé, aimé, etc., et non aimè, r'aimer, etc., le tout à cause du repos de la voix après le premier aimer.

De même dans ce délicieux vers de la Fontaine :

> Aimez, aimez, tout le reste n'est rien,

On ne prononce pas aimez, z'aimez, etc. Mais on prononce aimé, exactement comme dans ce vers :

> Aimé, aimé... Qui m'en assurera ?

Et si n'y a-t-il d'hiatus ni dans le vers de la Fontaine, ni dans celui de Béranger. Et alors pourquoi donc y en aurait-il dans le mien ?

Ajoutons que le simple rapprochement de syllabes rendant le même son peut, à l'occasion, être bien plus pénible (même lorsque ces syllabes sont séparées par une consonne qui se prononce) que de certains hiatus. Dans ce vers de M. Leconte de Lisle :

> La panthère à l'affût humait leur jeune sang

L'*h* de humait a beau être aspirée, le concours des deux *u* est pénible, quoique je reconnaisse qu'il est atténué par la position de *u* à l'hémistiche, où il doit se produire une légère pause. Si par exemple, il y avait :

> Elle, à l'affût humait,...

Ce serait horrible, parce qu'il n'y aurait aucune pause entre *affût* et *humait*.

Finalement :

Fais en sérénité d'âme un hiatus à l'œil toutes les fois qu'il n'existe pas à l'oreille, c'est-à-dire toutes les fois qu'entre les deux voyelles adjacentes il existe une pause.

Il est aussi certains hiatus *réels* qui doivent être acceptés, par exemple dans des locutions comme *peu à peu*, *çà et là*, etc., au même titre qu'il faut bien admettre un hiatus à l'intérieur d'un mot. C'est ainsi que Baudelaire a dit :

> Traversé çà *et* là, par de brillants soleils.

De même dans certaines citations qui n'ont de prix que par leur intégralité :

> Je suis celui qu*i est*, qui fut, et qui sera.

De compte fait, pour cela, comme pour tout le reste en matière de vers, consultez au besoin les aveugles, pourvu qu'ils aient de bonnes oreilles, et jamais les sourds, quand même ils y verraient très clair.

DE L'ENJAMBEMENT

Il y a enjambement ou rejet, tout le monde le sait, lorsque la phrase, au lieu de se terminer à la rime, se poursuit dans le vers suivant.

Les classiques admettent que, si la phrase se prolonge durant tout ce second vers, l'enjambement peut être toléré, la phrase pouvant comprendre plusieurs vers aussi bien qu'un seul. Ainsi, pour eux, Racine a pu écrire :

> Je parlerai, madame, avec la liberté
> D'un soldat qui sait mal farder la vérité,

Mais il eût été fautif s'il eût écrit :

> Je parlerai, madame, avec la liberté
> D'un soldat. Je sais mal farder la vérité.

Il est difficile de comprendre que Malherbe et Boileau (celui-ci du moins, qui était latiniste) aient imposé l'obligation de finir toujours la phrase avec le vers, lorsqu'on voit les heureux effets que les Latins ont tiré du rejet au vers suivant :

> Quo me, Bacche, rapis tui
> *Plenum ?*

> Hinc anni labor ; hinc patriam parvosque nepotes
> *Sustinet.*

La poésie française primitive se préoccupait trop exclusivement de la cadence, de la cadence sans perturbation, pour se livrer à l'enjambement. Aussi ne se rencontre-t-il qu'à l'état de pure exception dans nos épopées. En voici pourtant un de *Garin-le-Loherain* (XIIe s.) :

> Dont vous ne membre que je fuis asalis
> Dedans les landes, c'on me vost vous tollir [1] ?

Dans le vers court, où la phrase ne peut se développer, on trouverait plus d'exemples [2].

A mesure que l'on avance, les poètes s'émancipent à l'enjambement, surtout dans les vers courts :

> Il s'embati dessus la sepulture
> *De Cephëy*, de quoi je vous figure...
> (FROISSARD.)

> Que je ne puis, par voie aucune
> *Recouvrer*, combien que nesune...
> (ALAIN CHARTIER.)

Charles d'Orléans, au contraire, les évite. En voici un pourtant

> Alors chargai en la nef d'esperance
> *Tous mes souhays...*

Quant à Villon, dans ses admirables vers tout trempés d'émotion sous leurs traits grotesques, il prodigue les enjambements, et à cet égard, il en revendrait aux romantiques :

> Mais qu'à la petite *Macée*
> *D'Orléans...*
> Par les costez si se prend ; l'Antechrist
> *Crie...*

---

1. « Il ne vous souvient donc pas que je fus assailli dans les landes, et qu'on voulut m'arracher à vous ? »
2. On peut en citer même, si rares soient-ils, qui eussent fait pâlir Banville de jalousie :
> La seinte virge *Leocade*
> En souspirant li dist : o, *qu'a de*
> *Douceur*, douce pucele, en toi. (*Apud* Tobler.)

Sans compter que le funambulesque de la rime n'a peut-être pas été égalé.

Quant aux poètes du xvie siècle, c'est chez eux monnaie courante. Belleau en a deux en deux vers :

> Les Heures, filles immortelles
> *Du soleil*, compagnes fidelles
> *Du Temps...*

Regnier, quoiqu'il s'y livre peu (il subissait l'influence de Malherbe tout en s'en moquant), en a de piquants :

> Que, sans parler Phoebus, je feray le discours
> *De mon giste...*

On sait que ce fut Malherbe qui, dans son goût pour la froide ordonnance compassée, imagina de proscrire l'enjambement; sur quoi renchérit Boileau.

Mais il y eut un poète, autrement poète que ces deux proseurs de rimes et rimeurs de prose, qui se moqua complètement de leurs règles : ce fut la Fontaine. Ses vers fourmillent d'enjambements, toujours amenés avec un agrément infini :

> Tenez, la cour vous donne à chacun une écaille
> *Sans dépens...*
> Mais je suis attachée, et si j'eusse eu pour maître
> *Un serpent*, eût-il su jamais pousser si loin
> *L'ingratitude ?*

Il fallait bien tout pardonner à un poète comme la Fontaine, et l'on se persuada à cet effet qu'il devait y avoir une distinction absolue entre le genre « familier », qui autorisait l'enjambement, et le genre « noble », qui ne l'autorisait pas. Racine qui n'osa pas, dans ses tragédies, violer les lois reçues, s'en dédommagea dans sa comédie des *Plaideurs*, où se rencontrent les enjambements les plus osés et les plus piquants :

> ...Et vous, venez au fait. Un mot
> *Du fait...*
> ...Puis donc qu'on nous permet de prendre
> *Haleine...*
> Mais j'aperçois venir madame la comtesse
> *De Pimbesche...*

Ce qui prouve bien que les poètes sont encore plus guidés par leur instinct naturel que par les règles, c'est que Molière, qui était un incomparable auteur dramatique, mais bien moins artiste en vers que Racine, n'a pas usé, s'il m'en souvient, de l'enjambement dans ses comédies.

On alla raffinant, et l'on distingua entre le décasyllabe et le dodécasyllabe, et de même qu'on se montrait plus tolérant sur la césure dans le premier que dans le second, on se montra aussi plus tolérant sur l'enjambement. Pourquoi, je n'en sais rien, mais Voltaire a pu dire :

> Vous savez tout, du moins vous avez l'air
> *De tout savoir*, car vous lisez sans cesse
> *Dans l'almanach*...

Quoi qu'il en soit, de Malherbe à Chénier, l'enjambement resta rigoureusement proscrit du genre « noble ». Ce fut Chénier qui, le premier depuis Ronsard, osa l'appliquer carrément à la poésie lyrique, où il en sut tirer les plus admirables effets. Comment seul, ou entouré d'amis comme Lebrun, Brazais, qui croupissaient dans les lieux communs et dans les règles de Malherbe, eut-il le sentiment exact de ce qui devait s'oser dans cette voie ? C'est là proprement le trait du génie.

Est-ce que jamais le mot *crie* dans l'intérieur du vers ou à la rime eût pu avoir la force que lui a donné le rejet dans les vers suivants :

> L'entraîne, et quand sa bouche, ouverte avec effort,
> *Crie*, il y plonge ensemble et la flamme et la mort.

De même :

> ...Une plaie ardente, envenimée,
> *Me ronge*...

> Sous l'effort de Nessus, la table du repas
> *Roule*, écrase Cymèle, Évagre, Périphas.

L'école moderne s'est élancée sur les traces de Chénier, mais beaucoup de nos poètes, ne se rendant pas compte des lois auxquelles avait obéi Chénier, au moins instinctivement, ont usé de l'enjambement à tort et à travers, et n'ont abouti qu'à disloquer leurs alexandrins.

Il ne faut pas faire des enjambements sans choix, pas plus que sans choix distribuer ses rimes. Voici, je crois, les principales règles qu'il est nécessaire de suivre :

1° Le mot rejeté (aussi bien que le mot qui le précède à la rime) doit être *important*, digne du rejet ; il doit retenir l'attention ;

2° Le rejet (sauf, bien entendu, dans la poésie-charge) doit permettre non seulement une forte accentuation sur la rime, mais encore une sorte de prolongement de la voix, de telle façon que la fin du vers se sente toujours. Comme le dit excellemment M. Jules Lemaître, il ne faut pas, pour l'amour de l'enjambement, mettre un accent très fort sur des syllabes naturellement inaccentuées et donner, dans la phrase mélodique, une grande importance à des mots qui n'en ont aucune dans la phrase logique. C'est ce qu'a fait M. Verlaine dans les vers suivants :

> Se levant blafarde et solennelle, *une*
> Nuit mélancolique...

Le genre de rejet qui se prête le mieux à la fois à un effet fort et à l'observance des règles précédentes, c'est le rejet du verbe, soit actif, soit passif, et le rejet du substantif (régime le plus souvent). Le rejet du verbe est quasi le seul dont Chénier se soit octroyé licence. Nous en avons donné des exemples à la page précédente. En voici un d'Hugo :

> Le matin, murmurant une sainte parole,
> *Souriait.*

Rejet du substantif :

> ...Le cheval lui desserre
> *Un coup;* et haut le pied. Voilà mon loup par terre...
> (LA FONT.)
> A côté d'un torrent, qui dans les pierres coule,
> *Un sépulcre.*
> (HUGO.)

4° La beauté de ces effets est due souvent à ce que le mot rejeté est séparé de celui qui le gouverne par une proposition incidente qui permet un repos sur la rime. Becq de Fouquières, à l'aide de maintes subtilités (il en est coutumier) sur « la période logique » et « la période rythmique » s'efforce vainement de démontrer qu'il n'y a pas d'enjambement dans ce vers de Chénier :

> ...Et quand sa bouche, ouverte avec effort,
> Crie...

Mais qu'il y en aurait un si l'on modifiait ainsi l'ordre des mots :

> ...Et quand, ouverte avec effort, sa bouche
> Crie...

Eh, mon Dieu, la seconde version, moins bonne pour plusieurs raisons, l'est surtout parce qu'après *bouche* il n'y a pas de repos. Et si, au lieu de *bouche* il y avait *voix*, ce serait tout à fait mauvais, parce que le mot *voix* ne permet pas le prolongement de la syllabe forte comme dans le mot *bouche*.

Toutes les citations que nous avons faites donneraient lieu à la même épreuve. Hérédia dit :

> Le Parnasse où, le soir, las d'un vol immortel,
> Se pose, et d'où s'envole à l'aurore, Pégase.

C'est admirable ! Si l'on avait lié directement le verbe au sujet :

> ...Où Pégase
> Se pose...

L'enjambement serait acceptable encore parce que *Pégase* est un long mot sonore où la voix s'étale, mais combien le vers aurait perdu de sa merveilleuse harmonie !

Inutile de pousser plus loin. Cependant citons encore cet enjambement charmant de Vigny, où le sujet est séparé du verbe par une incidente :

> Ses pieds nus, ses genoux, que sa robe décèle,
> S'élancent...

5° Le rejet du substantif précédé immédiatement de l'attribut, ou de l'attribut précédé immédiatement du substantif, est mauvais, parce que ces mots étant trop liés entre eux, il n'y a pas de prolongement possible de la voix sur la rime. J'ai déjà eu occasion de mentionner ce vers, où l'enjambement est aussi impitoyable que Gessler dans *Guillaume Tell* :

> Où la brume évoquait un grand
> Fantôme laiteux et désespérant.

Les suivants ne sont pas plus exorables :

> On repousse le bas conseil de tel horrible
> Dégoût...
> (VERLAINE.)

> ...J'eusse pu me nourrir de miel
> Nouveau pendant des mois.
> (MORÉAS.)

> Déesse, dans les cieux éblouissants, la Voie
> Lactée est un chemin de triomphe et de joie.
> (BANVILLE.)

Sans compter que *lactée* n'est pas même ici un adjectif, mais seulement la seconde partie d'un nom composé.

Je ne connais, dans Chénier, qu'un exemple d'un rejet de ce genre :

> ...Et d'une voix encore
> Tremblante : « Ami, le ciel écoute qui l'implore.

Encore est un mot trop faible à la rime, et surtout trop lié avec *tremblante*.

J'avoue qu'à mon gré l'enjambement que voici fait une tache désagréable dans un bien beau sonnet de M. Coppée :

> Cette splendeur rayonne et fait pâlir des bagues
> Éparses où l'onyx a mis ses reflets vagues.

5° Mais, s'il y a une pause à la fin du vers, le rejet de l'attribut n'a absolument rien de troublant pour l'oreille, et peut même donner lieu à des effets exquis, témoin ces vers de Chénier :

> Je crois la voir muette et le regard confus,
> Pleurante.
> Craint les regards de l'autre : inquiet, incertain,
> Confus de son silence.

6° Par raisons équipollentes, l'enjambement d'un substantif, régime d'un autre substantif, et à lui relié par la préposition *de*, *à*, etc., est à rejeter (si ce n'est dans la poésie-charge, où, au contraire, il peut être un condiment) :

> Je ne me soutiens plus, et je voudrais *un peu*
> De repos.

> Tressaillait plus profonde à chaque instant *autour*
> D'Ève, que saluait du haut des cieux le jour.

> Zimzizimi, sultan d'Égypte, *commandeur*
> *des croyants*...

> La biche illusion me mangeait dans *le creux*
> De la main...
> (Hugo.)

> .....L'autre répond *à vue*
> De pays, et voilà sa statistique sue.

> Il disait la prière, enseignant *le latin*
> Aux fils.
> (Sainte-Beuve.)

Pour écrire ces choses, il fallait ne pas avoir compris le sentiment si délicat qui avait guidé Chénier dans le choix de ses rejets. Les autres, croyant l'imiter, et bien à tort, ils enjambent d'estoc et de taille, au hasard; plaisir d'enjamber, comme nos petits gones qui sautent les ruisseaux sans nécessité. Les poètes à goût sévère, comme M. Leconte de Lisle, M. de Hérédia, M. Sully-Prudhomme, se sont soigneusement gardés de ces vers qui font le grand écart. Aussi avisez que le goût public ne s'y est pas mépris. Aucun vers de ce genre n'a passé dans ce musée de citations communes où sont parvenus les beaux vers, marchant à pas comptés, ou majestueusement assis sur leur derrière, à la façon d'un dieu indien.

7° Évident encore qu'une phrase commencée à l'hémistiche d'un vers et poursuivie jusqu'à l'hémistiche du vers suivant est toujours fâcheuse, parce que cela donne l'illusion d'un vers complet, et que l'on est toujours tenté de chercher la rime à l'hémistiche du second vers. Mais on peut dire même qu'en thèse générale (il y a de nombreuses exceptions) il est meilleur de ne pas prolonger un enjambement jusqu'au milieu du vers. Cela souvent le fait traîner et coupe mal le second vers. Exemple, dans les vers de Chénier qu'on a lus tout à l'heure, l'effet serait manqué si, au lieu de

> Je crois la voir muette et le regard confus,
> *Pleurante.* Sa beauté présomptueuse et vaine...

L'on avait :

> Je crois la voir muette et le regard confus,
> *Pleurante et courroucée.* En vain sa beauté fière...

Mais au rebours, si l'enjambement est de ceux qui rentrent dans la catégorie n° 6, le mauvais effet en sera atténué par le prolongement de l'enjambement. Les enjambements suivants ne sont pas choquants :

> ...Cette mamelle flasque
> Qui s'en allait au vent comme s'en va la basque
> D'un vieil habit rapé...
> (GAUTIER.)

> Le long du bord serpente un lierre entremêlé
> D'hélicryse aux fruits d'or.
> (L. DE LISLE.)

Néanmoins, je crois que cela eût encore mieux valu, si, au lieu de couper le dernier vers en deux parties égales, l'enjambement eût été prolongé deux syllabes plus loin, ou se fût étendu jusqu'à la fin du vers.

Évident aussi que l'enjambement est un « effet » qui, comme tous les autres, doit être ménagé, réservé pour frapper les grands coups. Ces deux enjambements de suite dans la Fontaine ne sont pas agréables :

> En disant ces mots il se jette
> *Sur l'arc*, qui se détend, et fait de la sagette
> *Un nouveau mort.*

On a cité plus haut, de Belleau et de la Fontaine, des enjambements successifs qu'on eût aimés à voir éloignés l'un de l'autre.

Manifeste encore que l'enjambement peut être plus fréquent et plus libre lorsque le sujet est plus familier. Ces enjambements charmants de la Fontaine seraient médiocrement à leur place dans la poésie lyrique :

> ...Est-il juste qu'on meure
> *Au pied levé?* Attendez quelque peu...

> Enfin me voilà vieille ; il me laisse en un coin
> *Sans herbe...*

Et les enjambements des *Plaideurs* ne seraient pas à leur juste endroit dans *Athalie*.

Pour le choix des enjambements, l'oreille d'abord, le tact ensuite, donneront l'exact tempérament. Le difficile est moins de sentir ce qui n'est pas bon que de trouver ce qui est meilleur.

DE L'INVERSION

La langue française est une langue analytique. Quand on énonce une proposition, on met d'abord le sujet, puis le verbe, puis le régime : « Daphnis aime Chloé ; » car n'ayant pas de désinence particulière pour le cas-régime et le cas-sujet, si l'on déplaçait les mots, l'on ne saurait plus quel aime et quel est aimé.

Cependant, si la phrase est plus compliquée, l'ordre des mots peut n'être pas aussi rigoureusement invariable. Et ce qui peut montrer à M. Psichari qu'il y a une langue pour la prose et une langue pour la poésie, c'est qu'on a toujours admis en poésie de certaines inversions que ne supporterait pas la prose, et que nos jeunes poètes en font plus que jamais, et quelquefois plus que de raison.

Quoi qu'il en soit, on comprendra que j'aie voulu m'éclairer sur l'emploi de l'inversion en poésie. J'ai recouru à mon oracle habituel, le *Traité* de Banville, et voici ce que j'y ai lu :

Quant à la construction des phrases, elle mérite que je lui consacre un chapitre spécial, pour faire pendant à celui où j'ai traité des licences.

DE L'INVERSION

Il n'en faut jamais.

Là se clôt le chapitre, Et en tête du suivant, Banville reprend :

Et puis ? Voilà tout. Rien ne vous autorise à mettre la charrue avant les bœufs, à marcher sur la tête, et à empoigner l'épée par la pointe, parce que vous écrivez en vers...

Bon, me dis-je, voilà qui est net. Si jamais l'on me prend à faire une inversion, je veux bien tomber de six pouces de haut sur la pointe d'un oreiller !

Or, voici qu'ouvrant les poésies du même Banville, j'achoppe sur ce vers (bien mauvais, mais pas à cause de l'inversion) :

Ainsi *du temps* passé relevant l'*hyperbole*...

Puis sur cet autre où vraiment l'inversion n'est pas heureuse, car elle fait équivoque :

Sa colère amoureuse et de *souffrance avide*...

Puis sur

Et *de vos ennemis* exterminant *le reste*...

Puis sur

Et *de ses dents* de lys fit briller *la blancheur*...

Puis sur

Et *du bassin* d'azur son petit soulier bleu
Effleurait *les porphyres*...

Puis sur cette inversion féroce, où une bonne lieue sépare le substantif de son verbe :

...*De Cidalise,*
Ayant rimé trop tôt, je pense il n'en *eût point.*

Or quoi! me dis-je, Banville, lui aussi, met la charrue devant les bœufs, marche sur la tête, prend l'épée par la pointe! Ce n'était pas la peine de tant prêcher l'horreur du crime pour s'y livrer sans vergogne.

La vérité est que Banville, trop imbu de l'aimable légèreté du boulevard, s'est laissé aller au plaisir de faire une pointe, sans penser plus loin, sans chercher à se rendre compte de rien. Il est difficile d'unir plus de tranchant à moins de raison.

La vérité encore, c'est que l'inversion, comme les autres procédés littéraires, est un moyen (volontaire souvent, quelquefois involontaire) de produire un « effet ». Comme de tous les procédés littéraires, il n'en faut user qu'avec la plus extrême réserve, et en se référant moins à des règles qu'au goût. Si Banville y avait apporté la moindre réflexion, il aurait compris que l'inversion parfois donne précisément le moyen de mettre à la rime le mot IMPORTANT, qui, s'il eût été à sa place dans l'ordre logique, aurait perdu toute sa valeur; c'est le moyen de faire *saillir* l'image, de *frapper* l'esprit du lecteur! Dites, est-ce que tout le prix de ce superbe vers de Molière n'est pas dans l'inversion qui a placé à la rime le mot *châtiments* :

> Tombent sur moi *du ciel les plus grands châtiments!*

Que serait-il ce vers, sans inversion, qu'une platitude :

> Que tous les châtiments du ciel tombent sur moi?

Des inversions en vers, s'il en faut! mais il en faut en prose! Lorsque Bossuet s'écria :

> O nuit désastreuse! ô nuit effroyable, où retentit tout à coup, comme un éclat de tonnerre, cette étonnante nouvelle : MADAME se meurt; MADAME est morte!

« L'auditoire éclata en sanglots, dit Voltaire, et la voix de l'orateur fut interrompue par ses soupirs et par ses pleurs. »

Eh bien, supposons Bossuet se pliant aux règles (je ne dis pas aux exemples) de Banville, il eût dû dire :

O nuit effroyable où cette étonnante nouvelle : MADAME se meurt, MADAME est morte, retentit tout à coup comme un éclat de tonnerre !

Il est probable, fait remarquer Condillac, si peu poète cependant, que cette phrase n'eût fait verser de larmes à personne.

Les anciens traités, pour l'emploi de l'inversion, donnent des règles fort compliquées, fondées tout entières sur les relations grammaticales. Je me fie beaucoup plus aux règles fondées sur les impressions de l'oreille. — L'œil, s'il s'agit d'orthographe ; l'oreille, s'il s'agit de vers ; l'aile, s'il s'agit de perdreau. Et la preuve, pour l'orthographe, c'est que, encore bien que je ne l'aie point apprise, je m'y entends aussi bien que petit compagnon ; et si ne fais-je jamais de faute que sans le savoir. Suis-je incertain de l'orthographe d'un mot, je l'écris des diverses manières entre lesquelles j'hésite ; puis, me plaçant à quelque distance, je compare. Je penche la tête à droite, à gauche, je cligne des yeux, et je vois ce qui « fait le mieux », comme les peintres pour un tableau. Riez, si vous voulez, mais dix-neuf fois sur vingt, j'attrape l'orthographe juste. De même pour le vers. Je l'écoute bien, et l'oreille a la bonté de me dire s'il est mauvais ; mais voilà l'épine : elle ne pousse pas la complaisance jusqu'à me dire où prendre le bon.

Enfin, vaille que vaille, voici quelques observations, je n'ose dire quelques règles.

1º Éviter *rigoureusement* toute inversion tant soit peu forcée, et surtout toute inversion qui peut, au premier abord, faire équivoque dans l'esprit. Tu ne te régleras donc pas sur l'effrayante inversion d'Hugo, que nous avons déjà eu occasion de citer :

> La montagne......................
> S'associe aux fureurs que la guerre combine
> Et devient des forfaits de l'homme concubine

Il ne s'agit pas ici de *l'homme concubine,* comme ailleurs de *la fumée Érostrate,* de *la flamme Néron,* de *la chenille Campé,* du *vaincu rayon,* de *la géante nuit,* de *la vie éclair,* du *cheval aurore,* de *la biche illusion* et de tant d'autres, mais c'est la montagne qui est la concubine des forfaits, etc. Cette observation n'était pas inutile.

N'use pas davantage de cette autre inversion, plus terrifiante encore :

> Une pierre servait à ce voleur de banc ; (Hugo.)

Car, à ouïr ce vers, je suis convaincu qu'il s'agit d'un homme qui avait pris la fâcheuse habitude de voler les bancs. Et cela me rappelle ce beau vers où il est question d'une mère tellement affamée qu'elle en a mangé une porte :

> Ma mère, en mon cachot, seule à manger m'apporte.

Ne dis pas non plus avec le sévère Malherbe :

> Quel astre malheureux ma fortune a bâtie !

Car on serait persuadé que c'est la fortune qui a bâti l'astre, tandis que Malherbe a voulu dire que c'est l'astre qui a bâti sa fortune, encore bien que j'aie vu rarement des astres faire l'office de maçons.

2° Proscris l'inversion immédiate de deux substantifs dépendant l'un de l'autre, surtout lorsque la phrase s'arrête après le second :
Donc, ne pas dire [1] comme Ronsard :

> Celuy fut ennemy des Déitez puissantes,
> Et, cruel, viola *de nature les lois* ;

Ni comme Baïf :

> Avait noyé *des bœufs le labourage* ;

Et ne point imiter cette inversion horrifique de Voltaire :

> Quand de Marseille il quitta les pénates,
> Pour attaquer *de Maroc les pirates* ;

---

[1]. Peut-être vaudrait-il mieux mettre : « ne plus dire, » car il se peut qu'au XVIᵉ siècle ce genre d'inversion ne choquât pas comme aujourd'hui.

Ni celle-ci, de Béranger, qui n'est pas plus alléchante :

> *De mon neveu le jockey vous amuse;*

J'ai cru d'abord que c'est le jockey qui est mon neveu.

La suivante, de V. Hugo, peut se mettre honorablement dans un musée tératologique :

> Vos préjugés qui font vos yeux *de brouillards ivres* ;

J'ignorais qu'on pût avoir des yeux de brouillards : en vieillissant on apprend toujours quelque chose.

Et pourtant cette inversion-phénomène serait admissible si l'on avait une pause après yeux :

> Tels sont vos yeux, de brouillards ivres ;

(En supposant cependant que les yeux puissent s'enivrer de brouillards, ce qui est une autre question.)

3º Si le second substantif est suivi d'une épithète qui allonge la période, l'inversion (sans être merveilleuse) est moins pénible. Victor Hugo dit :

> Je violai *du vers le cadavre fumant;*

C'est infiniment plus supportable à l'ouïr que s'il y avait, transformant l'alexandrin en 5 + 5 :

> Moi, je violai *du vers le cadavre.*

Ce n'est pas à dire que, tel qu'il est, le vers soit aimable. Il fallait n'avoir aucune idée du goût (le goût, c'est la morale de la littérature) pour présenter une image aussi absolument ignominieuse ; mais ceci n'est pas la faute de l'inversion.

4º Si le second substantif est suivi d'un verbe dont il est le sujet, le contact des deux substantifs n'a plus rien de choquant. Témoins ces jolis vers de M. Armand Silvestre :

> Où de *mes premiers jours* la gaîté s'envola...
> *Des blancheurs* de ton corps *des lys* s'élèveront.

(N'aimez-vous pas mieux cette image que le « cadavre fumant et violé » de Victor Hugo ?)

5° L'inversion d'un adjectif et d'un substantif est bonne. Quoi de plus charmant que l'inversion dans ce vers de Chénier :

> Je n'aurais point en vers, de *délices trempés*.

6° Règle générale : il est bon de séparer par une épithète, un verbe, un membre de phrase, les deux substantifs en relation. Si V. Hugo eût dit :

> *Du vers* je violai *le cadavre* fumant,

L'inversion eût été meilleure, toute question d'image mise à part. C'est ainsi que l'inversion suivante de Chénier est excellente :

> *Des hommes et des dieux* implorant *le secours*.

Malherbe eût dit :

> Des hommes et *des dieux* le *secours implorant*.

C'eût été d'autant plus détestable qu'à la première inversion fût venue s'ajouter celle de *secours implorant*.

Très belle inversion de M. Leconte de Lisle, l'homme de notre temps qui a fait les plus beaux vers (je ne dis pas les plus sympathiques) :

> *Des larges nymphéas* contemplant *les calices*.

Et quel beau renversement de la construction dans ce vers de Laprade :

> C'est *du soleil* de mai qu'Hermia nous est *née*.

Laprade, au reste, emploie toujours l'inversion avec beaucoup de goût :

> Pour les bois, *de ses sœurs* elle fuyait *les rondes*.

Essayez, comme voudrait M. de Banville, d'ôter l'inversion des vers suivants :

> Vous avez recueilli l'esprit de toute chose,
> Et *des êtres divers* traversés jusqu'à nous,
> *Gardé* ce qu'en chacun Dieu sema de plus doux...
> Les oiseaux ses amis et les forêts ses sœurs
> Ont tous *de sa puissance* éprouvé *les douceurs*.

6° Inutile d'ajouter que toute inversion qui sépare les mots dans des locutions, des phrases toutes faites, consacrées par l'usage, ou qui sépare une préposition d'avec son complément ne peut être admise. Sont témoins ce vers de Corneille :

> *Malgré* de nos destins *la rigueur importune*,

Et le célèbre vers qu'un mauvais plaisant, j'imagine, a attribué à M. Camille Doucet :

> Va, mon fils, *de chemin* suis ton petit *bonhomme*.

On pourrait présenter mille autres exemples d'inversions à proscrire, en les classant en catégories nombreuses, sinon sans nombre; mais à quoi bon ? Si vous avez le tact un peu affiné et l'oreille de même, vous sentirez la chose d'abondant, sans vous évertuer, comme nous disons à Lyon, un peu crûment, « à chercher les poux parmi la paille. »

DE L'ÉLISION

Le présent livre n'est pas un traité de versification. On n'aura donc que peu de chose à dire de l'élision, s'en rapportant aux règles admises, sauf sur quelques points, où il y a des remarques à faire.

ÉLISION DE E MUET DEVANT UNE VOYELLE

On sait que devant une voyelle, *e* muet s'élide : nous disons *l'homme* et non pas *le homme*. Il en était de même dès le moyen âge :

> — E *l'*Arcevesque de Deu les ad seigniez [1]. (*Roland.*)

Jusques-là, rien que de naturel ; *le*, article et proclitique, étant atone, il disparaît dans la prononciation. Mais le surprenant, c'est l'élision de *le*, *tonique* et *pronom*. Cependant elle était constante autrefois. J'avoue ne pouvoir me faire à cette élision dans ce vers de Marot :

> Prenez-le, il a mangé le lard,

Qu'il faut prononcer :

> Prenez l', il a mangé le lard.

Ni à celle-ci dans ce vers de la Fontaine :

> Du titre de clément rendez-le ambitieux ;

A prononcer :

> Du titre de clément rendez l'ambitieux ;

Ce qui veut dire proprement : « Rendez celui qui est ambitieux du titre de clément. »

Et cet autre vers, encore de la Fontaine :

> Mettons-le en notre gibecière,

Je ne puis me figurer qu'il n'ait pas neuf pieds.

Je ne sais qui pourrait goûter la cacophonie du second de ces deux vers, que j'écris avec l'élision :

> Un valet manque-t-il à rendre un verre net,
> Condamnez l'à l'amende, et s'il le casse, au fouet.
>
> (*Les Plaideurs.*)

Voltaire emboîte le pas :

> Laissez l'au moins ignorer que c'est vous.

---

1. « L'archevêque au nom de Dieu leur a donné l'absolution. »

Que dis-je, Voltaire ! Musset, Augier :

> Coupe l'en quatre, et mets les morceaux dans la nappe.
> (Musset.)

> .....Et reçois l'en personne.
> (Augier.)

Et Hugo, qui joignait au goût révolutionnaire la superstition des vieux fétiches, s'écrie, sous une forme encore bien plus drôle :

> Chassons l' ! — Arrière tous, il faut que j'entretienne
> Cet homme.

Cependant les parnassiens et la plus grande partie des romantiques n'ont pas osé faire ce contre-sens euphonique, et n'osant pas non plus mettre *le* en hiatus, ils ont évité la rencontre de *le* pronom régime, avec une voyelle commençant le mot suivant. J'avoue que d'éviter l'hiatus ne m'en semble pas valoir la peine. La voyelle *e*, dénuée de tout accent grammatical, est un son très sourd, même lorsqu'*e* est placé à la tonique, et sa rencontre avec une voyelle ne choque pas l'oreille. Pour le vers de Musset, j'aurais écrit carrément :

> Fends-**le** en quatre...

Ce qui, assurément, serait plus doux à l'oreille que

> Coupe l'en quatre (ne pas confondre avec l'an IV de la République, une et indivisible).

Marot, la Fontaine, Racine, Voltaire, Musset, Augier, Hugo ont suivi à l'aveuglette une règle qui ne peut s'appliquer à tous les *e*, mais seulement à l'*e* atone.

A fortiori, s'il y a une pause après *le*. C'est ce qui rend si comique le vers d'Hugo, cité plus haut : « Chassons l' ! — Arrière... » Celui-ci de Voltaire ne l'est guère moins :

> Plaignez-l' ; il vous offense, il a trahi son roi.

Combien ne serait-il pas plus euphonique (et aussi plus logique pour le sens, ce qui est bien quelque chose) de dire, avec le repos nécessaire après *le* :

Plaignez-le ; il vous blesse, il a trahi son roi [1].

J'irai plus outre, et dirai que l'*e* muet, même atone, toujours logiquement et euphoniquement, ne devrait jamais s'élider lorsqu'il est suivi d'une pause. Dans les vers suivants de Corneille :

Don Rodrigue.
Ma Chimène...
Chimène.
Ote-moi cet objet odieux !...

Il n'y a pas du tout élision de l'*e* terminal de *Chimène*, il y a, de réalité, une césure féminine, c'est-à-dire un *e* muet de trop dans le vers, *e* muet qu'on ne fait pas entrer en compte, comme on avait accoutumé au moyen âge. Rodrigue, en effet, s'arrête, et pour que la mesure y soit, il lui faut dire, en deux syllabes : *Chimènn*, ce qui est une prononciation populaire, transportée à la scène.

Et voyez la contradiction : Si Chimène eût commencé sa phrase par une consonne :

Ma Chimène... — Retire un objet odieux,

Il eût fallu alors que Rodrigue prononçât *Chimène*, en trois syllabes pour que le vers pût trouver son compte.

Ainsi, suivant les rencontres, il faut que l'acteur emploie tantôt la prononciation populaire, tantôt la prononciation lettrée ; tantôt qu'il dise *Chimènn*, tantôt *Chimène*, et pourtant, avec la pause, les conditions sont *identiques dans les deux cas* : l'*e* muet NE PEUT S'ÉLIDER ni dans l'un ni dans l'autre.

1. Notez que c'est ce qui a lieu dans la prose, lorsqu'il est nécessaire d'accuser le caractère incident d'une proposition. On met alors l'incidente entre virgules sans élider l'*e* : « Encore que, à ne vous rien céler, il ne faille pas faire grand fond sur moi, » lisais-je naguère dans une lettre de je ne sais plus quel grand écrivain du XVIIe siècle. Il serait drôle que, lorsque le même cas se présente en vers, il fallût violer la construction grammaticale pour faire une élision qui ne doit pas exister en prose.

La prétendue élision de *e*, on le voit, est ici purement idéale. C'est un effet d'auto-suggestion.

Par la même raison qu'il ne peut y avoir d'hiatus lorsque les deux voyelles consécutives sont séparées par une pause (voyez page 238) il ne peut y avoir d'élision lorsque *e* final est séparé du mot consécutif par une pause ; pour *élider*, il faut, de toute évidence, qu'il y ait une *liaison*, et il ne peut y avoir de liaison entre deux mots *séparés par une pause*.

Je me hâte de dire que cette réforme, si logique qu'elle soit, n'ajouterait rien aux facilités données au poète, et qu'il est plus urgent de s'occuper de celles qui peuvent avoir une utilité pratique, telle que la substitution de la rime pour l'oreille à la rime pour les yeux, etc.

DE L'E MUET EN HIATUS DANS L'INTÉRIEUR DU MOT

On sait qu'il s'élide, ou plutôt que l'on n'en tient pas compte ; on dit *loûrait* pour *louerait*, *remercîment* pour *remerciement*, etc.

Cela semble raisonnable. Encore a-t-on mis du temps à y arriver pour certains mots. On admet aujourd'hui à l'intérieur d'un vers les mots *soient*, *aient*, *voient*, *offraient*, etc., parce que *oient*, *aient*, se prononcent *oi*, *ai*, etc.[1]. Cependant les poètes ont hésité longtemps, et V. Hugo a la bonté de se disculper, en s'étayant de l'exemple de Racine, d'avoir employé *soient* à l'intérieur d'un vers !

Mais, malgré toute ma sympathique admiration pour M. Gabriel Vicaire, je ne puis admettre de bon gré son vers :

Crient à Jésus miséricorde.

Car il faudrait supposer qu'il n'y a aucune différence entre la prononciation de *cri*, substantif, et de *crient*, troisième personne du pluriel ; de telle sorte que *crient* constituerait une rime *masculine*, et par suite que, d'après notre principe de la rime pour l'oreille, on

---

1. Et par conséquent, bien entendu, forment des rimes masculines.

pourrait faire rimer *crient* et *rabougri*, ce qui, si accoutumé que je sois à l'audace, me semble audacieux.

J'ignore si cette prononciation monosyllabique de *crient* est celle admise à Paris, mais à Lyon nous avons conservé la prononciation traditionnelle, et nous disons *Marie* et non *Mari*. J'ai peine à croire qu'au Théâtre-Français, on ne prononce pas comme nous.

C'est à regret que je n'oserais pas mettre, comme on le faisait encore au XVIe siècle, *Marie* à l'intérieur d'un vers, en le comptant pour trois syllabes, comme dans ce charmant vers de Ronsard :

<blockquote>Marie, levez-vous, vous êtes paresseuse ;</blockquote>

Ou le joli mot de *m'amye*, comme dans ce vers de Marot :

<blockquote>En me disant : « Mamye Maguelonne... »</blockquote>

Je crois bien que, après tout, étant admise comme correcte, sinon usuelle, notre prononciation *Mari-e*, c'est pur préjugé que de ne pas suivre l'exemple de Ronsard, mais enfin je reconnais que la tendance générale aujourd'hui est d'étouffer de plus en plus l'*e* final. Je le déplore, mais ne puis aller contre.

Il fallait bien que du temps de la Fontaine on prononçât *ri-e(nt)*, car c'est pour éviter l'emploi du pluriel que, par un latinisme, d'ailleurs très heureux et que je voudrais voir souvent employer, il a dit :

<blockquote>...Malgré son noir sourcil
Jupiter et le peuple immortel *rit* aussi.</blockquote>

Et je ne pense pas que, même avec la prononciation moderne,

<blockquote>Jupiter et le peuple immortel *rient* aussi</blockquote>

Pût faire un vers correct.

Par les mêmes raisons, je ne crois pas qu'on puisse davantage mettre à l'intérieur d'un vers *ils fuient*, *ils s'ennuient*, etc.

Mais pourrait-on y mettre *les baies*, *les joies*? Suivant la lettre des règles, on ne l'a pas fait jusqu'ici. Pourtant, dans ces mots, la prononciation la plus étudiée ne fait pas sentir l'*e*, et je ne vois pas qu'entre les *haies* et tu *hais*, il y ait aucune différence de son. L'emploi du premier mot, comme de celui de *joies*, serait donc évidemment justifié. Et j'écrirais hardiment, modifiant légèrement un vers de Laprade :

> Et les joies de l'hymen s'éteignaient dans les ombres.

Il n'en serait plus de même au singulier, et dans la *haie*, la *joie*, prononcés oratoirement, l'*e* doit se faire légèrement sentir, et par conséquent s'élider.

LA DIÉRÈSE DANS LES DIPHTONGUES OU I EST EN HIATUS

C'est un des points où la prononciation poétique est le plus en désaccord avec la prononciation de la prose. En prose on dit *dia-mant, ac-tion*, et en poésie *di-a-mant, ac-ci-on*.

La diérèse est évidemment une ancienne tradition, et je reconnais que, dans beaucoup de cas, surtout lorsque le mot est court, elle est plus euphonique. Dans le vers de Laprade déjà cité :

> C'est du soleil de mai qu'Hermia nous est née ;

Mettez *ia* monosyllabique, et dites :

> C'est du soleil de mai qu'Hermia naquit un jour ;

Comme toute la mollesse euphonique disparaît ! comme le vers devient plat !

Cependant *i-on* n'est guère beau parfois, surtout dans les grands mots. On connaît ces vers célèbres d'un grand académicien :

> Considération, Considération,
> Ma seule passion, ma seule passion !

La solennité de la diérèse ajoute fortement au comique.

Je voudrais donc qu'il fût permis au poète de faire la diérèse ou non, suivant que l'une ou l'autre forme se prête mieux, soit à l'expression de la pensée, soit simplement à l'euphonie. C'est la liberté qu'a prise Barbier dans les deux vers suivants. Dans le premier il a fait *ion* monosyllabique, et dans le second dissyllabique :

> Et, sous un faux semblant de civilisation,
> Si l'univers entier subit leur action...

C'est-à-dire qu'il a fait la diérèse dans le mot court et ne l'a pas faite dans le mot long.

Mais les rimes en *ion* sont rarement aimables, et c'est peut-être ce qui a donné à ces vers de Barbier un accent prosaïque si fortement marqué. Il y a des exceptions à tout, et la longueur des mots, la lenteur de la scansion donnent au contraire un caractère solennel et mesuré comme le mouvement d'une armée grecque aux deux vers superbes par lesquels débute le poème de Jean Tisseur, le *Javelot rustique* :

> Dans la plaine d'abord on voit les légions
> Commencer lentement leurs évolutions.

Musset, l'un des poètes qui ont eu le moins la superstition des « règles », mais le sens le plus juste de la cadence, n'a pas fait la diérèse de *ia* dans ce vers :

> O Maria-Félicia ! le peintre et le poète...

Au rebours, un peu plus loin, il a fait la diérèse de *iè* dans le suivant :

> Hélas, Marietta, tu nous restais encore...

Et si chacun des vers sonne agréablement. Nos poètes devraient bien, sur le patron de Musset, agir bonnement au mieux de l'ouïe et de la mesure.

Ce que l'on peut dire, c'est que, le plus souvent, la diérèse donne de la douceur et du moelleux au prononcer. De vérité, il y a pure pédanterie de la part de Banville à reprocher à Hugo la diérèse de *ia* dans *liard* pour ce qu'il a plu aux traités de faire *liard* monosyllabique[1], cependant qu'ils faisaient de *caviar* un trisyllabe :

---

[1]. Quelle raison de faire de *liard* un monosyllabe ? L'analogie ?. Voyez *cavi-ar*, *ti-are*, *centi-are*, *Ili-ade*. L'étymologie ? — On l'ignore. Logique des traités : *ia* est monosyllabique dans *milliard* et disyllabique dans *milliade*.

Deux liards couvriraient fort bien toutes mes terres.

La faculté laissée aux poètes de scander certains groupes de voyelles de telle ou telle façon, existe en anglais pour divers mots : exemples *bower*, *dower*, *flower*, qu'on peut faire, à son choix, monosyllabiques ou non. C'est aussi le cas en français pour *hier*, *duel*, etc. Pourquoi n'en serait-il pas de même pour d'autres vocables ?

DE L'ALLITÉRATION

On a déjà vu (page 23) que l'allitération est le retour de mêmes consonnes à l'intérieur du vers. Il peut se dire, sous une forme plus générale, qu'elle est le retour de la même consonne dans une phrase. La répétition des voyelles a un certain agrément pour l'oreille : témoin l'usage de la rime. Ainsi pour les consonnes ; quoique ici la tendance ne soit pas aussi universelle. Il semble, par exemple, que, pour les oreilles germaniques, l'allitération ait plus de séduction que pour les nôtres. Foison de proverbes allemands sont allitérés : « **G**leich und **g**leich gesellt sich. **B**iegen und **b**rechen. **D**ick und **d**ünn. **F**rank und **f**rei. **H**erz und **H**and. **G**anz und **g**ar. **H**aus und **H**of. **T**od und **T**eufel. **R**oss und **R**eiter. **W**ind und **W**etter[1], etc., etc. L'anglais a aussi ses proverbes allitérés : **L**ife and **l**imb. **W**atch und **w**ard. **W**eal and **w**oe. **F**riend and **f**oe. **F**ar birds have **f**air **f**eathers[2], etc.

En France, nos proverbes sont de préférence rimés. On en a cité quelques-uns, page 153. Cependant il s'en rencontre, dans les provinces surtout, qui sont allitérés. Chaque pays tire volontiers sur son voisin. Aussi disons-nous des Bressans, en allitérant : « **L**ong, **l**ent, **l**âche. » Ils nous le rendent en rimant : « Lyonn**ais**, ni**ais**. » D'une femme comme il y en a trop peu, nous disons volontiers

---

[1]. « Qui se ressemble s'assemble. Courber et briser. Épais et mince. Franc et libre. Cœur et main. En tout et totalité. Maison et court. Mort et diable. Cheval et cavalier. Vent et tempête. »

[2]. « Vie et membre. Veille et garde. Bonheur et malheur. Ami et ennemi. Les oiseaux éloignés ont de belles plumes. »

qu'elle est marquée aux trois *b* : **b**elle, **b**onne, **b**ête. » Souvent l'allitération s'allie à la rime : « **F**umée, méchante **f**emme et **f**eu font **f**uir l'homme de tout lieu. » — « **G**ivor**dins** (gens de Givors), **g**rands, **g**ros et pas **f**ins. » Parfois l'allitération repose sur la répétition même du mot : « **F**roid avec **f**roide font les enfants gelés. **B**on timps, **b**on **b**argî, **b**ona **f**ëna, fant lo champ **b**ien in **g**r**aina**. **G**rand vent, **g**rande **g**uerre. »

Les Latins primitifs n'étaient pas sans quelque goût pour l'allitération, car Cicéron en cite plusieurs exemples curieux d'Ennius et d'Accius. Voici un vers d'Accius où elle est évidente :

Major **m**ihi **m**oles, **m**ajusque **m**iscendum est **m**alum...

On a signalé quelques exemples de Lucrèce :

Inde **f**erae **p**ecudes **p**ersultant **p**abula laeta...
...**P**etens **p**lacidam Romanis incluta **p**acem...
Ad cœlum **f**erat **f**lammai **f**ulgura rursum ;

Et l'on a même voulu voir une allitération cherchée dans

Tityre, **t**u pa**t**ulae recubans sub **t**egmine fagi.

La répétition de la lettre *t* dans ce dernier vers ne me semble qu'une rencontre fortuite. Les contemporains d'Auguste n'ont pas donné dans l'allitération.

Vrai qu'il existe des vers latins allitérés, mais ce sont affaires de latinistes, non de Latins. Le poème de *Waltharius*, œuvre allemande du xe siècle, offre de nombreux exemples d'allitération, évidemment sous l'influence de la tradition germanique, quoique l'auteur ou les auteurs n'aient pas pris la peine de suivre exactement les lois de l'allitération primitive. M. Edmond Quatrevaux me signale le début d'une pièce de deux cents vers latins, écrite au xvie siècle sur le type suivant :

Plaudite, **p**orcelli **p**orcorum **p**igra **p**ropago.

Stultum est difficiles habere nugas. Mais, en toute occurrence, cela n'a rien à voir avec la vraie poésie latine.

L'allitération a été recherchée à l'origine de diverses poésies, comme une sorte de nombre. Puis, à mesure que la littérature se développe, elle est abandonnée comme un agrément bon seulement pour les oreilles populaires. Alors elle ne se présente plus à l'état de cadence qui vaut par elle-même. Elle n'est plus amenée que de très loin en très loin, pour obtenir un effet d'harmonie imitative. C'est ainsi qu'elle se dessine dans ces deux vers de Virgile, tantôt pour figurer le bruit du galop d'un cheval, tantôt le sifflement des tempêtes :

> Quadrupedante putrem sonitu quatit ungula campum...
> Luctantes ventos tempestatesque sonoras.

C'est sous cette forme seulement que nous, modernes, connaissons l'allitération. Avec les habitudes contractées par notre oreille, nous avons quelque peine à nous figurer que l'allitération ait constitué un élément essentiel du rythme dans certaines poésies anciennes. Dans le vers germanique, c'était une chaîne qui en reliait les diverses parties. De même qu'aujourd'hui la rime arrête la fin du vers, de même la fin en était accusée par le changement de consonne allitérante. Mais au rebours, dans la prosodie anglaise du moyen âge, la règle stricte voulait que deux ou trois mots d'un vers et un mot du vers suivant eussent la même lettre initiale [1].

> Any science under sonne,
> The sevene artz and alle,
> But thei ben lerned | for our Lordes love
> Lost is all the tyme [2].
>
> (Robert Langland, XIVᵉ siècle).

[1]. Telle est la règle donnée par les traités modernes, mais n'est-il pas à croire que le vers primitif était un grand vers à deux hémistiches, avec deux *Stabreime* dans le premier, et une dans le second ; grand vers dont on a fait deux petits vers, comme du septénaire rythmique latin ? De telle sorte que le type réel est :

« Any science under sonne, | the seven artz and alle... »

[2]. « Nulle science sous le soleil ; ni les sept arts ni le reste, s'ils ne sont étudiés pour l'amour du Seigneur, l'on a vainement dépensé son temps. »

Nous avons vu (page 23) le rôle et les conditions de l'allitération dans le vers germanique. Les Allemands n'ont point perdu le goût de ce genre de cadence, voire qu'au besoin ils en exagèrent le rôle. Voici quatre vers de Rückert, tous allitérés sur la consonne W, à raison de cinq *Strabeime* par vers :

> **W**enn die **w**üsten **W**inter**w**inde **w**ütend **w**ehn,
> **W**eisst du, **w**as zur **W**ehre **w**aehlt ein **W**eiser ?
> **W**arme **W**ohnung, **w**eiche **W**att und **w**olnes **W**ams,
> **W**eiter : **w**ürzgen **W**ein, und **w**ill'ge **W**eiber [1].

Dans ce tour de force, l'effet de l'allitération est fort étrange à l'oreille. C'est une sorte de musique qui rappelle celle d'un vent qui n'a point de cesse. Elle nous déroute un peu, nous autres Français qui n'avons jamais connu la poésie allitérée, ayant possédé la rime dès nos plus anciens monuments poétiques, comme nous l'avons vu (page 15) dans la cantilène de *sainte Eulalie*. L'allitération se rencontre donc chez nos poètes, non plus à l'état suivi et réglé, à la façon de Rückert, mais à l'état sporadique, de loin en loin, le plus souvent sans avoir été cherchée. Et lorsqu'elle a été cherchée, ou paraît l'avoir été, rarement l'effet en est bon. N'étant pas, comme dans les langues germaniques, un fil qui court dans l'étoffe pour la lier, elle n'apparaît que pour rendre, au moyen des sonorités, une impression particulière. C'est ce que les classiques appellent l'harmonie imitative. Il n'est rien dont il faille se défier davantage.

On cite communément ce vers de Racine (peut-être le seul mauvais qu'il ait fait de sa vie) où la répétition des *s* serait censée imiter le sifflement des serpents :

> Pour qui **s**ont **c**es **s**erpents qui **s**ifflent **s**ur ma tête [2] ?...
> (Ces successions d'*s* sont, ce semble, sensibles.)

---

1. « Lorsque soufflent avec rage les sauvages vents d'hiver, sais-tu ce que, pour se défendre, choisit un sage ? Chambre bien chaude, ouate molle et pourpoint rembourré. Quoi plus ? Vin généreux et femmes de bon vouloir. »
2. Ce vers a tellement charmé Boileau qu'il s'est hâté d'en faire un pastiche pour ses exemples du « sublime »(!) :
   « ...Mon **s**upplice **s**'apprête.
   « Quels horribles **s**erpents leur **s**ifflent **s**ur la tête ! »

En récompense, dans ce vers de la Fontaine :

<blockquote>Il fai**s**oit **s**onner **s**a **s**onnette,</blockquote>

L'allitération et l'assonance, évidemment voulues, font un effet drôle, à l'unisson de la pièce.

L'allitération se glisse le plus souvent comme un larron. Le poète la laisse passer parce qu'au lieu de se réciter ses vers, comme Flaubert le faisait de sa prose, il se contente de les lire des yeux. Il est peu vraisemblable que Voltaire ait eu l'intention de produire un effet par ce heurt abominable des *n* dans ce vers de *Nanine* :

<blockquote>**N**on, il **n**'est rien que **N**a**n**i**n**e **n**'ho**n**ore [1]</blockquote>

Je ne suppose pas non plus que l'affluence des *q* soit préméditée dans ce vers de Corneille :

<blockquote>**Q**uelle **q**ue soit sa mère et de **q**ui **q**u'il soit fils.</blockquote>

J'irai plus outre : je ne crois pas que ce soit de propos délibéré que V. Hugo ait amené l'allitération dans les deux vers suivants, qui sont au nombre des plus beaux de la langue :

<blockquote>Un **f**rais par**f**um sortait des tou**ff**es d'as**ph**odèle,
Les sou**ff**les de la nuit **f**lottaient sur Galgalla.</blockquote>

La répétition des *fl* (je ne trouve pas que le premier vers tire son charme de la répétition des *f*) donne au second vers un *flou* délicieux [2]. Mais le poète ne s'est point dit : « Je vais répéter les *fl* pour imiter la brise. » Ces sortes de choses, ça ne se veut pas ; cela se rencontre ; ça ne s'apprend pas, cela s'attrape : *Spiritus flat ubi vult.*

Un fait détruit d'ailleurs la théorie de l'allitération en vue d'un

---

1. Il s'est efforcé d'atténuer la répétition dans les éditions suivantes en substituant *sa vertu* (ce qui a peu de sens) à *Nanine*. Le concours des *n* n'en reste pas moins exacerbant.

2. L'harmonie, dans ce vers, repose plutôt sur les *l* que sur les *f*. Les deux *l* de *Galgalla* ajoutent beaucoup à la douceur.

effet, ou du moins interdit d'en poser les règles. C'est que l'allitération de la même consonne peut, à tour de rôle, exprimer les sentiments les plus opposés.

« On s'accorde à reconnaître, disent MM. le Goffic et Thieulin, que certaines consonnes, les *r* par exemple, à cause de la sonorité qu'elles donnent aux syllabes, se prêtent mieux que d'autres à *l'expression de sentiments violents.* » Or est-il rien de plus absolument suave que ces vers de Lamartine, où les *r* reviennent constamment :

> Sur la plage sonore où la mer de Sorrente
> Déroule ses flots bleus au pied de l'oranger,
> Il est près du sentier, sous la haie odorante,
> Une pierre petite, étroite, indifférente
> Aux pas distraits de l'étranger?

Et, à l'inverse, est-il rien de plus rauque, de plus désagréablement guttural que le concours des *r* dans ce vers de M. Verlaine, combien que l'auteur ne l'ait vraisemblablement pas prémédité dans cette intention :

> Ton cher corps rare, harmonieux...

La même *r* qui caractérise le doux ronron du petit minet lorsqu'il est content, caractérise le rauque croassement du corbeau. « Le même feu fait reluire l'or et fumer la paille, » disait Bossuet.

Nous avons vu tout à l'heure la lettre allemande *W* répétée vingt fois dans cinq vers pour exprimer les violences continues de l'ouragan hivernal. Nous allons voir la même labiale répétée dix fois pour exprimer les caresses des plus douces haleines printanières. Et de fait, rien de plus doux, de plus caressant que ces vers :

> Wonne weht von Thal und Hugel,
> Weht von Flur und Wiesenplan,
> Weht von glatten Wasserspiegel,

Wonne weht mit weichen Flügel
Des Piloten Wangen an [1].

Becq de Fouquières a un long chapitre sur l'allitération, qui ne se compose que de rêveries et de subtilités [2]. Les allitérations qu'il cite sont le plus souvent des rencontres dues au hasard. Quel rapport psychologique peut-il bien exister entre la consonne *t*, et ce qu'exprime ce vers d'Hugo :

Un satyre habitait l'Olympe retiré?

Le vers s'est présenté tel quel à l'esprit d'Hugo, qui avait besoin d'une rime à *sacré*. S'il eût eu besoin d'une rime en *impe*, il aurait écrit, sans en avoir cure davantage :

Un satyre vivait dans un coin de l'Olympe ;

Et, pour être moins riche en *t*, le vers n'eût pas présenté un caractère sensiblement différent.

Pour l'emploi de l'allitération, il n'y a qu'une règle, une seule :

Fuyez de mauvais sons le concours odieux.

La bonne madame Oreille vous renseignera. Elle vous dira que la même consonne répétée sans une voyelle intermédiaire (corps rare) fait un concours odieux ; qu'une consonne trop souvent répétée dans un vers est désagréable, surtout lorsqu'une des répétitions affecte deux syllabes de suite. Si Victor Hugo eût mis *titan* au lieu de *satyre* :

Un titan habitait...

Il y eût eu, à l'audition, de quoi faire avorter une femme grosse.

---

1. « De voluptueuses délices soufflent de la vallée et de la colline ; soufflent des champs et des prairies de la plaine ; soufflent du miroir poli des eaux ; de voluptueuses délices, d'une aile amollie, effleurent la joue du pilote. »
2. Je ne me refuse pas au désir d'une citation : « Quel que soit le moment, dans l'espace et dans le temps, où cette combinaison se reformera sur la bouche des hommes, elle réintégrera dans leur cerveau la même combinaison idéale. » Je pense que maintenant vous êtes éclairci de tout.

La répétition des gutturales est particulièrement pénible :

> Quand donc au corps qu'académique on nomme,
> De roc en roc grimperas-tu, rare homme [1] ?

Quelques poètes de notre jeune école ont cependant recherché des effets d'allitération, mais combien rares, dirait M. Paul Bourget, combien rares ceux qui ont réussi ! Évident que, dans le second des deux vers suivants, les trois *f* qui se suivent, sans seulement crier gare, sont préméditées :

> C'est ainsi que les choses vont,
> Et que les raillards fieffés [2] font. (VERLAINE.)

Tout concourt au choc odieux. Dans le premier vers du *Satyre*, cité plus haut, on a vu qu'Hugo a pris soin de disséminer dans le vers les *f* répétées. Pour les consonnes allitérantes, c'est comme pour les lèvres, il faut éviter le contact immédiat : il faut glisser des tampons entre toutes les parties saillantes. Or, chez M. Verlaine, les trois coups de piston se succèdent sans miséricorde. De plus, le dernier mot du vers est monosyllabe, ce qui augmente la force du heurt et l'on se brise le nez contre ce *font* si dur.

Et puis, je demande, que signifie cette répétition de sons ? qu'ajoute-t-elle au vers ? Je conçois une suite de vers tous allitérés, comme en allemand. Je conçois un seul vers allitéré en vue d'un effet imitatif, comme les vers de Virgile et de Racine, cités plus haut, mais lorsque la répétition des consonnes n'appelle aucune idée, ne suscite aucune image ?

---

1. *Rare homme*; cela ressemble bien au *corps rare* de M. Verlaine.
2. Exemple de la sottise coutumière des règles : conformément aux dictionnaires de rimes, le poète a mis *fieffé* en deux syllabes. Combien, pourtant, le mot n'est-il pas plus doux en trois : *fi-èf-fés* ? C'est que cette diérèse augmente la distance entre les *f*. Aussi donné-je raison à la complainte :

> « C'est Jausion le gigantesque,
> « Moins deux pouc' ayant six pieds.
> « Ce scélérat fi-èf-fé
> « Et même sans politesse... »

A Lyon, nous avons renchéri et nous disons « un scélérat *fi et fait*. J'ai dû arriver jusqu'à l'âge mûr avant de comprendre que *fi et fait* représentait *fieffé*.

De même que l'allitération est le retour de la même consonne à l'intérieur d'un vers, de même

L'ASSONANCE A L'INTÉRIEUR DU VERS

Est le retour de la même voyelle. Tout ce que l'on a dit de l'une peut s'appliquer à l'autre.

Une différence cependant : je ne crois pas qu'il existe aucune littérature où l'assonance soit une condition essentielle du vers comme l'allitération dans la poésie germanique. L'assonance est une fantaisie du poète.

Dans un certain nombre de pièces lyriques du moyen âge on rencontre des rimes ou assonances à l'hémistiche, pour une partie des vers seulement. Voici huit vers tirés d'une romance fort ancienne :

> An un florit | vergier jolit
> L'autre jor m'en entroie :
> Dame choisi | leis son mari
> Ki forment la chaistoie.
> Se li ai dit : | « Vilains floris, »
> La dame simple et coie,
> « J'ai bel amin | coente et joli,
> « A cui mes cuers s'otroie¹. »

Il y en a même où l'assonance est double :

> Elle dist en riant :
> « Robin, Deus te saut, | eyaut, | plorers que vaut ?
> « J'en vois esbanoier el gaut,
> « Por mon delit, | eyit, | un soul petit². »

A savoir si ces membres de vers ne doivent pas se séparer :

> Robin, Deus te saut,
> *Eyaut !*
> Plorers que vaut ? etc.

---

1. « L'autre jour, j'entrai dans un joli verger tout en fleurs. Je vis une dame près de son mari, qui se disputaient. La dame, simple et paisible, lui dit : « Gros rustre, j'ai un bel ami, gracieux et joli, à qui mon cœur se donne. »
2. « Robin, Dieu te conserve, — *eyaut !* — à quoi bon pleurer ? Je vais me divertir au bois, pour mon plaisir, — *eyit !* — un tantinet. »

Quoi qu'il en puisse être, dites la différence entre ces vers écrits tout d'une tire, ou bien séparément? — Nous pouvons donc toujours les considérer comme des vers séparés. La manière de les écrire n'y fait rien.

Mais l'assonance intérieure ne se présente pas toujours de même. La première strophe des *Niebelungen* offre cette particularité que le mot à l'hémistiche rime avec le mot terminant l'hémistiche du vers suivant :

Uns ist in alten *maeren* | wunders vil geseit
Von helden *lobebaeren* | von grozer kuonheit,
Von frouden, hochgez*iten*, | von weinem und von klagen,
Von küener recken str*iten* | muget ir nu wunder hoeren sagen [1].

De sorte qu'en réalité la strophe est de huit vers à rimes croisées et pourrait s'écrire ainsi :

Uns ist in alten maeren
Wunders vil geseit
Von helden lobebaeren
Von grozer kuonheit, u. s. w.

Quelques poètes anglais se sont amusés à faire, au moyen de la rime intérieure, des effets suivis. Dans la pièce, le *Nuage*, de Shelley, elle figure dans un vers sur deux :

I bring fresh *showers* for the thirsty *flowers*
From the seas and the streams;
I bear light *shade* for the leaves when *laid*
In their noonday dreams.
From my wings are *shaken* the dews that *waken*
The sweet birds every one,
When rocked to *rest* on their mother's *breast* [2].

---

1. « Dans les vieilles légendes il nous est conté beaucoup de merveilles des héros dignes de louange par leur grande vaillance; de joies, de fêtes, de larmes et de plaintes, et maintenant vous pouvez ouir des prodiges touchant les luttes de ces vaillants. »
2. « Des mers et des fleuves j'apporte de fraiches ondées pour les fleurs altérées; j'apporte aux feuilles une ombre légère quand elles sont plongées dans leurs rêves de midi. De mes ailes sont secouées les rosées qui éveillent les doux oiseaux l'un après l'autre, quand ils sont bercés pour dormir sur le sein de leur mère. »

J'en reviens toujours à mes moutons : De rimer par le milieu du vers, à quoi cela sert-il, puisque aussi bien l'on peut faire deux vers séparés ?

Notre XVIe siècle, qui a épuisé toutes les sottises en fait de recherches et de complications de rimes, a, lui aussi, employé la rime à l'hémistiche. Rapin a fait des vers mesurés prétendus léonins :

> Henriette est mon *bien ;* de sa bonté l'ombre je sens *bien :*
> Mais elle y joint la *rigueur* dont elle abat ma *vigueur*,

Et ainsi de suite.

Mais à part ces billevesées, la rime ou l'assonance intérieure n'a guère existé jusqu'ici chez nos poètes qu'à titre de simple rencontre. Becq de Fouquières se laisse aller pour l'assonance aux mêmes imaginations que pour l'allitération. Un exemple : il voit un effet d'assonance dans ce vers mélodieux de Racine :

> J'ignore le destin d'une tête si chère.

Impossible à mon chétif entendement de comprendre ce que la répétition de *é* à l'intérieur du vers peut ajouter au sentiment ou à l'harmonie. L'harmonie, elle est dans le concours général des syllabes ; le sentiment qui nous touche, qui nous émeut, il est tout entier dans le *tam cari capitis*.

Si la rencontre de deux sons identiques dans un vers constitue un « effet », le difficile ne serait pas d'assoner, mais de n'assoner pas. Et je ne crois mie que dans le vers célèbre de la tragédie de *Manco-Capac* :

> D'un tel forfait crois-tu Manco-Capac capable ?

L'assonance soit le fruit des veilles de l'auteur, non plus que dans celui, non moins fâcheux, tiré d'une idylle helvétique :

> La vache *paît* en *paix* dans ces gras pâturages.

Et je ne pense pas que ce soit une beauté préméditée que la répétition des *s* et des *i* dans ce vers d'Hugo :

> *Si* ce que je te *dis* ne se *dit* pas ainsi...

Si, ces si-ci me font bien un « effet », mais c'est celui d'une scie.

Je n'ai pas rencontré, dans les multiples citations de Becq de Fouquières un seul vers où l'assonance parût réellement intentionnelle. Il n'en est pas de même pour quelques-uns des vers de notre jeune école. Voici une série de vers de M. Verlaine, tirés d'un de ses ouvrages les plus récents. L'assonance y est évidemment poursuivie :

> Tes seins que b*usqua*, que m*usqua*...
> Fol*lement*, fanatique*ment*...
> La cour se fleur*it* de souc*i*...
> Extraordin*aire* et sapon*aire*(?) tonn*erre*...
> C'est à cause du clair de l*une*
> Que j'ass*ume* ce masque noct*urne*,
> Et de Sat*urne* penchant son *urne*,
> Et de ces l*unes* l'*une* après l'*une*...
> Ton *blaire*(?) *flair*, âpre et subtil...
> Les hommes, vins *bus*, les livres *lus*...
> Passe et rit sur ta *chère chair* en fête...
> R*it* et *jouit* de ton *jouis*sement...
> Laisse ma tête err*ant* et s'abîm*ant*...

Cela se pousse même au calembour :

> Le *bonneteau* fleurit « dessur » la berge ;
> La *bonne tôt* s'y déprave, tant pis
> Pour elle...

Si vous trouvez quelque agrément à ces concours de sons, mélodieux comme les cliquettes d'un ladre, tant mieux pour vous !

Il faut cependant qu'il y ait dans certaines assonances quelque vertu secrète échappant à mon oreille, car c'est assurément à dessein qu'un poète aussi exquis que M. de Hérédia a rapproché, dans le vers suivant, des syllabes dont le concours est pénible à mon ouïe. Un homme comme lui doit avoir ses raisons.

> Et l'ombre err*ante* aux bords que l'*Érèbe enténèbre*,
> S'indigne et pleure.

Il me semble que MM. le Goffic et Thieulin ont dit le mot exact sur l'emploi de l'assonance et de l'allitération : « Nous ne pouvons les expliquer, et c'est peut-être pour cela que nous n'en connaissons point l'origine, qu'il faut se tenir en garde contre elles. Leur emploi demande une délicatesse extrême ; elles doivent venir au poète naturellement et sans qu'il les cherche. Qu'il en fasse un procédé, il est perdu. »

LA LOI DE LA SUCCESSION DES RIMES

Tu sais ce qu'est une rime masculine : celle qui se termine par une syllabe sonore (*beauté-été*), même si elle est suivie d'une consonne qui se prononce (*amour-entour*) ; et ce qu'est une rime féminine : celle qui est constituée par une voyelle suivie immédiatement d'un e muet (*année-née*) ou qui en est séparée par une ou plusieurs consonnes (*âme-flamme*).

Tu sais aussi que, d'après tous les traités de versification, un vers terminé par une rime masculine ou féminine ne peut être contigu à un vers terminé par une autre rime de même nature.

Les premières assonances qui parurent dans la poésie française sont masculines. Le son plus fort et non prolongé de la rime masculine arrêtait mieux le vers, et l'on avait l'idée de marquer par-dessus tout cette fin de vers.

Les assonances de la cantilène de *sainte Eulalie* (IXe siècle), celles de la *Vie de saint Léger* (Xe siècle) et celles du *Fragment d'Albéric de Besançon* (XIIe s.) sont toutes masculines.

Dans la *Passion* (Xe siècle) l'immense majorité des vers est à désinence masculine. Cependant la féminine apparaît à l'état d'exception.

Dans l'*Alexis* (XIe s.), sur 125 stances, il y en a 52 à assonances féminines.

Les tirades mono-assonantes du *Roland* (XIe s.) dont quelques-unes vont jusqu'à une trentaine de vers, sont tantôt masculines, tantôt féminines, sans ordre dans l'alternance. C'est le type des épopées telles que le *Couronnement de Louis* (xiie s.), *Amis et Amiles* (xiie s.), *Aiol et Mirabel* (xiie s.), *la Chanson des Saxons* (fin du xiie s.), etc.[1].

Mais le type de la versification des romans, ce sont les rimes plates. Tels sont *Énéas* (xiie s.), *Éracles, le Roman de Rou, le Roman de Brut* (xiie s.), etc. Il en est de même des bestiaires, des lais, des ouvrages didactiques. Ainsi du *Bestiaire* de Philippe de Thaun (xiies.) Marie de France.(xiie s.) écrit les 118 vers du *Lais du Chèvrefoil* sur des rimes plates, toutes masculines, sauf dans six vers. *Le Lai du Bisclavret* est quasi dans les mêmes conditions. Les rimes masculines dominent aussi dans ses *Fables*. D'évidence ces rimes étaient plus agréables à l'oreille de nos pères, et je crois qu'il en est ainsi à l'origine de toutes les poésies fondées sur la rime. Dans aucun des ouvrages ci-dessus mentionnés on ne s'inquiète de faire succéder réglément les rimes féminines aux masculines.

Au xiiie siècle, Rutebeuf, dans la *Desputoison de Charlot et du Barbier*, emploie, non plus des rimes plates, mais des rimes embrassées très rigoureusement :

> L'autrier un jor aloie,
> Qui ne lief (*ne me lève*) pas volentiers main (*matin*),
> Devers l'Auçoirrois Saint-Germain
> Plus matin que je ne soloie (*je n'ai coutume*).

Mais voici déjà de lui une versification ingénieuse et compliquée. C'est celle de la pièce où le poète (de premier ordre, s'il vous plaît) nous présente ses lamentations sur son mariage. Le récit débute par trois octosyllabes monorimes ; il continue par un tétrasyllabe rimant avec deux octos suivants ; puis un autre tétra rimant avec les deux octos suivants, et ainsi du reste, de manière qu'il y ait toujours trois vers de suite sur la même rime :

> En l'an de l'Incarnacïon,
> VIII jors après la Nascïon

---

1. Dans quelques-unes de ces épopées, le dernier vers de la laisse, pour lui donner une physionomie plus marquée, forme clausule et ne rime pas avec les autres.

> Jhesu qui soufri passion ;
> En l'an soissante,
> Qu'arbres n'a foille, oisel ne chante,
> Fis je toute la rien dolante
> Qui de cuer m'aime :
> Nis li musarz musart me claime.
> Or puis filer, qu'il me faut traime[1].

M. Clédat a montré, avec exemple à l'appui, que ce rythme est celui d'une chanson à refrain dont on a mis strophes et refrain à la queue leu-leu pour lui donner le caractère narratif[2].

De très bonne heure on voit apparaître dans les chansons non pas notre loi de succession des rimes, mais celle du même ordre de rimes pour chaque strophe. Dans une chanson du comte Jehans de Braine, notre loi actuelle de la succession se trouve par le fait observée à chaque couplet :

> Par desous l'ombre d'un bois,
> Trovai pastoure a mon chois,
> Contre yver ert bien guarnie[3].
> La tousete (*jeune fille*) ot les crins blois (*blonds*).
> Quant la vi sanz compaignie,
> Mon chemin lais vers li vois (*je prends mon chemin vers elle*).

Mais ceci n'est qu'une rencontre car voici une strophe d'une pastourelle, où il y a cinq vers masculins de suite sur deux rimes :

> Tot maintenant l'acolai,
> Bien m'en seuc paiier[4] :
> Sachiez que molt la trouvai

---

1. « En l'an de l'Incarnation, huit jours après la fête de la Nativité de Jésus qui souffrit passion ; en l'an soixante, au temps que les arbres n'ont point de feuilles, je fis chagrins tous ceux qui m'aiment de cœur. Et les fous eux-mêmes me nomment fou. Maintenant je puis filer, puisqu'il me faut de la trame. »

2. L'invention de ce rythme n'appartient point à Rutebeuf. Une pièce provençale antérieure conservée sous le nom de Raimon de Miraval, présente la même disposition qui se retrouve d'ailleurs chez d'autres poètes français.

3. Être bien garnie contre l'hiver, c'est avoir une forte gorge qui défend la poitrine du froid ; c'est aussi être dodue en général.

4. S'en payer = s'en satisfaire. Est-ce de là que vient la locution de l'argot moderne *s'en payer* ?

> Douce a l'acointier.
> D'acoler et de baisier
> Ne fut pas fierete.
> La douce boucete
> Senti et sa mamelete,
> Mais que tout avant
> Dist à Robin en gabant :
> « Par ci va, musars musant[1]. »

L'ordre des rimes se répète à chaque strophe.

A mesure que l'on s'approche du xvie siècle, les poètes paraissent avoir deux traitements pour la succession des rimes. S'agit-il de rondels ou autres pièces pouvant se chanter, Charles d'Orléans, le plus souvent, alterne les rimes masculines et féminines par couples ou croisées. A côté, il a des rondels tout masculins. Quant, au rebours, il s'agit de pièces non chantées, comme ce que l'on a appelé le *Poème de la Prison*, lors même qu'elles sont écrites en strophes, il fait volontiers se succéder des rimes de même sexe.

De même pour Villon. Dans le *Testament*, quoique composé de strophes, il n'observe point l'ordre de succession de rimes, mais, dans les ballades, ou bien il observe l'assonance (comme dans la *Ballade des Dames du temps jadis*, et celle des *Seigneurs du temps jadis*), ou bien il fait une strophe tout entière masculine, alternant avec une strophe tout entière féminine (comme dans sa *Belle leçon aux enfants perdus*).

Marot n'observe généralement pas la loi de succession, sauf dans plusieurs de ses chansons et de ses psaumes destinés au chant.

Louise Labé l'observe dans ses sonnets, mais la néglige dans ses élégies.

Tout compté, il me paraît qu'à l'origine la loi de succession des

---

[1]. « Tout de suite je l'embrassai. Je sus bien m'en satisfaire. Sachez que je la trouvai d'un abord très doux. Elle ne fit pas la fière d'embrasser et de baiser. Je sentis sa douce petite bouche et sa jeune mamelle. Mais tout auparavant, elle cria à Robin en se moquant : « Va par ici, sot qui baguenaudes. » Cette chanson est loin d'être une des plus crues. Il n'y a rien de moins honnête, dans tous les sens du mot, que les pastourelles. La chasteté et la naïveté du moyen âge sont à mettre au rancart avec les superstitions des traités de versification.

rimes a été dictée par la musique. « Il y en a, dit J. du Bellay, qui fort superstitieusement entremeslent les vers masculins avec les féminins, comme on peut voir aux Psalmes traduits par Marot : ce qu'il a observé (comme je croy) *afin que plus facilement on les peust chanter sans varier la musique pour la diversité des mesures qui se treuveraient en la fin des vers.* »

La même idée ressort de ce passage de Ronsard : « Si de fortune, tu as composé les deux premiers vers masculins, tu feras les deux autres féminins et parachèveras de mesme mesure,... *afin que les musiciens les puissent plus facilement accorder*[1]. » Il faut se rappeler que, d'après Ronsard, tous les vers devaient être chantés.

Ainsi fut établie peu à peu la loi de succession des rimes, que J. Bouchet, en 1545, avait proposée dans ses *Épistres familières* et que Ronsard promulga définitivement dans son *Art poétique*. Depuis, personne ne s'en est affranchi.

Cette loi a été très vivement attaquée de nos jours par des arguments de l'ordre phonétique :

> La poésie antique (*antique* doit s'entendre ici du vieux français), dit Littré, ne s'inquiète pas de la succession alternative des rimes masculines et féminines... Il faut le remarquer, cette règle est complètement illusoire, et, si elle satisfait l'œil, elle trompe complètement l'oreille ; or, en fait de rime, c'est là une véritable absurdité.
>
> On appelle rime masculine, par exemple, *mer* avec *enfer*, et rime féminine, par exemple, *mère* avec *il enferre*. Il n'y a qu'à prononcer ces mots pour reconnaître que le son en est identique ; que la différence n'est que pour l'œil, et qu'à l'oreille, la prétendue rime masculine sonne vraiment comme une rime féminine. On appelle rime masculine *essor* avec *or*. Si on ne le savait pas par l'orthographe, je demande comment le son pourrait le faire reconnaître ?... Ces simples faits rappelés, que devient la distinction de rime qu'admet le système moderne ? L'entrecroisement n'existe pas, ou du moins il est à tout instant interrompu par des anomalies. De vraies rimes masculines sont données pour féminines ; mais l'œil est content, et cette puérilité grammaticale l'a emporté sur le jugement de l'oreille.

Il y a dans ces lignes une part de vérité. Les rimes masculines où

---

1. *Ap.* Bellanger, p. 200, 201.

la voyelle est suivie d'une consonne qui se prononce sont plus voisines d'une rime féminine qu'elles ne le sont d'une rime masculine non suivie d'une consonne qui se prononce. Faire succéder les rimes *enfer* et *fer* à *front* et *fécond*, c'est observer bien plus exactement la loi de succession que de les faire succéder à *Pomone* et *anémone*.

Mais l'erreur de Littré, comme celle de M. Psichari, comme celle de plusieurs philologues, consiste à croire que la prononciation de la poésie est la même que celle de la prose. En poésie il y a une différence marquée entre *enfer* et *enferre*, encore bien qu'elle soit beaucoup moins grande qu'entre *enfer* et *fait*.

Je passe plus outre, et je dis que, même en prose, il existe une différence dans la prononciation de *fer* et *enferre*, pour peu qu'il s'agisse d'une prononciation un peu soignée : par exemple, si l'on parle en public. A mon humble estime, c'est bien à tort que, dans son dictionnaire, Littré a écrit la prononciation des mots terminés en e muet en substituant à cet e une virgule en l'air : *flamm'*. Ceci est la prononciation tout à fait familière, celle où l'on dit *les homm'amoureux* pour *les hommes amoureux*, et *ils viv'ensemble* pour *ils vivent ensemble*. Ce n'est pas ce qu'on appelle la diction.

Si l'on entrait dans les vues de Littré, il n'y aurait aucun motif valable pour ne pas faire rimer un mot à désinence masculine avec un mot à désinence féminine. Et telle était certainement sa pensée. Nous n'en sommes pas encore là, bien que Banville ait écrit une pièce tout entière dans l'esprit de ces vers :

> Tombez dans mon cœur, souvenirs *confus*,
> Du haut des branches *touffues*.
>
> Oh ! parlez-moi d'elle, antres et *rochers*,
> Retraites à tous *cachées*.

Il y a, au prononcer honnête, une différence sensible entre *fus* et *fues*, *chers* et *chées*. Banville le savait aussi bien que nous, mais il lui plaisait de rapprocher le même son, tour à tour sous la forme explosive, et sous la forme continue, en le faisant mourir dans l'ouate de *e* muet. Ce rapprochement donne à l'oreille une impression confuse, sans charme. Aussi la tentative n'a-t-elle pas trouvé d'imitateurs.

Les Anglais qui, eux, avalent complètement les atones, au point que leur langue tend de plus en plus à devenir monosyllabique, font carrément rimer la désinence masculine et la féminine :

> Oh happiness! our being's end and *aim* !
> Good, pleasure, ease, content! whate'er thy *name* [1] !
> (POPE.)

> Far as the breeze can bear the billow's *foam*,
> Survey our empire, and behold our *home* [2].
> (BYRON.)

Mais notre langue, romane dans les moelles, est tellement différente de ce germanique contracté et réduit, dénommé anglais, qu'il n'y a aucune relation à établir entre les deux. L'allemand, sans comparaison plus musical que l'anglais, ne souffre pas l'alliance d'une rime masculine avec une féminine. Par où l'on peut penser ce qu'il en est de l'italien et de l'espagnol !

En dernière analyse, voici, bien crois-je, les observations que l'on peut faire à propos de la loi sur la succession des rimes :

La rime masculine et la rime féminine sont destinées à des effets *différents*, et l'on ne doit pas les faire *se succéder aveuglément*. Ce qui fait la force ou la faiblesse d'un vers, ce n'est pas d'avoir à côté de lui un vers de même nature comme rime, ou de nature différente, c'est d'avoir ou de n'avoir pas lui-même une rime *en rapport avec le sentiment qu'il exprime*. La rime féminine est d'une grande douceur. De même sont douces les rimes masculines suivies d'une consonne qui se prononce, comme *amour, sœur*. Tout au contraire, les rimes

---

[1]. « O bonheur ! but et fin de notre être ! Bien, plaisir, aise, contentement, quel que soit ton nom ! »

[2]. « Aussi loin que la brise peut porter l'écume des vagues, [nos âmes] surveillent notre empire et contemplent notre foyer. »

masculines explosives, c'est-à-dire qui ne sont suivies d'aucune consonne qui se prononce, ont une énergie toute particulière. Il faut user de ces différentes rimes suivant la chose à exprimer et non selon la nature de la rime contiguë. Ecoutez Camille :

> Rome, l'unique objet de mon ressentim**ent** !

Le *ent* final éclate comme une explosion. Supposez une rime féminine :

> Rome, l'unique objet de ma constante ha**î**ne !

Le vers perd toute son énergie finale, c'est-à-dire toute sa beauté.

Il est donc peu intelligent d'obliger un auteur à se servir d'une rime forte quand il a besoin d'une douce, et réciproquement ; ou, s'il ne veut sacrifier son vers, à introduire deux vers en cheville, à seule fin de justifier le sexe de la rime dont il a besoin. Dans son aimable pièce des *Violettes*, Jean Tisseur avait inséré par mégarde quatre rimes masculines de suite. On le lui fit observer : il ajouta le double chapeau, et malgré tout son art, il affaiblit le passage décisif de la pièce, mettant en quatre vers ce que deux avaient dit à suffisance.

Par ces motifs, plaise au lecteur approuver ces conclusions :

1° Que, dans les pièces en stances, l'ordre des rimes doit toujours être le même pour chaque stance. Ceci nécessaire pour la régularité, la stance étant, de sa nature, une forme musicale ;

2° Que c'est absolument chinoiserie de vouloir faire toujours succéder une rime masculine à une rime féminine. Il n'y a là qu'une habitude contractée par analogie avec certaines pièces chantées.

Mais on continuera de pratiquer la chinoiserie longtemps encore. L'accoutumance est femme ; et selon le dire de Montaigne, il ne leur en coûte non plus de passer par-dessus une bonne raison que par-dessus une mauvaise. Elles s'aiment le mieux où elles ont le plus de tort.

DE LA STANCE

Que la poésie la plus primitive ait été chantée et même dansée, cela ne semble pas devoir faire doute[1]. Cette poésie lyrique fut certainement antérieure à la poésie épique. Celle-ci, dans les plus anciens monuments que nous possédions, se présente en vers suivis, non en strophes. Telle la poésie d'Homère, telle celle d'Hésiode dans une théogonie, qui peut passer pour l'épopée des dieux. Les plus anciens vers latins, les vers saturniens; les poèmes épiques les plus anciens de la Germanie (voy. page 23) ne sont pas non plus en stances. De même nos poèmes épiques français.

Pourtant les poèmes épiques de tous les peuples étaient certainement chantés. Mais il s'agissait sans doute d'une mélopée en forme de récitatif, dont on pourrait se faire une idée par nos récitatifs liturgiques, tels que le chant de la préface, ou l'admirable déclamation des évangiles aux fêtes solennelles dans le rite viennois. La stance, au contraire, correspond à la musique proprement dite, avec phrase rythmique régulière et recommencée tour à tour. La stance se conformait à l'air, comme aussi la musique pouvait être faite sur les paroles.

La plus ancienne poésie française apparaît, modelée sur la poésie liturgique, et par conséquent formée de stances. Il est évident que la cantilène de *sainte Eulalie* (voy. p. 14) se chantait sur un air analogue à celui de la séquence latine qui lui a servi de type. Nous avons vu qu'elle se composait de quatorze stances de deux vers. La vie de *saint Léger* (voy. p. 38) est en strophes de six vers; la *Passion* (voy. p. 16 et 39) en strophes de quatre vers; l'*Alexis* (voy. p. 47) en strophes de cinq vers. Ce sont de vrais cantiques.

---

1. « Au milieu d'eux, dit Homère, un enfant jouait de façon charmante sur la lyre harmonieuse et entonnait d'une voix frêle le beau chant de Linus; et tous l'accompagnaient, frappant le sol en cadence, chantant, criant et sautant. » Les thrènes étaient des chants funèbres, en usage aux temps héroïques, et entonnés par les aèdes qu'accompagnaient des femmes avec des cris et des gémissements. La régularité du chant et de la danse impliquait l'usage de la stance, vraisemblablement avec refrain.

Avec le *Roland* apparaît la laisse ou tirade mono-assonante, d'un nombre irrégulier de vers. Ces laisses étaient chantées, mais sans doute sur une mélopée très différente de la musique à formes régulières. Elles étaient accompagnées de la viole. On suppose que tous les vers impairs se chantaient comme le premier ; tous les vers pairs comme le second. Le dernier vers de la laisse devait avoir une mélopée particulière, car nous avons vu que souvent il est plus court que les autres et ne rime pas avec eux.

Cette forme poétique est-elle la transformation d'une poésie antérieure, de caractère lyrico-épique, en laquelle, au lieu d'une laisse irrégulière, on aurait eu une laisse régulière (c'est-à-dire en réalité une strophe) probablement sans refrain ? Par exemple, n'aurait-on pu, de même qu'on chantait la vie de saint Alexis en vingt-huit couplets, chanter les exploits de Roland en huit-cents couplets ? Ne pas oublier que notre plus ancien monument épique ne date que du xie siècle, et que l'épopée française a eu pour point de départ le baptême de Clovis !

Je ne puis répondre que par la confession de mon entière ignorance, sur ce point comme sur tant d'autres. Et je ne sais si de beaucoup plus savants que moi en pourraient dire moult davantage.

J'ai quelque peine à croire, cependant, que la laisse, avec son nombre irrégulier de vers, soit une conception primesautière. Mais elle a pu ne pas éclore de la strophe. Je ne sais trop pourquoi je m'imagine que, l'évolution rythmique se produisant à peu près de la même façon chez tous les peuples, nos premières épopées ont dû être en vers suivis, comme les épopées grecques et germaniques, le rythme narratif, quoique chanté, étant ainsi distinct du rythme lyrique. Les besoins de la rime auraient amené naturellement une division en laisses, car, lorsqu'on avait épuisé une assonance, il fallait passer à une autre. Par ainsi la laisse se trouva toute formée d'après le plus ou moins grand nombre d'assonances possibles au même son. Tout ceci, conjectures. Qui voudra mordre y morde. Sinon, autant en emporte le vent.

Quoi qu'il en soit, deux espèces de versification bien caractérisées, suivant la nature de la poésie : 1° le rythme épique ou narratif; 2° le rythme lyrique. Dans ce qui nous est parvenu du moyen âge, les pièces primitives en strophes, à vers inégaux, sont toutes lyriques. On ne saurait entrer ici dans les détails. Il y faudrait tout un volume, joint que besoin y serait d'un plus grand clerc que moi, chétif, qui vais ramassant, sans y penser davantage, les fleurettes que le hasard fait rencontrer sous mon pied.

Seulement je m'étonne que nos jeunes poètes, lassés des formes classiques, un peu figées, n'aient pas cherché de nouvelles dispositions de strophes dans les poésies du moyen âge. Ils en auraient trouvé à revendre.

A l'origine, la strophe se composait d'un certain nombre de vers mono-assonants (3, 4, 5 ou 6); puis viennent un vers ou deux formant refrain. Quelquefois le vers ne revient qu'à la fin de la chanson. Dans la chanson suivante, qui doit être du XIIe siècle, le vers *E Raynaut amis* revient à la fin de chaque couplet :

> « Sire Raynaut, je m'en escondirai :
> A cent puceles sor sainz vos jurerai,
> A trente dames que avuec moi menrai,
> C'onques nul hom fors vostre corps n'amai.
> Prennez l'emmende et je vos baiserai ! »
> E Raynaut amis[1] !

Dans la *Belle Aiglentine*, qui doit être du XIIe siècle, les strophes, au nombre de huit, sont mono-assonantes et d'un nombre irrégulier de vers :

> Belle Aiglentine, en roïal chamberine,
> Devant sa dame, cousoit une chemise.
> Ainc n'en sot mot quant bone amor l'atise.
> Or orrez ja
> Comment la belle Aiglentine esploita[2].

---

1. « Sire Raynaut, je me justifierai : avec cent pucelles je vous jurerai sur des « reliques; avec trente dames qu'avec moi je mènerai, que je n'aimai jamais nul « homme que vous. Prenez l'excuse, et je vous baiserai ! — Eh, ami Raynaut ! »
2. « La belle Aiglentine, dans une chambre royale, devant sa dame cousait une chemise. Elle ne s'aperçut pas que la loyale amour l'excitait. Or vous saurez maintenant comment agit la belle Aiglentine. »

A la dernière strophe, les paroles du refrain changent en conservant les mêmes rimes :

> Grant joie en a
> Li quens (*comte*) Henri quant belle Aiglentine a.

Les poètes affectionnent de n'employer que deux rimes dans une stance.

Après les strophes mono-assonantes, on arriva bientôt à des strophes en rimes plates, puis croisées, le plus souvent avec refrain. Les mètres sont mêlés ou non :

> Avant hier en un vert pré,
> Tout a un serain,
> Deux dames de grant biauté
> Trouvai main à main,
> Desouz une vert coudrete [1]...

Un type fréquent est celui de la strophe dite *couée* (*caudata*), dont les rimes sont disposées en *aabaab* ou en *aabccb*, les vers *aa* et *cc* étant plus longs ou plus courts que *b* :

> Volez vos que je vos chant
> Un son d'amors avenant?
> Vilain nel fist mie,
> Ainz le fist un chevalier
> Soz l'onbre d'un olivier,
> Entre les braz s'amie [2].

Lorsque les vers *aa cc* sont plus courts que *b*, l'effet, pour nos oreilles modernes, du moins, est moins heureux.

On suppose que ce type de strophe peut provenir du tétramètre trochaïque rythmique [3], dont le premier hémistiche aurait été redoublé.

---

[1]. « Avant-hier dans un pré vert, à la tombée du jour, je trouvai, la main dans la main, deux dames de grande beauté sous un bosquet de coudriers verts. »

[2]. « Voulez-vous que je vous chante un chant d'amour gracieux ? Ce n'est point un vilain qui le fit, mais un chevalier sous l'ombre d'un olivier, entre les bras de son amie. »

[3]. Voy. page 13, la citation d'une hymne dans ce mètre : *Ad perennis vitae...* (voir aussi l'errata à la fin du volume).

La strophe couée a fait fortune. Très employée à la Renaissance, elle l'est encore par les modernes. C'est sur ce rythme que M. Richepin, dans une belle et curieuse pièce, chante *la Colère du bateau* :

> Ainsi triste et mécontent,
> Le bateau crie en partant.
> Mais le mousse
> Chante sa chanson. Sa voix
> Enfantine est à la fois
> Rauque et douce.

Une règle assez singulière pour nous, qui, de Provence, je crois, s'introduisit dans les strophes de nos chansons courtoises, ce fut d'être tripartites, c'est-à-dire de se composer de deux parties semblables comme ordre des rimes et mesure, puis d'une troisième partie dissemblable. Si l'on divise ces parties, on obtient les dispositions suivantes :

> Je di que c'est grans folie
> D'essaier ne d'esprover
>
> Ne sa femme ne s'amie,
> Tant com on la vuelt amer.
>
> Si se doit on bien garder
> D'enquerre par jalousie
> Ce qu'on n'i vodroit trouver [1].

Je ne sens pas trop la beauté de cette division, qui fait partie des règles formulées par Dante, car lorsque les trois parties sont réunies dans la strophe, et que le mètre est, comme ici, le même dans tous les vers, l'effet n'est sensible (si tant est qu'il puisse l'être) que pour ceux qui sont prévenus qu'à cet endroit l'on doit admirer [2].

---

1. J'emprunte l'exemple à l'excellent recueil de M. Clédat, *Morceaux choisis des auteurs français du moyen âge*. Ce Gace Brulé, auteur de la chanson, bon chevalier qui vivait au XIII° siècle, est la sagesse même. Il a devancé la Fontaine.
2. On appliquait à la chanson la même division tripartite. Par exemple, dans une chanson de trois couplets, les strophes 1 et 2 étaient sur le même rythme, et la troisième sur un rythme différent. Dans une chanson de 5 couplets, les n°° 3 et 4 correspondaient aux numéros 1 et 2, et le 3° était asymétrique. Et ainsi du reste. La dernière partie pouvait d'ailleurs comprendre plusieurs couplets. Cette division encore aujourd'hui peut trouver son application. Si elle est bien apparente, elle donne à la pièce de l'ordonnance et de la symétrie.

Observations sur l'Art de versifier

L'Allemagne a observé très rigoureusement cette loi dans ses *Lieder*, dont la strophe est toujours composée : 1° de deux *Stollen* semblables qui forment l'*Aufgesang ;* 2° d'un *Abgesang*, différent par le rythme et la place des rimes. On retrouve encore cette disposition dans Bürger :

> Lenore fuhr am Morgenroth
> Empor aus schweren Träumen :
>
> « Bist untreu, Wilhelm, oder todt ?
> « Wie lange wirst du säumen ? »
>
> Er war mit Koenig Friedrichs Macht
> Gezogen in die Prager Schlacht,
>   Und hatte nicht geschrieben,
>   Ob er gesund geblieben [1].

Une versification aussi subtile ne pouvait être vraiment populaire. Aussi, quand la chevalerie élégante, courtoise, raffinée, disparaît ; que les bourgeois fournissent les poètes, on oublie toutes ces belles règles, aussi bien en France qu'en Allemagne.

Tous les genres de stances possibles dictés par la musique, ou à elle associés, furent donc mis en œuvre dès le moyen âge. Puis, par analogie, on fit des stances non destinées au chant. Je crois m'assurer que ni le *Bréviaire des Nobles*, d'Alain Chartier, en stances de huit décasyllabes, ni son *Livre des Dames*, en stances de douze octosyllabes, ni le *Poème de la Prison*, de Charles d'Orléans, en strophes de dix décas, ni le *Testament* de Villon, en strophes de huit octos, n'étaient pour être chantés. J'imagine toutefois que la récitation du vers dut recevoir souvent un accompagnement musical. J'ai lu, je ne sais plus où, que Ronsard entendait que les vers fussent accompagnés du luth ; et nous verrons tout à l'heure que, encore au temps de Racan, on chantait sinon toute espèce de stances, au moins certaines d'entre elles.

---

1. « Lénore, dans la rougeur du matin, secoua les songes pesants : « Es-tu infidèle, « Wilhelm, ou mort ? Combien de temps tarderas-tu encore ! » Il était allé à la bataille de Prague, avec l'armée du roi Frédéric, et n'avait pas écrit s'il était demeuré sauf. » Dans l'original, naturellement, les huit vers sont réunis dans une seule strophe.

On sait l'usage si varié que le xvie siècle a fait de la stance. Toutes les formes usitées par les poètes de ce temps-là n'ont pas survécu, et il a fallu venir jusqu'au romantisme pour voir ressusciter quelques-uns de ces rythmes piquants dont le xviie siècle ne pouvait souffrir l'hétérométrie. Ainsi l'architecte de la grave et monotone colonnade du Louvre n'aurait pu souffrir les coquetteries subtiles et variées du château d'Amboise.

Sainte-Beuve s'est habilement servi du rythme de l'*Hymne de santé* de ce charmant du Bellay :

> Jà tes languissantes veines
> Estoient pleines
> D'un feu violent et fort,
> Jà les pallissantes fievres
> Sur tes levres
> Avoient imprimé la mort [1],

Pour sa pièce *A la Rime* :

> Sur ma lyre, l'autre fois,
> Dans un bois,
> Ma main préludait à peine :
> Une colombe descend,
> En passant,
> Blanche sur le luth d'ébène.

On n'a pas épuisé les combinaisons de strophes en vers hétérométriques, chères à nos vieux poètes. On y pourrait peut-être puiser encore. C'est sous une forme de ce genre que l'on a tenté de peindre un coin de l'hiver en Provence :

> Au soleil
> Tiède et vermeil,
> Les vieux songent immobiles.
> Du mistral dur,
> Un grand mur,
> Les abrite en longues files.

---

1. Belleau emploie le même rythme dans sa *Bergerie*.

Par le vent,
Telles souvent,
As-tu vu les hirondelles
Au blanc rocher
S'accrocher,
Contre lui collant leurs ailes.

Il fait froid :
Le bout du doigt
Devient gourd et se crevasse ;
Comme un miroir,
Au lavoir
S'étend la nappe de glace.

Aux rameaux
Mille cristaux
Scintillaient en girandoles :
Sous ce brutal
De mistral,
Patatras, tout dégringole !

Le linot,
Pauvre mignot,
Pique l'olive gelée.
Au sol durci,
Tout transi
Son pied fluet prend l'onglée.

— Mais bientôt
Sur le coteau,
En son char de fleurs, Zéphyre
Apparaîtra ;
Il fondra
Les neiges dans un sourire.

Aux aguets,
Les blancs muguets
Percent la glèbe morose ;
Plus matinier,
Le gaînier
A déjà sa robe rose.

> Roupieux,
> Les pauvres vieux
> Trouvent que toujours il gèle.
> Front racorni,
> Œil terni,
> A les voir fuit la pucelle.

Peu à peu, dans l'esprit de règle qui marqua la fin du XVIe et le début du XVIIe siècle, il se forma des types de stances consacrés, classiques, qu'on a réduits en articles de foi. Ils sont amplement exposés dans les anciens traités de versification, auxquels on ne peut refuser d'être beaucoup plus complets que les nouveaux[1]. On y pourra recourir, si le cœur en dit.

Mentionnons seulement, pour la curiosité du fait, certaines règles qui ont persisté jusqu'à nos jours. Ce sont les règles *des repos intérieurs*.

Dans la dernière édition de Quitard, qui date de quelques années à peine, on lit que, « dans les stances, il faut observer, outre le grand repos final, les petits repos assignés à plusieurs d'entre elles... » et que « l'on marquera par des tirets, dans les exemples, *les repos intérieurs qu'elles doivent avoir pour l'appui de la voix et l'agrément de l'oreille.* » Par où l'on voit qu'il faut :

Dans les stances de cinq vers un repos après le second vers;

Dans celles de six, un repos après le troisième;

Dans celles de sept, un repos après le quatrième;

Dans celles de huit, un repos après le quatrième;

Dans celles de neuf, deux repos : le premier après le quatrième vers; le second après le septième;

Dans celles de dix, mêmes repos;

Dans celles de douze, deux repos, l'un après le quatrième, l'autre après le huitième vers.

L'absurdité de plusieurs de ces règles, pour une poésie non

---

[1]. Il est certain que, en dépit des règles surannées, le jeune poète qui aura lu le traité du respectable Quitard saura beaucoup plus de choses utiles que celui qui aura lu le traité du sémillant Banville.

chantée, saute aux yeux. Ainsi, le repos partageant en deux parties égales la stance de six vers, on demande la différence entre deux strophes de trois vers et une de six?

De même, le repos partageant la stance de huit vers, on demande la différence entre deux strophes de quatre vers et une de huit?

Je ne crois pas qu'il y ait aujourd'hui aucun poète qui se conforme à ces préceptes, scrupuleusement observés par les classiques. Mais pour surannés qu'ils nous apparaissent, quelques-uns au moins ont eu leur raison d'être :

> Au commencement que M. de Malherbe vint à la cour (écrit Racan), qui fut en 1605, comme nous avons déjà dit, il n'observoit pas encore de faire une pause au troisième vers des stances de six, comme il peut se voir en la Prière qu'il fit pour le Roi allant en Limousin, où il y a deux ou trois stances où le sens est emporté, et au psaume *Domine, Dominum noster*, en cette stance et peut-être quelques autres dont je ne me souviens pas à présent :
>
>> Sitôt que le besoin excite son désir,
>> Qu'est-ce qu'en ta largesse il ne trouve à choisir?
>> Et par ton mandement, l'air, la mer et la terre
>> N'entretiennent-ils pas
>> Une secrète loi de se faire la guerre
>> A qui de plus de mets fournira ses repas [1] ?
>
> Il demeura toujours en cette négligence pendant la vie de Henri le Grand, comme il se voit encore en la pièce qui commence :
>
>> Que n'êtes-vous lassées,
>
> En la seconde stance, dont le premier verset :
>
>> Que ne cessent mes larmes,
>
> Qu'il fit pour Madame la princesse, et je ne sais s'il n'a point encore continué cette même négligence jusques en 1612, aux vers qu'il fit pour la place Royale : tant y a que le premier qui s'aperçut que cette observation étoit nécessaire pour la perfection des stances de six fut Maynard, et c'est

---

1. On n'a pas besoin de faire remarquer que cette stance est détestable (comme foisons d'autres dans Malherbe) non à cause du manque de repos au troisième vers, mais à cause de l'embarrassé de la phrase, du *concetto* puéril dans la pensée et de la platitude des vers, notamment du dernier. Ajoutons : à cause de la mauvaise distribution des mètres, le vers court étant à l'intérieur de la strophe, et celle-ci se terminant par un vers long.

peut-être la raison pour laquelle M. de Malherbe l'estimoit l'homme de
France qui savoit le mieux faire des vers. D'abord Racan, qui jouoit un peu
du luth et aimoit la musique, se rendit, *en faveur des musiciens, qui ne pou-
voient faire leur reprise aux stances de six*, s'il n'y avoit un arrêt au troisième
vers. Mais quand M. de Malherbe et Maynard voulurent qu'*aux stances de
dix, outre l'arrêt au quatrième vers, on en fît encore un au septième*, Racan s'y
opposa et ne l'a presque jamais observé. Sa raison étoit que *les stances de
dix ne se chantent presque jamais*, et quand on les chanteroit, on ne les chanteroit pas en trois reprises; c'est pourquoi il suffiroit d'en faire une au
quatrième. Voilà la plus grande contestation qu'il a eue contre M. de
Malherbe et ses écoliers, et pourquoi on a été près de le *déclarer hérétique
en poésie*.

On voit que la règle des repos avait son origine dans l'habitude
primitive de chanter les stances, et que Malherbe, qui remplaçait
par l'amour de la règlementation puérile le génie un peu court,
enchanté d'être poussé dans cette voie par son élève Maynard, ren-
chérissait encore sur la règle, alors même que la musique n'y était
plus pour rien. Par où l'on voit que ce qui déjà n'avait plus de
raison d'être au temps de Racan a persisté pendant près de trois
siècles ! C'est bien plus beau que la défense de s'asseoir sur le banc
fraîchement peint en vert, car celle-ci n'avait duré que cinq ans.

L'amour d'une insipide régularité avait fait Malherbe pousser
encore plus outre les prétendues règles. Personne, même parmi les
plus étrangers à l'art des vers, n'ignore que la première condition
de la bonne facture d'une pièce, c'est, pour les phrases rythmiques,
l'inégalité de longueur. Il faut surtout que la phrase ne marche pas
de deux vers en deux vers, dont le second semble ainsi traîné par le
premier pour atteindre la rime. La phrase doit comprendre tantôt
un vers, tantôt deux, tantôt trois ou quatre, tantôt une portion de
vers, tantôt finir à l'intérieur du vers, comme Chénier, Hugo en
offrent tant d'exemples. Or vous plaît-il savoir ce qu'exigeait
Malherbe ?

M. de Malherbe vouloit aussi que les élégies eussent un sens parfait de
quatre vers en quatre vers, même de deux en deux, s'il se pouvoit ; à quoi
Racan (qui avait bien plus que son oncle le génie poétique) ne s'est jamais
accordé.

Les longues strophes lyriques sont aujourd'hui à peu près abandonnées, et je crois bien qu'il en faut chercher les derniers exemples dans Victor Hugo, œuvres de jeunesse principalement, et dans Lamartine[1]. On ne supporterait guère les stances de dix-neuf vers, comme en a fait Chénier. La plupart des poètes modernes ont des stances très courtes. La stance de quatre vers est la dominante. On trouve des stances de cinq et de six vers, mais celles de huit sont déjà rares.

Au rebours on est arrivé à faire des stances de trois vers. Tels sont les ternaires monorimes de Brizeux, poëte de cœur très noble et de forme pure, auquel, ce me semble, on n'a pas donné sa vraie place :

> Sur la roche escarpée où ta fleur est éclose,
> Homme heureux, ne soit pas tel que l'aloès rose,
> Fleur amère où jamais l'abeille ne se pose.

Brizeux et M. Gabriel Vicaire ont même écrit des stances de deux vers. Ce dernier n'a pas toujours terminé le sens avec la stance[2], et cela n'ôte rien à la grâce exquise ni à la cadence :

> Comme un pâtre assemble, à l'aube fleurie,
> Son troupeau qui sort de la bergerie,
>
> Ainsi l'ineffable et divin berger
> Mène ses agneaux paître en son verger.

Ces formes courtes se prêtent très bien à l'expression des sentiments simples, simplement exprimés. Les longues strophes prêtent à la rhétorique, et c'est peut-être pour cela que nous les goûtons moins.

Les stances peuvent se varier de toutes les façons; on y peut introduire des vers de différentes mesures. Tout cela est affaire d'oreille et de goût. Pas de règles à donner. Disons toutefois que le

---

1. M. Richepin l'a employée exceptionnellement. (Voir page 41, note.)
2. Mais bien remarquer qu'avec un sentiment très juste, il n'a jamais fait d'enjambement.

croisement des rimes est nécessaire. Évident qu'une strophe de six vers en rimes plates serait fort défectueuse, car il n'y aurait pas plus de raison pour qu'elle fût de six vers plutôt que de quatre ou de huit ou de dix. Item lorsqu'une stance, comme il arrive souvent, se termine par un vers plus court que les autres, il est essentiel que ce vers n'ait pas la même rime que le long vers qui précède. Cela se sent naturellement, n'est-ce pas?

De même encore le sens doit finir avec la stance.

Eh bien, on ne peut faire de loi *absolue* de rien du tout!

Dans son *Jeu de paume* en stances de dix-neuf vers, numérotées, Chénier a enjambé d'une stance à l'autre :

> Et de ces grands tombeaux, la belle Liberté
> Altière, étincelante, armée,

> *Sort.* Comme un triple foudre éclate au haut des cieux,
> Trois couleurs dans sa main agile
> Flottent en long drapeau...

Et cet enjambement si étrange, si anormal, si heurtant, fait un effet terrible.

Je lisais dans la *Revue du Siècle*, de mars 1892, une pièce, de tournure un peu archaïque, intitulée *le Tournoi*, de M. A. Sabatier. Elle est en stances de quatre vers croisés, deux décasyllabes coupés à cinq, et deux octosyllabes. En principe, ces deux mètres ne semblent pas pour être ensemble. De plus, chaque vers court, contre toutes les règles, rime avec le long vers qui le précède. Et c'est tout de même fort piquant et fort joli :

> Ont tendu les gens des taffetas lourds
> Crespelés d'argent sur velours,
> Du haut des balcons des lisses de soie
> Lionnoise dont l'or flamboie...

Et après les péripéties du tournoi, où est navré Monsieur d'Herminthal, la pièce se termine :

> Pleurez, jolis yeux : les taffetas lourds
> Portent deuil d'argent sur velours,
> Et l'on a tissé du sang sur la soie
> Lionnoise dont l'or flamboie.

Il en est un peu des lois de la versification comme de celles de l'harmonie des couleurs. En principe, on ne doit pas mettre du vert à côté du jaune, ni du rouge à côté du violet. Eh bien, les coloristes, et avant eux la nature, savent au besoin les employer ensemble sans choquer l'œil.

DES PIÈCES A FORMES FIXES

Le retour de certains sons, revenant à tour de rôle, est une des plus aimables impressions que puisse ressentir notre oreille. Quoi de plus agréable en musique que ces *rentrées* qui ramènent le sujet? Telle la rime dans les vers, mais tel surtout le refrain dans la chanson.

L'intérêt, l'agrément des pièces à forme fixe reposent tout entiers sur le retour des mêmes rimes, joint souvent à la répétition de certains vers.

Le trait distinctif des pièces à formes fixes, suivant M. Jeanroy, est d'avoir été destinées à accompagner la danse. Ceci expliquerait la fixité de leurs formes. L'usage de chanter pour faire danser s'est encore conservé dans nos provinces. Les jeunes filles du Bourbonnais et de l'Auvergne n'auront pas besoin de vielleux, tant que les dieux ne leur auront pas ôté la voix. C'est ce qui explique la quantité de chansons de bourrées, qui seraient bien inutiles, si on les remplaçait toujours par des instruments.

A chaque instant, dans les romances du moyen âge, on rencontre l'exemple de gens qui s'offrent à chanter pour faire danser les dames, comme aujourd'hui les officieux pour faire sauter au piano :

> Et je vos ferai le *virenlit*...

> « Plus bel ami de (*que*) vous ai :
> « Bernecon qui va chantant

> « As danses le *virelai*. »
> 'Sus, sus au *virelin* !
> Sus, sus au *virelai* !

Si l'on admet le système de M. Jeanroy, on pourrait dire que la chanson à baller aurait répondu à une danse simple pouvant se répéter indéfiniment comme la valse. Le poème à formes fixes aurait répondu à une danse à formes fixes, à figures, comme nos quadrilles.

Mais, de même qu'on variait la musique, pouvait-on varier les danses ? Je n'en sais rien, mais je remarque tout de suite que ces « poèmes à formes fixes » n'avaient pas de formes fixes. On rencontre des lais, des virelays, des rondels, etc., avec des formes très différentes. Ce ne fut que plus tard, lorsque précisément les poèmes à formes fixes ne servirent plus à danser ou guère, que les raffinés choisirent un type de chaque genre, et voulurent décréter que ce type serait éternellement suivi, ce que chacun a accepté dévotement.

Rien de plus amusant que le fétichisme de cet honnête Banville pour la fôôôôrme de toutes ces petites pièces, tant est grand le respect de la tradition chez certains novateurs ! Il n'admet pas qu'on puisse rien changer à leur disposition : « J'ai nommé *poèmes traditionnels à formes fixes* ceux pour lesquels la tradition a IRRÉVOCABLEMENT fixé le nombre de vers qu'ils doivent contenir et l'ordre dans lequel ces vers doivent être disposés[1]. » Pour Richelet aussi les règles des mots nobles et des repos intérieurs des strophes étaient IRRÉVOCABLEMENT fixées.

Le plus ancien de ces poèmes est

---

[1]. Dans sa superstition pour la tradition, Banville va jusqu'à exiger « qu'en copiant ou en imprimant le Lai ou le Virelai Ancien, on place le petit vers, non sous le milieu du grand vers comme dans les vers de strophes d'ode, mais exactement sous le grand, de façon à (*sic*) ce que la première lettre de l'un soit placée sous la première lettre de l'autre ». Je vous demande la belle affaire ! L'imitation de l'ancienne disposition manuscrite, réclamée par Banville, n'ajoute rien, si ce n'est qu'elle rend la disposition métrique du vers moins apparente, et partant sa lecture moins agréable.

LE LAI

Comme il a été abandonné au xvie siècle, nous avons été privés du choix, par les auteurs, d'un type *irrévocable*. Le lai, c'est tout simplement une chanson sans refrain, dont chaque couplet, en vers de mètres variés, est sur deux rimes croisées *ad libitum*. Il n'est même nullement nécessaire que les couplets aient le même nombre de vers. Voici la première strophe du *Lais de la Pastorele* :

> L'autrier chevauchoie
> Pensant par un matin;
> Si vi les ma voie,
> Un poi loing du chemin,
> Un trop delitous jardin;
> Illec en l'arbroie,
> Sos la cime d'un pin,
> Oiseaus menans joie
> Trop grant en lor latin
> Si tornai la mon chemin [1].

Cette disposition de vers dissemblables, quasi semblables, n'a pas d'agrément. On pourrait varier davantage le rythme, et, en effet, le plus souvent, dans le *lai*, les vers employés sont de 5, 7 et 3 syllabes. Seulement, il manque toujours le grand charme des poèmes à formes fixes, le retour d'un refrain.

En fait, il suffit, pour un lai, d'écrire une pièce à strophes, en s'astreignant à construire chacune de celles-ci sur deux rimes.

Le lai engendra le

VIRELAY

Il y en a de plusieurs types. Parfois, c'est un lai, avec cette complication qu'après avoir construit la première strophe sur une rime

---

1. « L'autre jour je chevauchais, pensif, par un matin. Je vis, près de ma route, un peu loin du chemin, un jardin vraiment délectable. Là, dans le bosquet, sur la cime d'un pin, des oiseaux exprimant en leur jargon une très grande joie. Je tournai là mon chemin. »

dominante, on prenait la rime subalterne du premier couplet, pour en faire la rime dominante du second. La première et la dernière strophe doivent présenter les mêmes combinaisons.

Mais il est des virelays à refrain, qui, en leur genre, sont des espèces de rondels. La pièce commence par un refrain, ordinairement de plusieurs vers, qui, se liant au commencement de la strophe, est ramené à la fin d'icelle. Voici un type de virelay, d'après un exemple d'Eustache Deschamps. Le refrain du début a sept vers, le couplet treize. Le second couplet est identique, fors qu'il ne porte le refrain qu'en queue et non en tête :

   Dame, je vous remercy
    Et gracy
   De cuer, de corps, de pensee,
   De l'anvoy qui tant m'agree,
    Que je dy
   C'onques plus biau don ne vi
   Faire a crëature nee,
   Plus plaisant ne plus joly,
    Ne qui sy (*ainsi*)
   M'ait ma leesce doublee (*ait doublé ma joie*),
   Car du tout m'a assevi (*touché*)
    Et ravi
   En l'amoureuse contree.
   Je le porte avecques my,
    Con cellui
   Qui m'a joye recouvree,
   Et si m'a renouvellee
    M'amour, qui
   M'auroit par rapporz haÿ,
   Et par fausse renommee :
   Dame, je vous remercy
    Et gracy
   De cuer, de corps, de pensee,
   De l'anvoy qui tant m'agree
    Que je dy
   C'onques plus biau don ne vi
   Faire a crëature nee.

> Long temps a mon cuer gemy
> Et fremy
> En doleur desesperee,
> En tristesse et en soucy,
> Jusqu'a cy
> Que pitez est devalee,
> Qui ades loyaulx mercy [1].
> Or li pry
> Que n'en croye a la volee
> Fausse langue envenimee,
> Car par lui
> Sont maint loyal cuer trahy :
> De mal feu soit embrassee.
> Dame, je vous remercy, etc.

Cette pièce, horriblement ennuyeuse (comme, du reste, presque toute cette poésie artificielle du moyen âge, qu'on appelle courtoise), pourrait être agréable, si elle était moins démesurément longue et rabâchée, refrain et couplet. Mais il existe toute espèce de types, et un virelay du même auteur (*Suis-je, suis-je, suis-je belle* [2]?) est aussi preste et piquant que le premier est traînant et brode. Cette fois le refrain n'est que d'un seul vers qui se répète, identique pour la rime, mais alternativement modifié pour le contexte. C'est sur ce type, avec quelques modifications nécessaires [3] qu'a été écrit le *Virelay de la Vieillesse solitaire* :

---

[1]. « ...Jusqu'à hier, que la pitié est descendue sur moi, qui, aussitôt, loyal, vous remercie. »
[2]. Texte donné par M. Clédat, *Morceaux choisis des auteurs français*, p. 364.
[3]. Le virelay d'Eust. Deschamps est fait sur trois rimes. Le quatrième vers de la première strophe, le troisième de la deuxième, le septième de la sixième, le troisième de la dernière, sont sur une rime séparée de sa correspondante par trois vers sur deux rimes différentes. Cet éloignement n'est plus admissible à nos oreilles. Il nous a semblé de même que la répétition pure et simple de la première strophe en queue de la sixième était singulièrement monotone, et qu'il valait mieux, en ramenant les mêmes rimes dans le même ordre, donner au vers un contexte différent. Enfin le virelay de Deschamps est en heptasyllabes, et nous avons employé l'alexandrin. C'est une puérilité des poètes modernes, qui écrivent des ballades ou des rondeaux, de s'astreindre à les faire dans le même mètre que leurs modèles. Il ne s'agit pas d'un pastiche (impossible d'ailleurs puisque les langues sont différentes) : le jeu n'en vaudrait pas la chandelle. Il s'agit de voir s'il serait possible de tirer parti, dans la poésie nouvelle, de rythmes anciens et intéressants.

EXEMPLE D'UN VIRELAY MODERNE

Bien sont appariés vieillard et solitude.
Voiler les traits fâcheux de la décrépitude
Au sage est un devoir exigeant peu d'effort :
Il sait qu'il faut mourir devant que d'être mort.
Dieu vous donne vieillesse avecques solitude !

Qui ne touche à personne à nul ne fait du tort ;
En retour il ne craint noise ni servitude ;
Avec son compagnon jamais de désaccord :
Bien sont appariés vieillard et solitude

En paix, dans l'insomnie il rêve au dernier sort.
Si dans son cœur s'élève un vent d'inquiétude,
Le silence des champs et la berce et l'endort.
Dieu vous donne vieillesse avecques solitude !

Aux vieux le monde est froid, et l'âpre vent du nord
Nous y cingle souvent de sa courbache rude.
Célé, je me soustrais à toute dent qui mord :
Bien sont appariés vieillard et solitude.

Graves sont mes défauts, et j'en ai du remords ;
Du moins je les supporte avec mansuétude :
Pour eux un tiers serait d'un esprit moins accort.
Croyez-nous, mariez vieillard et solitude :
Nulle épouse plus douce à la décrépitude.
Heureux de m'épargner la contrainte et l'effort,
J'attends de m'endormir dans les bras de la Mort.
Dieu vous donne vieillesse avecques solitude !

ENVOI

Fiers jeunes gens qui rongez votre mors,
Un jour aurez même vicissitude ;
Vous où la vie éclate en chauds transports,
Lors redirez, brisés de lassitude :
Bien sont appariés vieillard et solitude.

On s'étonne que le virelay ait été complètement délaissé pour le rondel par les poètes des xve et xvie siècles. Il était tout à fait oublié, lorsque, à la fin du xviie siècle, le P. Mourgues imagina d'en forger un à sa guise qu'il intitula *Virelai nouveau*. Les traités de versification se hâtèrent de l'enregistrer pieusement comme un type « irrévocable ».

LE RONDEL, LE TRIOLET, LE RONDEAU, LA BALLADE, LE CHANT ROYAL

J'ai dit que le caractère des poèmes à formes fixes, c'était de n'avoir pas de formes fixes. Ainsi l'on a déterminé « irrévocablement » les types du triolet, du rondel et du rondeau; mais primitivement toutes ces pièces étaient confondues sous le nom générique de *rondeau*, et de plus il y avait des rondeaux de toutes les formes.

« Avant d'être une composition littéraire, dit M. Clédat, le rondeau était, dès le XIIe siècle, une composition musicale à plusieurs parties, jouée par autant d'instruments, qui servait à accompagner une danse en rond, et dont il faut chercher l'origine dans le plain chant. Il commençait et finissait par le même refrain mélodique[1], dont une partie était encore répétée au milieu, le tout correspondant à des mouvements spéciaux de la danse. On adapta des paroles à la musique, avec un refrain poétique, disposé naturellement comme le refrain musical et on chanta le rondeau (le même texte) à trois parties. Au XIVe siècle, le rondeau se dégage de la musique et de la danse et devient un genre purement littéraire. »

Le rondel que, par parenthèse, Ch. d'Orléans, qui l'a tant pratiqué, appelle indifféremment chanson ou rondeau, mais jamais rondel, le rondel, dis-je, et le triolet, c'est tout un, fors que le rondel a le plus souvent treize vers en trois strophes, et que le triolet n'a qu'une strophe de huit vers. En effet, le trait de ces deux pièces, toujours bâties sur deux rimes, c'est la répétition du ou des vers du début, à l'intérieur d'abord, puis à la fin de la pièce.

Dans le triolet, le premier vers se répète après le troisième, et les deux premiers après le sixième. Dans le rondel les deux pre-

---

[1]. Par où l'on voit que le virelay cité ci-dessus, d'Eustache Deschamps, était une sorte particulière de rondeau.

miers vers se répètent après le sixième, et le premier après le douzième.

Je ne sais du reste pourquoi, dans ces pièces, les modernes se sont astreints à n'employer que des vers de même longueur. Voici un triolet d'Adam de la Halle (mort avant 1288), où la différence de mètre donne un tour piquant tout particulier :

>Hareu, li maus d'amer
>M'ochist :
>Il me fait desirer ;
>Hareu, li maus d'amer
>Par un douch regarder
>Me prist.
>Hareu, li maus d'amer
>M'ochist [1].

Par où l'on voit que le triolet peut n'être pas constamment ce qu'en ont fait les modernes, à savoir un bilboquet où la rime tient lieu de boule, et qu'il peut, lui aussi, renfermer l'expression vive d'un sentiment. J'avoue que le triolet d'Adam de la Halle fait un peu dédaigner ceux de Banville :

>Mademoiselle Michonnet
>Est une actrice folichonne.
>Autrefois chacun bichonnait
>Mademoiselle Michonnet.
>Le public qui la bouchonnait
>Dans ses dents aujourd'hui mâchonne.
>Mademoiselle Michonnet
>Est une actrice folichonne.

Je ne sais qui cela peut faire rire aujourd'hui, et je me demande si jamais cela put faire rire. Ainsi comme ainsi, puisqu'il s'agit de s'abrutir un peu (quand j'ai visité l'Antiquaille, on m'a montré un aliéné qui passait sa journée à faire des triolets : grand exemple !), je préfère le triolet que le Lyonnais Louis Rambaud, poëte et pro-

---

1. « Seigneur ! le mal d'aimer me tue ; il me remplit de désirs. Seigneur, le mal d'aimer par un doux regarder me prit. Seigneur, le mal d'aimer me tue ! »

Observations sur l'Art de versifier.

sateur, mais, hélas! depuis longtemps mort aux lettres, avait écrit sur le peintre lyonnais Bellet-Dupoizat, artiste non sans talent, qui, après avoir été sectateur d'Ingres (il était élève d'Auguste Flandrin), avait déserté au camp de Delacroix :

> Loin du sentiment allemand,
> Bellet n'est point un peintre pingre.
> Il peint sentimentalement,
> Loin du sentiment allemand.
> Il a senti mentalement
> Quel tort c'est d'imiter trop Ingres.
> Loin du sentiment allemand,
> Bellet n'est point un peintre pingre.

Heureux Banville de n'avoir point connu ce triolet. En désespérance d'atteindre à cette richesse de rimes, il se fût infailliblement suicidé!

On a adopté comme forme « invariable » le triolet de huit vers. Il n'y avait pas de raison. Christine de Pisan a de fréquents exemples du triolet de sept vers :

> Amoureux œil,
> Plaisant archier,
> De toy me dueil,
> Amoureux œil,
> Car ton accueil
> Me vens trop chier,
> Amoureux œil!

On a donné plus haut la disposition du rondel choisi comme type par les traités. Voici une chanson moderne qui le reproduit :

> Il faut aimer tous les humains,
> Mais de les fuir on a licence;
> Je fuis les sots par répugnance,
> Et par prudence les trop fins.
>
> Quelques livres, petits jardins,
> Font compagnie à suffisance;
> Il faut aimer tous les humains,
> Mais de les fuir on a licence.

Les rossignols et les jasmins
Ne disent pas de médisance.
Dans tous les êtres sans défense
Je cherche mes cousins germains.
Il faut aimer tous les humains.

Il n'y a aucun motif de s'astreindre exactement à ce type. Voici une autre chanson sur le même rythme, mais où la répétition des vers 1 et 2 n'a pas été observée après le sixième :

Je suis le Mistral, roi de l'air ;
Je chasse mes blanches cavales,
Qui galopent sous les rafales
Par les chemins bleus de l'éther.

Tout vole sous ma main de fer,
Arbres, toits, neiges hivernales ;
En sarabandes infernales
Bondit le flot lourd de la mer.

Quand je passe dans le ciel clair,
Par les froides nuits sidérales,
Au son de mes voix sépulcrales
L'homme frissonne dans sa chair.
Je suis le Mistral, roi de l'air.

Il semble bien que si, pour observer les prétendues règles, on remplaçait les vers 7 et 8 par la répétition des deux premiers vers, la pièce y perdrait quelque chose de son expression.

Même observation pour le nombre des vers composant la pièce. On rencontre des rondels de 15, 10, 12, 9 vers au lieu de 13. En voici un, par Ch. d'Orléans, de 10 vers, où la répétition ne porte que sur le vers 1, qui est rappelé après le cinquième et à la fin :

Deux ou trois couples d'Ennuys
J'ay tousjours en ma maison.
Desencombrer ne m'en puis :

Quoy qu'a mon povoir les fuis,
Par le conseil de Raison,
Deux ou trois couples d'Ennuys.

> Je les chasse d'où je suis,
> Mais en chascune saison,
> Ilz rentrent par ung autre huis,
> Deux ou trois couples d'Ennuys.

C'est fort joli, et il n'y a d'autres raisons de ne pas suivre ce type plutôt que le type officiel, sinon que le traitement en est plus malaisé.

Le rondeau proprement dit, le rondeau redoublé, ne sont pas, à parler congrûment, matière de poésie. Ce sont amusettes, jeux d'esprit ou de rimes. Je citerai cependant, pour la curiosité, le rondeau adressé par Gérôme Coquard, qui était imprimeur à Lyon au XVIe siècle, à l'un de ses compatriotes, dénommé Puitspelu, dont nous possédons aussi la réponse :

> Dites-le moi, qui soulève marée,
> Que sont ces feux de la voute azurée,
> Pourquoi même arbre a même frondaison,
> Et quantes fois revient même saison,
> Pourquoi les jours ont égale durée !
>
> Pourquoi de fleurs campagne est diaprée,
> Puis engourdie en sa robe givrée ;
> Pourquoi si bref se clôt notre horizon ?
>   Dites-le moi !
>
> Ami, buvons à la force sacrée,
> Qui, plantant bois et muguets à l'orée,
> Céla du tout l'ordre à notre raison ?
> Si nous avions les clefs de la maison,
> L'aurions-nous pas bientôt désemparée ?
>   Dites-le moi !

RESPONSE

> Vray, ne sçais rien ! — Ne sçais qui fit aube et serée,
> Et planta les clous d'or à la sphère éthérée ;
> Ni qui du bourgeon mol fait crever la cloison ;
> Ni pourquoy le grain lourd succède à floraison ;
> Ni pourquoy, soubz les cieux, tout meurt et tout procrée.

Mais brusler à vingt ans d'une âme enamourée ;
Plus meur, gouster les fruits de l'Automne pourprée,
Et quand jà tremble Hyver, me chauffer au tison,
    Vray, le sçais bien.

Ne me maucœurer point de la chose ignorée ;
Mettre dans le demain creance tempérée ;
Et, fléchissant les dieux par condigne oraison,
Attendre que le soir vienne clore l'ouvrée,
    Vray, le sçais bien !

Il peut aussi y avoir plusieurs espèces de rondeaux. Dans les poésies attribuées à Villon, il en est de dix-sept vers, où le premier hémistiche du début n'est répété qu'à la fin.

De même pour la ballade. On a pris pour patron l'admirable ballade des *Dames du temps jadis*, de Villon. Mais il existe maint autre type dans Charles d'Orléans. De vrai, la ballade n'exige que deux conditions : 1º user des mêmes rimes dans chaque couplet ; 2º répéter à la fin de chaque strophe le dernier vers de la précédente. Le couplet est généralement composé de 8, 10 ou 11 vers. Le refrain rime avec un seul vers, et le restant du couplet est sur deux rimes. La rareté de la rime du refrain met celui-ci en relief. Il n'y a d'ailleurs aucune raison pour suivre rigoureusement ces dispositions, et le poète qui les saurait varier n'en aurait que plus d'excellence.

Tout le charme de ce genre de pièces est dans le refrain. Aussi, le plus souvent, n'ont-elles que cela.

La ballade est communément suivie d'une demi-strophe en forme d'envoi, où le refrain est encore ramené. Cela est assez gracieux, et il me semble que l'on pourrait également accompagner d'autres pièces de tels envois. Banville expose gravement que « *l'Envoi*, classiquement, doit commencer par le mot *Prince*, et il peut aussi commencer par les mots : *Princesse, Roi, Reine, Sire* », encore bien que l'on ait aujourd'hui plus d'occasions d'adresser sa ballade à un besacier qu'à un prince. O poètes, grands enfants !

On peut ne pas être toujours d'accord avec M. Jules Lemaître dans ses jugements *moraux*, mais il faut toujours admirer son sentiment exquis de l'art littéraire et son bon sens suprême et affiné. Il a posé l'index sur le point faible de tous les poèmes du genre de la ballade :

Dans la plupart des ballades il n'y a de vers « nécessaires », de vers dictés, imposés par une idée ou un sentiment initial, que celui du refrain, et un vers, au plus, pour chacune des autres rimes, en tout trois ou quatre vers... Les autres vers, étant commandés par la rime sont ce qu'ils peuvent, se rattachent tant bien que mal à l'idée principale. Et ainsi la tâche, à force d'être difficile, redevient facile. Ces cadres bizarres sont tellement malaisés à remplir qu'on permet au rimeur d'y mettre n'importe quoi ; et dès lors c'est la cheville légitimée, glorifiée, triomphante[1].

Ce qui fait l'exquise beauté de la ballade des *Dames du Temps jadis*, c'est qu'elle échappe à ce reproche, d'abord par la mélancolie si pénétrante de son refrain, par tous les souvenirs éveillés, puis parce que la nature du sujet appelait une énumération de noms propres où la rime se présentait sans l'apparence d'être forcée. La plupart des autres ballades connues, notamment celles de Banville, sont des badinages. Le poëte n'y est qu'un homme qui souffle dextrement des pois dans une sarbacane. La *Ballade du grand remède*, de M. George Doncieux[2], par son sentiment profond, mélancolique, se rapproche de celle de Villon :

> Ce corps dolent et mourant que nous sommes
> Est une auberge où gîtent tant de maux
> Qu'à les nombrer l'on empila des tomes,
> Grec et latin ont épuisé leurs mots.
> De l'épiderme à la moelle des os

---

1. « La ballade, dit le délicat poète M. de Gramont, est une de ces formes d'une beauté entière sans surabondance, qui, semblables à ces fleurs dont les terres incultes gardent la propriété, ne s'épanouissent qu'aux époques de *poésie primitive*. » Quelle splendide erreur ! La ballade appartient au xive siècle, c'est-à-dire à une époque de décadence, comme toutes ces pièces, d'ailleurs, dont le mérite consiste dans la difficulté vaincue. Dès 1306, Guillaume Guiard fait un poème de 12.500 vers, *la Branche des royaux lignages,* tout en rimes léonimes ! Nos poètes équilibristes n'ont fait que chausser les souliers étroits de leurs ancêtres du xiv-xve siècle.

2. *Revue du Siècle,* année 1889, page 119.

La douleur tient toute chair asservie,
Tant qu'à la fin vienne avec ses pavots
La douce Mort, qui guérit de la vie.

La bête crie, et l'engeance des hommes
Pleure et maudit. Heureux les animaux !
L'amour fatal vient agiter nos sommes,
L'ambition nous cuit à ses fourneaux,
L'or capiteux travaille nos cerveaux :
Et le désir partout nous crucifie.
Qui pansera notre cœur en lambeaux ?
La douce Mort, qui guérit de la vie.

Nous pouvons bien prodiguer maintes sommes
En opiats, pilules ou sirops ;
Nous pouvons bien marier dans nos baumes
Sucs vénéneux et poisons minéraux :
Mieux que ce tas de remèdes rivaux,
Un élixir, sans plus, nous gratifie
D'un plein sommeil et durable repos :
La douce Mort, qui guérit de la vie.

ENVOI

Hippocratès ! vous ses doctes suppôts !
Votre science est grande, et je l'envie ;
Mais saluez, en très humbles vassaux,
La douce Mort, qui guérit de la vie.

Le chant royal n'est qu'une ballade plus longue, partant plus difficile, puisque les strophes doivent toujours être sur les mêmes rimes. Il se compose de cinq couplets, plus l'envoi qui en a jusqu'à sept. J'avais toujours cru que ce genre de poésie ne pouvait plus se pratiquer que par manière d'exercice, comme les rétablissements gymnastiques. Mais après avoir lu le *Chant royal de la Mer*, de M. George Doncieux, j'ai dû croire qu'il n'y a pas de formes poétiques les plus hérissées de difficultés techniques qui ne se puissent prêter à la manifestation des plus larges pensées et aux nuances les plus délicates de l'expression :

I

Les cœurs las de la foule épaisse, ou que dévore
L'ennui, roi de la ville aux soirs poudreux d'été,
Aspireront toujours à la plage sonore
Que les flots éternels bordent d'immensité.
Mieux que les monts gravis au travers des nuages,
Que le tableau fuyant des prés et des feuillages
Où flotte la vapeur du train retentissant,
C'est toi que j'aime, ô mer divine ! En t'embrassant,
Je sentais au cerveau me monter une ivresse
Et mes maux s'assoupir à ton refrain puissant,
Onduleuse et farouche et lente charmeresse.

II

Berceau, tombeau de tout ! faut-il que l'homme adore
Pour les profusions de sa fécondité
Cette onde, où, quand dormait la terre vierge encore,
Pour la première fois la vie a fermenté ?
Mais qui dira jamais le trésor des naufrages,
Le dernier craquement des mâts battus d'orages,
La morne épave dans le sable pourrissant
Et des veuves le noir défilé gémissant ?
Car volontiers, mêlant la mort en sa caresse,
La perfide engloutit ceux qu'elle allait berçant,
Onduleuse et farouche et lente charmeresse.

III

Sous son cristal obscur, une vivante flore
Loin des soleils propage un parterre enchanté,
Où buissons de corail, touffes de madrépore
Parmi les goémons étalent leur beauté.
Parmi les goémons fleuris de coquillages,
Des monstres cependant nagent vers les sillages,
Maint vorace requin, mainte pieuvre enlaçant
De ses rubans visqueux le noyé qui descend :
Et la mer a pour eux des vaisseaux en détresse,
Qu'elle aveugle de brume et puis jette au brisant,
Onduleuse et farouche et lente charmeresse.

IV

Voyez-vous le flot tiède et bleu qui s'évapore
Vers l'azur de midi tout vibrant de clarté ;
Le voyez-vous blanchir en nappes de phosphore
Au sein des calmes nuits et de l'éther lacté :
Un sourire sans nombre embellit les rivages.
Soudain des aboiements rauques, des pleurs sauvages,
Et blanc d'écume, au front de l'écueil menaçant,
Le troupeau forcené des vagues bondissant :
Mais la folle déjà, couchée avec paresse,
A posé sur la grève un baiser languissant,
Onduleuse et farouche et lente charmeresse.

V

Tantôt, verte et nacrée, aux feux blonds de l'aurore
Elle brille, et frémit d'un frisson argenté ;
Tantôt, quand le couchant glorieux la colore,
Un manteau d'incendie orne sa majesté.
Immuable miroir aux changeantes images !
Suivant la nue errante, et les brises volages,
Et l'astre au rai vermeil ou le pâle croissant,
Elle est toute d'ébène, ou d'opale, ou de sang ;
Chaque gemme à l'envi la diapre, et sans cesse
Teint d'un reflet divers son dos éblouissant,
Onduleuse et farouche et lente charmeresse.

ENVOI

A V. G., lieutenant de vaisseau.

Prince des Océans ! L'onde aux amers breuvages
S'appelle femme aussi. Laisse tes grands voyages,
Ne rêve pas toujours au beau navire absent ;
Mais vois l'humide éclair sous les longs cils glissant,
Entends chanter, entends la voix douce et traîtresse :
C'est elle, c'est la vaste mer apparaissant,
Onduleuse et farouche et lente charmeresse [1].

1. Je trouve qu'ici l'envoi, en donnant au texte de la ballade un second sens, parallèle au premier, ajoute à la pièce un charme très puissant. Il faut qu'ainsi le poète ouvre la pensée plus qu'il ne la découvre.

Oserai-je avouer, à ma honte, que je connais peu de choses plus ennuyeuses que

LA SEXTINE

Elle fut importée d'Italie au XVIᵉ siècle comme le sonnet. Les Italiens l'avaient eux-mêmes empruntée à Arnaut Daniel, troubadour provençal de la fin du XIIᵉ siècle. On sait que c'est une pièce composée de six strophes de six vers et une demi-strophe, le tout sur deux rimes, ramenées tour à tour d'après des enlacements entortillés dont les détails sont dans tous les traités [1].

[1]. M. de Gramont (p. 313) donne les règles de la sextine d'Arnaut, suivies, dit-il, par ses imitateurs italiens, espagnols et portugais : « 1° Six stances de six vers, *lesquels devaient être de même mesure, et de grands vers généralement* ; 2° les vers, dans les six stances, terminés par les six mêmes mots ne rimant pas entre eux et qui fussent exclusivement des substantifs de deux syllabes ; 3° l'arrangement de ces six mots terminaux variant d'une stance à l'autre suivant une loi régulière qui consiste, ces mots étant donnés par la première stance, à les disposer dans chacune des autres en prenant alternativement dans la stance qui précède un des mots terminaux des trois derniers vers et un de ceux des trois premiers, mais dans un ordre inverse, c'est-à-dire en remontant pour les mots des trois derniers vers et en descendant pour ceux des trois premiers ; 4° la pièce terminée par une demi-stance de trois vers contenant, rangés dans le même ordre où ils sont offerts par la première stance, les six mots terminaux, un à l'intérieur et un à la fin de chaque vers. »
Tout ceci n'est pas rigoureusement exact. Il y a bien plus de liberté dans les sextines provençales et italiennes. Je dois à M. Chabaneau quelques renseignements précieux à cet égard. On ne connaît qu'une sextine d'Arnaut. M. Bartsch l'a publiée dans sa Chrestomatie, p. 138. Il en existe en provençal deux imitations *sur les mêmes rimes*, l'une de Guilhem de Saint-Gregori, l'autre du Vénitien Zorli. Un autre troubadour, Ponce Fabre, d'Uzès, en a fait une également ; mais sur d'autres rimes et qui n'offrent un enlacement régulier — c'est-à-dire conformément à la règle qui se déduit de la sextine d'Arnaut Daniel — que dans les deux premières stances.
Dans la sextine d'Arnaut et dans celle de ses deux imitateurs, le premier vers de chaque stance n'est pas de la même mesure que les suivants ; il n'a que sept syllabes, les autres en ont dix. Chez Pons Fabre tous sont uniformément de huit syllabes. Ce ne sont pas, par conséquent, de *grands vers*.
Dans les sextines provençales chaque vers n'est pas non plus nécessairement terminé par un substantif. Le premier vers chez Arnaut et ses deux imitateurs finit par un verbe, et dans une stance, au moins, un substantif (*ongla*) est remplacé par un verbe composé de ce substantif et du préfixe *en* (*enongla*). Chez Pons Fabre, ce sont des adjectifs et des verbes qui terminent les vers. Pas un seul substantif.
L'arrangement des rimes, aux mots terminaux de la stance, n'est pas, dans l'*envoi* ou la *tornada*, celui que M. de Gramont indique. Conformément à la règle générale de la lyrique provençale, les trois vers de cette *tornada* se terminent exactement comme les trois derniers de la stance immédiatement précédente, et les mots termi-

Ces formes compliquées ne se produisent jamais dans les grandes littératures au moment de leur plein épanouissement, mais seulement lorsque déjà le procédé sert à remplacer l'inspiration, et lorsque l'on tend à substituer, à la passion sincère et naïve, des sentiments artificiels, tout formulés suivant un code rédigé à tête rassise. Je n'ai jamais pu lire quatre lignes de la poésie courtoise, française ou provençale, sans m'écrier : Rendez-moi donc Homère et Sapho !

Le traitement de la sextine repose sur un thème charmant en poésie, le rappel des rimes, mais il en est de ces rappels comme de la vertu : il en faut, pas trop n'en faut. L'excès de vertu est bien désagréable. De plus il faut que ces rappels se produisent de façon claire, évidente même. A l'audition de la sextine, il est impossible de saisir le *processus* de ces retours, et à la lecture même, cela impose beaucoup d'attention.

D'abondant le poète doit renoncer à tout développement de sa pensée. Tournant dans son manège, soufflant, geignant comme un âne trop sanglé, il doit paraphraser éternellement la première strophe dans les suivantes. Comme le dit très bien Banville, « une fois la première strophe trouvée, il faut écrire six fois de suite, disposés suivant les combinaisons dans lesquelles ils doivent reparaître, les

naux des trois premiers vers de celle-ci figurent, dans le même ordre, à l'intérieur des trois vers de la *tornada*.

La règle donnée par M. de Gramont est celle que Pétrarque a observée dans

« Alla dolce ombra delle belle frondi...
« Non a tanti animali il mar fra l'onde...
« Là ver l'aurora che si dolce l'aura... »

Et encore dans la sextine redoublée :

« Mia benigna fortuna, el viver lieto... »

Mais dans les autres compositions du même genre, ce poète dispose plus librement dans la *tornada* les mots terminaux de la stance.

Dante, qui passe pour avoir introduit la sextine en Italie, ne connaît pas la règle Gramont. Les trois sextines qu'on a sous son nom sont toutes trois sur les mêmes rimes, et les six mots terminaux de la première stance se présentent à la tornada dans l'ordre suivant : 2—1 ; 4—6 ; 5—3.

En somme, là comme ailleurs, les anciens poètes ne se sont pas tenus dans les cadres qu'on veut leur forger aujourd'hui.

six mots qui terminent les vers de la première strophe. » Puis on cheville tant que dure dure pour attraper chaque rime. Si jamais fut exercice de bouts-rimés, c'est celui-là! Et Banville d'ajouter naïvement : « Comme cet arrangement est *prévu, voulu* et *inévitable*, on peut l'avoir sous les yeux sans qu'il enlève rien à l'*inspiration*(!), et il la facilite plutôt(!!). » Je le crois bien puisque c'est lui qui inspire tout!

Voici une sextine de Soulary dextrement traitée, et où l'idée, quoique ressassée inévitablement dans chaque strophe, apparaît moins vague que dans la plupart des pièces modernes de ce genre. Mais que ce perpétuel cliquetis des mêmes sons est donc agaçant!

Voici qu'à mon réveil l'oiseau noir a chanté,
Par un matin brumeux, cette chanson chagrine :
« Poète qui vieillis, rappelle ta fierté!
« Vois! les neiges d'hiver ont fait fuir la beauté
« Qui jouait dans tes bras, et dont la main divine
« T'éventait d'une rose et t'en laissait l'épine. »

Il faut donc vous guérir, blessures de l'épine,
Doux mal qu'Anacréon mon père a tant chanté;
Toi qui fais que, la nuit, pris de fièvre divine,
En attestant l'étoile et la lune chagrine,
On court humilier, aux pieds d'une beauté,
Les élans de son cœur et ceux de sa fierté.

S'il est vrai que l'amour ignore la fierté,
C'est qu'il veut l'ignorer; car toujours une épine
Lui fait sentir les nœuds où le tient la beauté;
Et dans chaque refrain que le cœur a chanté,
Détonne sourdement une note chagrine,
Qu'y jette, à notre insu, l'autorité divine.

J'ai connu ces avis de l'alerte divine,
Et dans tous mes écarts j'ai gardé ma fierté,
Aimant, pour oublier que la vie est chagrine;
Chantant, comme l'oiseau sur le bord de l'épine;
Mais libre ainsi que lui, par ma foi, j'ai chanté
Mon caprice, bien plus que ceux de la beauté.

Le poëte en lui tient son type de beauté,
Chimère insaisissable et fiction divine ;
Il peut, ce qu'au printemps sa folie a chanté,
Le chanter en hiver sans perdre sa fierté,
Et le grave censeur qui s'arme d'une épine
Pour l'en punir, n'est rien qu'un sot d'humeur chagrine.

C'est assez pour ta gloire, ô vieillesse chagrine,
De ranger au Salut ces démons de beauté,
Fleurs où l'hiver des sens n'a laissé qu'une épine,
En qui la grâce tourne à l'âpreté divine,
Et dont le front, déchu de sa jeune fierté,
Reste l'épouvantail des fous qui l'ont chanté.

Heureux qui n'a chanté dans ce sentier d'épine,
Qu'un cantique au Très-Haut, la Divine Beauté !
Il n'a pas les rancœurs de la fierté chagrine [1].

Passerat a-t-il inventé

LA VILLANELLE ?

Je l'ignore, mais en tout cas je n'en sais point avant lui. L'on connaît ce rythme, qui, ainsi que le rondeau, tire tout son charme de la répétition de certains vers. Ce ron-ron revenant à chaque strophe, est délectation pour l'oreille, mais, comme toujours, c'est à la condition de n'en pas abuser, par conséquent de ne donner au poëme qu'un petit nombre de couplets. Les six de la villanelle de Passerat semblent un nombre approprié. J'ai lu une

---

[1]. Soulary était de ceux qui n'osent guère, et, tout en rongeant leur mors, craignent de s'écarter des « règles ». Il s'est donc astreint à celles données par M. de Gramont et confirmées par Banville. « Je donnerai, dit celui-ci, les règles de la sextine d'après M. de Gramont qui a dû, selon son sens exquis du rythme, les *créer* lui-même, puisqu'il avait à décider une disposition de rimes féminines et masculines que ne pouvait lui donner le type italien de la sextine. » Banville ignorait-il donc la sextine de Ponthus de Thyard, qui a introduit le premier en France ce genre de poëme, avec des règles, d'ailleurs heureusement modifiées à certains égards par M. de Gramont. Ponthus faisait la sextine sur trois rimes, M. de Gramont la fait sur deux. La difficulté est augmentée : le charme en est-il beaucoup accru ? — Ceci soit dit sans nier le rare talent avec lequel M. de Gramont a traité ce genre dans la sextine que son traité donne pour exemple.

villanelle en vingt-huit couplets, de M. Rollinat, intitulée *l'Ornière*, très bien faite d'ailleurs. Au dixième couplet l'envie vous prenait d'étrangler le poète. Cela rappelait ces scies féroces des rapins où pendant des heures on répète la même chose : *C'est le grand duc du Maine, — la digue don daine... Que c'est embêtant — d'avoir un enfant — Qui n'a qu'une dent... Ah! ça commence déjà bien, — J'aperçois un jambon de Mayence*, etc., etc., etc.

On a déjà eu l'occasion de faire remarquer combien les mêmes rythmes peuvent se prêter à des « états d'âme » opposés. On considère généralement la villanelle comme une sorte de rigodon rustique. Le retour des vers peut cependant, je crois, servir même à l'expression d'une *Nuit de décembre* :

> Sous le mistral mon toit chancelle,
> J'entends craquer les oliviers :
> Je rêve de paix éternelle.
>
> Dans les cieux l'étoile étincelle ;
> L'heure tombe au lent sablier :
> Sous le mistral mon toit chancelle.
>
> Tandis que d'ignobles querelles
> Aiguisent des fers meurtriers,
> Je rêve de paix éternelle.
>
> Au sein de l'âme universelle,
> Je me sens flotter tout entier :
> Sous le mistral mon toit chancelle.
>
> Tout finit, tout se renouvelle,
> Mon cadavre est un nourricier :
> Je rêve de paix éternelle.
>
> Où sont les nids des tourterelles ?
> Où sont les roses des rosiers ?
> Sous le mistral mon toit chancelle,
> Je rêve de paix éternelle.

LE SONNET

Vient d'Italie. Il est vrai qu'on en a attribué l'invention aux Provençaux, nommément à Guiraud de Borneil. Mais Nostredame, en disant, dans ses *Vies des poètes provençaux*, p. 146, que ce dernier « est le premier qu'a faict des sonnets », n'a sans doute pas remarqué que le mot *sonnet*, chez ce troubadour comme chez les autres, n'a pas du tout le sens que nous lui attribuons, et que lui donnèrent les Italiens. C'est simplement un diminutif de *son*, et il désigne en général, comme ce dernier mot, l'air d'une chanson, et, par extension, la chanson elle-même.

Il est vrai que le même Nostredame cite en exemple un sonnet d'un certain Guillaume des Amalrics, lequel serait mort en 1321. C'est avec raison que M. de Gramont suspecte l'authenticité de ce sonnet. C'est une supercherie pure et simple de Nostredame qui a inventé et le sonnet et le troubadour. Il n'y a dans l'ancienne littérature provençale, me dit M. Chabaneau, que trois sonnets authentiques, et tous les trois, postérieurs aux plus anciens sonnets composés en italien, ont pour auteurs des *Italiens*, savoir les deux premiers, Dante de Maiano, le troisième, Paul Lefranc de Pistoia. Ce dernier se rapporte à des évènements de l'an 1285.

On connaît la fortune en France du sonnet, introduit au temps de Marot et de Mellin de Saint-Gelais. Le xvie siècle en a vu naître des foisons. Cette fortune se continua pendant une grande partie du xviie siècle. Puis le sonnet s'endormit, et tout le xviiie siècle passa sans le regarder. On pouvait croire cette forme oubliée comme le virelay ou le rondeau redoublé. Après cent cinquante ans, à la chaude atmosphère du romantisme, le sonnet se réveilla, et son réveil fut terrible. Sous le second empire et sous la troisième république, on nous a donné la question par le sonnet, à peu près comme le tortionnaire de jadis donnait la question par l'eau, en entonnant au patient pinte sur pinte. Il faudrait donc être indulgent si ce gavage de l'âme rendait parfois un peu injuste à l'endroit de cette forme de poème.

« Un bon sonnet, écrivait Chénier, n'a jamais eu un grand charme pour moi : c'est un genre de poésie que je n'aime point, même dans Pétrarque, et je ne sais pourquoi Despréaux l'enrichit d'une *beauté suprême*. »

On peut tenir pour l'opinion de Chénier, mais je doute qu'il eût écrit ces lignes, s'il avait connu tels sonnets modernes : certains de Soulary, la plupart de ceux de M. de Hérédia, quelques-uns de M. Sully-Prudhomme. On peut repartir, il est vrai, que, s'ils n'eussent pas fait de sonnets, ces poètes eussent fait, à leur place, des œuvres dans une autre forme, non moins belles. Possible. Pourtant je ne vois pas d'ici une forme poétique quelconque, remplaçant tels de ces sonnets, par exemple, celui des *Danaïdes*, de M. Sully-Prudhomme. Relisez-le, vous constaterez que tout vers changé, ou bien toute rime, affaiblirait ce petit chef-d'œuvre. Mais la rencontre est peu commune.

Après cela il faut bien remarquer que le sonnet (comme toutes les pièces à formes fixes) est le propre d'une poésie plus étudiée qu'abondante et vaste. Les poètes de grande envergure, les voyants, les Homérides, comme aussi les grands élégiaques, ont chez nous dédaigné les sonnets, aussi bien que les ballades et les sextines. Racine, Chénier, Lamartine n'ont jamais fait de sonnets; Hugo, qui a témoigné d'une si merveilleuse habileté de main, qui se jouait, c'est le mot, de toutes les difficultés, n'en a jamais écrit un seul, que je sache. On compterait ceux de Musset et probablement ceux de Vigny.

Comme à Chénier, le sonnet ne me semble pas en soi une de ces combinaisons poétiques emportant d'emblée l'enthousiasme. Le retour réitéré des rimes, si agréable lorsqu'il couronne un morceau, se produit ici tout au début, pour ne se plus retrouver. On aime en général à voir dans une pièce une distribution alternée : *amant alterna...* Ici, les deux quatrains se touchent et les deux tercets. Je ne sais pourquoi je suis tenté de disposer la pièce symétriquement : un quatrain, un tercet, un quatrain, un tercet. Et de fait, je me demande comment personne ne l'a tenté. De surcroît le dernier vers, celui qui doit contenir le trait, le grain de sel à mettre sous la queue, gagnerait, semble-t-il, à se détacher sensiblement de la pièce, soit en s'isolant, comme dans la *terza rima*, soit en se tenant dans un autre mètre que les treize précédents.

Si j'osais, je dirais que le sonnet a juste pour grever le poète, et qu'en retour celui-ci n'est pas équitablement payé de ses peines par la symétrie et l'agrément de l'ordonnance et par la disposition intéressante des sonorités. Quatre bonnes strophes de quatre vers peuvent le plus souvent dire les mêmes choses et aussi bien, encore qu'avec moins de géhenne [1]. Et j'ai quelquefois pensé que tel poète, qui, faute d'être un assez habile jongleur de mots, nous a donné un faible sonnet, aurait vraisemblablement exprimé sa pensée de façon plus forte et mieux venue, s'il s'était modestement contenté de la mettre sous une forme plus courante.

Encore ne faudrait-il pas aggraver puérilement les conditions déjà difficiles faites au poète. Banville, toujours esclave (esclave volontaire, le pire des esclavages) des soi-disant traditions, n'admet que le sonnet « régulier », celui dont les rimes sont disposées comme suit :

    1er quatrain : A B B A
    2e   »   A B B A
    1er tercet : C C D
    2e   »   E D E

M. de Gramont dit excellemment à ce sujet : « Une opinion accréditée aujourd'hui veut qu'il n'y ait de régulier que le sonnet de la première forme (donnée plus haut)... Il est impossible de voir sur quelle raison ni sur quelle autorité s'appuie cette décision. En quoi la forme qu'on prétend privilégier est-elle plus régulière que les autres [2]? A proprement parler elle le serait moins que celles qui ont leurs tercets pareils. »

---

[1]. Je crois, par exemple, que le *Vase brisé*, de M. Sully-Prudhomme, avec ses cinq strophes de quatre vers, est plus parfait qu'il ne pourrait l'être, si le poète avait cédé à la tentation de le réduire en sonnet.

[2]. On ne peut donner, je crois, d'autre raison, sinon que c'était la forme usitée au XVIIe siècle.

Observations sur l'Art de versifier.

Je crois bien plutôt que l'on pourrait, par l'hétérométrie des vers, par le changement de disposition des strophes, varier les formes, de manière à obtenir des effets nouveaux. Au moins la pensée ne serait pas toujours obligée de se contourner pour se prêter à une forme arrêtée d'avance et qui tire son charme bien plus du talent supérieur de quelques-uns de ceux qui l'ont maniée que de sa propre nature.

Et maintenant, lecteur, recueille-toi pour ouir ce sonnet grandiose, immense, intitulé *Fuite de centaures* :

> Ils fuient, ivres de meurtre et de rébellion,
> Vers le mont escarpé qui garde leur retraite;
> La peur les précipite, ils sentent la mort prête,
> Et flairent dans la nuit une odeur de lion.
>
> Ils franchissent, foulant l'hydre et le stellion,
> Ravins, torrents, halliers, sans que rien les arrête,
> Et déjà, sur le ciel, se dresse au loin la crête
> De l'Ossa, de l'Olympe ou du noir Pélion.
>
> Parfois l'un des fuyards de la farouche harde
> Se cabre brusquement, se retourne, regarde,
> Et rejoint d'un seul bond le fraternel bétail;
>
> Car il a vu la lune, éblouissante et pleine,
> Allonger derrière eux, suprême épouvantail,
> La gigantesque horreur de l'ombre herculéenne.
>
> HÉRÉDIA.

LA TERZA RIMA

Le XVIe siècle avait épuisé les recherches relatives au rythme. Gautier, dans son *Triomphe de Pétrarque*, n'a fait que ressusciter une forme que Salel, Jodelle, Baïf, Desportes, avaient empruntée aux Italiens. Pourquoi le XVIIe siècle, qui a tant fait de sonnets et de rondeaux, n'a-t-il jamais fait de *terze rime?* Il y a des destinées. Même de nos jours, lorsque Gautier a repris avec talent le rythme immortalisé par Dante, beaucoup de bons classiques firent grise mine au ressuscité. M. Pujol écrivait encore en 1858 : « Les *terze rime*, dépourvues d'harmonie(?), avec leurs tercets et leurs rimes agencées d'une manière bizarre, quoique dans un ordre symétrique, ne sont pas de nature à charmer les oreilles françaises. »

En réalité la *terza rima* n'a contre elle que son mécanisme peu commode. On ne le décrira pas ici, puisqu'il est exposé dans tous les traités, et que, d'ailleurs, un exemple rend superflue toute description. Remarquons seulement cette épine, qu'outre la réunion continue de trois rimes, alternées dans une succession rigoureuse, l'enchaînement de ces rimes d'une strophe à l'autre rend impossible soit d'intercaler une strophe, soit d'en supprimer une (prérogative enviable cependant, les vers supprimés n'étant jamais mauvais) : le fil cassé, tout le chapelet se dégraine.

Mais cet enchaînement est ce qui constitue le prix et le charme de ce genre de poème. Il en est un autre : c'est l'isolement du dernier vers, qui permet d'y concentrer la pensée ou d'y mettre le trait. A cet égard, une *terza rima* de treize vers semble encore plus favorable que le sonnet, où le dernier vers doit, selon Boileau, finir toujours par un pétard. On a essayé ce petit poème dans l'exemple suivant :

Novembre. Tout s'éteint. Le grand lac monotone
Se perd à l'horizon dans le brouillard. L'Hiver
De sa fauve tunique a dépouillé l'Automne.

Du suaire des morts le soleil s'est couvert.
Cris bruyants : — Des corbeaux c'est la troupe chagrine
Qui peuple le sapin géant, seul resté vert.

Le cri fait un lugubre écho dans ma poitrine.
Neige aux monts, neige aux cieux et neige dans le cœur ;
L'âme porte le deuil de la clarté divine.

Mais, perçant le nuage opaque, un trait vainqueur
Soudain glisse, et frémit sur la nappe engourdie :
D'un sourire le ciel tempère sa rigueur.

Et j'ai vu le rayon du Devoir sur la vie.

LE PANTOUM

Celui-là, cette fois, est tout moderne. On sait que le pantoum est un chant malais qui, traduit en prose vers par vers par M. E. Fouinet, a suggéré (à M. Asselineau, je crois) l'idée de faire un pantoum en vers sur le même modèle.

Combien supérieure est cette forme à la sextine! Ce n'est pas la sempiternelle rime de celle-ci. C'est le retour de deux vers alternés suivant un ordre clair, régulier; et ce retour n'a lieu qu'une fois, de manière à charmer sans lasser, ainsi que Mahomet le prétend des caresses des houris. Chaque strophe est enchaînée à la précédente, comme dans la *terza rima*. Et je ne sais pourquoi il semble que la mélancolie des souvenirs réside tout entière dans ce rythme.

Le plus charmant pantoum que je connaisse est celui de Louisa Siefert. L'émotion de l'âme y dispute à l'harmonie des mots. Il est intitulé : *En passant en chemin de fer :*

> Discrets, furtifs et solitaires,
> Où menez-vous, petits chemins ?
> Vous qu'on voit, pleins de frais mystères,
> Vous cachant aux regards humains.
>
> Où menez-vous, petits chemins,
> Tapissés de fleurs et de mousse ?
> Vous cachant aux regards humains,
> Que votre ombre doit être douce !
>
> Tapissés de fleurs et de mousse,
> Abrités du froid et du vent,
> Que votre ombre doit être douce
> A celui qui s'en va rêvant !
>
> Abrités du froid et du vent,
> Le voyageur vous voit et passe.
> A celui qui s'en va rêvant,
> Peut-être ouvririez-vous l'espace ?

EXEMPLE DE PANTOUM

Le voyageur vous voit et passe,
Il se retourne en soupirant :
Peut-être ouvririez-vous l'espace
A son cœur malade et souffrant ?

Il se retourne en soupirant,
Emporté plus loin dans la vie.
A son cœur malade et souffrant
Votre silence fait envie.

Emporté plus loin dans la vie,
Le voyageur reviendra-t-il ?
Votre silence fait envie,
O chers petits chemins d'avril !

Le voyageur reviendra-t-il
Fouler l'herbe que l'agneau broute,
O chers petits chemins d'avril !
Qui l'attend au bout de sa route ?

Fouler l'herbe que l'agneau broute,
Au moins ç'aurait été la paix.
Qui l'attend au bout de sa route ?
Pourquoi fuit-il l'ombrage épais ?

Au moins ç'aurait été la paix,
La fraîcheur sauvage et champêtre.
Pourquoi fuit-il l'ombrage épais ?
Le bonheur était là peut-être.

La fraîcheur sauvage et champêtre,
Loin de tous les regards humains,
Le bonheur était là peut-être,
Dans un de ces petits chemins.

Loin de tous les regards humains,
Mes rêves cachent leurs mystères,
Dans un de ces petits chemins,
Discrets, furtifs et solitaires.

Du
GHASEL

Les traités ne font pas mention. Il tire son origine de la poésie persane, et c'est à son propos que, s'adressant à Hafiz, Goethe s'écrie :

In deine Reimart hoff'ich mich zu finden[1].

Il se trouve en effet plusieurs exemples du ghasel dans le *Divan*, mais c'est dans les *Roses orientales* de Rückert et dans les *Ghasels* du comte de Platen que l'esprit et la forme du modèle ont été le plus fidèlement reproduits. Quelques Français (en bien petit nombre, crois-je) ont à leur tour emprunté ce rythme à l'Allemagne.

La pièce commence par deux vers sur la même rime. Elle se continue en faisant tous les vers pairs sur cette rime. Tous les vers impairs sont blancs.

Cette disposition est très goûtée en Allemagne, où l'alternance des vers blancs et des vers rimés est d'un usage constant. En France elle existe dans beaucoup de chansons populaires, mais seulement pour des vers courts :

> La belle chambrière
> S'est levée au *matin*,
> A prins trois boisseaulx d'orge
> Pour aller au *moulin*. (1542)

> Nous étions trois filles,
> Bonnes à *marier*,
> Dans un pré nous fûmes,
> Fûmes pour *danser*[2].

---

1. « Dans ton art de rimer j'espère réussir. »
2. Dans ces chansons le vers rimant est ordinairement masculin. Je crois que, pour nos oreilles modernes, l'alternance des vers rimés et des vers blancs serait encore mieux à sa place dans des vers hétérométriques. Les Anglais ont d'heureux exemples en ce genre. Ainsi qu'en France on l'a fait pour le septenaire rythmique, les Anglais ont coupé le vers de 14 syllabes du temps de Shakespeare, en deux tronçons de 8 et 6. De cette manière un distique rimé a fait un quatrain, où les vers pairs riment, et les vers impairs non, ceux-ci étant terminés par le mot primitivement à l'hémistiche. Je

Mais dans les longs vers elle serait difficilement admise. Or le ghasel se fait communément en longs vers.

Je crois qu'on pourrait accommoder beaucoup mieux le ghasel au goût français en conservant la disposition des vers pairs sur une rime unique, mais en faisant rimer entre eux les vers impairs deux par deux. La rime dominante forme ainsi une mélodie continue sur laquelle se détachent les broderies de la rime secondaire. Je pense aussi que, pour mieux marquer le caractère donné par cette dominante, il est bon de diviser la pièce en distiques et non de la disposer en vers continus, comme font les Allemands.

Enfin, de même que la pièce commence par deux vers sur la dominante, il est nécessaire de la terminer par deux vers pareils aux premiers. Faute de quoi le poème ne se ferme pas. On a le sentiment qu'il peut être allongé ou raccourci. Il y a là un défaut d'ordonnance dont les Germains n'ont cure, mais qui frappe notre esprit français, accoutumé à la symétrie et à l'achevé.

Il serait même bon, pour mieux clore le poème, de le terminer par le mot à la rime dans le premier vers.

Il me semble que, dans les conditions indiquées, le ghasel peut prendre un grand style, et que le retour de la même rime, avec sa pause, martèle, pour ainsi dire, l'idée dans le cerveau de l'auditeur.

Quoi qu'il en soit, on a tenté d'appliquer ces règles dans le poème suivant :

dois à l'obligeance de M. Quatrevaux la communication d'un piquant quatrain de Ben Jonson, prononcé au moment où, au dessert du repas de noces, il présentait la coupe à l'épousée :

« Drink to me only with thine eyes,
« And I will pledge with *mine*;
« Or leave a kiss within the cup,
« And I will not ask for *wine*. »

« Porte ma santé seulement avec tes yeux et je porterai la tienne avec les miens, ou bien laisse un baiser dans la coupe, et je ne demanderai pas d'y mettre du vin. »
Je trouve dans M. Dumur des vers de ce genre, quoique sur un autre mètre :

« Seule Natacha gardait
« Sa tresse de brune,
« L'incarnat de son baiser,
« Son teint clair de lune. »

L'Être, Mère et Sépulcre, et dont le vaste flanc
Tient les mondes à naître et les mondes croulants,

Parla :

« Tel un banquier, convoiteux et tenace
« A quelque citoyen a prêté deux talents :

« Vienne l'heure : aussitôt, du ton de la menace,
« Il réclame son or au débiteur trop lent ;

« Ainsi viens-je reprendre une instable matière,
« Pour quelques jours prêtée à ton corps chancelant.

« De poussière sorti, redescends en poussière !
« — Je veux, de ton cadavre immonde, pestilent,

« Je veux avec amour pétrir la vierge blonde,
« La rose capiteuse et le grand lys tout blanc ;

« Ton sang s'épanchera, sève ardente et féconde,
« Au brout amer que tond le chevreuil et l'élan.

« Des vapeurs de ton corps, éparses dans le vide,
« Je ferai les fonds bleus où nage le milan,

« Ou bien, au pied d'un roc, une source frigide,
« Qui court sur les graviers et chante en s'écoulant.

« Disparais donc ainsi qu'on te vit apparaître,
« Toi qui dans l'infini ne fut qu'un point roulant.

« Nul besoin n'est de toi, car ton manque de naître,
« De la pièce à jouer n'eût pas troublé le plan.

« Plonge au Gouffre d'oubli, mais nul ne saurait faire
« Que tu n'aîs pas souri au jour étincelant ;

« Qu'aux pieds marmoréens de quelque beauté chère,
« La flamme n'ait couru dans tes membres tremblants,

« Et que ton nom ne fût buriné dans le Livre
« Où la Vie et la Mort font l'éternel bilan.

« Bénis les dieux à l'heure où tu cesses de vivre ;
« Atome, rentre en paix dans le flot circulant !

« Fais place ! vois frémir tous ces germes, brûlants
« D'éclore : êtres d'un jour... qu'engloutiront mes flancs. »

Et maintenant, quoi plus? On a essayé de mettre en jour, dans ce trop long ouvrage, le faible et le fort de chaque rythme, de démonter le mécanisme du vers, et de montrer de quelles sottes entraves grammairiens et pédants ont souvent géhenné l'inspiration poétique. Le surplus ne s'enseigne ni ne s'apprend. On n'apprend pas à faire de beaux vers (si cela s'apprenait, je sais bien qui en profiterait). On n'apprend pas à aimer.

Pourtant il n'est pas inutile de connaître comment l'inspiration elle-même doit, en tant qu'exprimée, se plier à de certaines règles. C'est qu'en poésie, comme en toute espèce d'art, il y a des procédés, des tours de main qui se peuvent acquérir. De même en musique il y a un doigté, un travail harmonique qui s'étudie et s'assimile. Cela ne vous inspire pas de la belle musique, mais si vous trouvez naturellement la mélodie, cela vous met aux termes de la transcrire sans fautes contre les lois.

Savoir désosser un vers ne vous en fera pas non plus jaillir un beau, tout armé, du cerveau, mais cela peut vous retenir d'en faire un mauvais; ou vous avez du moins la satisfaction de savoir pourquoi il est mauvais. Ainsi l'homme intelligent fait des sottises tout comme les autres, mais il a la supériorité sur les imbéciles, de savoir que ce sont des sottises... ce qui, du reste, ne le retient jamais.

Il y a la poésie et la versification. On n'apprend pas la première, mais on apprend la seconde, et la seconde est indispensable à la première. Le métier, c'est comme l'argent, il faut le mépriser, et, si possible,... en avoir.

Et maintenant, lecteur, s'il reste quelque chose à dire, tiens-le pour dit.

FIN

NOTES

1. *Page 66, ligne 9 :* « Le décasyllabe césuré a cinq. »
M. Bartsch a rapporté ce type de vers à l'irlandais, ainsi que le vers de onze syllabes et celui de neuf, mais d'après M. d'Arbois de Jubainville, les exemples cités sont au contraire imités du français. En toute occurrence, il y a peu de vraisemblance que ces types de vers aient une place isolée dans notre système de versification, dont on suit clairement l'origine jusqu'au latin rythmique.

2. *Page 95, ligne 1 :* « Le dodécasyllabe à double césure, sans demi-lève à la médiane... a le tort de ne se pouvoir mêler aux dodécasyllabes classiques ni aux romantiques. On pourra, *choisissant un rythme uniforme,* faire... de courtes pièces... »
Le mot de *rythme uniforme* ne doit pas s'entendre d'un rythme où les doubles césures seront toujours aux mêmes lieux dans tous les vers. Je crois qu'il suffit, pour accentuer le rythme, d'une forte césure qui se présente toujours à la même place, surtout si la seconde divise symétriquement le restant du vers. Ainsi, au lieu de faire la pièce entière en 2 + 6 + 4, on pourrait, fixant la lève invariable au huitième lieu, on pourrait, dis-je, mêler indifféremment les 2 + 6 + 4, les 4 + 4 + 4, les 2 + 3 + 3 + 4. C'est ce qu'on a essayé de faire dans les vers suivants :

> Jeté dans la brumeuse geôle de la vie,
> Sans pressentir quelle est la faute en toi punie,
> Tu dois ne laisser ta prison que pour mourir...
> — Mais une fleur au froid préau vient à s'ouvrir !
> Troublé, dans le parfum d'amour ton cœur se noie :
> Bénis celui qui te permet ces brèves joies.

J'imagine même que l'on pourrait parfois se borner à fixer un lieu pour la césure invariable et distribuer simplement les autres lèves au mieux de l'oreille. Je ne crois pas, par exemple, que le troisième des vers ci-dessus, qui est un 2 + 6 + 4, souffrît très sensiblement d'être transformé en 3 + 5 + 4 :

> Tu ne dois laisser ta prison que pour mourir.

Il me semble même qu'il ne détonnerait pas d'une façon trop marquée sur le reste de la pièce. C'est aux poètes à tâter ce que l'on peut oser en ce genre, en consultant la règle générale : faire sentir toujours instinctivement à l'oreille le nombre de syllabes composant le vers. Le moyen âge, dans ce but, avait fixé la place unique d'une césure à la sixième syllabe. Elle peut aussi bien être fixée sur une autre syllabe, mais semble-t-il, toujours sur un nombre pair : 4 ou 8. Nous avons vu, il est vrai, page 74, note 1, que dans des pièces lyriques, le moyen âge avait placé la césure à la septième syllabe. Cette coupe, dans une pièce lue, rendrait le vers claudicant ; pourtant le défaut s'atténuerait ou disparaîtrait, si l'on s'astreignait à une seconde césure à 4, comme dans les vers du cantique d'Arles, cité même note. On a fait un essai de ce genre dans les quelques vers suivants :

> Est-ce une fin, cette fin de toutes les choses ?
> — Ton corps s'éteint, se dissout : du fumier infâme,
> Sous le baiser d'Hélios, va naître une rose.
> Pas un atome ne peut, dans l'ardente flamme,
> S'anéantir. Rien ne meurt, tout se recompose.
> — Comment pourrait disparaître un atome d'âme ?

Ce rythme n'a point de cadence ; il ne chante pas, mais il a quelque chose d'une prose scandée très ferme dans son originalité.

3. *Page 98, ligne 12* (partant d'en bas) : « Cette forme sera très bonne dans les vers à double césure. »

Les exemples cités à ce propos n'offrent de césures enjambantes que pour les césures non à la médiane. Il faut ajouter que la césure enjambante à la médiane peut faire très bonne figure s'il existe une seconde césure bien marquée dans le second hémistiche, car alors le cas est le même que si le second hémistiche était très court. Ainsi dans ce vers :

> Jeté | dans la brumeu|se geô|le de la vie,

L'enjambement de la césure au sixième lieu ne choque nullement parce qu'elle n'est séparée que par une syllabe de la forte césure placée au huitième lieu, et de son côté celle-ci ne choque pas davantage parce que trois syllabes seulement la séparent de la lève à la rime.

4. *Page 131, ligne 6* : « Le treize syllabes est un vers qui ne peut honnêtement paraître que de fois à autres, dans des livrets d'opéras. »

Ce jugement, après mûre réflexion, est un peu outré. Je me suis assuré que, dans une courte pièce, un $4 + 5 + 4$ pouvait donner lieu à une cadence, sinon bien délectable, du moins très tolérable à l'oreille. Règle générale, le moyen de rendre admissibles les mètres impairs, c'est de les diviser par deux césures convenablement placées, et répétées à la même place dans chacun d'eux. Cette division permet à l'oreille de saisir distinctement le nombre de syllabes.

Voici quelques vers sur le type du $4 + 5 + 4$:

> O Père saint ! si tu détenais dans ta main droite
> Ce trésor pur qu'éternellement l'âme convoite :
> La Vérité ! Puis, dans l'autre main, l'ardent désir
> Qui la poursuit, sans même l'espoir de la saisir,
> Je te dirais : « Source de tout bien, ouvre la gauche !
> « Conserve-moi les songes errants que l'âme ébauche,
> « Ma passion irrémédiable du Pourquoi !

« L'éclat du Vrai, trop vif pour nos yeux, n'est que pour toi.
« Rien n'ennoblit que l'effort, l'effort même illusoire :
« Ce qui me plaît, c'est l'âpre combat, non la victoire ! »

5. *Page 168, ligne 8 :*

Touranien altier, d'où viens-je ? où suis-je ? où cours-je ?

Si ce vers n'était pas une gausserie, on pourrait, pour plus de clarté, faire observer que, dans *cours-je, je* est enclitique et atone; par conséquent *cours-je* peut rimer avec *courge;* tandis que dans *où je*, etc., *je* est tonique, et, par conséquent *où je* ne peut rimer avec *rouge*.

6. *Page 308, ligne 8 :* « Le rondeau proprement dit, le rondeau redoublé ne sont pas... matière de poésie. Ce sont amusettes, jeux d'esprit ou de rimes. »
On a toujours tort de trancher de la sorte, et un de mes amis avait bien raison, qui ne portait un jugement sur quoi que ce soit sans ajouter : « dans une certaine mesure; » tellement qu'un jour qu'on lui demandait s'il était bien sûr de la vertu de sa femme, il répondit : « Ah, par exemple, si j'en suis sûr !!!... dans une certaine mesure. » Il ne faut donc accepter mon jugement que dans une certaine mesure. J'ai vu en effet un rondeau en hendécasyllabes, de M. George Doncieux, commençant ainsi :

O violette et pure et calme soirée,

Pour se terminer par :

Aux violettes.

Et ce rondeau avait toute la grâce mélancolique imaginable. Il appartenait à M. Doncieux de créer le type invraisemblable du « rondeau troublant ».

INDEX

DES NOMS DES AUTEURS ET DES OUVRAGES MENTIONNÉS

(Les noms d'auteurs sont en caractères romains, les noms d'ouvrages en italiques.)

ABAILARD, page 71 note 3.
Abecedarius, 11, 156.
ACCIUS, 266.
ADAM DE LA HALLE, 56, 305.
ADENET LE ROI, 72.
AICARD (J.), 82, 113.
Aimeri de Narbonne, 180 note 1.
ALAIN CHARTIER, 40, 61, 124, 290.
ALBÉRIC DE BESANÇON, 277.
Alexis (Vie de saint), 46, 47, 48, 277, 285.
ALSINOIS, voy. DENISOT.
Amis et Amiles, 278.
Andromaque, 161 note 2, 196.
Antiquités de Rome, 72.
Aiol et Mirabel, 56, 59, 278.
Apollonius de Tyr, 147 note.
ARBOIS (D') DE JUBAINVILLE, 331.
ARÈNE (Paul), 219 note 1.
ARNAUT DANIEL, 314.
ARIOSTE (l'), 62.
ASSELINEAU, 324.
Athalie, 250.
Auban (Vie de saint), 133.
Auberi, 61.
Auberon, 52 note 1, 53.
AUGIER (Émile), 259.
AUGUSTIN (saint), 11, 12, 155.
Aymerillot, 179.

BAÏF, 18, 20, 21, 22, 135, 254, 322.
Ballade des dames du temps jadis, 280, 309, 310.
Ballade des seigneurs du temps jadis, 280.
Ballade du grand Remède, 310.
BANVILLE, 77, 82, 85, 86, 91 note 1, 92, 100, 113, 118, 126, 130, 152, 158, 159, 161, 170, 172, 173 et note, 175, 179, 180, 181, 184, 186, 191, 192 note 1, 195, 201, 206, 209, 214, 243, 247, 251, 256, 264, 282, 299, 305, 309, 310, 315, 316, 317 note, 321.
BARBIER (Auguste), 264.
BARTAS (du), 72.
BARTSCH, 74 note 1, 116, 123, 314 note, 331.
BAUDELAIRE, 181, 201 et note 1, 240.
BEAUDOUIN, 38 note.
BECQ DE FOUQUIÈRES, 99 note 1, 111, 131, 229, 246, 271, 275, 276.
BELLANGER, 19 note 2, 170 note 1, 188 note 4, 189 note 2, 191 note 3, 281 note.
BELLAY (du), 72, 140, 177, 178, 281, 291.
Belle Aiglantine, 287.

BELLEAU (Remy), 72, 243, 291 note.
Belle Cordière (la), voyez LABÉ (Louise).
BELMONTET, 227.
BENEOIT DE SAINTE MORE, 40.
BEN JONSON, 327 note.
Beowulf, 29.
BÉRANGER, 3 note, 67, 119, 120, 125, 130, 227, 238, 239, 255.
BERGE (Jean), 150.
BERSON, 102.
Berthe aux grands pieds, 72.
BESSON (Martial), 139.
Bestiaire, 278
Bible de Sapience, 72.
BODENSTEDT, 210 note 1.
BOILEAU, 1, 76, 101 note, 102 et note, 109, 133 note 4, 163, 167 note 2, 178, 179, 182, 186, 195, 212 note 1, 239, 241, 323.
BOIS (Jules), 113.
BOISROBERT, 125.
BOSCAN, 37.
BOSSUET, 150, 164 note 1, 215, 252, 270.
BOUCHERIE, 46.
BOUCHET (J.), 281.
BOUCHOR (Maurice), 165.
BOURGET (Paul), 170, 272.
Brahma, 164.
BRAINE (Jehans de), 279.
BRAKELMANN, 124.
BRAZAIS, 244.
BRIZEUX, 296.
BRUNETIÈRE, 107, 213, 218.
BUFFIER (le P.), 195.
BURGER, 290.
BUTTET, 20.
BYRON, 283.
CAILLEUX (Ludovic de), 151.

CANNING, 206 note 3.
CATULLE, 19 note 1.
CHABANEAU, 59 note, 60, 71 note 3, 74 note 1, 314 note, 319.
Chanson d'Antioche, 72.
Chanson de Roland, 16, 46, 47, 61, 158, 258, 277.
Chanson des Saxons, 72, 278.
Chansonnier de Berne (le), 124.
Chanson paimpolaise, 69.
Chants du Crépuscule (les), 199.
CHAPELAIN, 101 note.
CHARLES D'ORLÉANS, 40, 53, 61, 72, 124, 190, 242, 280, 290, 304, 307, 309.
CHATEAUBRIAND, 149, 220 note 1.
CHATELAIN DE COUCY, 53.
CHAUCER, 30.
CHAULIEU, 45.
CHÉNIER (André), 21, 78, 90 note, 100, 101, 103, 108, 110, 172, 179, 182, 185, 244, 246, 247, 249, 256, 295, 297, 320.
Chirurgie (la), 88.
Chevalier au cygne (le), 72, 75 note 2.
Chevalier au lyon (le), 40.
CHRISTINE DE PISAN, 61, 306.
CICÉRON, 266.
CLÉDAT (Léon), 279, 289 note 1, 302 note 2, 304.
CLÉMENT (Félix), 71 note 3.
Cligès, 40.
COMMODIEN, 155, 156.
CONDILLAC, 253.
CONON DE BÉTHUNE, 53, 56.
Contemplations (les), 79, 195.
COPPÉE, 93, 113, 168, 181, 202, 247.
COQUARD (Gérôme), 308.
COQUILLART, 190.
CORNEILLE, 49, 51, 75, 76, 99, 103

note, 163, 178, 186, 215, 216, 231, 257, 260.
Corybantes (les), 41.
Couronnement de Louis, 61, 278.
CRESTIEN DE TROIE, 40, 156.
CRETIN, 169, 170.
DANTE, 35, 57, 58, 289, 315 note, 322.
DANTE DE MAIANO, 319.
Daphné, 125.
DEBRAUX, 204.
DENISE (L.), 92.
DENISOT, 18, 20.
DESCHAMPS (Eustache), 301, 302 note.
DESPÉRIERS (Bonaventure), 67.
DESPORTES, 73 note 1, 191 note 3, 238, 322.
Desputoison de Charlot et du Barbier, 278.
DEWES, voyez GUEZ (du).
Dis des Jacobins, 72.
Divan (le), 326.
DONCIEUX (George), 310, 311.
DOUCET (Camille), 257.
DOUCET (Théophile), 202 note 2.
DUCIS, 45 note 2.
DUMAS (Alexandre), 133 note 4.
DUMUR (Louis), 32 et suiv., 37, 327 note.
EBERT, 11 note 3.
Élégie champêtre, 72.
Élégies romaines, 27.
ENNIUS, 266.
E Raynaut amis, 287.
ERNST (Amélie), 218.
ESTIENNE (Henri), 189.
Étude sur le rôle de l'accent latin, 6 note 1.
Eulalie (Cantilène de sainte), 14, 46, 54, 59 note 1, 277, 285.

Euphrosine (Vie de sainte), 72.
FABIÉ (François), 84.
Fables de Marie de France, 278.
Fabliau des Perdris, 40.
FABRI, 73, 188, 191 note 2.
FAGUET (Émile), 78.
FIRMERY, 109, 112.
Floire et Blanceflor, 40, 157.
FONTAINE (Charles), 178.
FOUINET (E.), 324.
FRANCE (Anatole), 110.
Franciade (la), 73.
GACE BRULÉ, 289 note 1.
GANDERAX, 172 note 2.
GARCILASO DE LA VEGA, 37.
Garin le Loherain, 61, 242.
GARNIER PONT-SAINT-MAXENCE, 72.
GARNIER (Robert), 74.
GAUTIERS DE DARGIES, 67.
GAUTIER D'ESPINAC, 56.
GAUTIER (Théophile), 45, 102, 110, 138, 161, 162, 166, 214, 217, 221, 227, 232, 249, 322.
GAZIER, 28 note 2.
Gérard de Rossillon, 60.
GILBERT, 186.
Girart de Vienne, 61.
GODRIC, 30.
GOETHE, 26, 148 note 2, 152, 210 note 1, 326.
GOLDSMITH, 31.
GOTTFRIED, 24.
GRAMONT (de), 40 note 2, 66, 68 note 1, 121 note, 310 note 1, 314 note, 317 note, 319, 321.
GREVIN, 72.
GRIMM (les frères), 146 note 2.
GUEZ (du), 188.
GUILHEM DE SAINT-GRÉGORI, 314 note 1.

Guillaume d'Angleterre, 40.
GUILLAUME DES AMALRICS, 319.
GUILLAUME GUIART, 310 note 1.
GUIMBERTEAU, 164.
GUIOT DE PROVINS, 40.
GUIRAUD DE BORNEIL, 319.
GUYAU, 82, 150, 152, 154.
HAFIZ, 326.
HARAUCOURT, 79 note 1.
HEINE (Henri), 146 note 1.
HENRY (Victor), 46.
HÉRÉDIA (de), 4, 6, 106, 208, 217, 246, 248, 320, 322.
HÉSIODE, 285.
HOMÈRE, 152, 285.
Homme de désir (l'), 151.
HORACE, 152, 155.
HROSWITHA, 147 note 1.
HUGO (Victor), 4, 34, 41, 78, 79, 81, 83, 85, 91, 94 note, 97, 98, 99, 100, 103, 105 et note 2, 106, 107, 108, 109, 110, 113, 144, 157 note 3, 160 et note 1, 166, 174 et suiv., 177 et note, 179, 180, 181, 183, 191 note 1, 194, 199, 201, 205, 208, 213, 214, 217, 221, 223, 225, 228 et note, 233, 236, 245, 248, 253, 254, 255, 256, 259, 261, 264, 269, 271, 275, 295, 296.
Huon de Bordeaux, 61.
Hymne contre les Donatistes, voyez Abecedarius.
Hymne de Bacchus, 72.
JAMYN, 72.
JEANROY, 55, 74 note 1, 116, 120 note 3, 123 note 1, 129, 135, 298, 299.
JEHAN BODEL, 72.

1. Voir à l'*Errata*.

JEHAN DE CONDÉ, 40 et note 1.
JEHAN DE MEUNG, 40, 75 note 1.
Jeu de Paume (le), 297.
JODELLE, 18, 72, 322.
KAHN, 51, 113, 146, 151.
KLOPSTOCK, 147.
KOCK (Paul de), 222 (Mlle Bellavoine, dans la Pucelle de Belleville).
KOSCHWITZ, 14, 15 note 2, 16 note 1.
KRYSINSKA (Marie), 150.
LABÉ (Louise), 48, 72, 190, 280.
LA BOETIE, 72.
LA FONTAINE, 74, 76, 125, 138, 181, 184, 194 et note 2, 202 et note 2, 211, 215, 240, 243, 245, 250, 258, 262, 269.
LAHARPE, 186.
Lai du Bisclavret, 278.
Lais du Chèvrefoil, 278.
Lais de Chievrefuel, 137.
LAMARTINE, 4, 141, 179, 209, 270, 296, 320.
LANDAIS (Napoléon), 54 note, 77, 158, 159 note 1, 160, 187, 198, 211, 224 et note.
LANGLAND (Robert), 267.
LANOUE, 197, 198.
LAPRADE, 31, 41, 62, 69, 80, 101, 104, 105 et note 1, 195, 256, 263.
LATOUCHE, 108 note.
LEBRUN, 210, 244.
LECONTE DE LISLE, 100, 113, 168, 200, 202, 208, 240, 248, 249, 256.
LEFRANC, 220 et note 1.
LEFRANC DE PISTOIA (Paul), 319.
LE GOFFIC (Charles), 69, 83, 87, 193 note 2, 233 note, 270, 277.
Léger (Vie de saint), 16, 38, 39, 277, 285.
LEMAIRE (Jean), 48, 52, 75, 190.

INDEX DES NOMS DES AUTEURS ET DES OUVRAGES MENTIONNÉS

LEMAITRE (Jules), 91 note 1, 245, 309.
LITTRÉ, 158, 159, 160, 281, 282.
LOISEAU (Jeanne), 62.
LUCRÈCE, 152, 266.
Ludus de Antichristo, 13 note 3, 136.
MACAULAY, 131.
MACHAUT (Guillaume), 40.
MAGNY (Olivier de), 40, 72.
MALHERBE, 41, 67, 68, 73 et note, 76, 111 note, 121, 178, 191 et note 3, 195, 211 note 2, 233, 238, 241, 243, 254, 256, 294, 295.
MANZONI, 120.
MARIE DE FRANCE, 39, 40, 278.
MARMONTEL, 122.
MAROT (Clément), 40, 48 et note 1, 53, 72, 142, 162 note 1, 167, 169, 190, 228, 258, 262, 280, 319.
MAROT (Jean), 143.
MAUPASSANT, 82.
MAYNARD, 125, 295.
MEIGRET, 188.
Meisterlieder (les), 25.
MELLIN DE SAINT-GELAIS, 319.
MENDÈS (Catulle), 192.
MÉRIL (Édelestand du), 71 note 3.
Mer (la), 41 note 1.
MÉRY, 182.
MEYER (Paul), 55.
MEYER-LUBKE (Wilhelm), 13 note 3, 147 note, 156 note 1.
MISTRAL (Frédéric), 59.
MOLIÈRE, 74, 77, 103 note, 122, 178, 200, 215, 244, 252.
MOLINET, 169.
MONCEAUX, 156.
MONTAIGNE, 215.
MOORE, 30 note 2.

MORÉAS (Jean), 50, 53 note 1, 113, 149, 153, 207, 232, 247.
MOTTIN, 125.
MOURGUES (le P.), 303.
MOUSSET, 18.
Muse à Bibi (la), 223, 226.
MUSSET (Alfred de), 154, 181, 183, 259, 264, 320.
Mystère d'Adam, 40.
Nanine, 61, 74, 269.
Néva (la), 32.
NICOLE, 172.
Niebelungen (les), 15, 274.
NOSTREDAME, 319.
NOTKER, 13.
Nuage (le), 274.
Odes et Poèmes, 80.
Œdipe, 181, 198.
OLIVET (l'abbé d'), 6 note 1.
OPITZ, 26.
ORM ou ORMIN, 29.
Ormulum (l'), 29.
OTFRIED, 25.
PALSGRAVE, 188 note 3, 189, 190 note, 237 note 1.
Parallèlement, 119.
PARIS (Gaston), 2 note 1, 6 note 1, 46, 188.
Parnasse provençal, 74 note 1.
PASCAL, 185, 215.
PASQUIER, 18.
PASSERAT, 20, 317.
Passion (la), 16, 38, 277, 285.
Pastorale comique (la), 122.
Pèlerinage de Charlemagne, 16, 71.
PELLETIER, 72 note 1.
PÉRION, 6 note 1.
PÉTRARQUE, 315 note.
PHILIPON DE LA MADELAINE, 69.
Pierres précieuses (les), 72.
PINDARE, 152.

Piron, 102.
Plaideurs (les), 250, 258.
Platen, 210 note 1, 326.
Poema del Cid, 37.
Poème de la Prison, 280.
Poème de Vénus, 133, 136.
Ponsard, 226.
Pons Fabre, 314 note 1.
Ponthus de Thyard, 72, 317 note.
Pope, 283.
Port-Royal, 178.
Prophète (le), 118.
Prude (la), 61, 74.
Psalmes de Marot, 281.
Psichari, 28 note 2, 49 note 1, 50, 51 et note, 221 et note 1, 250, 282.
Psyché, 31.
Pujol, 161, 198, 202, 323.
Quatrevaux (Edmond), 266, 327 note.
Quenes de Béthune, voyez Conon de Béthune.
Quicherat, 18, 19, 22, 45 note 2, 62, 75 note 1, 101, 103 et note 1, 104, 204, 230, 231.
Quinet (Edgard), 151.
Quitard, 54 note, 77, 103, 224, 293 et note.
Racan, 41, 73 note, 178, 191 note 3, 211 note 2, 290, 294, 295[1].
Racine, 9, 75, 76, 77, 83 note, 96, 99, 110, 161 note 1, 163, 165 et note 1, 178, 179, 180, 183, 185, 194, 196 et note 2, 197, 200, 209, 216, 218, 221, 235, 241, 243, 244, 261, 268, 275, 320.
Raillet, 162.
Raimon, 88.
Rajna, 46.

Rambaud (Louis), 305.
Ramus, 188.
Rapin, 20, 124, 275.
Raynaud (E.), 92.
Reboul, 202.
Régiment du baron Madruce (le), 199 note 1.
Regnier, 41, 73 et note, 76, 109, 163, 178, 182, 200, 216, 233, 237, 243.
Régnier (de), 113.
Regrets (les), 72.
Renaud de Montauban, 72.
Renouvier (Ch.), 83.
Revue du Siècle, 81 note 1, 297, 310 note 2.
Richard de Semilly, 117, 123.
Richelet, 77 et note, 198, 219, 220, 299.
Richepin, 92, 118, 127, 130, 168, 223, 289, 296 note 1.
Robin et Marion, 56.
Rochat, 46, 60.
Rollinat, 127, 318.
Roman d'Alixandre, 71.
Roman de Brut, 278.
Roman d'Enéas, 40, 278.
Roman de Jules César, 72.
Roman de la Rose, 40.
Roman de la Violette, 66.
Roman de Renart, 40.
Roman de Rou, 40, 278.
Roman de Troie, 40.
Ronsard, 20, 41, 59, 61, 73, 125, 169, 178, 190, 192 note 2, 232, 234, 254, 262, 281, 290.
Roses orientales (les), 326.
Rotrou, 7.
Rousseau (Jean-Baptiste), 41 note.
Ruckert, 268, 326.
Rutebeuf, 72, 76, 278.

---

1. Voir à l'*Errata*.

INDEX DES NOMS DES AUTEURS ET DES OUVRAGES MENTIONNÉS

Roy (Camille), 81 note.
Rythmes pittoresques, 150.
SABATIER, 297.
SACHS (Hans), 25.
Sagesse, 119, 127.
SAINT-MARTIN. 151.
SAINTE-BEUVE, 167, 227, 248, 291.
SALEL, 322.
SARCEY, 128.
SARRAZIN, 125.
Satyre (le), 272.
SCARRON, 129, 132.
SCÉVOLE DE SAINTE-MARTHE, 72.
SCHÉRER, 171.
SCHILLER, 26.
SHAKESPEARE, 326 note 2.
SHELLEY, 274.
SHEENSTONE, 122.
SCOPPA, 6 note 1.
SCRIBE, 118.
SEDAINE, 119.
SIBILET, 73.
SIEFERT (Louisa), 62, 69, 80, 106, 113, 182, 324.
Signes avant le jugement dernier (Poème des), 136.
SILVESTRE (Armand), 255.
SIMROCK, 15.
SOULARY, 62, 69, 80, 144, 182, 316, 317 note, 320.
Soupirs (les), 72.
SOUZA (de), 73, 113, 114, 128.
STAPFER (Paul), 5 note 1.
SUBLIGNY, 221.
SUÉTONE, 10.
SULLY-PRUDHOMME, 3, 44, 107 note 2, 168, 171, 204, 226, 320, 321 note.
Sultan Mourad (le), 222.
SURREY, 33.
TABOUROT, 193 note 1.

TAHUREAU, 72 note 1.
TAILHÈDE (R. de la), 113.
Thaïs (vie de sainte), 72.
TALLEMANT (l'abbé), 164 note 1.
TENNYSON, 30 note 2.
Tentation de saint Antoine (la), 119.
Testament de Villon, 280.
THAUN (Philippe de), 278.
THÉOCRITE, 152.
THÉOPHILE, 216.
THIBAUT DE NAVARRE, voyez THIBAUT IV.
THIBAUT IV, 53, 137.
THIEULIN, 83, 193 note 2, 233 note, 270, 277.
Thomas le Martyr, 72.
TISSEUR (Barthélemy), 79, 182 note, 204.
TISSEUR (Jean), 3 note, 62, 79, 111, 182 et note, 191 note 1, 203, 223, 239, 264, 284.
TOBLER, 2 note, 39 note 4, 71 note 3, 117 note 4, 133, 194 note 1, 234, 235, 242 note 2.
TORY (Geoffroy), 188.
Tristran, 40.
Tristan et Yseult, 24.
TURGOT, 21, 22.
VAUGELAS, 163.
VAUQUELIN, 72.
VERLAINE (Paul), 9 note 1, 45 et note 3, 70, 92, 105 note 2, 107, 109, 113, 119, 120, 127, 128, 130, 132, 159, 166, 167, 168, 207, 245, 247, 270, 272, 276.
VICAIRE (Gabriel), 42, 143, 261, 296.
VICTORINUS, 11 note 2.
Vies des poètes provençaux, 319.
VIELÉ GRIFFIN, 113.
VIGNY (Alfred de), 246, 320.

VILLON, 40, 45 note 3, 53, 72, 124, 157 note 3, 242, 280, 290, 309, 310.
VIRGILE, 152, 154, 155, 266.
VOITURE, 125.
VOLTAIRE, 4, 60, 62, 154, 165, 171, 181, 196, 198, 201 et note 1, 212, 254, 258, 259, 269.

WACE, 40.
WAILLY, 219.
WALTHARIUS, 266.
WILLAUMES LE VINIERS, 117.
WOLF, 147, note 1.
YUDA BEN HALEVI, 146 note 1.
ZOLA, 150,
ZORLI, 314 note 1.

TABLE DES MATIÈRES

	Pages
AU FAVORABLE LECTEUR...	I

MODESTES OBSERVATIONS SUR L'ART DE VERSIFIER

État actuel de la poésie française...	1
Réformes nécessaires...	2
QU'EST-CE QU'UN VERS ?...	2
Définition du vers. Le vers fait pour l'oreille...	3
LE VERS LATIN. LE VERS FRANÇAIS...	4
D'où se tire la cadence du vers français...	5
De la place de l'accent dans le vers français...	6
Accent tonique et accent rythmique...	7
L'*arsis*, la *Hebung* et la *Lève*...	8
Le vers français se décompose en pieds rythmiques...	9
La poésie latine populaire est rythmique...	10
Substitution de la poésie rythmée à la poésie mesurée...	11
Lois de la poésie liturgique...	12-13
Le plus ancien monument rythmé en français...	14
Caractères du rythme de l'*Eulalie*...	15
Les facteurs du vers français...	16
D'UN VERS FRANÇAIS SUR LE TYPE LATIN CLASSIQUE...	17
Mousset, Denisot, Pasquier, Baïf...	18
Vers baïfins, vers phaleuces...	19
Strophe saphique, Ronsard, Buttet...	20
Vers de Baïf d'après l'ionique mineur. Turgot...	21
Vers de Turgot...	22
LE VERS GERMANIQUE...	22
Structure du vers germanique primitif...	23
Le vers de la poésie courtoise...	24
Le vers de la poésie courtoise. Celui de Hans Sachs...	25

Opitz et les pieds dénommés à l'antique	26
La métrique savante en allemand	27
Accentuation musicale du vers allemand. Facilités d'exécution	28
Le vers anglais. Vers primitif	29
Apparition de la rime. Vers anglais moderne	30
Différence d'accentuation du vers anglais et du vers français	31
Un vers français sur le type germanique. M. Dumur	32
Vers à structure ïambique, mais non à rythme ïambique	33
Vers ïambiques et anapesto-ïambiques	34
LE VERS ITALIEN ET ESPAGNOL	35
Manière italienne de dénommer le vers	36
Le vieux vers espagnol. Le nouveau fait sur l'Italien	37
L'octosyllabe primitif	38
La césure dans l'octosyllabe primitif	39
Fortunes de l'octosyllabe	40
L'octosyllabe devenu le mètre de l'ode	41
Le novenario italien	42
Place des lèves dans l'octosyllabe	43-44
Les lèves et les pauses dans l'octosyllabe	45
LE DÉCASYLLABE	46
D'où provient-il ?	46
Place des césures	47
CÉSURE MASCULINE OU PLEINE	47
CÉSURE FÉMININE OU ÉPIQUE	48
E syllabe de transition, E syllabe de chute	49
E muet à la césure, E muet à l'intérieur de l'hémistiche	50
La césure féminine est-elle encore possible ?	51
La césure féminine appelle une pause	52
CÉSURE ATONIQUE OU LYRIQUE	52
Césure atonique	53
CÉSURE ENJAMBANTE OU LÈVE NÉCESSAIRE NE TERMINANT PAS LE MOT.	54
Césure enjambante dans les vers à nombre impair de syllabes	55
Césure enjambante dans le décasyllabe	56
Les lèves dans l'endecasillabo. — Peut-on user de la césure enjambante ?	57
Éviter une pause après la césure enjambante	58
Place de la césure dans le décasyllabe	59

Césure à 6 dans le décasyllabe.	60-61
Exemples de 4 + 6.	62
Exemples de vers sur le type de l'endecasillabo.	63-65
LE DÉCASYLLABE CÉSURÉ A CINQ.	66
Exemples de décasyllabes césurés à 5.	67-69
D'un décasyllabe sur le type du dodecasillabo italien.	70
LE DODÉCASYLLABE.	71
Jusqu'au XVIᵉ s. l'octosyllabe et le décasyllabe prédominent.	72
Après Ronsard le dodécasyllabe devient prédominant.	73
LA CÉSURE DANS LE DODÉCASYLLABE.	74
LA CÉSURE ROMANTIQUE.	75
Anciens vers à césure romantique.	76-77
APPARITION RÉGULIÈRE DU VERS ROMANTIQUE.	79-80
Chénier. Exemples modernes de vers romantiques.	79-80
CONSÉQUENCE DE LA CÉSURE ROMANTIQUE.	81
L'OREILLE DOIT RECONNAITRE LE NOMBRE DE SYLLABES DU VERS.	82
Peut-on supprimer la syllabe forte à la médiane?	83
Le vers sans syllabe forte à la médiane détonne parmi les autres.	84-85
Exemples de vers en 4 + 4 + 4.	86
Observations sur le 4 + 4 + 4.	87
Exemples d'anciens vers en 4 + 4 + 4.	88
Exemples de vers en 3 + 6 + 3.	89
Observations sur le 3 + 6 + 3.	90-91
Peut-on mêler les différents types de vers bi-césurés?	92
La césure classique à la médiane est la meilleure.	93
Le vers bi-césuré doit être sur un type uniforme.	94
DE L'ALEXANDRIN ITALIEN ET ESPAGNOL.	95
LA CÉSURE ENJAMBANTE DANS L'ALEXANDRIN.	96
Exemples d'alexandrins avec césure enjambante.	97
Règles de la césure enjambante dans l'alexandrin.	98
DU NOMBRE DES LÈVES DANS L'ALEXANDRIN.	99-100
QU'IL NE DOIT JAMAIS Y AVOIR DEUX LÈVES EN CONTACT.	101
Exemples de vers avec deux lèves en contact.	102
LE CHOC DISPARAIT S'IL EXISTE UNE PAUSE ENTRE LES DEUX LÈVES.	103
Quand le vers peut-il avoir deux syllabes fortes en contact?	104

DE LA PLACE DES LÈVES ET DES PAUSES	105-111
UN PLUS GRAND NOMBRE DE LÈVES ALLONGE LA MESURE DU VERS.	112
DES VERS SANS CÉSURE	113
Exemples	113
La théorie du rythme par M de Souza	114-115
L'ENNÉASYLLABE	116
Césure à 5	116
L'ennéasyllabe césuré à 5, à 3 et à 6	117-118
L'ennéasyllabe césuré à 3. L'ennéasyllabe sans césure	119
L'ennéasyl. césuré à 4. L'ennéasyl. césuré à l'italienne	120
Exemples de vers sur le type du *decasillabo*	121
Exemples de vers où s'est rencontré la césure italienne	122
L'HENDÉCASYLLABE	123-124
Césure à 7	123-124
L'hendécasyllabe césuré à 5 et à 6	125
Hendécasyllabes de la Fontaine et de Banville	126
Hendécasyllabes de MM. Rollinat, Moréas, Richepin, Verlaine..	127
Hendécasyllabes sans césure régulière	128
Exemples de 4+3+4	129
LE DÉCATRISYLLABE	129
Décatrisyllabes césurés à 7, à 5, à 6. Décatrisyl. sans césure	130
DÉCATÉTRASYLLABE	131
Si l'on peut faire des vers de plus de 12 syllabes?	131
Décatétrasyllabes césurés à 7 et à 6	132
Anciens décatétrasyllabes bi-césurés	133
Exemples de 4+4+6	134
LE DÉCAPENTÉSYLLABE	135
Césure à 7	135
L'HÉKÈDÉCASYLLABE	136
Césure à 8. Césure à 4, 8, 12	136
L'HEPTASYLLABE	137
Il se trouve dans la poésie liturgique	137
Place des lèves dans l'heptasyllabe	138
L'HEXSYLLABE	139
LE PENTÉSYLLABE	141

TABLE DES MATIÈRES

Vieux exemples de pentésyllabes	141
Autres exemples	142
VERS DE MOINS DE 5 SYLLABES	142
Tétrasyllabes et trisyllabes	143
Exemples de tri- et de dissyllabes	144
Le tétrasyllabe et le trisyllabe italiens et espagnols	145
DES VERS QUI NE SONT PAS DES VERS	146
La makame allemande	146
La makame française	147
Vers dithyrambiques allemands	148
Vers dithyrambiques de M. Moréas	149
Vers dithyrambiques de Mme Krysinska	150
Versets rimés de M. Berge	151
LA RIME. ELLE NE FAIT QUE CONSTATER LE RYTHME	152
Exemples de proverbes rimés	153
Vers sans rime	154
Origine de la rime. Rime atonique	155
La rime dans le latin d'Afrique. L'assonance	156
La rime au XIIe siècle. Elle exige l'exacte homophonie	157
Nos poètes s'écartent à tort de l'homophonie	158
Exemples de rimes non homophones	159
Association de sons non admise autrefois	160
Rimes de *ai* et *é*. N'associer jamais une brève et une longue	161
Fautes apparentes mais non réelles chez nos vieux poètes	162
Aucun de nos vieux poètes n'a rimé pour les yeux	163
Rimes normandes. Quand on doit faire rimer *er* et *err*	164
Cas où *diffamer* et *aimer* ne riment pas. *Monsieur* et *malheur*	165
Consonnes finales altérant la rime	166
Divers exemples de rimes inexactes	167
DE LA RIME RICHE	168
Rimes riches : Marot, Ronsard, Molinet	169
Exemples de rimes trop riches	170
Révolution faite par l'école de la rime riche	171
La cuisine du vers d'après Banville	172
Exemples de vers faussés par la rime	173-177
Les classiques ont donné sa vraie place à la rime	178
Que la rime ne doit pas être arrêtée à l'avance	179
Monotonie des vers à rimes riches	180

Opinion de Voltaire. — La Fontaine, Musset, Baudelaire	181
Le rôle de la rime selon Jean Tisseur	182
Du choix des rimes. La rime riche et la rime sonore	183
Quand la consonne d'appui est-elle nécessaire?	184
Que tout le monde n'a pas le gout de la rime riche	185
En anglais l'extrême identité des sons constitue la rime pauvre	186
La rime pour les yeux	187
Prononciation des consonnes finales au XVIe siècle	188
Règle de la rime pour l'oreille observée au XVIe siècle	189
Exemples de vers qui ne riment plus	190
Malherbe exige la rime pour les yeux	191
De l'équivalence des consonnes finales	192
Règles justes autrefois	192
Rimes fausses quoique régulières. Théorie de la rime à l'œil	193
Des licences orthographiques	194
Exemples de licences orthographiques	195-196
De quelques-uns qui ont protesté contre la rime pour les yeux	197
Coing et *soin* riment; *sang* et *Persan* ne riment pas	198
Fautes grammaticales amenées par la rime aux yeux	199
Exemples de vers qui ne riment pas aux yeux	200-204
S'affranchir des lois de la rime à l'œil	205
Du mot a la rime	205
Proscrire de la rime les mots insignifiants	206-207
Exemples de beaux mots à la rime	208
Du mot à la rime dans les vers funambulesques	209
De la rime du simple et du composé	210
La division des simples et des composés dans Landais	211
Rimes banales	213
De la rime en épithètes	213
De la rime en épithètes. Des rimes bizarres	214
Des rimes bizarres	214-215
Vieux mots qu'il ne faut pas laisser périr	216
Des sonorités dans le vers	217
Vers en noms propres	217

TABLE DES MATIÈRES 349

Importance des sonorités. Un sonnet-parodie 218
Puissance des mots. 219
DES TERMES NOBLES 219

Des mots jadis proscrits en poésie 220
Deux vocabulaires : un pour la prose, un pour la poésie 221
Mots roturiers et mots sénateurs 222
Peu de vocables peuvent entrer dans les vers 223
Les rimes du dictionnaire de Landais 224
Mots introduits par les romantiques. Ils vieilliront 225
Des vers prosaïques. Exemples 226
Exemples de vers plats 227
DE L'HIATUS 228

Moyens employés pour le rompre 228
De l'hiatus à l'intérieur des mots et entre les mots 229
Du plus ou moins d'intensité dans les chocs de voyelles 230
L'e muet fait une liaison qui détruit l'hiatus 231
Hiatus admissibles. Hiatus inadmissibles 232
L'HIATUS A L'ŒIL 233-234

Hiatus prétendus mais non réels dans Racine 235
Hiatus de *an, en, ain, in, on* 236
L'*h* aspirée détruit-elle l'hiatus ? 237
LA PAUSE ENTRE LES DEUX MOTS DÉTRUIT L'HIATUS 238-240

DE L'ENJAMBEMENT 241

L'enjambement avant le XVIe siècle 242
L'enjambement au XVIe s. L'enjambement chez la Fontaine, et chez Racine 243
L'enjambement dans Chénier 244
Règles de l'enjambement 245-249
DE L'INVERSION 250

L'inversion proscrite par Banville et pratiquée par lui 251
L'inversion permet de mettre à la rime le mot important 252
Règles de l'inversion 253
Règles de l'inversion. Exemples fâcheux d'inversions 254-255
Règles de l'inversion. Beaux exemples d'inversions 256
DE L'ÉLISION. — ÉLISION DE E MUET DEVANT UNE VOYELLE . . 257

E tonique, mais sans accent grammatical, ne doit pas s'élider . . 258

Fâcheux exemples de l'élision de E tonique..................	259
Fâcheux exemples de l'élision de E atone	260
DE L'E MUET EN HIATUS DANS L'INTÉRIEUR DU MOT..........	261-262
La diérèse dans les diphtongues où *i* est en hiatus............	263
Qu'il serait bon de laisser au poète le choix de la diérèse	264
Liberté de la diérèse en anglais...........................	265
DE L'ALLITÉRATION...................................	265
Proverbes allitérés. Vers latins allitérés	266
Vers latins et vers anglais allitérés........................	267
Vers allemands et vers français allitérés.....................	268
Vers français allitérés...................................	269
L'allitération de la même consonne peut donner des effets contraires...	270
L'allitération selon Becq de Fouquières.....................	271
Fâcheux exemples d'allitération...........................	272
L'ASSONANCE A L'INTÉRIEUR DU VERS.....................	273
Exemples d'assonances à l'intérieur du vers.................	274-276
LA LOI DE LA SUCCESSION DES RIMES......................	277
Rimes plates. Rimes embrassées...........................	278
Même ordre de rimes dans chaque strophe.................	279
Au XVe siècle deux traitements pour la succession des rimes....	280
Loi de la succession des rimes dictée par la musique..........	281
Quid des arguments de Littré contre la loi de succession ?.....	282
Rimes masculines et féminines destinées à des effets différents..	283
Loi de la succession des rimes. Conclusions.................	284
DE LA STANCE...	285
La première poésie est lyrique et en stances.................	285
La laisse dans la poésie épique française....................	286
Deux versifications suivant la nature de la poésie.............	287
Type de strophes. Strophe couée...........................	288
Strophe tripartite.......................................	289
Les stances dictées par la musique	290
Stances hétérométriques du XVIe siècle.....................	291
Exemple de stances hétérométriques........................	292
Règle des repos dans les stances...........................	293
L'origine de la règle des repos est dans la musique...........	294
Les phrases rythmiques doivent être de longueur inégale	295

TABLE DES MATIÈRES

Nombre de vers dans les stances	296
Le sens doit finir avec la stance	297
DES PIÈCES A FORMES FIXES	298
Elles accompagnaient la danse	298
Les pièces à formes fixes n'ont pas de formes fixes	299
LE LAI	300
En quoi il consiste	300
LE VIRELAY	300
Type de virelay d'après Eustache Deschamps	301
Autre type de Virelay d'après Eustache Deschamps	302
Exemple d'un virelay moderne	303
LE RONDEL, LE TRIOLET, LE RONDEAU, LA BALLADE, LE CHANT ROYAL	304
Exemples de triolets	305
Exemples de types variés de triolets. Exemple de rondel	306
Exemples de types variés de rondels	307
Exemples de rondeaux	308
Conditions de la ballade	309
Exemple de ballade	310
Exemple de ballade. Conditions du Chant royal	311
Exemple de Chant royal	312-313
LA SEXTINE	314
En quoi elle consiste	314
Formes compliquées de la sextine	315
Exemple de sextine	317
LA VILLANELLE	317
Exemple de villanelle	318
LE SONNET	319
Il vient d'Italie, non de Provence	319
Le sonnet. Qualités et défauts de cette forme	320
Le sonnet prétendu régulier	321
Exemple de sonnet	322
LA TERZA RIMA	322
Exemple de terza rima	323
LE PANTOUM	324

Ses conditions. Exemple	324
Exemple de pantoum	325
LE GHASEL	326
Alternance de vers blancs et rimés	326
Modifications nécessaire au type allemand du ghasel	327
Exemple de ghasel	328
Utilité du procédé en poésie	329
NOTES	331
INDEX DES NOMS D'AUTEURS ET D'OUVRAGES	335

ERRATA

Page 13, ligne 3, au lieu de

   Ad perennis | vitae | fontem | mens sitivit arida,

Lisez :

   Ad perennis | vitae fontem | mens sitivit arida.

Page 42, ligne 8 (partant d'en bas), au lieu de « Soit au contraire d'un *quinario* avec élision de la syllabe finale du premier composant », lisez : « Soit au contraire d'un *quinario* et d'un *quadernario* avec élision, etc. »

Page 89, ligne 13, au lieu de

   Dieu léger, *descends* des monts neigeux...

Lisez :

   Dieu léger, descend des monts neigeux...

Page 97, ligne 5 (partant d'en bas), au lieu de

   Quoi! pas même l'opprobre d'une couronne !

Lisez :

   Quoi! pas même l'opprobre sous une couronne !

Je dois confesser que cet exemple ne me semble pas admirablement choisi. La raison en est qu'il n'y a pas de césure dans le second hémistiche. Dans ce cas, la césure enjambante au sixième lieu étant suivie de six syllabes ininterrompues, il y a dans la coupe quelque chose de flottant. La césure enjambante à l'hémistiche ne sort son plein et entier effet que lorsque après elle il y a, rapprochée, une syllabe forte avec arrêt [1]. Par exemple, ce vers d'Hugo :

   De posséder le monde entier : Ephèse, Tyr...

Pourrait, sans aucun dam, se transformer en

   De posséder le monde tout entier : Ephèse...

---

[1]. Voir, page 332, la note 3.

Et celui-ci :

> Autour du monde immense est l'infini. Ce gouffre...

N'aurait pas moins de force ainsi modifié :

> Autour du monde immense, l'infini. Ce gouffre [1]...

Dans tous les vers de ce genre il n'y a d'autre inconvénient que la substitution d'un *e* muet à une syllabe sonore. C'est au poète à juger lorsque ce désavantage est compensé et au delà par des qualités plus fortes d'expression.

Page 113, lignes 13 et 14.

Au pied de la lettre on ne peut dire que ces deux vers de M. Verlaine soient sans césure, car ils sont susceptibles de se diviser en $4 + 4 + 4$. Dans le premier :

> Sur la kitha|re, sur la harpe | et sur le luth,

La première césure est une césure enjambante, mais la forte pause qui suit la syllabe atone terminant le mot détruit toute cadence et fait du vers un $3 + 4 + 4$ dont la première césure serait féminine, de sorte qu'en réalité la coupe est flottante.

Le second vers, au contraire :

> Votre génie | improvisait | au piano,

Se césure nettement; mais son caractère si prosaïque fait qu'en le prononçant on ne songe pas à le scander. C'est le propre des vers prose qu'on les prononce comme de la prose. De plus, comme il survient brusquement après un $6 + 6$ tout classique :

> Chez ma mère charmante | et divinement bonne,

On est dérouté. Nouveau témoignage de la difficulté de loger des coupes différentes dans une même pièce sans y préparer le lecteur.

Je reconnais cependant que j'aurais pu remplacer ces vers, du moins le second, par d'autres plus typiques, par exemple par ceux-ci, du même auteur :

> Avec des particularités curieuses...
> Telles qu'au prix d'elles les amours dans le rang, etc.

Un mot encore. J'ai dû généralement, pour mes exemples, choisir les vers les plus mal venus chez des auteurs de talent. Il ne faudrait donc pas juger ceux-ci d'après mes citations. M. Verlaine n'eût-il fait que le petit chef-d'œuvre d'émotion naïve qui, dans *Sagesse*, a pour épigraphe : *Gaspard Hauser chante*, que son nom devrait rester.

Page 145, titre courant, au lieu de

LE TRISYLLABE ITALIEN ET ESPAGNOL

Lisez :

LE TÉTRASYLLABE ET LE TRISYLLABE ITALIENS ET ESPAGNOLS

Même page, ligne 14, au lieu de : « Les Italiens n'ont point failli à donner des règles pour placer la lève dans le trisyllabe, » lisez : « ... dans le tétrasyllabe. »

[1]. Le rapprochement de la seconde césure au dixième lieu fait même, ce me semble, disparaître ici l'inconvénient ordinaire d'une pause après la septième syllabe muette.

ERRATA

Page 147, ligne 7 de la note : « Les drames de Kroswitha, fin du xe siècle... » On admet, je crois, aujourd'hui que ces pièces sont l'œuvre d'un faussaire du xve siècle. Mais cela ne change rien à ce fait de l'existence d'une prose rimée, à quoi le moyen âge trouvait des charmes.

Page 251, aux deux dernières lignes, au lieu de

> ... De Cidalise,
> Ayant *rimé* trop tôt, je pense il n'en eût point.

Lisez :

> ... De Cidalise,
> Ayant *aimé* trop tôt, je pense il n'en eût point.

A moins que, par hasard, ce ne soit dans le vers de Banville que se trouve la faute et que notre compositeur n'ait spontanément rétabli le texte exact.

Page 261, ligne 5 (partant d'en bas) :

> *Crient* à Jésus miséricorde.

La prononciation *crit* pour *crient* paraît admise à Paris, car je trouve aussi dans Hérédia :

> Ils *fuient*, ivres de meurtre et de rébellion.

Page 295, ligne 2 (partant d'en bas), au lieu de : « Racan, qui avait bien plus que son *oncle* le génie poétique, » lisez : « qui avait bien plus que son *maître* le génie poétique. » Malherbe ne fut jamais l'oncle de Racan, mais seulement son « maître et ami » (voyez page 191, note 3, ligne 3). Je pourrais m'excuser sur une faute typographique (les typographes ont bon dos), mais ce ne serait pas vrai. Comment ai-je pu mettre ce mot à la place de l'autre ? Cela doit partir d'un bon sentiment. Bien sûr qu'à l'écrire, je pensais à mon pauvre oncle, de Mornant : *Requies quand il passe !*

Page 301, ligne 5 : « La pièce commence par un refrain, ordinairement de plusieurs vers, qui, se liant au commencement de la strophe, est ramené à la fin d'icelle. »

Ajoutez que l'on peut indifféremment ramener le refrain tout entier ou seulement en partie, par exemple le premier vers. Le virelay devient alors une sorte de rondeau développé. On peut encore ramener ce premier vers à chaque strophe et le refrain tout entier à la dernière.

Une autre remarque, c'est que, le plus souvent, chacun des couplets qui suivent le refrain se divise en deux parties (non isolées) dont la seconde correspond au refrain pour le nombre et la dimension des vers et pour les rimes. Ces effets subtils sont coutumiers au moyen-âge.

Somme toute, on trouve au moyen âge de grandes variétés dans tous les types que, plus tard, l'on s'est efforcé d'enserrer dans des limites inflexibles. Ceci est tout à fait du génie français. Mais c'est affaire au poète d'aujourd'hui de choisir et de modifier, aux fins d'obtenir une forme bien saisissable et appropriée à ce qu'il veut exprimer.

MACON, PROTAT FRÈRES, IMPRIMEURS

www.ingramcontent.com/pod-product-compliance
Lightning Source LLC
Chambersburg PA
CBHW050750170426
43202CB00013B/2370